제3개정판

교육학적 사유를 여는

교육의 철학과 역사

정영근·정혜영·이원재·홍은영 지음

Philosophy and History of Education

문음사
도서출판

| 제3개정판 머리글 |

교재 형식의 이 책이 세상에 첫선을 보인지 20년이 되었다. 이처럼 긴 세월을 이어가며 학술적 위치를 지킨다는 것은 그 내용이나 형식이 시대의 흐름과 요구에 상응할 수 있었을 때 가능할 것이다. 지금으로부터 정확히 8년 전에 증보개정 되었던 내용이 다시 한 번 개정을 거치게 되었다. 이 기간 동안 디지털 기술문명은 직업과 일상생활뿐만 아니라 인간의 인지와 사고는 물론 교육에도 깊숙이 침투하였다. 컴퓨터와 연결된 디지털 정보·통신공학기술은 시공간과 정보를 압축하여 폭발적으로 확산시킴으로써 문화와 기술이 서로 분리되지 않는 생활환경을 구축하고 있다.

21세기 디지털 매체기술은 전 세계를 네트워크화하여 직업생활과 여가 활동 같은 사회·문화적 일상은 물론이거니와 인간의 사고방식과 존재 자체까지 새롭게 규정함으로써 교육의 이론과 실천에 엄청난 영향을 준다. 컴퓨터와 네트워크는 인간의 두뇌와 신경망을 확장하고 디지털 복제를 통해 새로운 감각체험과 기술적 학습문화를 형성하고 있다. 이러한 변화가 기존의 교육에 대한 철학적 사유나 역사의식을 무력화하는 것은 아니겠지만, 교육정책에서 학교수업에 이르기까지 효율성을 빌미로 기술에 의존하려는 경향은 매우 강해졌다.

인간과 지능적 기계의 공존이 논의되는 현실을 고려해 이번 개정에서는 디지털 기술문명과 교육의 관계 및 문제점을 간략하게나마 성찰할 수 있는 내용을 현대 교육철학 부분에 담았다. 아울러 책 내용구성 체제 전반에도 변화를 주었는바, 먼저 인트로(Intro) 부분에서 교육철학 및 교육사의 학문적 본질과 필요성에 대해 소개한다. 다음으로 책 본문은 교육철학·한국교육사·서양교육사로 나뉘어 각기 네 장의 내용으로 전개된다. 가장 큰 변화는 한국교육사 부분에서 한 장이 늘어난 것인데, 이를 통해 고대에서 현대에 이르는 방대한 내용을 시대구분에 맞춰 흐름 있게 제시할 수 있었다. 서양교육사에서도 현대교육의 내용을 부분적으로 재구성하였다. 이번의 세 번째 개정을 거치면서 책 내용구성은 더 명료하게 되었고 서술의 흐름과 맥락이 개선되어 가독성이 높아졌다.

이번 개정작업에서는 그동안 함께했던 김창환 박사 대신 홍은영 교수가 새 공동저자로 참여하게 되었다. 김 박사님의 노고에 감사드리고 홍 교수님의 활약을 기대한다. 저자들은 『교육학적 사유를 여는 교육의 철학과 역사』가 20여년의 긴 세월 동안 교육학도와 연구자에게 해당 영역 기본서 역할을 해온 점을 기뻐하고 있다. 끝으로 강산이 두 번 바뀔 시간 동안 저자들을 격려·지원하며 이 책의 가치를 함께 가꾸고 지켜온 문음사 사장님 이하 임직원에게도 감사드리며 제3개정판 머리글을 마친다.

2018년 11월

저자 일동

| 증보개정판 머리글 |

2009년 어느 봄날 이 책의 출판 10주년을 조촐하게 기억하기 위한 저자 모임이 마련되었다. 그 자리에서 저자들은 학생들 스스로가 교육의 철학과 역사에 대해 자신의 관점을 형성함으로써 교육학적으로 사유하는 교사로 성장하였으면 하는 소박한 마음에서 집필한 책이 어느새 10년이란 세월을 거쳤다는 사실에 대해 소회(所懷)를 나누었다. 그리고 그간 학술적 관심 및 여건의 변화를 고려할 때 이 책의 내용 구성이 아직도 적절한지 논의를 했는 바, 12장으로 구성된 전체 내용에서 교육철학 관련 부분을 조금 더 보완하는 것이 좋겠다는 결론에 도달하게 되었다. 그날의 모임 후 저자들은 몇 차례의 의견교환을 거쳐 "철학의 주요 영역과 교육"이란 내용을 추가하기로 결정한 뒤 원고를 집필하였다.

이와 같은 내용 보완의 과정을 거친 이번 증보개정판부터는 교육철학에 관한 내용이 모두 다섯 장(章)으로 편성되어 있다. 추가된 "철학의 주요 영역과 교육"은 제4장의 내용으로 철학의 주요 분과 영역인 인식론, 가치론 그리고 사회철학이 교육적 사유 및 의미와 어떻게 관련되고 있는지에 대한 것이다. 또한 기존의 제12장이었던 "서양 현대의 교육"은 엘렌 케이의 "어린이로부터의 교육학"에 대한 내용을 추가하여 제13장이 되었다. 이 밖에도 각 장의 부분 부분에서 보완 및 수정작업이 이루어졌다. 이에 따른 내용 증가는 학생들이 교육철학적 사유를 형성하는 데는 물론이요 임용고시를 준비하는 데에도 도움이 될 것이다.

문음사의 조복자 사장님은 이번 증보개정판 계획을 격려하셨을 뿐만 아니라 순조롭게 출판될 수 있도록 적극적으로 지원해주셨다. 이 자리를 빌려 출판에 협조해주신 문음사 직원 여러분들과 사장님께 감사한 마음을 전한다. 앞으로도 저자들은 필요할 경우 언제라도 보완과 개정의 노력을 아끼지 않음으로써 독자들의 성원에 성실히 보답하고자 한다.

2010년 6월

저자 일동

| 개정판 머리글 |

교직에 입문하려는 예비교사와 교육학을 전공하는 학생들에게 교육학적으로 사유하는 능력을 길러주자는 취지에서 공동 집필된 "교육학적 사유를 여는 교육의 철학과 역사"가 출간된 지도 7년이 지났다. 그간 적지 않은 수의 책이 인쇄되어 독자의 손을 거치면서 저자들에게 다양한 반향을 안겨주었다. 기존의 정형화된 "교육철학 및 교육사" 책들과는 내용구성과 서술방식이 조금 달라 낯이 설면서도 참신함을 느꼈다는 평이 있었는가 하면 세부내용의 해석에서 저자들의 관점에 조심스레 문제를 제기하는 동료 학자도 있었다. 그렇지만 대부분의 독자들이 교육학 과목으로서의 "교육철학 및 교육사"가 앞으로 나아가야 할 방향을 제시했다는 점에서 이 책의 시도는 그 나름의 의미가 있다며 격려와 긍정적 평가를 해주었다. 이 자리를 빌어 본서에 대해 비판과 격려를 해주신 모든 분들에게 고마움을 전하고 싶다.

초판이 나온 이후 인쇄가 거듭될 때마다 오자 및 탈자 그리고 불분명한 표현들을 고치려고 노력하였다. 그러나 글자 수정 위주의 제한된 작업으로는 내용을 보완·개선하거나 서술 문맥을 제대로 다듬는 것이 어려웠다. 이에 저자들은 내용 보완을 겸한 수정작업을 계획하게 되었고 개정판 원고를 작성하였다. 책의 구성이나 내용 및 서술의 맥락은 개정판에서도 크게 달라지지 않았다. 일부 내용을 추가하였으며 복잡한 문장들을 이해하기 쉽게 바꾸었을 뿐이다. 또 새로운 문헌들이 개정작업 때 추가됨으로써 책 뒤의 문헌목록이 보강되었다. 그리고 이 기회에 책의 내용 편집과 표지 디자인을 바꾸기로 결정하였다. 따라서 독자들은 외관상으로 적지 않은 변화를 느끼게 될 것이다. 저자들은 이러한 노력이 이 책을 그 형식과 내용에서 한 단계 발전시키는 계기가 되었으면 한다.

문음사 편집부 여러분들이 아니었다면 이번 개정작업이 상당히 어려웠을 것이다. 저자들의 요청에 신속하고 친절하게 응해 주셨을 뿐 아니라 독자들이 읽기 편하도록 내용의 편집 및 표지디자인에 이르기까지 꼼꼼하게 다듬어주셨다. 그분들의 노력과 협조에 감사하단 말을 전한다. 아울러 좋은 책을 만들기 위해 애써주시는 조복자 사장님과 장석홍 실장님께도 고마움을 표한다. 우리 저자들은 독자들이 앞으로도 이 책에 대한 비판과 격려를 아끼지 않길 기대한다.

2006년 6월

저자 일동

| 머리글 |

우리가 교육의 여러 문제들에 대해 의견을 나누다 보면 "한국의 교육에는 철학이 없다"라는 말을 종종 듣는데, 교육철학을 전공하는 사람으로서 이러한 말을 듣게 되면 매우 난감하고 착잡한 심정이 든다. 엄연히 "교육철학"이라는 과목이 존재하고, 사범대학이나 교육대학의 학생은 물론이거니와 일반 교직 과정의 학생들이 그 과목을 수강하는 데에도, 교육에 철학이 없다는 말이 사방에서 나오는 것이다. 현직교사는 물론이고 교육행정직에 종사하는 사람들 역시 대학시절에 교육철학을 수강했을 텐데, 그렇다면 그들은 도대체 무엇을 배웠다는 것인가?

이러한 문제는 교육철학에 대한 이해의 차이에서 생긴다. 교육에 철학이 없다고 말하는 사람들은 교육을 단지 지식습득의 과정이 아닌 시대 및 인간정신에 기초한 판단력의 형성과 의미추구의 과정으로 이해하고 있다. 그리고 그러한 과정에서 교육철학은 방향감각과 목적의식 그리고 삶의 전체적 균형을 유지하도록 이끄는 학문이어야 한다는 생각을 지니고 있다. 따라서 그들은 이제까지 특정한 교육사상가나 "~주의" 교육철학이라는 제목 아래 정해진 지식내용을 나열하여 습득시킨 교육철학 수업의 비적합성과 비효율성을 지적하는 것인지도 모른다.

철학은 이미 정리된 사실적 내용을 습득하는 작업이 아니다. 철학은 배우는 사람들이 스스로 "철학하는" 일을 통해 독창적 사유에 도달하도록 이끄는 데에서 그 존재 이유를 갖는다. 따라서 교육철학은 교육의 현상과 본질에 대해 철학할 수 있는 능력을 배양하는 일과 관계되어야 한다. 그러므로 이 책은 교사와 학생들이 교육의 현실과 당위를 포괄적인 관점에서 고찰하고 사유하도록 이끌려는 의도에서 집필되었다. 교사와 앞으로 교사가 되려는 사람들이 교육의 실상을 전체적인 관점에서 조망하고 비판하면서 그 실천적 대안을 생각하지 못한다면, 이는 교사교육에 심각한 문제가 있는 것이며 교육의 앞날에도 불행한 일이다.

또한 교육은 초시간적이며 문화적 공간을 뛰어넘는 보편적 이론에 의해 이루어지는 작업이 아니다. 사회·문화적인 삶의 세계가 형성되는 역사적 공간 안에서 진행되는 것이 교육이다. 따라서 전 세계에 보편적으로 통용되는 명료한 교육이론을 통해 한국의 교육을 혁신시키겠다는 시도는 합리적 사유가 지배하는 "이론"에서는 가능할지 몰라도 실제의 교육현실에서는 그대로 실천될 수 없다는 한계를 지닌다. 그 대표적인 예가 바로 오늘날 우리 한국의 교육상황이라고 할 수 있을 것이다. 광복 이후 수많은 외국의 교육이론을 들여와 적용하고자 시도했지만, 아직까지 우리 교육의 난제인 입시 위주의 교육현실을 조금도 바꾸지 못하고 있다. 그동안 들여온 교육의 기술과 방법은 오히려 교육경쟁의 현실을 더 심화시키는 데 기여했을 뿐이다.

한국인의 삶과 교육이 한국인 고유의 정신세계 안에서 어떻게 형성되고 진전되어 나왔는지를 올바로 파악할 때에야 비로소 우리의 교육이 처한 상황과 문제가 잘 인식될 수 있다. 역사적 존재인 인간의 문화와 삶은 자신의 역사성을 전제로 할 때에만 그 내용과 의미가 제대로 밝혀질 수 있는 것이다. 따라서 한국교육사를 배우는 것은 교육의 현실뿐만 아니라 미래를 위해 매우 중요하다. 교육의 내용이나 방법은 역사적 현실을 떠난 진공의 공간에서 툭 튀어나오는 것이 아니다. 따라서 어떤 교육이론일지라도 삶의 역사적 맥락과 연결되어야만 그 실천 가능성을 실질적으로 기대할 수 있다.

그러나 어느 누구도 스스로 자신을 볼 수는 없다. 나를 비쳐주는 거울이 필요한 것이다. 나의 고유함은 항상 다른 이가 전제될 때에만 존재할 수 있다. 나 혼자일 때에는 나에 대한 의식이 생기지 않는다. 서양의 교육은 전반적인 면에서 현대의 한국교육에 커다란 영향을 주고 있다. 학제에서부터 교과내용과 교육 방법 그리고 평가방법에 이르기까지 다양한 영역에서 서양의 교육이론은 우리의 교육과 긴밀하게 연계되어 있다. 따라서 이러한 이론들과 교육사상이 어떻게 형성되었으며, 현대에는 어떤 의미를 지니는지 파악하는 일은 한국의 교육을 위해 반드시 필요한 작업이다.

이 책을 쓴 저자들은 오랜 기간 동안 교육철학과 교육사를 대학에서 가르치면서 이 과목들 각각의 본질과 의미를 잘 드러내는 교재가 있었으면 좋겠다는 생각을 지니고 있었다. 그래서 1998년 초 모임을 갖고 각자 분담하여 교육철학 및 교육사의 정신을 살린 교재를 집필하기로 결정하였다.

강의와 연구에 바쁜 시간을 쪼개어 집필하고 논의하다 보니 예상하였던 시간을 훨씬 넘긴 올해 가을에야 원고가 모여지게 되었다. 그러나 막상 새로운 시도라는 말을 하려니 부족함을 느끼게 되고 책을 내놓기가 부끄러운 마음이 생긴다. 독자들의 질책을 통해 부족한 점들을 메우고 더 참신한 책이 될 수 있도록 노력해야겠다는 다짐을 해본다.

이 책의 1, 3, 5장은 정영근이 집필하였고, 김창환은 2, 10, 11장을 집필하였다. 4, 9, 12장은 정혜영이 그리고 6, 7, 8장은 이원재가 각각 집필하였다. 내용이나 서술의 방식에 불분명한 점이나 실수가 있다면 이는 모두 저자들의 책임이다. 2년여 동안 여러 차례 모여 논의하면서 공동작업을 한 결과인 이 책은 저자들 스스로에게도 서로의 경험과 인식을 비교하면서 많은 것을 새롭게 느끼고 배우게 하였다. 저자들은 함께 논의하면서 공감했던 시간을 소중하게 여기고 있다. 우리의 이러한 시도가 교육철학과 교육사 과목의 생동적 수업에 조금이나마 기여할 수 있게 되기를 바란다.

끝으로 저자들의 집필구상을 지원하면서 긴 시간을 말없이 기다려 준 도서출판 문음사의 장석태 사장님, 책의 편집디자인에 수고한 서승연 씨, 원고 교정을 도와준 유현정 양, 그리고 책이 나올 때까지 애쓴 문음사 직원 여러분들의 노고에 감사드린다.

1999년 12월

저자 일동

| 차 례 |

제 2 부 한국교육사

제 3 부 서양교육사

Intro
교육철학과 교육사

1. 왜 교육철학인가?

교사가 되기 위해 공부하는 사람들이 배우게 되는 교육학의 다양한 분과 영역 가운데 유난히 "교육철학"은 다른 분야에 비해 어렵다거나 딱딱하다는 평을 받고 있다. 실제로 대학에서 강의되고 있는 교육철학 강좌의 내용은 일상생활에서 흔히 접하는 대상이 아닌 데에다 요즘 사람들의 언어감각에 맞게 기술되어 있지도 않다. 사는 데 철학이 필요하다거나 또는 교육의 실천에 교육철학을 정립하는 것이 중요하다는 말을 때때로 듣기는 하지만, 막상 자신이 철학이나 교육철학에 대해 공부하려면 왠지 모를 막막함과 지루함을 느끼게 된다. 실제로 철학이나 교육철학은 다른 학문 분야처럼 그 주제가 특정 영역에 한정되지 않으며 본질적 문제의식을 다루기 때문에 서술의 방식이나 내용이 건조하고 재미없어 보이기도 한다.

오늘날처럼 바쁘게 사는 세상에서 인간의 본질이 어떻고 인생의 의미와 가치가 어떠니 하는 논의가 시간낭비로 여겨질 수도 있다. 나의 일상생활에 직접 재미를 주거나 사회활동내지 직업에 도움이 되는 지식을 습득하는 일만 해도 만만치 않은데, 실생활의 직접성을 떠난 주제의 본질과 의미를 논하기 위해 시간과 노력을 투자하는 것이 왠지 아깝다는 생각마저 드는 것이다. 그렇다 보니 인간 삶의 궁극적 의미와 가치를 전제로 학생의 개성 발현 교육을 담당하겠다는 교직 지원자들마저 사는 데 필요한 실용지식만 잘 가르치면 되겠거니 하는 생각에 빠져든다.

그러나 내용이 복잡하고 당장 써먹을 지식이 아니라고 해서 '철학' 또는 '교육철학'을 소홀히 하는 태도가 바람직하다고 말할 수 있는가? 물론 철학적 사유나 내용에 무관심하더라도 사회에 적응·출세하는 데 아무런 지장이 없다고 말하는 사람이 있는가 하면, 철학은 아무래도 전공자들의 전유물일 수밖에 없기 때문에 대다수의 사람들에게 해당되지 않는 영역이라고 말하는 사람도 있을 것이다. 그렇다면 인간은 왜 수천 년 전부터 철학적 사유를 해왔으며 오늘날까지 학교교육에 철학 관련 과목들을 넣어놨단 말인가? 우리는 이렇게 평범한 질문에서 출발하여 철학과 교육철학을 논의할 필요가 있다.

가. 철학

우리는 흔히 자신이 철학과 전혀 관계없다고 생각하는 경향이 있다. 그러나 살아가며 문득 내가 사는 의미, 좀 더 철학적 표현을 쓰자면, 나 자신이 '존재하는' 의미에 대한 생각에 빠져들기도 한다. 예를 들면 배움의 궁극적 의미를 절실히 인식하지 못한 채 대학입시 준비에 치중하느라 평가와 경쟁을 위해 수많은 과목을 무작정 배워야 하는 중·고등학교 학생들이 불현듯 그런 생각에 빠질 수 있을 것이다. 가족 또는 친구와 정겨운 시간 및 취미생활을 의식적으로 억제하면서 대학 진학만을 위해 경쟁하는 생활을 어떻게 당연하다고만 여길 수 있을 것인지? 물론 다른 친구들 또한 같은 조건에서 경쟁하고 있으며 그것이 한국 사회에서 살아남기 위한 전제조건이기 때문에 어쩔 수 없다고 합리화할 수 있을 것이다. 그러나 그 경우에도 '왜 내가 이렇게 살아야 하는가?' 혹은 '꼭 이래야만 하는 것인가?'라는 의문이 어느 순간 자신도 모르게 떠오르는 것은 당연한 일이며 이는 아마도 거의 모든 학생에게서 나타나는 현상일 것이다.

이렇게 학창시절을 보낸 학생은 대체로 대학 진학 이후 지난날의 어려움과 고통을 잊은 채 다시 새로운 일상에 파묻혀 지내겠지만, 그래도 한 번씩은 옛 경험을 회상·반추하기도 한다. 삶의 의미에 대한 철학적 문제의식이란 우리가 일하며 살아가는 일상적 이유와 마찬가지로 현 상황에 만족하며 사는 사람에게도 항상 붙어 다닐 수밖에 없다. 왜냐하면 인간은 단지 본능적 생존을 위해 객관화된 대상을 파악·이용할 뿐만 아니라, 자기 자신이 누구인지에 대해 사유하는 존재이기 때문에 그렇다. 자기 자신에 대해 이미 알고 있으며, 자신을 의식·이해하고 있기 때문에 인간은 자연의 구속을 넘어서는 '자유로운 존재'이다. 역설적으로 말하자면 인간은 숙명적으로 자기 자신에 대해 질문을 제기할 수밖에 없는 존재로 이러한 질문은 의문을 해결해 주기보다는 오히려 의문 그 자체로서 가치를 지니게 된다.

이런 점에서 철학은 도서관에 저장된 철학사적 지식, 즉 어느 시대에 어떤 철학자가 있었으며 그가 주장한 바는 무엇이란 식의 내용을 가르치는 학문이 아니다. 철학수업의 목적을 단지 이미 축적된 인간의 본질과 의미에 대한 정보를 얻는 데에서 찾으려 한다면 이는 이미 철학의 본질로부터 벗어나 있는 것이다. 물론 우리는 확인된 기존의 지식을 그대로 배우고 이해하는 데에서도 만족을 느낄 수 있다. 그렇지만 '현재 상태에 만족하는 사람에게도 항상 붙어 다니는 문제의식'이 철학이라고 했듯이 인간의 삶은 항상 새롭게 보고 인식하려는 정신적 태도와 연관된다.

칸트는 철학을 가르칠 것이 아니라 '철학함'을 가르쳐야 한다고 말했다. '철학(Philosophie)'이란 명사가 아니라, '철학한다(philosophieren)'라고 하는 동사로서의 가르침이 철학수업에 훨씬 더 본질적이다. 즉 때로는 앞선 철학자들이 정의·해석해낸 인간과 삶의 본질적 문제들을 배우는 일이 필요하겠지만, 그보다 더 중요한 사실은 이런 문제에 대해 각자 나름대로 고유하게 사유할 수 있는 능력을 갖추는 것이다. 기존의 철학적 진술과 체계를 배우는 일은 지식 그 자체가 아니라 나 자신의 철학함을 위한 근거와 안내가 되어야 한다. 그래야만 유명한 철학사상가가 거론한 문제들이 내 존재 자체 및 나의 일상적 삶에 연결되고 그 나름의 의미를 지니게 된다.

다시 말해, 옛 성현의 말씀이 필요하기는 하지만 그 내용 자체만으로는 철학하는 일의 충분한 조건이 되지 못한다.

철학적 문제에 대해 축적된 지식과 정보를 다루는 일은 그런 유형의 문제를 스스로 새롭게 발견·해결하기 위한 준비에 지나지 않는다. 철학에서 다뤄지는 문제란 인간존재 자체와 관련된 내용으로 인간 각자가 스스로 그 문제를 접하고 고민하지 않을 경우 그저 평범한 대상적 지식의 차원에서 다루어질 수밖에 없다. 그렇다면 인간존재와 관련된 철학적 문제는 우리가 일상에서 부딪히는 문제와는 사뭇 다른 내용인 것인가? 철학을 어렵고 지루한 학문으로 이해하는 사람들은 이에 대해 질문해볼 필요가 있다. 달리 표현하자면 인간의 본질과 삶의 의미란 그 어떤 형이상학적 내용, 즉 실생활과는 괴리된 차원의 내용을 포함하는가라는 질문이다.

물론 철학자는 현상의 배후에 있는 본질의 세계를 인식하기 위해 난해한 개념체계를 동원하여 일상적 언어표현에 익숙한 사람들을 당혹스럽게 할 수 있다. 그러나 철학을 "철학하다"라는 동사적 의미에서 이해하자는 말은 일상생활에서 부딪히는 사소한 문제들이라 할지라도 그냥 습관적으로 보고 지나칠 것이 아니라, 나름대로 문제의 본질을 보려고 노력하는 자세를 갖추자는 것이다. 문제를 문제로 볼 수 있도록 사유하는 자세와 문제의식의 형성이 중요하다.

철학자들은 삶의 세세한 현상에서 드러나는 문제를 주어진 그대로 다루지 않는다. 그들은 특수한 개념체계를 통해 문제의 가장 핵심적 본질을 형이상학적으로 다루는 데 익숙해 있다. 반면 우리가 자유롭고 고유한 개성적 인간이 되기 위한 교육의 과정에서 '철학하는' 까닭은 일상의 다양한 문제를 자신의 존재 그 자체나 삶의 의미와 연관해 사유하며 의미를 찾으려는 데 있다. 그러므로 철학자와 우리 사이에는 단지 문제를 대함과 다룸의 정도와 깊이에 차이가 있을 뿐이지 서로 다른 종류의 대상을 대하는 것이 아니다. 철학자들을 위한 철학적 문제가 따로 있는 것은 아니기 때문에, 우리가 어떤 문제를 습관이나 일상적 판단에서 벗어나 자기 존재의 본질적 문제로 간주하여 철저히 인식하려 한다면 그것이 바로 철학적 문제라는 말이다.

우리가 일상생활에서 흔히 대화의 주제로 삼는 내용, 즉 물질 만능의 시대에 재산 증식에 점점 더 매달리는 세태나 사회에 만연된 기만행위 및 갑질현상 같은 것이 철학적 인식의 대상이 될 수 있다. 그런 주제를 단순히 자본주의 경제체제에서 흔히 발생하는 일로 치부하거나 또는 권력의 속성이 그렇다는 식의 분석에 머무르지 않고, 다시 한 번 "왜 그럴까?"라는 본질적 질문을 던지며 문제에 천착해 들어갈 때 우리는 철학하게 된다. 대부분의 사람이 일상에서 일어나는 사건들을 그냥 습관적 혹은 상식적 차원에서 대충 생각하며 지나치는 반면, 철학적 사유를 하는 사람은 그런 상식과 습관에 숨겨진 맹점을 지적·비판하여 사태의 본질을 밝혀내려 한다.[1] 쉽게 말해 철학은 사물과 사건을 그 총체적 관점에서 고찰하는 것이며, 늘 대하는 평범한 일상적 사건도 새롭게 보려는 지혜를 의미한다.

따라서 우리가 학교교육에서 배우는 철학이란 논리학·인식론·존재론처럼 특수한 분과 영역의 철학적 지식을 습득하는 일과는 다르다고 생각해야 한다. 철학의 세부영역을 다루는 일은 철학 전공자와 전문가들이 관계하는 부분이다. 반면 모든 사람들이 접하고 다뤄야 하는 철학은 특수한 전문분과 내용이 아니라, 인간의 삶과 사유의 보편적 관심과 문제를 진지하고 자유롭게 탐구하는 노력이라고 할 수 있다. 그러므로 누구나 철학을 할 수 있으며 또 해야만 한다. 교육학 전공자나 교사 지망생이 교육의 현상과 내용에 대해 철학적으로 사유해야 하는 까닭도 여기에 있다. 그래야만 교육의 현실에서 드러나는 세세한 문제들이 내 존재 자체와 어떻게 연관되는지 생각할 수 있으며, 더 나아가 일상적 교육활동이 보편적 인간교육의 차원에서 의미하는 바를 성찰해낼 수 있다. 교육철학적 사유는 교육의 현황과 문제를 새롭게 조망하도록 유도하는 힘이자 계기이다.

1) 최종욱(1996). 『철학과 일상으로부터의 탈출』. 국민대학교 출판부. 16쪽.

나. 교육철학

이제까지 우리가 교원양성 교육과정에서 배우고 접해 왔던 교육철학은 마치 특수한 전문가에 의해 다뤄지는 철학처럼 교육학 특정 분과에 속한 전공학자의 전유물로 생각되었다. 그래서 교육학을 전공하거나 교직과정을 이수하는 학생은 '교육철학' 과목을 다양한 교직과목의 하나로 여겼다. 교육철학 교과의 내용 또한 대체로 고대로부터 지금까지 전승되어온 교육에 대한 철학자들의 언급을 정리·분석한 것이 일반적이었다. 그렇기 때문에 본인 스스로는 결코 교육학자 또는 교육철학자라고 칭하지 않았을 사상가들의 말과 글을 특정 관점에서 모으고 정리하여 교육철학이란 명칭의 분과학문을 만들었다는 생각이 들 수도 있다.

대부분의 사람들은 교육의 목적과 목표를 설정하기 위해 교육철학을 필요로 한다고 생각한다. 그래서 교육철학 본연의 임무는 사상사적 고찰에 근거해 현시대와 상황에 적합한 교육목적과 목표를 설정하는 일이라고 간주한다. 그에 따라 이제 중요한 것은 정해진 목적과 목표에 도달하기 위해 가르치는 일이며, 교육학은 가르치는 방법에 전념해야 한다고 주장한다. 그러다 보니 실제로 중요한 것은 교육방법인데 교육철학은 옛 내용과 대상을 개념적으로 다루는 따분하고 어려운 과목이란 인식이 자연스레 형성된다. 분과 전공자들이 노력하여 교육의 목적을 잘 제시하면 될 일이기 때문에 교육에 관계하는 사람 모두가 교육철학에 관여할 필요가 없다는 논리 또한 등장한다. 결국 교육학자나 교사에게 가장 중요하고 필수적 과업은 가르치는 방법을 개발·습득·적용하는 일이라는 것이다.

교육철학을 이와 같이 이해하려는 현대의 교육학은 사실 적잖은 문제를 지니고 있다. 교육학이 공학적·수단적 사고의 지배를 받음으로써 무엇이 실제적 차원에서 필요한지 조사하여 달성목표가 정해지면 그 다음에는 달성하기 위한 방법의 개발에 열중하면 된다는 사고방식에서 나오는 문제이다. 그리하여 가르쳐야 할 내용이 과연 교육의 의미 전반에 비추어 타당한 것인지, 혹은 인간의 존엄성을 전제로 교육 방법을 개발하는지 같은 본질적 질문은 대개 망각되거나 부수적인 문제로 전락하기 일쑤이다. 그러다 보니 교육철학 또한 교육과정·교육사회·교육행정·교육공학 분과처럼 소수 전문가들이 관여하는 특수한 분과영역으로 축소되고, 교육철학을 전공하는 학생들조차 자연스레 전문 분과지식으로서의 교육철학을 배우게 된다. 이 경우 그들은 자신의 실제적 삶과 괴리된 막연한 사상의 체계나 추상적 사유의 세계 속에서 헤매는 것 같은 부담을 느끼며 때때로 교육철학에 대한 거부감마저 보인다.

그러나 교육에 대한 철학을 '교육문제 전반에 걸쳐 그 본질과 의미를 새롭게 찾으려는 노력'이라 정의할 경우, 우리들 대부분이 지녔던 교육철학에 대한 기존의 생각은 비판적으로 검토될 수밖에 없다. 즉 우리가 교육을 특정 지식과 기능의 전수가 아닌 인간다운 삶을 영위할 수 있도록 이끄는 전인적 자기도야(自己陶冶)의 과정으로 이해함으로써, 교육철학은 교육학의 다른 전문분과를 전공하는 사람에게도 학문적 사유와 실천의 핵심 부분으로 인식되어야 한다.

우리는 흔히 전문화와 세분화가 좀 더 진보된 인식을 가져올 수 있을 것이라는 생각에 빠져 있다. 이제까지 자연과학이 발전해 온 과정을 보면 그러한 생각은 더욱 설득력을 얻는다. 하지만 물리적 존재물이 아닌 인격적 존재로서의 인간은 통합적 관점에서 파악되어야 하며 정신적 유기체로 이해되어야 한다. 인간의 생물학적 측면이 물론 자연과학적 탐구방법에 의해 효과적으로 연구될 수 있겠으나 그러나 인간은 사회적, 정신적 그리고 인격적 존재로도 이해되어야 한다. 문제는 각 부분에서 연구된 결과를 단순히 합한 것이 인간이나 인간의 교육이 될 수 없다는 점에 있다.[2)]

우리가 흔히 착각하는 것 중의 하나는 교육학의 각 분과를 하나씩 분리해 충실히 배우면 나중에 교육학 전체를 아우르는 체계와 이해가 생길 수 있을 것이라는 소박한 믿음이다. 그러나 개별 분과영역은 교육의 세계 전반을 탐구의 대상으로 삼지 않기 때문에 결코 전체를 알 수 없다. 각각

---

2) 정영근(2001). 『인간이해와 교육학』. 문음사. "제2부: 인간교육의 다차원성" 부분을 참고할 것.

분리된 영역의 연구는 그 분야 자체의 진보를 가져올 수는 있으나, 전인적 측면의 인간과 교육이라는 관점에서 볼 경우 인간교육의 궁극적 관심과 상반되는 결과를 유발하게 된다. 예를 들어 기능적 학습효과 그 자체만을 놓고 본다면 현대의 새로운 교수–학습 방법들이 상당히 효과적일 수 있겠으나, 과연 그것이 자유로운 인격으로서의 학생과 교사 사이의 교육적 관계형성에 합당한 방법이 될 수 있겠는가 하는 질문 앞에서는 회의적일 수밖에 없다.

인간은 국가와 사회가 필요로 하는 존재로만 주조되어서는 안 된다. 인간이 국가·사회적 존재임에는 틀림없으나 그렇다고 해서 일방적으로 사회의 요구를 수행하는 수동적 태도와 능력만 지닌 것은 아니다. 인간은 생물학적·사회적 필연성에도 불구하고 고유한 자의식을 갖춘 자유로운 인격이다. 그는 자신이 처한 외부 상황으로부터 자기 고유의 내면세계를 구축해 나가는 존재일 때에만 인간다운 삶을 영위한다. 그러므로 인간이 고유한 자기 자신을 형성하려면 어떻게 배워야 하는가라는 문제가 대두된다. 결국 교육학의 어느 분과영역에 관여하든지 간에 교육철학이 추구하는 통합적 관점에서 교육을 사유할 때 비로소 인간교육의 총체적 차원이 드러나며 이에 근거하여 자기 영역에서 의미 있는 연구를 수행할 수 있다. 교육은 인간을 변화시키기 위한 '기술적 방법'에 한정되지 않고 '전인적 차원의 자기 변화'와 연관되어 전개된다.

지금까지 제시된 내용에서 보면 교육철학은 교육의 보편적·궁극적 문제에 대해 생각하고 새로운 관점을 찾아내려는 '자유로운 인간정신'과 관계하는 분야이다. 그래서 간혹 특정 관심과 내용에 집착하는 '분과 제한적' 의미의 교육철학을 전공하는 전문가가 있을 수 있겠으나, 일반적 의미의 교육철학은 '교육에 관계하는 모든 사람들이 지녀야 할 자유로운 정신이며 태도'라고 할 수 있겠다. 인간과 교육의 아주 사소한 부분부터 그 본질과 의미에 대해 자유롭게 사유·탐구하는 정신의 형성과정이 바로 교육철학이기 때문에, 이제 교사가 되려는 사람에게 교육철학은 더 이상 재미없고 어려운 특수 분과가 되어서는 안 된다. 교육철학적 관점과 사유가 형성된 사람들은 자신이 직면한 교육현실에 대해 "왜 그렇지?"라는 질문을 던지면서 일상적 현상을 새롭게 인식하려 노력한다.

교육학을 전공하는 학생들은 오늘날 교육현상을 설명하는 도식적 방법과 이론에 맞춰 현실을 분석·설명하면 된다고 생각하는 경향이 있다. 그래서 각기 행정학·심리학·사회학·경제학 등의 학문개념과 이론에 근거해 전개되는 교육학의 특정 분과영역만 공부하려 한다. 그러다 보니 교육학은 자기 고유의 독립된 개념과 이론을 지니지 못한 2류 학문이라는 비판도 듣게 된다. 그러나 이런 식의 교육학 공부를 통해 생기는 더욱 심각한 문제는 자신도 모르는 사이에 정해진 이론적 틀과 체계를 수동적으로 추종하는 자세가 형성된다는 점이다. 또 그에 따라 독자적 흥미와 관점을 지니고 사물과 현상을 주시하려는 학술 탐구적 태도를 포기하게 된다. 교육학 이론의 대가가 한 말을 자신의 것인 양 앵무새처럼 반복할 줄은 알아도 현존하는 교육문제의 본원적 성격을 밝혀내려는 노력에는 전혀 관심을 보이지 않게 되는 것이다.

교육학 서적에서 배운 이론이 교육현상 분석의 기본 틀이 될 수 있으며 또 그래야 하겠지만, 현실적으로 각기 다를 수밖에 없는 구체적 상황에 일반화된 보편이론을 그대로 적용할 수 없다는 점 때문에 교육현상을 통찰·분석하는 학문적 작업은 누구에게나 항상 어려운 문제이다. 따라서 우리가 습득한 이론을 올바로 활용하기 위해서라도 주어진 상황의 분석에 그 이론이 어떤 의미와 한계를 지니는지 생각할 수 있는 능력을 갖춰야 한다. 이 능력은 문제를 통합적으로 보려는 정신적 태도와 밀접히 연관되어 있는바, 바로 '교육철학적 관점'에서 문제의 본질을 직관하는 능력이라 할 수 있다. 이러한 능력의 형성을 위해 교육철학은 철학자들의 난해한 이론을 열거·설명할 것이 아니라, 학생들이 인간과 교육현상을 새로운 시각으로 고찰하며 비판적으로 질문하도록 이끌어야 한다.

비판적 질문능력은 한국 교육학 자체의 학문적 정체성 문제에도 해당된다. 언어·문화적 맥락은 물론이고 세계관이 전혀 다른 곳에서 형성된 외국의 이론과 경험을 무비판적으로 받아들여 우리의 교육에 그대로 적용하려는 교육학적 시도는 매우 조심스러워야 한다. 교육이론을 자연과학이론처럼 전 세계 보편적인 것으로 이해하려는 학자들도 있겠으나 주어진 고유한 역사·문화적 상황에서 그 이론의 의미와 한계를 새롭게 파악하는 능력이 형성되어 있지 못할 경우 기계적으로 얽매이기 쉽다. 이런 문제점은 교육철학의 학문적 속성과 역할을 너무 협소하게 이해함으로써 교육학 전 영역의 공통적 인식기반으로서의 교육철학적 사고를 경시할 때 발생한다.

사실 언어와 문화가 전혀 다른 외국에서 발생한 이론이 한국의 교육상황에 그대로 적용되기는 어렵다. 직수입된 외국의 이론에 근거해 한국의 교육현실을 진단·처방하려는 시도는 종종 문제의 진상을 왜곡하는 일이 된다. 물론 이론적 차원의 고찰에서 나타나는 합리적 논거가 우리의 사유를 충족시킬 수 있으나, 교육학은 '실천을 전제로 하는 이론적 사유'이기 때문에 실천현장을 전제로 하지 않을 경우 공허한 '멋있는 이론'으로 전락하기 쉽다. 그러므로 한국인의 언어·사고방식과 역사·문화적 특수성을 고려하여 문제의 본질을 새롭게 파악할 때에만 외국이론이 우리의 교육현실에 기여할 수 있을 것이다. 교육철학적 안목과 자세는 교육학자와 교육인 모두에게 요구되는 필수적 요소로서 반성적·비판적 자세로 교육학이론의 보편성 주장을 상대할 수 있을 때 형성되어 교육문제를 주체적으로 파악·해결할 수 있게 한다.

형이상학적 차원의 문제를 포괄하는 철학은 오늘날처럼 계량적 사고와 물질 만능에 길들여져 실질적·효용적 삶을 추구하는 현대인들에게 상당한 거부감을 주고 있다. 이는 교육철학에서도 마찬가지이다. 그러나 단순한 정보·지식 또는 효율적 처방기술의 획득을 통해 교육문제를 해결할 수 없기 때문에 교육철학은 대상을 새롭게 직시하여 그것의 본원적 의미를 파악하는 데 기여해야 한다.[3] 즉 인간 자신의 성찰을 통해 문제의 본질을 깨닫고 습관과 관습에서 벗어나도록 해야 한다. 우리가 교육철학을 배워야 하는 까닭은 이러한 인식과 태도의 전환에 있다.

3) 이에 대한 대표적 예를 우리는 플라톤의 국가론에 나타난 "동굴의 비유"에서 발견할 수 있다.

다. 교육철학과 비판정신

철학은 일상과 관습에서 벗어나 사물과 현상을 새롭게 조망하는 능력을 형성하는 일이라고 하였다. 또한 교육철학의 학문적 핵심은 인간 및 교육의 본질과 현실에 대한 새로운 사유를 지향하는 데 있었다. 철학과 교육철학이 지닌 공통점은 일상적이고 우리에게 '친숙한 것을 의심하는 자세'로 드러난다. 사람들은 자신이 확고히 믿고 있던 사실 자체가 문제시되었을 때에야 비로소 무엇이 문제인지 의심하며 문제해결을 위한 사유로 나아가게 된다. 이러한 정신의 운동성, 즉 앞에서 '철학하다'라는 동사로 표현되었던 '의심하는 능력'은 어떤 절대적 규범이나 믿음을 거부할 뿐만 아니라 대상을 다루는 방식 자체까지도 주시하게 한다. 삶 전반에 대해 이제까지 무비판적으로 그냥 수용했던 일상적 태도 자체를 회의하면서 문제의 본질이 어디에 있는지 생각하게 하는 것이다.

이러한 회의와 반성이 우리를 문제의 본질에 대한 사유로 이끈다고 했는데, 이는 바로 철학적 사유의 핵심이라 할 수 있는 '비판정신'으로 나아가는 것이다. 철학적 사유의 특징인 비판은 무엇보다 근원적인 것을 탐구한다. 눈으로 확인되는 차원이나 논리적으로 제시된 특정 견해에 접근하는 것이 아니라 문제의 근원까지 파헤치려는 것이다. 따라서 비판은 "가장 급진적이고 부정적 사유인 동시에 가장 본질적인 것을 찾으려는 긍정적 태도"라고 할 수 있다.[4] 비판은 부정적 사유와 긍정적 사유의 변증법적 종합, 즉 부정을 극복하고 대안을 찾으려는 사유의 긍정적 운동이다. 인간의 비판정신은 항상 자유로운 사고에 기초하며 같은 문제라도 다양한 시각에서 볼 수 있도록 한다. 언제든지 자유로운 입장에서 문제의 다양한 측면을 엄밀히 분석·비교할 때에만 체계적인 비판이 가능하기 때문이다.

비판을 통해 문제의 본질을 깨달아야 한다는 철학적 사유의 특징은 이미 고대 그리스 철학자에게서 확인되고 있다. 비판과 본질 탐구의 문제는 교육철학과 서양교육사에서 빠지지 않고 다루어지는 소크라테스 및 플라톤의

---

4) 최종욱, 앞 책, 81쪽.

사유와 교육이론에서 명백히 나타난다. 우리가 흔히 '반어법(Ironie)'이라 알고 있는 소크라테스의 교육 방법이 바로 그러하다. 소크라테스는 남들과 대화를 하는 데에서 현재 논의되고 있는 대상의 본질이 무엇인지 정확히 구분하였는데 그런 예로 대화편 〈라케스〉를 들 수 있다.

젊은이들에게 검술수업을 받도록 해야 하는가 아니면 받지 말도록 해야 하는가라는 문제를 놓고 시작된 논의에서 소크라테스는 "검술과 같은 무예 수업에서 사람들은 무엇을 기대하고 있는가?"라는 심도 있는 질문을 던짐으로써 문제의 본질을 향한 대화를 시작한다. 그는 검술을 배우는 본래 목적은 용기를 배우는 데 있으며 우리가 질문해 들어가야 할 대상은 용기에 대한 것이라고 말한다. 그리하여 용기가 무엇인지에 대해 대화하고, 용기는 만용과는 다른 성질로 통찰력을 갖춘 사람만 지닐 수 있는 것으로서 덕성(德性) 전반과 관련되어 있음을 밝혀낸다. 왜냐하면 위험에 처했을 경우 무조건적 절대성의 가치를 통찰할 수 있는 사람만이 의연하게 결단과 용기를 내보일 수 있기 때문이다. 궁극적 선(善)에 대한 지식을 소유한 자는 분별과 정의를 행할 수 있을 뿐만 아니라 용기도 지닌다. 소크라테스는 용기의 개념을 선의 이념까지 끌어감으로써 검술수업에 관한 논의의 본질이 무엇인지를 깨닫게 하고 있다.[5)]

소크라테스의 예에서처럼 교육철학은 교육현상에 대한 부분적·표층적 분석과 이해를 넘어 그 현상에 내재된 본질적 문제에 대해 의문을 품게 함으로써 주어진 대상을 새롭게 보도록 이끈다. 여기서 새롭게 본다는 말은 이미 주어진 고정된 시각이나 입장을 그냥 일상적으로 수용하는 것이 아니라, '왜 그런가?' 하는 질문을 던지며 그 문제에 새롭게 부딪히는 것을 의미한다. 이는 새로운 사실을 발견하기 위한 노력이라기보다는 이미 있는 사실에 대한 새로운 지식을 창출하려는 시도이다. 따라서 교육철학적 태도를 갖춘 사람은 교육현상에 대한 일반 정보나 해석에 만족해하며 안주하지 않는다. 교육문제에 대한 일상적 정보나 해석에는 항상 특정

5) 〈라케스〉에 나타나는 반어법의 실례에 대해서는 오인탁(1996). "소크라테스". 『위대한 교육사상가들 I』. 교육과학사. 30쪽 이하를 참고할 것.

이해관심이 반영되기 마련이고, 그 타당성은 상대적으로 평가될 수밖에 없다.

따라서 교육철학을 공부하는 사람들은 일방적이거나 왜곡된 인식으로부터 벗어나려 노력해야 한다. 한국사회와 교육계의 가장 큰 문제는 바로 문제의 본원을 향해 질문을 던지는 철학적 사유의 포기에 있다. 특히 실증주의적 사고와 행동주의 교육 방법에 의존해 투입-산출 공식으로 교육에 접근할 경우 본질적 가치 탐구의 철학적 사유를 경시하며 역량의 획득 같은 인간의 외적 변화를 더 중시한다. 교육의 궁극적 목적과 의미에 대해 별 관심을 보이지 않는 한국의 교육학 관련 서적은 '양심의 각성', '의미 추구', '책임 의식' 같은 인간의 존재적 가치에 대한 내용이 전혀 언급하지 않는다. 그 결과 교육학은 그저 인간의 학습효과 향상과 역량개발 증대에 기여하는 도구적 학문인 양 여겨진다.

따라서 우리는 〈라케스〉에서 소크라테스가 그랬던 것처럼 외적 변화 추구의 교육에서 사람들이 무엇을 기대하는지에 대해 생각해야 한다. 만약 학업성적을 통해 명망 있는 대학에 진학하여 사회적 인정을 획득하는 것이 교육의 목적이라면, 도대체 사회적으로 인정받는 능력이란 어떤 것이고 또 무엇 때문에 필요한지 다시 질문해야 할 것이다. 반면에 교육이 자아실현의 과정으로 이해될 경우 이것이 지향하는 바가 무엇인지도 생각해봐야 한다. 그러면 자아실현을 사회적 인정과 동일시할 수 있을 것인가 하는 의문이 생기게 된다. 즉 사회에서 요구되는 능력과 기량이 나 자신의 내면에서 요구하는 것과 같을 수 있는 것인지가 궁금해진다. 사회에서 요구하는 것은 다른 사람들에 의해 인정되는 가치로 나 자신의 욕구와 결단에 의해 스스로 결정한 가치나 의미와 다를 수 있다. 여기서 우리는 '사회적 존재로서의 나'와 '고유한 인격적 존재로서의 나' 사이의 문제에 대한 생각으로 옮겨가게 된다.

생각이 거기까지 미치면 한국의 교육은 사회적 인정을 위해서라면 수단과 방법을 가리지 않으며 급기야는 반(反)교육적 성향까지도 드러낸다는 것을 인식하게 된다. 그러나 그보다 더 중요한 점은 학교교육이 인간의 개성 및 인격형성의 과정과 유리된 채 진행되고 있다는 사실을 깨닫게 되는 것이다. 그리고 결국에는 개성적 인간이 존엄한 삶을 영위하도록 지원해야 한다는 교육의 또 다른 목적을 상실한 채 실리적 욕심에 눈이 어두워 사회문제를 일으키면서까지 과도한 경쟁과 편법을 부추기는 한국의 교육현실을 어떻게 이해·판단해야 하는가라는 의문에 부딪히게 된다.

이러한 교육철학적 사유와 접근을 통해 우리는 결국 교육학적 사유란 교육이 진행되는 현상을 있는 그대로뿐만 아니라, 그러해야만 할 당위의 상태까지도 고려해야 한다는 사실을 알게 된다. 그런데 이와 같은 사유와 성찰의 과정은 단순한 분과영역의 지식을 넘어 '교육학적 지혜'가 싹틀 수 있는 학술적 여건을 형성하게 된다. 교육학적 지혜는 우리가 물질적인 것에 탐닉하느라 인간 본연의 모습을 망각하고 있음을 깨닫게 함으로써 한국교육에 대한 위기의식을 느끼게 한다. 그리고 더 나아가 교육에 종사하는 전문가는 물론 자녀의 사회적 성공을 위해 수단과 방법을 가리지 않는 일부 학부모들의 반지성적이고 반교육적인 태도를 드러낼 것이다.

이렇듯 교육철학의 기본 관점과 관심은 교육사상가들의 유산이나 그 역사적 의미를 찾는 데에만 있지 않다. 옛 사상가들의 교육이론을 제시된 대로 이해·암기하는 일은 디지털 정보기술 혁명시대를 살아가는 우리에게 큰 의미를 주지 못한다. 교육철학은 인간의 교육학적 사유를 학문 분과영역의 틀에 가두는 것이 아니라, 삶의 연관성 전체를 조망하여 본질적 문제의식을 형성하고, 그 의미를 깨달아 결국에는 자신이 인식한 가치를 실천하도록 이끌어야 한다. 그러기 위해 교육자는 교육철학적 관점에서 항상 새로운 인식을 추구한다는 기쁨을 전제로 학생을 만나고 그들이 삶의 실천을 위한 교육학적 인식에 동참하도록 초대할 수 있어야 한다.

새겨보기

철학은 인간의 삶과 사유에 있어 보편적 관심과 문제를 진지하고 자유롭게 탐구하는 노력이다. 이와 비슷한 시각에서 교육철학은 교육의 본질과 의미에 대해 생각하고 새로운 관점을 찾아내는 자유로운 인간정신과 관계하는 학문으로서 교육에 관계하는 사람 모두가 지녀야 할 자유로운 정신과 태도이다. 철학과 교육철학이 지니는 공통점은 일상적이라서 우리에게 친숙한 것을 의심하는 자세이다. 따라서 교육철학은 교육현상에 대한 부분적·표층적 분석과 이해를 넘어서서 그 현상에 내재된 본질적 문제에 대해 의문을 품고 주어진 대상을 새롭게 보도록 이끄는 학문이라고 말할 수 있다. 이러한 교육철학은 다양한 과제를 지니는데 그 중에서도 특히 중요한 세 영역을 든다면, 첫째, 교육학적 인식의 구조를 밝히는 일, 둘째, 교육목적의 근거를 탐구하는 일, 셋째, 교육의 사상사를 이해하는 일이다.

2. 왜 교육사인가?

오늘날 교직을 준비하거나 교사의 직업생활에 교육사 과목이 반드시 필요하냐는 의문이 제기되고 있다. 특별한 흥미를 불러일으키지 못하는 교육사를 배우는 것은 시간낭비라는 말을 듣기도 한다. 이는 아마도 교육은 가르치는 일이고 잘 가르치기 위해서는 내용으로서의 최신 지식과 그것을 효과적으로 전달하는 방법적 기술이 중요하다는 인식 때문일 것이다. 그러나 과연 교육의 역사에 대한 지식이 없어도 교사가 맡은 바 교육적 책임을 다할 수 있을 것인지는 조금 더 생각해 볼 문제이다. 왜냐하면 교육이란 지금 당장 사는 데 필요한 실용지식을 전수하는 일에서 끝나지 않기 때문이다. 교육은 정신적·문화적 세계에 사는 인간이 자기 고유의 정신세계를 구축하며 삶의 의미와 가치를 깨닫게 하는 것으로 지식습득 이상의 의미를 지녔다.

생활이 물질적 측면에서 점점 더 풍요롭고 편해지는 현대 기술문명사회에서 인간의 존엄성 인식보다는 물질적 욕구충족을 위한 다양한 능력개발을 교육으로 이해하려는 경향이 강하다. 이는 교육이 물질생활에 필요한 지적·기술적 능력을 개발 이상으로 보람 있는 일이라는 점에서 비판적으로 재검토될 필요가 있다. 이와 같은 인식에 의하면 단순히 정해진 지식내용을 그대로 전수하는 데 멈추지 않고 스스로 하는 일 그 자체를 종합적·포괄적 안목으로 고찰·인식하도록 이끄는 것이 교육이다. 역사적 존재로서의 인간은 지속적으로 형성되는 자기 자신을 깨달아야 하는바, 그것이 바로 역사성에 대한 인식이다. 우리는 역사를 배움으로써 비로소 이러한 인식에 눈뜨게 된다. 역사를 배워 자신이 처한 현실을 더 잘 이해할 수 있다는 말은 단지 현실에 대한 지식의 폭을 넓힌다는 뜻이 아니라, 현재와 미래의 결단과 행위 선택의 능력을 획득한다는 의미이다.[6]

자연 그 자체에는 역사가 없다. 역사는 인간이 지닌 역사의식의 산물이다. 따라서 자연의 인과법칙과 질서 또한 오로지 인간의 역사적 시각이 함께 할 때에만 역사적일 수 있다. 인간은 발생한 사건을 이야기하고 또 그 원인을 탐구하여 의미를 부여함으로써 역사를 만든다. 역사는 역사의식에 의해 확인되고 풍성해진다. 우리가 교육의 역사를 연구하는 까닭은 과거의 교육이 어떠했었는지 확인하기 위해서가 아니다. 교육사는 역사에 대한 관심을 불러일으키고 일정한 시각으로 과거의 사실을 보게 하며 그 중 어떤 것을 교육의 역사로 파악케 하는 안목을 형성시킨다.

가. 교육현상의 역사성

현대의 교육학이론 가운데 상당수는 인간 삶과 교육의 역사성을 배제한 채 교육의 현상과 문제를 다루고 있다. 그러나 인간의 실존적 생활의 특수한 현상과 과제로서의 교육은 언제나 역사성을 지니며 이는 인간 자체가 역사적 존재라는 사실에서도 확인된다. 그때그때의 주어진 상황에 본능적으로 적응하며 살아가는 동물과는 달리 과거를 돌이켜보고 미래를 관망하면서 계획적으로 삶을 영위하는 존재가 인간이다. 인간은 자기 특유의 역사의식을 지니고 살아나간다.

6) 김인회(1993). 『한국교육의 역사와 문제』. 문음사. 23쪽.

인간은 원하든 원치 않든 간에 그리고 자신이 역사적 존재라는 사실을 스스로 어떻게 평가·수용하든지 간에 역사적 존재이다. 본원적 의미에서 인간은 항상 과거와 현재 그리고 미래를 동시에 살고 있다. 인간은 존재·행위 하는 데에서 그리고 사유·결단 하는 데에서 어떠한 식으로든 과거에 관여하고 또한 미래를 지향한다. 한편으로는 그렇게 되어온 존재라는 점에서, 또 다른 한편으로는 기대·계획·희망·염려한다는 점에서 인간은 과거와 미래 모두에 관계하고 있다.

넓은 의미의 전통과 미래 지향성 없이는 살 수 없는 존재가 바로 인간이다. 그렇다고 해서 전통이나 미래 지향이 단순히 인간 삶의 지지기반이나 방향의 제시처럼 긍정적 측면만 의미하는 것도 아니다. 어찌 보면 그것은 인간을 한정하는 조건으로 위험이며 불행한 운명일 수도 있다. 인간 삶의 역사성은 이렇듯 두 측면을 지녔다. 결국 모든 현재는 과거로부터 연역되지 않고 일회적·개방적이다. 현재란 인간 자체에 의해 그 나름의 가능성을 획득해야만 한다. 인간은 지금 이 순간 이곳에 주어진 기회와 난관 그리고 급박함과 위험을 직시해야 하고, 바로 이곳에 제기된 문제와 과제를 인식하면서 자신의 임무를 완수해야 하는 것이다.

역사라고 하는 보편적·인간학적인 변증법은 교육학 분야에서 특히 첨예화되고 격렬해진다. 어떻게 보면 교육의 과제란 문화를 전승하여 그것이 연속될 수 있게 하는 일에, 다시 말해 젊은이들의 삶이 기성세대의 노련한 삶을 모방하여 성장하도록 이끄는 데 있다. 그러나 또 다른 측면에서 교육은 성장세대가 자신만의 고유함에 도달하도록 격려하고 이끈다는 과제를 지녔다. 즉 성장세대가 전통에 한정되거나 억압받지 않도록 보호해야 하는 것이다. 성급하게 간섭함으로써 청소년을 무력화하지 않고 그들이 역사적 고착에서 벗어나 자유로이 미래를 지향케 하는 데 교육의 궁극적 과제가 있다.

그러나 이러한 이중적 구조는 교육의 과제에서만 나타나는 것이 아니라 인간 행위영역 전체에서 그렇다. 현재의 교육현실이란 언제나 역사적으로 형성되어 나타나는 동시에 일회적 양상을 지닌다. 물론 현재의 문제와 과제를 비롯한 교육현실이 단순히 역사적으로 연역·전승될 수 있는 것은 아니지만, 그 과거를 밝혀내지 않는 한 추론이나 진단이 불가능하고 극복하기 힘들다. 이러한 사실은 교육학적 관점과 견해, 교육의 유형, 가르치는 내용 등에도 그대로 해당된다. 교육현실은 단순한 일차원적 현상이 아니기 때문에 우리가 접하는 그 어떤 교육현실도 '역사성'을 지니지 않을 수 없다. 선행했던 교육의 역사를 통해 구성되어 언어로 표현된 현실은 임의적인 현상이 아니라 '역사적 현상'이다. 이는 물론 모든 교육현실에서 오로지 역사성만 관심의 대상이 된다는 말이 아니라, 교육의 현상과 문제를 다루는 데서 역사적 차원은 본질적이란 의미이다.

교육학을 공부하는 사람은 어떤 세부전공을 지녔든지 상관없이 교육학 이론체계와 내용 그리고 교육실천 현상을 역사적으로 파악·이해하는 훈련이 필요하다. 교육현실에 대한 역사적 접근이란 단지 학문적 관심거리이거나 과거의 사실을 확인하는 일이 아니다. 이미 있었던 것으로서의 역사는 우리가 원하든 원치 않든 교육현실을 규정·형성하는 본질이다.[7] 따라서 현 교육상황과 현실을 올바로 이해하고 미래의 교육을 설계하기 위해 교육사를 공부하는 일은 반드시 필요하다. 특히 교육현상을 경험과학의 관점과 방법으로 분석·이해하려는 교육학자들이 이러한 사실의 중요성을 깨닫는 일은 학문으로서의 교육학이 성장·발전하는 데 기여하게 된다.

나. 교육사의 의미와 과제

교육사는 예로부터 교사양성 교육과정과 시험규정의 확고한 구성요소였다. 그러나 오늘날 교육사는 교육실천에 직접 적용할 내용이 거의 없는 케케묵은 지식이나 단지 학술적 측면에서 중요시되어야 할 사안으로 치부되고 있다. 사실 많은 사람들이 교육학이론은 교육실천에 직접적 처방을 제시해야 한다고 생각한다. 이론적으로 배운 지식은 실천에서 즉시 사용

7) 오인탁(1990). 『현대교육철학』. 서광사. 58쪽.

될 수 있어야 그 효용성을 확보한다고 생각하는 것이다. 그러다 보니 교육사를 배워야 한다면 지난날의 교육이 얼마나 교육적으로 옳거나 혹은 틀리게 사유·실천되었는지 확인하는 데에서, 또는 오늘의 관점에서 우리가 어떻게 하면 교육을 진보시킬 수 있는지 명확하게 제시하는 데에서 그 의미를 찾아야 한다고 믿는다. 하지만 역사공부의 직접적 이용가치만 강조하는 실용적 입장은 역사에 대한 잘못된 사유와 기대에서 나온다.

교육이란 항상 개별 인간들의 관계에서 일어나는 '인격적 현상'이기 때문에 언제라도 대체될 수 있는 사건이나 사물과 관계된 것이 아니다. 바로 그런 이유에서 교육이론이 교육실천을 위한 일반화된 처방이나 직접적 조언을 제공하는 수단으로 이해될 수 없다. 교육이론은 교육학적 관점을 다듬고, 교육적 상황에 대한 좀 더 깊고 폭넓은 이해를 획득하며, 교육적 행위의 가능성과 귀결 및 한계를 명확히 해주는 데 그 존재 의미를 지닌다. 이는 교육학도가 사회학 혹은 심리학을 배우는 까닭이 그 학문을 통해 사회와 인간심리를 더 잘 이용하려는 것이 아니라, 사회와 인간의 내면세계에 대한 스스로의 관점을 형성해 그것의 교육적 연관점을 이해하려는 것과 마찬가지이다. 그럴 때 인간의 사회·심리적 측면에 대한 이해의 지평을 확장하는 일이 교육학적 사유와 행위에 간접적 도움을 주게 된다. 그러므로 실제적 활용방안에만 초점을 맞춰 교육현실 문제의 직접적 처방을 교육이론에서 찾는다면 편협한 관점일 수밖에 없다.

교육이 진행되는 현실 삶의 공간은 정해진 순서에 따라 일반화된 이론적 처방이 기계적으로 진행되는 진공의 공간이 아니다. 인간 삶의 생동성이 이론적으로 일반화되어 설명·파악되는 대상일 수 없는 것처럼 교육 또한 단순히 학급의 교사와 학생 사이에서 기계적으로 진행되는 것이 아니다. 교육은 극도로 복잡한 역사적 삶 전체와 깊숙이 얽혀 진행되는 사건으로서 역사적 현상이라 할 수 있다. 각각의 시대는 문화적·교육적으로 그 고유의 속성을 지니고 있기 때문에 어떤 보편적 체계나 역사적 통찰을 통해 교육 문제의 해결방법이 추출될 수 없다.

그러나 다른 한편에서 보면, 각 시대가 제아무리 고유하다 할지라도 그 독특성은 어떤 거대한 역사적 연관성 안에 있다. 현재 우리가 겪고 있는 교육문제와 그에 대한 해결책이 단순히 과거로부터 연역될 수 없는 것은 사실이지만, 그렇다고 해도 그 문제가 발생한 역사적 맥락을 인식하게 되면 이를 제대로 이해·판단하는 데 도움이 될 수 있다. 교육학적 논의에서 나타나는 문제들의 근원은 종종 역사의 깊은 바탕에까지 다가가야 그 본질적 속성을 드러낸다. 우리가 지금 사용하는 언어에 지난 시대 사람들의 사유와 느낌이 전승되고 있는 것처럼 현재의 교육상황에는, 비록 변형되기는 했겠지만, 지난날의 교육적 의욕과 노력 그리고 고통과 성취가 어떤 식으로든 남아있게 마련이다.

복잡하고 긴박한 문제들로 뒤섞인 현대에는 교육의 현실을 파악·이해하는 것이 더더욱 어렵다. 따라서 교육현실을 제대로 파악하기 위해 교육이 예로부터 어떻게 형성되어 왔는지 끊임없이 성찰해야 한다. 우리가 학교의 조직과 제도, 수업의 내용과 방법, 개별 학생의 학습에 영향을 주는 주변 세계 및 교육의 문제에 대해 논의할 때에도 단순히 현재 드러나는 것보다 훨씬 많은 역사적 사실들과 부딪히게 된다. 그럼에도 불구하고 마주하는 교육적 여건이 역사적 뿌리를 지니고 있으며 복잡하게 얽혀 있다는 것을 모른다면 어떻게 교육현실에 대처할 수 있겠는가? 바로 이 점에 교육사의 과제가 주어져 있다.[8] 교육사는 교육영역의 역사적 전개를 서술함으로써 우리가 처한 교육적 삶의 현실을 이해하여 해결책을 모색하게 한다.

교육의 현실과 이념을 역사적으로 고찰하는 일은 우리가 위대한 교육사상 또는 교육이론가를 마주치게 한다. 각 시대 특유의 교육형식이나 내용 혹은 이황(李滉), 페스탈로치(J. H. Pestalozzi), 훔볼트(W. v. Humboldt) 같은 교육사상가의 이론이 지닌 그 당시의 전반적 상황과의 연관성 및 의미를 찾는 일은 우리의 교육학적 사유를 성장시킨다. 교육에 대한 역사적

---

8) A. Reble(1980). *Geschichte der Pädagogik*. Stuttgart. p. 13.

고찰은 각각의 시대적 상황 전체와 연결되어야 하기 때문에, 단순히 있었던 사건들을 종합하여 전달하는 일과 전혀 다르다.

역사를 관통하는 가장 보편적 구조가 역사에 실재한다는 사실을 우리가 부정한다면 역사적 변화라는 말 자체가 모순이 되고 말 것이다. 인간의 총체적 삶에서 나타나는 교육적 힘과 교육 외부 힘의 상호작용 또는 교육 영역 안에서 시간의 제약을 받는 요소와 초시간적 요소 사이의 관계는 그 본질상 매우 복합적일 뿐더러 여러 차원의 문제를 포괄하고 있어 단순화되지 않는다. 그러므로 교육의 다차원성이나 역사 그리고 인간의 거대한 질서를 고찰·파악하기 위해 우리는 역사적 삶과 현상을 배우고 다뤄야 한다. 상이한 역사 속에 제시된 해결책이나 학설 그리고 위대한 인물들의 깊은 사유와 인간적 성숙함에서 이러한 문제점을 생생하게 그려내는 능력, 즉 역사적 상상력과 사고력을 지닌 사람은 현 시대의 교육이 처한 상황과 실천적 문제를 파악하는 데에 큰 도움을 얻는다.

그러나 문제는 도대체 어떻게 하는 것이 교육을 역사적으로 가장 잘 고찰할 수 있겠는가 하는 점이다. 교육학이 삶의 문화적 영역, 세계관, 사회의 발전, 이념의 변천, 경제적 변화 등에 복합적으로 연관되어 있을 뿐만 아니라, 교육 그 자체 또한 교육의 이념과 이론, 교육과정, 학교제도 등 다양한 측면을 지니기 때문에 교육에 대한 역사적 서술은 다양할 수 있다. 물론 이러한 연관관계 전체를 고려해 교육의 역사를 고찰하는 일은 거의 불가능해 보인다. 그러나 교육과 문화 전체가 내면적으로 밀접히 연결되어 있다는 사실을 인식함으로써 '교육사는 문화적 삶 전체를 직시해야 한다'는 보편적 요구를 추정할 수 있다. 교육의 이념이나 학교제도는 그 자체만으로 존립할 수 없다. 그것의 전개 및 발전과정은 인간 삶의 총체성을 직시함으로써 파악될 수 있으며 이 경우 서로 연관되는 중요한 사항들이 충분·명확하게 제시되어야 한다.

이렇듯 교육학 영역을 역사적으로 고찰하면서 교육현상 및 삶의 총체성과의 관련을 요구할 경우 교육과 삶의 연관성은 또 다른 점에서 특별한 주목을 받게 된다. 교육과 문화의 연관성으로 인해 교사 또한 교육학 영역의 전개과정은 물론 오늘날 교육이 처한 총체적 상황에 대해서도 알아야 한다는 것이다. 문화 전반을 전달하여 젊은 세대가 삶의 새로운 면을 깨닫게 하는 것은 교사의 임무로 그가 이를 제대로 수행하기 위해서는 문화 전체가 어떻게 유래하였고, 각 시대의 상이한 세력들이 현재의 삶을 어떻게 형성해 왔으며, 또 지금까지 어떠한 영향을 주고 있는지 알아야 한다. 교사는 일반적이고 근본적인 삶의 경향성과 그에 의해 각인되고 영향을 받는 것에 대한 표상을 지녀야만 한다.

그러나 이러한 고찰방식이 인간 삶 전체에 정당성을 지니기 위해서는 이념사(理念史)에 치우치거나 사회·경제적 또는 정치적 발전과정에 편향되어서는 안 될 것이다. 교육을 역사적으로 고찰하는 일은 삶의 한 영역을 다른 특정한 영역으로부터 추출하려는 방식을 포기할 때 비로소 가능하다. 모든 것을 한 고리에 걸 수 있는 일반적 논리나 딱 들어맞는 공식 같은 것은 다차원적으로 얽힌 관계와 상호 의존성 및 삶의 역사적 특수성에 비할 때 너무나 단순하다. 교육의 영역은 삶의 다른 영역 전체와 서로 얽혀 있다. 시대에 따라 각 영역이 각기 다른 영향을 주겠지만 교육의 역사적 전개에 관여한다는 점에서는 모두 본질적 요소이다. 그러므로 다양한 영역이 서로 다른 양상을 나타내지만 그 전체는 생동적 통일성을 보임으로써 한 시대의 삶은 그 나름의 통일된 일정한 스타일을 형성할 수 있을 것이다.[9] 다소간의 무리가 따르지만 이러한 방식으로 시대를 구분하게 된다.

그러나 시대를 구분한다고 해서 그 내면에 스며있는 삶의 역사적 연속성이 상실되어서는 안 된다. 역사적 시대구분이란 원래 끊임이 없는 시간의 흐름에 임의적으로 단절을 만들어내는 것이 아니라, 오로지 인간 삶의 총체성을 이해하는 데 도움을 받기 위해 시도하는 방법적 절차일 뿐이다. 사실 우리가 말하는 역사란 실재하는 역사 그대로가 아니라 주관적 계기에 의해 정리된 객관적 역사의 한 단편이다.[10] 역사란 역사적 사실에 대한

9) 같은 책, 15쪽 이하.
10) 호리고메 요조(1990). 『역사를 보는 눈』. 박시종 옮김. 개마고원. 107쪽.

우리의 해석과 판단에 의해 성립되는 것이며 시대구분은 이러한 역사연구 작업의 본질적 부분이다.

새겨보기

우리가 접하게 되는 모든 교육의 현상과 현실은 역사성을 지니고 있기 때문에 현재의 교육적 상황과 미래의 교육을 위해서 교육사를 연구하고 배워야 한다. 교사가 자신이 처한 교육적 여건이나 교육학적 문제를 올바로 인식하여 학생들에게 살아 있는 지식과 판단력을 길러주기 위해서는 교육의 역사적 맥락에 대한 인식이 반드시 필요하다. 그러나 교육은 문화 전체와 내면적으로 연결되어 있기 때문에 교육에 대한 역사적 탐구는 문화적 삶 전체를 직시하는 방향에서 이루어져야 한다. 또한 교육사에서의 역사적 시기 구분은 교육적 삶의 총체성을 이해하기 위한 방법적 차원에서 시도되어야 한다.

제1부

교육철학

1. 교육철학적 관점의 교육현상
2. 철학적 사유형식과 교육
3. 철학의 주요 영역과 교육
4. 현대 교육철학

제1장

교육철학적 관점의 교육현상

앞 장에서 우리는 교육철학이 어떤 학문인지 살펴보았다. 교육철학이란 교육실천의 다양한 모습에 대해 '왜?'라는 물음을 제기하며 그 의미를 분석하는 작업임을 알 수 있었다. 이제 구체적으로 교육철학적 관점에서 교육현상을 어떻게 분석하고 이해할 수 있는지 살펴보자. 교육철학적 관점은 오늘날 한국 교육을 지배하고 있는 다음의 두 가지 관점과 구분된다.

먼저 교육철학적 관점은 학교와 교육을 사회발전의 기능으로 보거나, 또는 출세의 수단으로 보는 기능적 관점과는 구분된다. 해방 이후 우리의 학교와 교육은 국가발전의 주요 기능으로 이해되어 왔고, 그러한 기능을 성공적으로 담당한 것으로 평가되고 있다. 오늘날 한국의 경제·국가발전이 교육 덕분이라는 점을 부인하는 사람은 없다. 또한 입시 중심의 교육 상황에서 교육이 출세와 성공의 수단이라는 점 역시 우리 사회에서 널리 인정되는 가치관이다. 이와 같이 학교와 교육을 사회의 기능 또는 수단으로 보는 사고는 오늘날에도 학교교육을 지배하고 있다.

교육철학적 관점은 다음으로 교육에서 경험적·법칙적 사실만을 교육적 지식으로 간주하는 경험주의적 관점과도 구분된다. 해방 이후 미국식 교육과 함께 도입된 경험주의적 방법은 복잡한 교육활동을 설명하고 학생의 심리현상을 이해하는 데 큰 기여를 한 것이 사실이다. 그러나 확인 가능한 사실에만 얽매여 경험적으로 확인할 수 없거나 법칙으로 설명되지 않는 무수한 교육 상황들을 교육학적 관심 대상에서 배제하는 결과를 초래하기도 하였다.

교육철학적 관점은 학교와 교육의 기능적·수단적인 측면보다는 본질적인 의미를 묻고 밝히는 것에 관심을 기울인다. 교육철학적 관점은 경험적으로 확인되거나 법칙적으로 설명되지 않는 무수히 많은 교육현상에 주목하고, 그것을 분석하며, 그 의미를 해석하는 데 관심을 기울인다. 본 장에서는 교육철학의 여러 영역 중에 특별히 현상학적·해석학적인 관점에 따라 교육을 보고 이해하는 것이 어떤 것인지 살펴보고자 한다. 현상학적·해석학적 관점은 교육의 구성요소나 교육실천 등 교육과 관련된 개념 및 현상이 지니고 있는 본질적 의미를 분석하는 것이다. 이 관점은 일반적으로 쉽게 확인되는, 즉 겉으로 드러나는 모습보다는 그 속에 숨겨진 참된 의미를 찾고 밝혀내는 것에 관심을 기울인다. 이제 학생·교사·학교 등 교육의 기본개념과 현상을 중심으로 교육철학적 관점의 특징을 밝혀보고자 한다.

1. 학생과 교사

가. 학생

교육학에서 학생은 지금까지 주로 심리학과 사회학의 관점에서 연구되고 이해되어 왔다. 심리학은 학생들의 심리상태와 발달 과정을 상세히 제시해 그들을 교육하는 데 큰 도움을 제공해왔다. 반면 사회학은 학생을 학교의 구성원이자 사회의 직무인력으로 파악하여 성장세대의 문화적 속성이나 인력양성을 목표로 한 교수-학습관계에 관심을 지녔다. 심리학과 사회학적 관점은 그것의 경험과학적 성격 때문에, 즉 객관적으로 확인되는 사실만 관심대상으로 간주하는 속성 때문에 학생들을 온전히 설명·

이해하는 데 부족함을 보인다. 그러나 교육철학적 접근은 이러한 경험과학에 기초한 심리학과 사회학의 한계를 지적하며 학생을 새롭게 이해하는 데 기여한다. 그렇다면 교육철학적 접근방법에 따라 학생을 이해하는 것은 심리학과 사회학의 경험과학적 방법과 어떻게 다른지 살펴보자.

먼저 심리학이 학생의 신체적·심리적인 발달에 주 관심을 두는 반면, 교육철학적 접근방법은 학생의 존재와 발달을 하나의 전체로 파악하여 학생의 전인적 발달 및 그러한 발달에 영향을 주는 수많은 요인에 주목하게 된다. 심리학이 학생 발달의 일반적 법칙성과 발달원칙에 관심을 지녔다면, 교육철학적 접근방법은 학생의 발달과정에서 드러나는 법칙성과 원칙은 보편타당한 진리가 아니라 개별 어린이의 생활상황에 따라 달라질 수 있다는 관점을 유지한다. 그에 따라 일반화된 법칙보다는 삶의 전반적 상황에서 학생이 어떻게 발달하는지에 더 관심을 보인다. 교육철학적 접근방법은 발달원칙의 일반성과 개개인의 특수성을 동시에 고려할 때 학생의 발달이 보다 설득력 있게 이해될 수 있다는 점을 중시하는 것이다.

사회학의 관점의 인간은 사회 속에서 출생하여 생활하기 때문에 학생 또한 사회적 환경에서 성장·발달할 수밖에 없다. 교육은 사회생활을 유지·개선시키려는 목적의 달성을 위해 성장세대로서의 학생을 사회화하는 수단이자 과정으로 이해된다. 그에 따라 개별 학생의 고유한 욕구나 인격적 특성보다는 사회적 소속감 형성과 보편적 사회질서 및 태도의 학습과 내면화를 강조한다. 사회학적 관점에 따라 학생은 학교교육의 역사에서 주체가 아닌 객체로 인식되었으며 교육의 연구와 서술에서 배제되기 일쑤였다. 이에 반해 교육철학적 관점에서는 학생의 존재와 삶을 인격적 전체로 파악함으로써 사회화 과정의 법칙성과 원칙을 넘어 개인의 특수성을 동시에 고려해야만 학생의 성장과 발달이 더 설득력 있게 파악된다고 강조한다.

연구방법론에 있어서 심리학과 사회학이 학생의 발달에 대한 관찰·서술·분석을 바탕으로 그 발달을 '설명'하는 데 관심을 갖는 반면, 교육철학적 접근방법은 학생 존재의 본질이나 실존적 상황과 그 의미를 '이해'하는 것을 보다 중시한다. 다시 말해 심리학과 사회학이 경험주의 연구방법에 주로 의존하여 교육적 성장과 발달의 일반화와 보편성을 주장하는 반면, 교육철학적 접근방법에서는 경험적으로 획득된 연구결과란 교육철학의 관점에서 재해석될 때 비로소 제대로 된 의미를 지니게 된다는 점이 강조된다. 이제 교육철학의 관점에 따라 학생 존재의 특성을 밝혀보자.

1) 미성숙한 존재

학생(學生)은 그 의미상 '배우는 사람'으로 학교에서 지식과 살아가는 방법을 배우는 사람이라는 말이다. 학생을 이해하는 데 있어 핵심적인 내용은 '배우는'이란 단어의 의미이다. 학생이 배우는 존재라는 말은 먼저 성인처럼 기본지식이나 생존에 필요한 기초경험을 배울 필요가 없는 상태가 아니라는 점을 내포한다. 다시 말해 성인은 이미 그러한 배움을 끝낸 상태로서 추가적 학습 없이 이 세상에 적응하며 살아가는 데 큰 어려움이 없는 존재라는 의미이다. 성인은 흔히 '기성세대'로 표현되는데, 그 뜻을 풀이하면 이미 성숙한 세대로서 사는 데 필요한 판단력 등 제반 능력을 갖춘 인물이라는 것이다. 반면에 학생은 아직 성숙하지 않기 때문에 성인이 될 때까지 배워야 한다.

학생이 아직 미성숙하다는 것은 더 나아가 무엇을 의미하는가? 그것은 아직 학생의 판단력이 성인의 수준에 도달하지 않아 정확하고 옳게 판단하지 못해 잘못을 범할 수 있음을 뜻한다. 즉 학생이 성장과정에서 본의 아니게 실수를 하거나 잘못된 판단을 하는 경우가 발생할 수밖에 없다는 의미이다. 실수와 잘못을 경험함으로써 학생은 더 풍부하게 그리고 제대로 배울 수 있게 된다. 학생은 이미 알고 있는 지식이나 자신에게 익숙한 사고 및 문제해결 방식을 넘어서는 새로운 수준의 내용과 상황을 경험할 때 시행착오를 범할 수 있는데, 그러한 경험은 그가 더 배우고 더 성장할 수 있도록 하는 긍정적 계기가 된다.[1)]

학생은 성숙한 어른이 될 때까지 그러한 시행착오를 끊임없이 반복한다.

---

1) J. Fromme(2001). "Irritation als ein zentrales Motiv für Lernen und Bildung". *Vierteljahrsschrift für wissenschaftliche Pädagogik*. 77. S. 420.

그러므로 우리가 '학생은 배우는 사람'이라는 말에 동의한다면, 미성숙함으로 인해 실수하고 잘못을 저지르는 것에 대해 그들의 입장에서 이해할 수 있어야 한다. 성인과 다른 기준에서 어린 학생의 실수와 잘못을 평가해야 한다는 것이다. 물론 학생의 잘못을 꾸짖는 것이 항상 부정적 의미만 지니는 것은 아니다. 경고와 질책은 반복되는 실수를 예방하고 성숙함을 촉진시키는 교육적 역할을 한다.

그럼에도 불구하고 한국 사회에서 학생들에게 행해지는 경고와 처벌은 때때로 비교육적이며 가혹하다고 비판받는다. 학생의 판단력이 아직 성숙하지 못하다는 점을 충분히 고려하지 않은 채 무조건적으로 일벌백계(一罰百戒) 식의 훈육이 여전히 통용되고 있기 때문이다. 이는 학생의 미성숙함을 쉽게 간과하는 태도가 아직 사라지지 않았음을 보여주는 것으로 개선될 필요가 있다.[2] 학생의 연령과 성숙도를 고려해 경고·질책해야 한다.

2) 발달하는 존재

학생은 어린이 상태에서 어른 상태로 성숙해 가는 과정의 존재이다. 이를 우리는 '발달'이란 말로 표현한다. 학생은 발달하는 존재다. 발달은 성장과 성숙을 모두 포괄한다. 발달은 인간의 육체적 성장에만 해당되는 것이 아니라, 정신적·도덕적 성숙의 과정을 함께 의미하는 개념이다. 중요한 점은 학생의 발달이 단순히 외부적으로만 관찰될 수 있는 과정이 아니라, 내면적 경험이기도 하다는 사실이다.[3] 학생이 스스로 확인할 수 있는 자신의 지적·신체적 발달은 개별 학생에게 일종의 의미를 부여한다. 즉 발달 과정은 학생에게 자신의 능력과 무한한 가능성을 경험케 하고 자신감을 획득하게 한다.

---

2) 학생의 미성숙함이 간과되는 원인은 무엇보다 성인의 이중적·모순적 교육의식과 태도에서 찾을 수 있다. 겉으로는 미성년자인 학생에게 관용적이어야 한다고 하면서도 성장세대의 고유한 특성을 진지하게 파악·이해하려 노력하는 데 인색하다. 연장자 중심의 전통적·유교적 사고방식 또한 어린이와 학생의 올바른 이해에 부정적 영향을 준다. 일상 언어사용에서 드러나는 연장자와 연소자 사이의 '지배' 혹은 '복종'의 어법을 면밀히 관찰하면, 삶 속에 만연된 성인의 무의식적인 아동 지배적 언어와 사고가 학생의 인권을 침해하는 상황이 드러난다.

3) M. J. Langeveld(1959). *Kind und Jugendlicher in anthropologischer Sicht*. Heidelberg. p. 11.

발달심리학자들의 주장처럼 학생의 발달이 특정한 발달단계의 도식에 따라 단계적으로 이루어지는 것만은 아니다. 학생의 발달은 개별적이다. 발달심리학에서 말하는 발달의 단계나 법칙은 일반적인 경향성을 의미하는 것으로 모든 학생이 그러한 과정을 동일하게 밟아가는 것을 의미하지 않는다. 학생은 오히려 각자 자기 고유의 발달과정을 거친다. 개방된 자신의 미래세계를 적극적으로 개척하는 존재이기 때문에 학생의 발달은 일종의 창조적 작업이라 할 수 있다. 이와 같이 개척하는 작업을 통해 모든 학생은 자신의 고유한 모습을 형성해간다. 그러므로 우리는 학생의 발달을 하나의 과제로 파악할 수 있다. 이는 인간이 되는 일이란 저절로 이뤄지지 않으며 마치 자신에게 주어진 과제처럼 전개된다는 의미이다.

이처럼 학생의 발달이 자연적으로 이뤄지지 않고 스스로 성취해야 하는 것이지만, 이를 위해서는 부모 및 교육자의 도움이 반드시 필요하다. 아직 미성숙한 존재로서 학생은 자신의 힘만으로는 정상적인 발달과정을 밟을 수 없기 때문이다. 그러므로 부모와 교육자는 학생의 발달이 완성될 때까지 기다리지 않고 그들의 발달과정에 참여하여 발달을 바람직한 방향으로 이끌고, 완성될 수 있도록 도와주며, 충고·격려하게 된다.

3) 교육적 존재

정상적 발달과정을 거쳐 성숙한 어른이 되기 위해 부모와 교사의 도움에 절대적으로 의존할 수밖에 없다는 사실로부터 학생의 세 번째 특징이 드러난다. 학생은 교육적 존재이다. 여기서 교육적 존재란 말은 학생이 교육에 철저히 의존하고 또 교육을 받을 수 있는 능력을 타고났음을 의미한다. 생물학적으로 볼 때 인간은 스스로 생존할 만큼 성숙되지 않은 채 출생한다는 측면에서 여타의 동물과 근본적으로 다르다. 인간은 다른 동물들과 비교해 볼 때 너무 일찍 태어난다. 소나 말의 경우 생후 얼마 지나지 않아 제 발로 걸어 어미젖을 찾는다. 그리고 생후 며칠이 지나면 새끼소나 말로서 살아가는 데 별로 불편함이 없다.

이와 같이 여타의 동물들은 사는 데 필요한 모든 기능들이 모태에서 결정되고 상당한 수준으로 발달하여 태어난다. 그러나 사람은 태어날 때 동물들과는 달리 무능력한 상태이다. 스스로 생존할 수 있는 그 어떤 능력도 갖고 태어나지 않기 때문에 그냥 내버려둘 수 없다. 인간은 처음부터 다른 사람, 즉 부모의 도움에 철저히 의존하고 있으며 그러한 도움은 그의 생존과 밀접한 연관성을 지녔다. 바로 이 점에서 우리는 양육과 교육의 필요성을 확인하게 된다. 갓 태어난 아기는 상당한 기간 동안 부모와 다른 성인의 도움에 의존해야 한다.

인간의 조생(早生)에 의한 제약은 동시에 인간만이 교육을 통해 다른 존재로 변화될 수 있다는 점을 제시한다. 조생으로 인해 인간은 동물처럼 고정되지 않고 개방된 존재가 될 수밖에 없다. 망아지는 태어나고 성장하여 자연세계의 일반적인 말이 될 수밖에 없지만, 인간은 태어날 때 생물학적으로 미결정의 상태이기 때문에 양육이나 교육의 영향에 따라 부분적으로 각기 다르게 될 가능성을 지니고 있다. 인간으로 태어나 사람의 모습을 하고 있지만 늑대를 통해 양육되었기 때문에 행동이 늑대와 다를 바 없는 늑대소년의 예는 이러한 주장을 뒷받침한다.

인간이 교육적 존재라는 것은 이처럼 교육을 받아야만 하고 또 교육을 받을 수 있는 가능성을 지녔다는 말이다. 아직 어린 학생이 한 인간으로 성장하기 위해 교육은 필수 불가결한 조건이다. 학생은 자신의 의존성과 미성숙성으로부터 벗어나 독자적이고 성숙한 어른이 되기 위해 교육의 도움, 즉 기성세대인 부모와 교사의 지원과 도움에 전적으로 의존하고 있다. 그러므로 교육은 학생의 존재와 실존을 결정하는 가장 중요한 요인 중 하나이다.

4) 감각적 존재

성장세대와 기성세대의 중요한 차이 가운데 하나는 성인이 합리적 판단에 근거해 살아가는 존재인 반면, 어린이나 학생은 보다 감각의 영향에 의존해 생활하는 존재라는 점이다. 어른에게서 합리적 사고와 판단이 생활의 중요한 기준이라면, 학생에게는 감각과 기본감정이 중요하다. 이러한 감각 및 감정 의존성 때문에 그들은 때때로 충동적이기도 하다. 특히 연령이 어릴수록 감각기관은 어린이가 세계를 파악하여 그 안에서 자신의 삶을 형성시키는 주요 매체가 된다. 시각·청각·미각·후각·촉각을 통해 아이와 어린 학생은 세상의 사물들을 파악·인지·기억하게 된다. 그들은 느낌과 감정으로 자신을 표현한다.

깊이 있게 생각하는 것이 어린 학생의 특성은 아니기 때문에 그들에게 논리적 사고와 깊은 이해력 및 판단력을 요구하는 것은 무리이다. 어린이와 학생은 사물 자체를 관찰·경험함으로써 쉽게 파악할 수 있다. 감각기관을 통해 느끼고 지각한 대상들을 되새겨보거나 비교·생각하는 활동을 바탕을 통해 점차 이해력과 논리적·합리적 판단능력 같은 고등 정신능력이 생겨나게 된다. 따라서 학생에게는 직관교육과 시청각자료를 이용한 교육이 매우 중요하다. 이론이나 지식교육보다는 경험을 통한 교육이 어린이와 학생 수준에 적합한 교육의 형태이다.

5) 활동적 존재

학생은 끊임없이 활동하는 존재이다. 그들의 하루 일과를 보면 삶이 얼마나 역동적인지 쉽게 확인할 수 있다. 학교에서 장난치고, 놀며, 공부하는 등 모든 활동영역에서 그들의 삶은 대단히 분주·활발하다. 그들의 가슴에는 내적 에너지가 충만하다. 그들은 어른과 달리 생각하는 존재이기보다 우선적으로 행동하는 존재이다.

신체는 학생이 활동하는 데 매우 중요한 매개체로 다양한 의미를 지니고 있다. 첫째, 신체는 인간세계를 경험하는 기초가 된다. 신체(身體)를 통해 학생들은 체험(體驗)하게 된다. 눈·귀·손·발·피부 등은 인간의 체험기관이다. 학생은 이러한 신체기관을 통해 체험한 바를 바탕으로 사고·인식하게 된다.

둘째, 학생의 신체는 자신을 이해하는 데, 즉 자기 동일성(identity)을 획득하는 데 바탕이 된다. 학생은 신체를 매개로 자신의 능력과 무능력을 확인한다. 또 신체를 통해 주변 세계를 평가·판단한다. 그러므로 자신의 신체에 대한 긍정적 또는 부정적 경험은 자신을 평가하는 데 결정적 영향을 주게 된다.

셋째, 학생의 신체는 의미를 전달하는 수단이다. 특히 유아기나 소년기의 학생은 아직 자신의 뜻을 언어로 능수능란하게 표현하지 못하기 때문에 전달하려는 의미를 신체로 표현하는 경우가 많다. 이 점에서 학생의 신체는 하나의 생물학적 대상이라기보다는 인간의 인격을 구성하는 기본요소라고 할 수 있다. 학생의 신체는 객체(object)가 아니라 영혼이 그 안에서 호흡하는 주체(subject)인 것이다.

그러나 불행하게도 오늘날 한국의 교육에서 학생의 신체활동은 매우 소홀히 취급되어 기계적 움직임이 그 자리를 대체하고 있다. 활동(活動), 즉 살아 있는 움직임을 보기보다는 틀에 박힌 죽은 움직임이 대세를 이룬다. 학교의 획일적 일과에서 개인의 자유와 여가시간은 거의 없고 수업에만 몰두해야 한다. 학교교육에서 창의성과 활동성을 표현할 가능성이 극히 제한되는데, 이 점은 신체활동의 주요 통로인 체육 교과수업이 홀대받고 있는 현실과도 관련이 있다. 한국의 학교교육에서는 학생의 정신도야와 지식교육이 일방적으로 강조되고 신체교육은 부차적인 것으로 간주된다. 신체의 중요성과 신체교육이 지닌 의미를 생각할 때 이는 매우 잘못되었다.

이미 고대 그리스인들이 신체교육의 중요성을 파악하였다. 신체의 도야는 정신의 도야와 함께 교육의 두 가지 핵심과제였으며 신체교육이 사람됨의 완성, 즉 인간 도야의 핵심과제로 강조되었다. 이 점은 체육이 단지 지식교육을 보완하거나 여가시간 활용을 위한 것이 아니라, 인간교육의 본질적 과제로 재인식되어야 함을 제시한다.

6) 탐구적 존재

인간은 무수한 사물로 구성된 미지의 세계에 태어난다. 갓 태어난 아기는 어려서부터 부모와 관계를 형성하고 수많은 사물들과 접촉해가며 성장한다. 어린이는 일찍부터 주변 세계에 있는 사물들의 본질을 캐는 작업을 시작하는 것이다. 어린이는 사물에 유인되어 그것을 만지거나 먹어보고 또 던져보는 행위를 통해 그 대상이 무엇인지 파악해간다. 이 작업은 매우 창조적이면서도 적극적 성격을 지녔다. 어린이는 끊임없이 주변의 새로운 것을 관찰하고, 그것에 흥미를 느끼며, 직접 시도해 보는 등 탐구적 작업을 수행한다. 이러한 탐구적 노력을 통해 그들은 자기 자신의 고유한 모습을 형성한다. 이렇게 어린이가 사물들을 알아 가는 노력을 랑에펠트(M. J. Langeveld)는 "의미부여 작업" 또는 "의미해석 작업"이라 표현한다.[4)]

어린이의 사물에 대한 이해는 성인의 일상적 이해를 뛰어넘는다. 성인과 달리 어린이는 한 사물에 다양한 의미를 부여한다. 어린이에게서 어떤 대상의 의미는 고정되어 있지 않다. 예를 들어 성인에게 구두는 외출할 때 신는 것 이외에 아무것도 아니다. 그러나 어린이에게 신발은 일종의 놀이 대상으로서 상황에 따라 망치로, 때로는 다리로, 다른 경우에는 비밀장소로 다양한 의미가 부여된다. 이러한 어린이의 의미부여 작업은 창조적인 것이다. 창조적 의미부여란 어린이가 지금까지 다른 사람들에 의해 이해된 것과는 전혀 다르게, 마치 예술가처럼 어떤 대상을 새롭게 해석하는 것을 보여주는 것이다. 이러한 의미부여 작업을 통해 어린이는 한 인격으로서의 독특한 자기 모습과 자신의 세계를 가꿔가게 된다.

어린이와 학생의 탐구노력은 그들의 신체적·심리적 발달과정과 밀접한 관련이 있다. 신체적·심리적인 발달과정에 이상이 생기면 그들의 탐구노력에 큰 영향을 미치게 된다. 신체의 한 부분이 제 기능을 수행하지 못할 경우 이는 단지 신체적 장애에만 머물지 않고, 학생이 주변 세계와 관계하는 데 소극적이거나 기피하는 성향을 보이게 한다. 가정이 주는 안정감과 신뢰성 역시 학생의 탐구심에 매우 중요하다. 가정의 안정감과 신뢰성은 학생이 삶에 대한 긍정적 태도와 자신감을 갖게 하는데, 학생은 이를 바탕으로 자신의 삶을 형성하는 데 적극 참여할 수 있다. 그러나 이러한 안정감과 신뢰성이 없을 경우 학생은 새로운 것을 향한 자신감 있는 추진력을

---

4) M. J. Langeveld, *Studien zur Anthropologie des Kindes*, Tübingen, 1968, p. 143.

상실할 뿐만 아니라, 부모의 보호에서 벗어나 자립적으로 행동하는 것에 미숙함을 드러낸다.

탐구심이 결여될 때 어린이와 학생은 자기 자신에 대한 믿음을 상실하게 되고, 자기 고유의 삶을 형성·적응하는 용기를 지니지 못한다. 그들은 타인에 의존하게 되며 무능력 상태에 빠지게 된다. 그 결과 자신에게 부여된 과제를 '해낼 수 없다'고 좌절하게 되는데, 바로 이 점에서 어린이와 학생의 탐구심은 일종의 교육적 과제임이 분명해진다. 학생의 탐구심은 부모와 교육자에 의해 적극적으로 유발·뒷받침되어야 하는데, 그러한 도움을 바탕으로 학생이 자신감을 지닌 채 자신의 삶의 세계를 창조적으로 개척할 수 있기 때문이다.

나. 교사

일반적으로 교사는 '가르치는 사람'으로 이해되고 있다. 학생에게 지식을 전수하고 살아가는 방법을 가르치는 사람이다. 입시중심 교육이 이루어지는 한국 사회에서는 교사의 역할 가운데 특히 지식전달이 가장 중요시된다. 그러나 단지 지식을 효과적으로 전달하는 기술자로 교사를 이해한다면 그것은 교직의 특성을 축소·왜곡하는 결과를 초래한다. 가르치는 것을 일차적 과제로 삼는 사람이 교사인 것은 분명하지만, 교직의 본질적 의미를 살펴볼 때 교사는 '가르치는 사람'으로 한정되지 않는다.

직업적 특성상 교사는 어른 세계와 어린이 세계에 걸쳐 살고 있는 존재이다. 성인으로서 교사는 학생에게 기성세대가 쌓아놓은 지식을 전달하고 가치관과 삶의 태도 등을 알게 하는 역할을 한다. 이와 동시에 교사는 어린이 세계에 존재하면서 그들의 삶을 인도하고 권익을 대변하는 역할을 담당한다. 이러한 존재적 특성의 규명에서 교사의 본질적 과제 두 가지가 드러난다. 첫째, 교사는 어린이를 성인의 세계로 이끌어야 한다. 즉 기성세대의 가치관을 전수하여 현존하는 세계에 잘 적응해 살 수 있도록 해야 한다. 둘째, 교사는 성장세대의 책임자로서 어린이를 돕고 그들의 권익을 대변해야 한다. 이 두 과제는 교사가 책임 있는 직무수행에서 실현해야 할 의무이다.

이를 원활하게 수행할 때 교사는 학생을 인격체로 키우는 인간교육을 책임 있고 성실하게 감당해내는 것이다. 이러한 과제를 수행하기 위해 교사에게는 몇 가지 권한과 책임이 부여된다. 첫째, 자유와 자율성을 보장받는다. 교사는 교육의 목적을 실현하기 위해 행해지는 교육·수업행위에서 일정한 범위의 자유를 보장받는다. 특히 수업내용과 수업방법의 선정에서 자율성을 보장받는다. 교육실천의 자유와 자율성이 부여되는 것은 한편으로 교사의 책임을 성실히 수행하기 위함이지만, 다른 한편으로는 교육자로서 교사의 소양을 신뢰하기 때문이다. 그러나 교사의 교육적 자유가 오용·남용되어서는 안 된다. 자신의 자의적 판단에 의존해 교육행위를 해서는 안 되는 것이다. 교사의 자유롭고 자율적인 교육행위에는 언제나 '교육적 책임'이 동반되어야 한다.

둘째, 권위가 부여된다. 일반적으로 권위가 성립되기 위해서는 이를 행사하는 사람과 그에 복종하는 사람 그리고 권위의 내용인 규범과 가치가 있어야 한다. 교육에서도 권위를 행사하는 교사와 이에 복종하는 학생 그리고 권위의 내용이 있게 된다. 그렇다면 왜 교사에게 권위가 필요한가? 교사가 권위를 행사하는 것은 단지 윗사람으로서의 지위를 확인시키기 위한 것은 아니다. 권위를 잘못 행하는 것이 좀 더 진행되면 주종관계가 형성되어 교사가 주인이고 학생은 마치 노예처럼 되는 경우도 있다. 엄밀히 말해 이는 권위의 남용이다. 전통적 유교문화가 지배하는 우리 사회에서는 교사의 권위가 위와 같이 받아들여지는 경우가 흔하다.

권위를 이처럼 잘못 이해하게 된 원인 중의 하나는 교육적 권위란 항상 '교육적 관계' 안에 성립해야 한다는 사실을 망각하는 데 있다. 교사의 권위는 교사-학생 사이에서 무조건적으로 성립되는 것이 아니다. 교육내용을 바탕으로 학생을 가르치고 키우려는 목적의 교육이 수행될 때, 즉 교육적 의미가 부여될 때 비로소 교사의 권위가 성립된다. 교육적 권위를 오해하는 또 다른 원인은 권위의 본질적 의미를 잘못 이해하는 데서 나온다.

교사의 권위는 학생에 대한 도덕적 책임을 전제로, 즉 학생들을 도덕적으로 바른 방향으로 이끌기 위해 부여된다. 따라서 권위는 권력이 아니라 책임이요 도움이다. 교사의 권위가 교육학적 의미를 지닌 교육적 책임으로 행사될 때 학생은 이를 신뢰·수용하게 된다. 그렇지 않을 경우 권위는 무용지물이 되고 폭력으로 변하기 쉽다.

그렇다면 교육상황에서 권위가 반드시 필요한 것인가? 만약 교육에서 권위가 없다면 어떻게 될까? 이 경우 교육현실에는 단지 명령과 복종만이 남게 될 것이다. 명령과 복종이 지배하는 곳에서 학생의 독자적·자립적 정신과 삶의 태도 형성은 불가능하다. 역으로 학생을 자유방임적으로 놓아두는 것 역시 무책임하며 교육 자체를 포기하는 결과를 가져오기 쉽다. 따라서 권위가 없이는 교육이 불가능하기 때문에 교사는 교육적 권위를 바탕으로 학생을 교육해야 한다. 교사의 권위는 학생에 대한 사랑과 책임으로부터 부여된다. 사랑과 책임이 동반되는 권위는 학생의 신뢰를 얻게 된다. 그렇지 못할 경우 교육적 권위는 폭력과 다를 바 없다. 학생은 교육적으로 올바르게 행사되는 권위에 복종함으로써 점차 자신 있고 독자적인 성인으로 성장하게 된다.

셋째, 교사는 교직을 수행하는 과정에 학생에게 벌을 내릴 수 있다. 학생이 교사의 권위를 따르지 않을 때 교사는 벌을 가하게 된다. 벌을 준다는 것은 곧 학생의 고통과 관련이 있다. 그러나 '학생이 잘못하면 무조건 벌을 받아야 한다'는 논리는 단순하고 교육적으로 무의미하다. 학생이 받는 고통이 교육적 의미를 지녔는가 하는 점이 중요하다. 벌은 학생의 양심을 각성시키고 윤리의식을 일깨우는 도덕교육적 기능을 담당할 때 비로소 그 나름의 의미를 지닌다. 벌이 정당화되기 위해서는 그것이 교육적 의미를 지닌 행위여야 하는 것이다. 교육적 의미를 지닐 때 학생은 비로소 벌을 수용할 수 있게 된다.

벌은 잘못된 행위를 반성케 한다는 긍정적 효과를 지녔지만, 학생의 자기신뢰와 자존감에 상처를 입히는 부정적 측면도 지녔다. 벌을 자주 받게 되는 학생은 자신을 부정적으로 평가할 뿐만 아니라 자신감을 상실하게 된다. 따라서 벌을 줄 때 몇 가지 고려해야 할 사항이 있다. 무엇보다 학생이 스스로 저지른 잘못을 인식했을 때 벌을 가해야 한다. 그렇지 않으면 학생이 고통의 의미를 제대로 파악할 수 없고, 교육적 효과를 거두지 못하며, 오히려 반발감만 생기게 된다. 고통의 의미를 제대로 파악하지 못하는 상황에서 가해지는 벌은 무용하고 때때로 잔혹하다.

처벌은 학생을 올바로 지도하겠다는 교육적 사랑에 근거해야 한다. 그래야 학생이 벌로 인한 고통을 긍정적 방향으로 상쇄시킬 수 있다. 타성에 젖어 습관적으로 벌을 주는 행위는 폭력으로 간주되어 죄악시해야 한다. 어쩔 수 없이 벌을 주게 되더라도 그것이 학생에게 지나치게 치욕적이어서는 안 된다. 학생의 존엄성과 도덕적 가치가 인정되는 범위에서 처벌함으로써 그들의 도덕적 태도형성에 기여하는 계기가 될 수 있어야 한다.

2. 학교·지식·시험

가. 학교

오늘날 학교는 일반적으로 교육사회학의 관점에서 그 기능과 의미가 분석·이해되고 있다. 교육사회학적 관점은 학교를 사회제도의 한 형태로 간주하여 학교가 사회를 지탱하는 적절한 기능을 지녔다고 본다. 학교가 지닌 사회적 기능은 자질부여 기능, 선발과 분배 기능, 정당화 기능 등이다.[5] 자질부여 기능이란 학교가 성장세대에게 정치·경제·사회생활에 필요한 자질을 갖추게 하는 것을 말한다. 선발과 분배의 기능은 학생의 능력에 따라 시험 등의 과정을 거쳐 선발하고 사회 각 분야에 배치하는 것을 말한다. 정당화 기능은 학교가 기존 사회의 가치와 규범을 학생들에게 내면화·정당화시켜 사회의 질서를 유지하도록 하는 것을 의미한다. 이와 같이 교육사회학적 분석은 그 기능을 다각적으로 파악할 수 있도록 함으

5) H. Fend(1981). *Theorie der Schule*. München. pp. 13-54.

로써 학교를 이해하는 데 기여한다. 그러나 이것만으로는 학교가 지닌 의미와 기능을 충분히 파악할 수 없기 때문에 교육철학적 학교이해의 필요성이 제기된다.

교육철학적으로 학교를 본다는 것은 이를 기능적으로 파악하는 것이 아니라, 그 본질적인 모습과 과제가 무엇인가라는 근본적 질문을 던지며 학교를 이해하고자 노력하는 것이다. 역사적 탄생 과정을 보면 학교는 본래 기성세대인 성인이 성장세대인 어린이를 위해 만든 기관, 즉 기성세대가 성장세대를 교육하기 위한 목적으로 만든 기관이다. 여기서 교육한다는 것은 단지 성장세대에게 살아가는 데 필요한 지식과 기술을 제공하는 것뿐 아니라, 미성숙한 성장세대를 성숙한 기성세대로 이끄는 모든 노력을 말한다. 다시 말해 학교는 기성세대가 어린이를 교육시켜 성인의 세계로 편입토록 하는 기관이다.

여기서 학교의 구조가 흥미 있게 드러난다. 교사와 마찬가지로 어린이 세계와 성인세계를 모두 포괄하는 학교는 이 두 세계를 연결하는 다리로서 어린이가 성인이 되는 데 필요한 지식과 기술 그리고 자질과 능력을 배워 향상시키는 곳이다. 이와 동시에 어린이에게 미래 세계인 성인세계에서 잘 적응할 수 있도록 돕는다. 마치 양서류인 개구리가 물의 세계와 뭍의 세계에 동시에 존재하는 것처럼 학교 역시 어린이와 성인세계를 모두 포괄하고 있다.[6)]

이러한 사실로부터 우리는 학교의 본질적 과제와 책임을 확인하게 된다. 어린이인 성장세대를 성숙한 기성세대로 이끄는 것이 학교의 일차적 과제이며 이를 위해 학교는 먼저 기성세대가 지금까지 쌓아 온 가치와 세계관 그리고 삶의 세계를 파악해 교육 내용화해야 한다. 학교에서 배우는 수많은 지식과 교육내용이 그것이다. 동시에 학교는 어린이를 위해 만들어졌다는 본질적 특성을 지니고 있는데 이는 매우 중요한 여러 의미를 지닌다.

---

6) 네덜란드의 교육학자 랑에펠트(M. J. Langeveld)는 이러한 학교의 특성 때문에 학교를 양서류(Amphibi)와 같다고 말한다.(M. J. Langeveld(1963). *Die Schule als Weg des Kindes*. Braunschweig. p. 53.

먼저 학교는 어린이가 행복해하는 공간이다. 학교란 마치 가정처럼 어린이가 편안함을 느끼고 안주할 수 있는 곳, 즐겁게 뛰어 놀 수 있는 곳, 그리운 고향처럼 언제나 돌아가고 싶은 공간이란 것이다. 이런 의미에서 학교는 어린이 삶의 한 부분을 차지하는 공간으로서 그들의 삶에 지대한 영향을 주게 된다.

다음으로 학교는 어린이의 삶을 인도하는 곳이라는 의미를 지녔다. 어린이의 삶을 가꾸고 고유함을 알아가는 장소인 동시에 어린이가 미래의 희망을 가꾸고 자신을 전인으로, 즉 개별성을 지닌 인간으로 성장케 하는 곳이 학교라는 말이다. 어린이가 학교를 행복한 공간으로 느끼고 생활하는 것은 그들의 삶에 큰 영향을 준다. 어린이가 좋은 경험을 하고 이를 간직하여 자신의 삶에 큰 영향을 받게 하는 학교는 분명 좋은 학교일 수밖에 없다. 반면 어린이가 학교 가는 것을 고통으로 생각하거나 학교생활을 불행하게 느낄 경우 이러한 학교는 그 본연의 과제를 충실하게 수행하고 있는지 진지하게 자성할 필요가 있다.

우리나라의 많은 사람들에게 학교와 학교생활은 좋은 추억으로 남아있기는 하지만 그렇다고 행복한 시절로 기억되지는 않고 있다. 이것은 학교가 본연의 과제에 충실하지 못했음을 반증한다. 우리의 학교는 광복 이후 지금까지 사회발전의 기능적 역할을 충실히 담당해왔다. 부존자원이 부족한 상황에서 인력을 양성하여 국가발전에 기여한 점은 세계에서 유래를 찾아보기 힘들다. 그러나 이러한 긍정적 기여에도 불구하고 많은 사람의 기억 속에 학교에 대한 이미지가 긍정적이지 못한 이유는 무엇인가? 그 까닭은 아마도 학교가 본연의 기능인 인간교육에 충실하지 못했기 때문일 것이다.

한국의 학교는 지금까지 사회에서 필요한 인력을 양성하는 기능에 충실했지만 학생의 소질과 개성을 개발하는 등 그 본연의 과제를 실현하는 데에는 소홀했다. 따라서 이제 학교가 그 본래의 존재 목적을 실현하기 위해 변화해야 할 필요성이 제기된다. 학생의 삶을 인도하고 그들을 위해 학교가 존재한다는 본연의 과제와 책임을 재확인하고 실현해내기 위해 힘써야 한다. 그래야 학교가 비로소 진정한 교육을 하는 장소로서의 역할을 충실히 담당할 수 있게 된다.

나. 지식

페스탈로치의 이론적 논의에 따라 교육은 일반적으로 지육(Head), 덕육(Heart), 체육(Hand) 등 세 영역으로 구분되고 있다. 종교적 세계관이 지배하던 유럽에서 체육 또는 덕육을 강조되었고 지육은 17세기 코메니우스의 교육사상에서 인간교육의 보편적 구성요소로 자리를 차지하게 되었다. 산업혁명 이후 사회가 급속히 발전하면서 지식과 정보의 사회적 필요성이 급격히 증가하여 지식교육은 학교교육에서 핵심적인 위치를 차지하게 되었다. 21세기의 정보화 및 디지털 기술문명사회에서는 지식과 정보의 획득과 전달의 중요성이 더욱 강조된다.

오늘날 학생은 가정과 학교에서 많은 양의 지식을 접하게 된다. 그러나 지식기반 사회에 들어섰다고 하면서도 한국의 학교는 여전히 지식의 본질을 이해하여 창의적으로 활용할 수 있는 능력보다 주입식 교육을 통해 단편적으로 암기하도록 이끄는 경향이 강하다. 왜냐하면 입시위주의 교육현실에서 주입식 수업방식이 좋은 성적을 획득하는 데 효과적이라고 생각하기 때문이다. 그러다보니 학업평가에서도 이해력이나 사고력을 종합적으로 평가하는 것보다 암기한 지식의 양에 초점이 맞춰진다. 이와 같은 지식교육의 큰 문제는 지식의 획득과 경험이 분리된다는 점이다. 학생의 경험과 체험이 동반되지 않는 단편적 지식의 습득에만 치중하기 때문에 배운 내용이 학생의 삶에 영향을 주지 못하는 결과를 초래한다. 그러므로 우리 교육의 근본적 문제점은 지(知)와 행(行)의 불일치라고 할 수 있다. 배운 내용이 행위와 연결되지 못하는 지식은 껍데기에 불과하여 그 생명력을 상실하게 된다.

그렇다면 무엇이 지식의 참된 의미인가? 교육을 통해 전수되고 깨달아야 하는 지식은 어떤 지식인가? 지식을 소유한다는 것은 어떤 대상을 알고 있다는 말이다. 즉 지식은 '앎'과 같은 의미이다. 그런데 '앎'은 단순한 정보 이상의 의미를 지녔다. '앎'이란 어떤 대상이 지니고 있는 참되고도 본질적인 의미를 파악하고 있는 상태로 우리는 이를 인식(認識)이란 말로 표현한다. 인식한다는 것은 경험하고 체득되었다는 차원에서 정보나 암기된 지식과 구분된다. 철학자 소크라테스는 이러한 인식만이 인간의 행동에 영향을 주는 참된 지식이라고 보았다. 고대 이스라엘인에게서도 안다는 것은 남녀의 긴밀한 관계를 바탕으로 습득하게 되는 앎으로 이해되었다. 앎이란 이렇게 선입견이나 편견 또는 피상적 지식과 근본적으로 구분된다. 앎이란 체험되어 올바로 실천될 수 있는 지식을 의미하기 때문에 진리에 다가서는 과정이다. 그러므로 인간의 올바른 판단과 실천은 이러한 앎을 바탕으로 해야 가능하다.

'나는 너를 안다'라는 영어 표현 'I know you'나 독일어 표현 'Ich kenne Dich'라는 말은 단순히 이름이나 얼굴, 생활방식, 습관 등 겉으로 드러나는 모습을 아는 것만을 의미하지 않는다. 그보다는 오랫동안의 깊이 있는 교제를 바탕으로 상대방의 사고방식, 가치관, 성격 등을 알게 되어 그의 말과 행동을 이해할 수 있는 수준일 때 사용할 수 있는 표현이다. 지식 또는 앎이 이렇게 파악될 경우 지식교육은 인간의 마음을 움직이는 지식, 즉 이성적 판단을 가능하게 하는 지식을 가르치는 활동이 된다. 단순히 정보를 제공하거나 지식을 암기시키는 것은 지식교육의 본질과 거리가 멀다. 정보지식과 암기지식은 교육학적 관점에서 본질적 의미의 지식이 될 수 없다.

이런 점에서 우리는 한국의 지식교육 현실을 반성적으로 고찰할 필요가 있다. 한국의 입시중심 교육이 주로 정보지식과 암기지식의 습득에 치중하기 때문에 시험이 끝나면 암기했던 많은 지식이 기억에서 사라진다. 오랫동안 기억되거나 학생의 삶에 의미 있는 지식은 극히 소량에 불과하다. 교육학적 의미를 지닌 본질적 지식이 우리 교육에서 소홀히 취급되고 있는 것이다. 현대 정보사회나 디지털기술사회에서 정보지식이 요구되고 있으나, 교육의 근본목적이 인간의 정신적·도덕적 성숙에 있다면 교육학적으로 의미 있는 지식에 대해 고민해야 한다. 다시 말해 학생의 이성적·도덕적 판단과 정신적 성숙을 가져오는 지식과 그들의 실천적 삶에 영향을 주는 참된 지식을 가르치는 것을 소홀히 해서는 안 된다. 이와 관련해 교육학자 헤르바르트(J. F. Herbart, 1776~1841)가 남긴 말은 우리에게 시사하는 바가 크다.

> "다음의 차이를 분명히 기억하기 바랍니다. 우리가 여기서 얘기하려고 하지 않는 수업은, 우연히 들은 것과 같이 사람의 마음을 전혀 움직이지 않는 있으나 마나 한 단순한 지식을 전달하는 것입니다. 반면, 우리가 여기서 얘기하려고 하는 수업은 학습자의 인격에 큰 영향을 미치는 지식, 그러한 지식을 소유하지 못했다면 전혀 다른 사람이 되었을지도 모를 의미 있는 지식을 전달하는 수업입니다. …… 우리가 여기서 관심 갖는 수업은 사람의 생각과 의식을 바꿀 수 있는 데 기여하는 것입니다. 만약 그것이 이루어지지 않는다면, 그러한 교육은 아무런 의미가 없습니다."[7)]

그렇다면 여기서 헤르바르트가 말하는 학습자의 인격·가치관·사고방식에 영향을 주는 교육학적으로 의미 있는 지식은 어떤 지식인가? 그것은 한마디로 학습자에게 경험을 제공하고 그 경험을 바탕으로 획득하는 지식이다. 경험이란 여기서 일반적으로 경험과학자들이 말하는 감각기관을 통해 사물을 알게 되는 것, 즉 객관적이고 반복 가능한 감각적 인지를 의미하지 않는다. 경험은 어떤 낯선 대상과의 밀도 있는 접촉을 통하여 그 대상의 본질을 알게 되는 과정이다. 그러므로 경험했다는 것은 경험자와 경험 대상 사이의 충만한 관계를 바탕으로 대상을 온전히 파악한 상태를 말한다. 독일어에서 '경험하다'는 'erfahren'이다. 이 단어는 er와 fahren의 합성어로 fahren은 '차를 운전한다'라는 뜻이고, er는 운전을 통해 방법과 기술 등을 터득한 상태를 말한다. 이 어원을 통해 볼 때 경험이란 단순히 어떤 대상을 알게 되는 것이 아니라 스스로의 신체를 매개로 직접적 체험을 통해 대상을 깊이 있게 알게 되는 것을 의미한다. 경험이란 각 개인의

---

7) J. F. Herbart(1919). "Die ältesten Hefte", *Johann Friedrich Herbarts Pädagogische Schriften*. Bd. III. Hrsg. v. O. Willmann /Th. Fritzsch. Osterwieck/Leipzig. p. 516 f.

고유한 체험을 바탕으로 형성되는 것이기 때문에 이를 다른 사람에게 소개할 수는 있어도 매개할 수 없다.

이런 관점에서 볼 때 학생이 학교에서 배우는 다양한 지식이 고유한 경험이라 할 수는 없다. 학교에서 학습한 내용은 대부분 다른 사람에게서 전달된 지식으로 직접적 체험을 바탕으로 형성된 경험지식이라 하기 어렵다. 경험지식은 진정한 의미 맥락에서 벗어나 단순히 매개되는 사실이나 지식이 아니라, 학생이 인식의 과정에 직접 참여하여 함께 사고하고 자신의 내면을 공감시켜 삶에 영향력을 행사할 수 있는 그러한 지식이다. 헤르바르트가 수업에서 강조하는 지식은 바로 이러한 경험지식이다.

다. 시험

한국의 학생에게 학교생활을 가장 힘들고 어렵게 만드는 요인이 무엇이냐고 질문한다면 아마도 대부분이 시험이라고 대답할 것이다. 이미 초등학교 시절부터 학생은 무수히 다양한 시험에 시달리게 된다. 중간시험·기말시험·수능시험·논술과 면접 등 시험에서 오는 과도한 심리적 부담 때문에 다수의 학생이 더 이상 시험이 필요 없을 때가 속히 오길 갈망할 것이다. 불행하게도 일부 학생은 경쟁적 학업분위기와 과도한 시험 부담으로 인해 자신이 기대한 점수를 받지 못할 경우 불안과 우울증에 빠지거나 자살을 기도하기도 한다.

학생의 시험 부담을 가중시키는 것은 학부모가 성적에 대해 지나치게 민감한 반응을 보이기 때문이다. 많은 학부모가 자신의 자녀가 학교에서 어떤 교육을 어떻게 받고 있는지 또 친구들과 어떤 관계에서 생활하는지에 대해 특별한 관심이 없다. 그러나 자녀의 시험성적에 대해서만큼은 과잉반응을 보인다. 심지어 일부 학부모는 자녀가 시험만 잘 치르면 그들의 부도덕하거나 일탈적 행위를 문제 삼지 않는 경우도 있다. 시험결과에 대한 부모의 과잉반응은 학교교육에 대한 학생의 가치관을 전도시켜 시험에서 좋은 성적을 받는 것이 청소년기 최상의 가치라고 생각하게 한다. 그 결과 대부분의 학생이 어떤 수단과 방법을 동원해서라도 시험을 잘 치르려고 한다. 심지어는 부정행위를 통해서라도 성적을 높이려 함으로써 편법과 불법행위가 정당화·내면화되기도 한다.

우리 사회가 학생과 학부모로 하여금 시험에 연연해하도록 조장하는 측면도 있다. 한국사회는 자본주의체제의 경쟁이 필수적임을 정당화하면서 경쟁에서 승리하는 것이 생존의 원칙이자 국가발전의 원동력이란 가치를 내면화시킨다. 경쟁에서 승리한 자는 찬미되고 낙오한 자는 거들떠보지도 않는다. 얼마 전만 해도 수능 수석과 서울대 수석 합격자에 대한 기사가 입시철이 되면 빠지지 않고 언론에 보도되었다. 이들은 언론에 대서특필되고 TV에 출연하는 등 칭송된다. 미디어를 통해 보여주는 전화로 축하받는 장면은 모든 학부모와 학생의 부러움을 사고 모두가 그렇게 되고 싶어하도록 조장한다.

시험에서 높은 점수를 받는 것은 학교생활에도 큰 영향을 준다. 시험을 잘 치르면 우등생으로 취급받고 선생님들로부터도 각별한 관심과 대우를 받는 모범적 학생으로 인식된다. 반면 시험점수가 낮은 학생은 열등한 존재로 낙인찍히기 쉽다. 우등학생에게 인적·물적으로 갖가지 특혜를 주며 별도로 관리하는 학교도 흔하다. 학창시절의 시험점수가 인생을 결정하는 것이 결코 아님에도 많은 학생과 학부모가 이를 신뢰하고 있다. 이것이 한국 학생이 체험하는 시험의 현실이다.

그렇다면 시험이란 무엇인가? 시험이 지니고 있는 본질적 의미와 기능이 무엇인지 알아보자. 학교에서 시험을 치르는 이유는 본디 교사가 가르친 것을 학생이 제대로 배웠는지 확인하는 데 있다. 학생이 배운 결과를 시험을 통해 확인하는 이유는 두 가지이다. 첫째는 교사가 자신이 제대로 가르쳤는지 스스로 평가하기 위해서이다. 교육의 내용이 적절하고 타당했는지 및 교육의 방법은 적절하고 이해하기 쉬웠는지 등을 평가하여 수업내용과 방법을 개선하려는 것이다. 시험의 두 번째 이유는 어느 정도 배웠는지 확인하여 학생에게 교육적 도움을 제공하기 위함이다. 학생이 현 상태에서 더 나은 상태로 발전하도록 이끌려는 것이다. 즉 평가와 시험의 교육적 의미는 교사가 자신의 교육실천을 반성하고 학생에게 교육적 도움을 제공하기 위해서이다. 학생들을 서열화하고 우등생과 열등생으로 구분하는 것은 경쟁을 통한 비교라고 하는 사회적 요구를 충족시키는 것으로 비교육적이다.

그러므로 시험은 본질적으로 잘하는 사람과 못하는 사람 또는 우등생과 열등생을 나누는 것이 아니라, 못하는 사람을 잘하게 하고 잘하는 사람은 더 잘하도록 이끄는 데 있다. 이것이 바로 시험의 인간학적인 의미이다. 시험은 본래 인간학적·교육학적 의미에서 중요한 것이지, 학생을 등급화하고 경쟁시키며 비인간화하는 수단이 아니다. 그렇다면 왜 우리 사회에서는 시험이 학생을 괴롭히고 비인간화하는 모습으로 나타나는가? 교육철학적으로 분석할 때 가장 큰 이유는 시험의 본질과 교육적 의미에 대한 이해가 부족하기 때문이다. 시험의 본질적 의미와 기능은 경쟁시키기, 등급 매기기, 성적지상주의 등 학생을 '억압하는' 것이 아니라, 학생의 자아실현과 자기개발을 도우면서 부족함을 확인·보완하여 '기를 살려주는' 것이다. 그 본질적 의미와 기능에 고려하여 시험과 평가가 시행될 때 교육은 보다 인간 존엄의 분위기에서 수행될 것이다.

3. 교육현상 고찰의 다양한 관점

지금까지 교육철학적 관점에서 교육현상을 보는 것에 대해 살펴보았다. 교육철학적 관점에서 교육을 이해하는 것은 '교육이란 무엇인가?'라는 질문을 던지며 교육의 본질과 의미를 밝혀 보려는 작업이다. 지금까지는 교육의 구성요소나 교육실천 등 교육과 관련된 개념과 현상이 지니고 있는 본질적 의미를 '현상학적·해석학적 관점'에서 분석했었다. 그러나 교육현상을 보는 교육철학적 관점은 이외에도 다양한 시각의 조화와 균형을 추구하는 '변증법적 관점', 교육적 사고와 행위를 비판적으로 질문해 들어가는

'비판적 관점', 교육현상에 내재된 인간학적인 의미를 찾아가는 '인간학적 관점' 등이 있다.

변증법적 관점: 교육을 변증법적 관점에 고찰한다는 것은 동일 대상을 주시하는 다양한 시각이 있음을 인정하는 것이다. 더 나아가 교육현상을 보는 다양한 시각을 인정·존중하는 것을 넘어 특정 관점에 치우친 생각이 잘못되었음을 지적하는 일이기도 하다. 예를 들어 교육을 지나치게 성인 중심 또는 내용 중심으로 이해하게 되면 어린이가 교육의 과정에서 소외되고, 반면 지나치게 어린이 중심으로 이해되면 교육의 본질적 과제가 소홀해질 수 있다. 변증법은 이와 같은 교육 이해의 편향성을 지양함으로써 균형 잡힌 교육 이해를 추구한다.

변증법과 관련해 한 가지 짚고 넘어가야 할 점은 성장기 학생들이 쉽게 빠지는 오류인 흑백논리 및 획일적 사고이다. 흑백논리는 흑 아니면 백 가운데 하나만 진리로 믿고 다른 하나는 배척하는 태도이다. 우리 편 아니면 적이라는 의식에서 우리 편도 아니고 상대편도 아니라는 생각은 성립되지 않는다. 그러나 우리 편이나 상대편이 아닌 또 다른 입장이 있을 수 있기 때문에 흑백논리는 아주 위험한 생각이다.

모든 사람이 비슷하거나 같은 생각을 지니고 똑같이 행동해야 한다는 획일적 사고는 학생의 개성을 말살하는 결과를 가져올 뿐만 아니라, '편 가르기'나 '따돌림' 같은 비교육적 현상을 낳는 원천이 된다. 더 나아가 개인의 자아실현 및 자율성 신장이라는 교육의 목적에도 위배된다. 교육적 사고는 다양성을 인정·존중하는 민주적 사고이기 때문에 변증법은 좁고 편중된 생각, 고정된 시각, 흑백논리, 획일화된 사고를 극복하도록 이끈다. 변증법적 관점은 교육현상에 대한 다면적이고 균형 있으며 건강한 사고를 신장시켜 일방적·편파적 논리와 획일화된 관점의 교육학적 사유를 비판할 수 있게 한다.

비판적 관점: 교육철학적 관점은 교육의 본질적 의미와 과제를 찾는 작업일 뿐만 아니라, 잘못된 것을 비판하고 올바른 교육의 모습을 제시하려는 태도이다. 교육의 비판적 관점이란 '왜?'라는 질문을 순수 인식론적 관점이 아닌 비판적 관점에서 제기하는 것이다. 왜 그런지에 대한 질문을 통해 잘못된 것, 부당한 것, 허위 사실, 숨겨진 의도 등을 찾아내어 무엇이 문제인지 제시한다. 교육을 비판적으로 본다는 것은 결국 교육에 대한 불합리한 생각과 교육현장의 잘못된 관행을 비판적으로 검토하는 작업이라 할 수 있다.

왜 우리는 학교에서 삶에 별로 도움이 되지 않는 수많은 지식을 배워야 하는가? 왜 우리는 강제적인 보충수업을 '자율학습'이란 명목으로 해야만 하는가? 왜 우리의 교육이 추구하는 목적과 그것을 구현하는 내용 및 방법은 서로 따로 움직이는가? 교육은 학생을 위한 것인데 왜 정작 우리 학생들은 학교교육에서 소외되고 있는가? 왜 학생들은 학교 가는 것을 즐거워하지 않는가? 왜 한국의 학교교육은 입시준비에서 탈피하지 못하는가? 왜 학생들이 친구를 경쟁상대로 보아야 하는가? 체벌은 반드시 필요한 것인가? 무엇 때문에 한국 부모는 자녀가 2등 한 것을 섭섭해 하며 1등만 추구하는가? 이러한 질문들을 던지며 그 답을 찾으려 노력하고 궁극적으로는 우리 교육을 비판적으로 재검토하는 것이다.

인간학적 관점: 교육을 이해하는 인간학적 관점이란 교육과 관련된 현상의 인간적 의미가 무엇인지 묻고 그것을 찾는 작업을 의미한다. 어떻게 하면 교육과 연관된 모든 것이 학생의 인간 존엄성과 가치를 인정하며, 학생의 사람됨을 성장시키고, 그들의 인격을 완성시킬 수 있는지 물음을 던지는 것이다. 따라서 학교를 인간학적 관점에서 파악한다는 것은 어떤 인간적 의미를 학교가 지녔는지 탐구하며 학교교육의 비인간화 현상을 밝혀내는 일이다. 다시 말해 학교교육의 자기모순을 극복하여 교육의 '인간화'를 실현하려는 시도이다. 교실의 책걸상과 환경구성, 교사-학생 관계, 학우관계, 교육내용, 교육 방법 등 학교의 제도·환경·운영이 학생의 개성과 인권을 중시하는 방향으로 진행되도록 노력하는 것이다.

오늘날 한국 학교교육의 가장 중요한 문제점은 지나치게 입시준비에 치우친다는 점이다. 입시준비 학습으로 인해 학생의 자아실현이나 인격의 완성 같은 교육의 본질적인 과제들이 소홀히 되고 있다. 교육내용의 측면에서 지식교육만 강조되고 도덕·예능·감성·신체교육 등 전인적 의미의 인간교육에 소홀하다. 교육 방법의 측면에서는 주입식 교육위주로 이루어져 학생이 자신의 내면을 표현하는 창의적 대화와 토론이 차단된다. 학교문화의 측면에서도 보충수업, 반강제적 자율학습, 과도한 성적경쟁 등을 통해 학생의 삶이 피폐해진다. 이러한 입시중심의 학교교육은 대다수 학생에게 고통을 안겨주고 비인간화의 온상이 되고 있다.

종합정리: 지금까지 교육현상을 네 가지 관점에서 교육철학적으로 고찰하는 방법을 살펴보았는데 이를 종합하자면 다음과 같다. '현상학적·해석학적 관점', '변증법적 관점', '비판적 관점', '인간학적 관점'이 그것으로 교육현상을 고찰하는 데 있어 이 관점들은 대개의 경우 상호 관련되어 움직인다. 예를 들면 학교는 먼저 본질적으로 기성세대가 성장세대를 위해 만든 기관으로 미성숙한 인간이 성숙해지도록 이끄는 과제와 책임을 안고 있다. 그러나 오늘날의 학교교육은 지나치게 교사 중심 및 지식전달 중심의 입시준비에 치중함으로써 교육의 본질적 과제를 변질시킨다. 학교의 사회적 기능은 강조되지만 개별 학생의 자아실현과 권익보호 같은 교육적 기능이 약화되고 있다. 학생이 고유한 개별 인간으로 성장함으로써 자신의 사람됨을 완성해야 한다는 본질적 과제가 소홀히 된다. 특히 암기중심 수업과 교육은 자발성을 억제하는 교육환경을 조성해 학생을 비인간화한다.

학교가 그 본연의 과제에 충실하지 못한 점은 비판의 대상이다. 학교의 기능이 입시준비로 축소되는 것이나 학생을 비인간화하는 것이 비판되고 있다. 학교는 본연의 과제에 충실하고 지식이나 인격 그 어느 한편으로 치우치지 않는 조화로운 교육을 성취해내야 한다. 비인간화 현상을 극복하고 참된 교육의 모습을 보일 수 있어야 하는 것이다. 교육현상을 철학적으로 고찰한다는 것은 이와 같이 현상학적·해석학적 관점을 통해 교육의 본질과 과제를 질문해 들어가고, 변증법적 관점을 통해 균형과 조화를 찾으며, 비판적 관점을 통해 잘못된 교육에서 올바른 교육에로 회귀할 것을 촉구하고, 인간학적 관점을 통해 학교교육의 인간화 가능성을 추구하는 일이다. 교육철학적 관점은 결코 가치중립적이지 않다. 교육현상의 본질적 의미를 묻고, 잘못된 것을 비판하며, 학교교육을 개혁하려 한다. 교육에서 끊임없이 '왜?'라는 질문을 제기하고 그 대답을 찾는 교육철학적 노력은 궁극적으로 교육을 인간화하는 것을 목적으로 하고 있다.

새겨보기

이 장에서는 교육현상을 교육철학적 관점에서 분석하고 설명하는 작업이 어떤 것인지 살펴보았다. 교육과 학교를 교육철학적 관점에서 분석하는 것은 교육의 사회적 기능을 분석하는 교육사회학적 관점, 학생의 심리적인 발달법칙에 주목하는 교육심리학적 관점과 차이가 있다는 점을 밝혀 보았다.

교육현상을 철학적으로 보는 것은 교육이 겉으로 나타나는 현상에 주목하기보다는 그 뒤에 숨겨져 있는 본질적 과제와 의미를 밝히는 것이다. 학교·교사·학생·교육내용(지식)·교육평가(시험) 등 교육과 관련된 기본 요소를 교육철학적으로 밝히는 작업은 그것들이 교육적으로 의미 있게 움직이는 것이 무엇인지 밝혀 준다. 그리고 교육적으로 움직이지 않는 실제의 교육현실을 보면서 비판할 수 있는 안목을 제공해 준다. 이렇게 교육철학적 관점은 오늘의 교육현실과 사회현실에 비판적으로 묻고 반성하도록 한다. 잘못된 교육을 비판하는 것과 더불어 교육철학은 올바른 교육의 방향을 제시하고 궁극적으로 교육과 학교의 인간화를 지향한다.

제2장

철학적 사유형식과 교육

우리가 사용하는 철학이란 말은 '지혜를 사랑한다'는 그리스어 필로소피아(philosophia)에서 유래하였다. 그런데 '지혜'에 중점을 두느냐 아니면 '사랑'에 중점을 두느냐에 따라 필로소피아의 뜻이 달라질 수 있다. 대체로 소크라테스나 플라톤에게서는 자신의 무지를 깨달아 보다 나은 지혜를 향해 끊임없이 노력하는 인간의 모습, 즉 '사랑으로서의 철학'이 추구된다. 그러나 아리스토텔레스는 지혜 자체에 강조점을 둠으로써 '지혜로서의 철학'을 추구하였다고 볼 수 있다. 그에 의하면 철학은 지혜의 탐구라기보다는 지식의 체계이다. 그런가 하면 프래그머티즘에서는 앞에 든 두 가지 경우와 달리 철학의 기초를 구체적 경험에 둔 지식과 실행에서 찾고 있다. 이렇듯 철학은 지혜 혹은 지식을 탐구하고 획득하는 일과 직접적으로 연관된다.

넓은 의미의 교육은 모든 영역에서 인간성장과 발달에 영향을 주는 자연적이고 정신적인 작용이다. 그러나 이러한 추상적 교육개념과는 달리 좁고 엄밀한 의미에서 교육으로는 의도적이고 조직적인 학교교육을 들 수 있다. 학교에서 지식과 지혜를 배우는 것이 교육이라는 것이다. 이러한 의미에서 교육은 지식의 체계와 지혜를 명상하고 탐구하는 철학과 밀접한 관계에 있으며 다양한 철학적 사유의 형식에 따라 교육의 내용과 방법이 영향을 받게 된다. 따라서 우주를 구성하는 실체를 각기 다른 관점에서 조망하는 다양한 철학적 사유형식들은 인간의 앎과 삶을 서로 상이한 입장으로부터 파악하게 되며 또 그러한 입장의 차이는 인간이 삶을 준비하는 과정으로서의 교육에 결정적인 영향을 준다.

본 장에서는 세 가지의 철학적 사유형식을 각기 소개하고, 그에 따른 대표적 사상가의 교육이론을 간략히 서술한 뒤, 그러한 철학적 영향을 받은 교육사조의 교육원리를 요약한다. 따라서 관념론 부분에서는 플라톤의 교육이론이, 그리고 실재론 부분에서는 아리스토텔레스의 인간이해와 교육이론이 약술된다. 프래그머티즘 부분에서는 듀이의 교육이론을 간략히 설명한 뒤 프래그머티즘의 교육이론이 한국의 교육현실에 준 영향에 대해 생각해 본다.

1. 관념론과 교육

가. 관념론

우리가 흔히 이상주의(idealism)라고 부르는 관념론은 우주의 실체란 본질적으로 인간의 정신에서 밝혀질 수 있는 것으로 간주한다. 세계를 구성하고 있는 요소들이 그 본질상 정신으로 되어 있는 까닭에 물질적 요소는 정신적 요소를 통해 설명된다는 것이다. 이렇게 정신적인 실체가 현상계를 만들어 낸다는 입장에 따라 관념론은 궁극적 가치와 절대적 목적에 접근하여 그것을 실현시킬 수 있다고 믿는다. 관념론자 플라톤에 의하면 실체에 대한 인간의 관념은 바뀔 수 있으나, 그러한 변화가 일어나는 곳은 다름 아닌 정신이다. 정신은 감각이나 물질에 선재(先在)하는 근본적인 것으로 진정 실재하는 것은 정신이고 물질은 정신의 부산물에 불과하다는 것이다.

역사적으로 볼 때 관념론은 플라톤(Platon)에 의해 처음으로 제시된 이상주의적 철학과 그 세계관을 말하지만 그 이후에도 관념론은 여러 사상가들에 의해 다양한 모습으로 전개되었다. 철학의 역사에 남는 관념론자로는 플라톤 이외에도 아우구스티누스(Augustinus), 데카르트(R. Descartes), 라이프니츠(G. W. Leibniz), 칸트(I. Kant), 피히테(J. W. Fichte), 헤겔(G. W. F. Hegel) 등 수많은 철학자가 있다. 그러나 교육학에서 관념론적 사유양식과 연계하여 교육의 문제를 다룰 때에는 무엇보다 플라톤과 그의 이데아론이 가장 흔히 언급된다. 가시적인 사물 세계와 분리된 사유의 세계에 속하는 이데아들 가운데 가장 궁극적 이데아는 선의 이데아이다.

플라톤에 의하면 사람들이 자신의 감각을 통해 알 수 있는 세계란 사물들이 생겨났다 사라지고 변화하는 일시적이고 특수한 현상의 세계이다. 그 세계는 영원하고 보편적이며 정신에 의해 지각되는 절대적으로 존재하는 참다운 실재, 즉 실체의 세계와는 확연히 구분된다. 불변하는 실재의 세계는 감각이 아닌 이성적 사유를 통해 인식되며 일시적 현상이 아니라 영원한 형상, 다시 말해 이데아로서 존재한다. 현상계의 사물은 그것의 이데아를 모방하여 존재하기 때문에, 그 사물의 참모습이란 감각적으로 지각되는 현상이 아니라 정신적으로 존재하는 관념적 실재이다. 우리가 감각을 통해 사물들의 외형을 지각할 수 있는 것도 그것의 관념적 실재가 존재하기 때문이다. 따라서 우리가 세계에 대한 지식을 소유한다는 것은 궁극적으로 관념적 실재를 전제로 할 경우에만 가능하다는 것이다.

궁극적 가치, 인류와 인격의 완성 가능성에 대한 신뢰 등에 근거하며 이념적 목적에 따라 모든 현실적 존재와 행위를 주도하는 관념론은 교육의 철학과 실천에 막대한 영향을 주었다. 특히 오늘날처럼 인간 삶의 경제적 효용성 추구와 가치의 상대화가 만연한 시대에는 교육적 대안의 정당성과 근거를 관념론적 지향점에서 되찾으려는 시도가 다양한 형태로 나타날 수 있다. 현대 미국 교육철학의 한 부류로 간주되는 본질주의의 교육이론 역시 그 내용을 살펴보면 관념론적 세계관이 반영된 것을 알게 된다. 이상적인 미래를 지향하는 교육이란 대체로 그 근본에 있어 관념론적 지향성을 내재하고 있기 때문에 관념론은 현대의 교육에도 커다란 영향력을 행사하고 있다고 보아야 할 것이다.

나. 플라톤의 교육이론

교육이란 교육을 받지 않은 상태에 있는 인간이 스스로의 노력과 주변의 도움에 의해 신체·심리적, 사회적, 정신적 그리고 인격적으로 성장하고 변화하는 과정이라고 볼 수 있다. 그러나 관념론적 교육이론의 대표자라 할 수 있는 플라톤에게서 교육이란 일시적이고 특수한 현상세계에 대한 인식에서 벗어나, 점차 영원하고 보편적이며 정신에 의해 지각되는 절대적으로 존재하는 참된 실재의 세계에 대한 인식으로 들어서는 과정을 의미한다. 다시 말해 배우는 이의 정신적 발달을 통해 궁극적 실재를 인식해 나가는 과정이 바로 교육이다. 플라톤은 이러한 변화의 과정을 그의 저서 『국가』 제7권의 앞부분에 서술된 "동굴의 비유"를 통해 잘 묘사하고 있다. 그 내용을 간단히 소개하면 다음과 같다.

> 아이들이 태어나자마자 그들을 동굴의 어두운 곳으로 데려간다면 그 아이들이 지닌 실재하는 것에 대한 유일한 개념은 어두운 동굴이 될 것이다. 만일 우리가 그 아이들을 쇠사슬로 묶어서 앞쪽의 동굴 벽면만 보게 한다면 그들에게 실재하는 것이란 어두운 동굴 벽면일 것이다. 그러나 그들이 묶여 있는 곳 뒤에서 횃불이 켜지고 횃불 앞으로 물체가 지나간다면 그들에게 실재하는 것이란 동굴의 벽에 비치는 그림자가 될 것이다. 예를 들어 횃불과 묶여 있는 사람들 사이로 마차가 지나간다면 그 마차는 동굴의 벽에 그림자를 형성할 것이고, 그에 따라 묶인 자들은 평면적인 모습의 마차에 대한 개념을 지니게 된다는 것이다. 그러나 그들 가운데 한 사람이 풀려나 등 뒤에서 비치던 횃불을 보고 더 나아가 동굴의 입구에 도달하게 된다면 그는 태양의 광선에 의해 눈이 부셔 처음에는 앞을 쳐다 볼 수 없게 될 것이다. 시간이 지남에 따라 그는 점차 그림자, 물에 비친 영상 그리고 그런 다음에 사물 자체를 볼 수 있게 된다. 그는 궁극적으로 만물을 볼 수 있게 하는 근원인 태양도 보게 될 것이다. 그런데 만약 그가 옛 거처를 생각하고 자신과 함께 묶여 있던 동료들을 위해 동굴로 돌아가고자 한다면, 벽의 그림자가 궁극적 실재라고 믿는 옛 동료들이 과연 그가 하는 말을 믿을 것인가? 오히려 그를 이상한 사람으로 여기고 배척하려 한다는 것이다.

위에 요약한 "동굴의 비유"는 플라톤이 『국가』에서 제시하는 철인(哲人)의 도야 과정을 다루고 있다.[1] 묶인 쇠사슬에서 풀려난 사람은 비록 속박에서 해방은 되었으나 그렇다고 해서 자유롭게 된 것은 아니다. 그에게는 아직 자유의지가 없기 때문에 스스로 새로운 사물을 보지 못한다. 그는 이제 사물의 본질을 바로 볼 수 있기 위해서 교육을 받아야 한다. 강제에 의해 벽의 그림자를 실재로 믿었던 그를 참된 인식에 이르게 하는 교육의 시작은 동굴 밖으로 이끌고 나가는 강요를 동반하게 된다. 동굴 밖에서 밝은 세계의 사물들을 제대로 인식하고, 마침내 선의 이데아인 태양의 존재를 인식한 그는 이제 이 밝은 세계에서 살 것인지 아니면 어두운 동굴로 되돌아가야 할 것인지를 고민하게 된다. 그는 돌아가기로 결심하고 동굴로 들어가 동료들에게 밝은 지상의 세계에 대해 말하지만, 억견(臆見)에 사로잡힌 동료들은 그를 비웃고 결국에는 죽일 것이다.

이 비유는 존재의 두 차원, 즉 그 본질에 있어 상이한 두 세계를 묘사하고 있다. 인간이 살고 있는 세계는 궁극적 실재가 자리하는 진리의 세계가 아니라, 일시적 현상들이 난무하는 억견의 세계이다. 플라톤은 "동굴의 비유"에서 이러한 두 세계가 각기 존재의 원천인 빛으로부터 떨어져 있는 거리를 구별하고 의식하게 함으로써 우리가 진리의 세계를 인식하도록 인도한다. 동굴의 비유에서는 감각적 세계로부터 이지적 세계로의 상승이 수학적·변증법적으로 묘사되고 있다. 어두운 동굴은 허깨비(eikasia)와 신념(pistis)을 상징하고 동굴 밖의 빛의 세계는 오성(dianoia)과 지성(noesis)을 상징한다. 따라서 교육이란 어두운 상태에서 빛으로 옮겨가는 과정을 의미한다.

동굴의 비유는 인간이 교육의 일정한 질서에 따라 지식의 상이한 단계에 도달하는 길을 그려내고 있다. 교육의 길로 인도되는 사람은 언제나 자신을 움직여 스스로의 입장을 바꾸고 실재의 인식에 참여해야만 한다. 그런

---

1) "동굴의 비유"에 대한 교육학적 해석으로는 오인탁(1996). "플라톤". 『위대한 교육사상가들 I』. 교육과학사. 61-73쪽을 참고할 것. 본문에서는 위의 글을 요약·정리하였다.

데 실재를 인식하기 위해서는 묶여있던 상태에서 고개를 뒤로 돌리고 밖으로 나아가는 "전환"이 강조되고 있다. 교육은 지금까지 전혀 볼 수 없었던 자에게 보는 능력을 부여하는 것이 아니라, 이미 볼 수 있는 자가 자신의 보는 능력을 사용하여 바르게 보도록 인도하는 것이다. 교육에는 독학이 없다. 실재를 인식하기 위해서는 자신의 의지에 반(反)하는 낯선 교육의 강요에 따라 자기를 굽히지 않으면 안 된다. 모든 교육적 노력에 있어 초창기에는 교육받지 않으면 안 되는 상태에 있는 인간의 저항에 부딪히게 된다는 사실을 동굴의 비유가 분명하게 보여준다.

그러나 교육을 받은 상태, 즉 참된 실재를 인식한 다음에는 무교육의 상태에 있는 사람들에게 돌아가는 길을 택하게 된다. 플라톤은 동굴의 비유 끝 부분에서 "귀향"의 의무를 강조하고 있다. 최고의 지식에 도달한 자에게 요청되는 것은 동굴의 세계로 돌아가 무교육의 상태에 있는 인간들을 교육해야 한다는 점이다. 결국 최고의 지식은 동굴의 세계 그리고 이 동굴에서 사는 인간과 연관되어 있다. 최고의 지식에 도달한 철인은 동굴 안의 인간들이 지녀야 할 바른 관계를 세워 주고 유지시킬 수 있는 능력을 갖게 된다. 그래서 철인이 통치하는 국가가 이상적이다.

플라톤은 최고 수준의 인식 그 자체뿐만 아니라 다시 동굴로 돌아가는 결단과 행동에 교육의 궁극적 목적을 두었다. 다시 말해 동굴로 귀향하는 것은 최고 지식의 의미와 과제에 대한 최종적 대답이다. 선의 이데아로 대표되는 최고의 지식은 단순히 인식 그 자체에서 성립되는 것이 아니며 실천과 연결될 경우에만 비로소 진리로 드러날 수 있다는 말이다. 따라서 선의 이데아를 인식한 사람은 모든 존재의 인식원리뿐만 아니라 모든 생활과 실천원리까지 꿰뚫는 자이다. 그런 예를 우리는 자신의 죽음을 통해 교육의 본질을 보여준 소크라테스에게서 찾을 수 있다.

이렇듯 플라톤의 "동굴의 비유"는 인간이 지닌 실재에 대한 개념이 변화할 수 있음을 보여주고 있으며, 여기서 인간에게 실재하는 유일한 것이란 결국 그의 정신에 의해 파악되는 관념적인 내용임을 말하고 있다. 따라서 학습자에게 가장 중요한 것은 참된 실재를 파악하는 정신세계의 형성이다. 관념론자들에게 있어 지식이란 실재의 근본이 되는 정신적 원리에 관한 것으로 이러한 실재에 대한 지식은 결국 이데아의 형상을 지니게 된다.

다. 관념론의 교육원리

플라톤의 교육이론에서 살펴본 것처럼 관념론에서 말하는 교육이란 성장하는 세대가 참된 실재를 인식하고, 최고선에 따라 실천적 삶을 영위하며, 아름다움을 추구할 수 있도록 그들의 정신능력을 계발시키는 일이다. 관념론에 근거한 교육은 정신적 작용으로서 인간성 안에 내재된 가장 좋은 것, 그 사회가 지니고 있는 가장 소중한 것, 그리고 인간이 지향해야 할 가장 아름다운 것을 교육에 적극적으로 반영시켜야 한다.[2] 관념론의 교육원리를 몇 가지로 요약하자면 다음과 같다.

첫째, 학생들이 좀 더 의미 있는 삶을 영위할 수 있도록 자신에게 내재된 잠재능력을 개발하여 진리를 습득하고 자신이 사는 사회의 문화유산을 계승하고 발전시키도록 하는 데 교육의 목적이 있다.

둘째, 학교는 아동이나 사회를 중시하는 교육기관이 아니라 이상을 중심으로 하는 교육기관이어야 한다. 학교는 개인과 사회의 차원을 뛰어넘는 어떤 이상적 개념을 중심으로 하여 교육하는 곳이다. 여기서 이상을 중시한다는 말은 행복추구, 사회복지 그리고 이성추구 같은 관념을 의미하는 것으로 이는 개인과 사회 모두에게서 강조될 수 있는 내용이다.

셋째, 교육과정은 개념화되고 관념화된 지식 위주의 교과목과 그에 대한 학습내용이 주를 이룬다. 참된 실재인 이데아를 학생들이 자주 접촉할 수 있어야 하는데, 그러한 문제들은 주로 인문학의 탐구를 통해 해결되어야 한다. 따라서 인간성에 대한 학문인 철학, 역사학, 문학 등은 관념론적 교육과정의 핵심이 된다. 또한 보편적 선험원리에 근거하면서 추상적 개

2) 김정환·강선보(1998). 『교육철학』. 박영사. 104쪽.

념을 다루는 방법을 제공하는 수학과 의사소통은 물론이고 모든 학문의 본질적 도구라 할 수 있는 언어 역시 교육과정의 주요한 부분이 된다.

넷째, 교육 방법으로는 소크라테스의 대화법이나 교사의 모범이 중시된다. 교육의 역할은 학습자의 정신에 이미 잠재되어 있는 이데아를 상기시키는 것이다. 학습자 자신이 지닌 이데아를 의식화할 수 있도록 교사는 학생들과의 대화를 통해 그들의 정신을 각성시켜야 한다. 또한 교사는 문화유산에 대한 지식을 소유할 뿐만 아니라 자신의 모범적 삶을 통해 학생들의 모방을 이끌어 낼 수 있어야 한다. 결국 교사는 학생들에게 도덕적·문화적으로 귀감이 되어 학생들의 가치체계 형성에 기여해야 하는 것이다.

다섯째, 학생들 각자는 개성을 지닌 존재로서 존중되지만 교사와 학생의 교수-학습의 관계에서는 교사가 주도적 역할을 하게 된다. 교사는 학생이 자신의 고유한 정신세계를 형성할 수 있도록 최대한으로 지원하는 동시에 인간의 특성과 문화 및 실재의 세계에 대한 전문가로서 학생들을 격려하고 정신적 경험의 장으로 이끌게 된다.

2. 실재론과 교육

가. 실재론

실재론(realism)이란 물리적 세계 안에서 사물에 대한 지각이나 경험을 통해 무엇이 궁극적 실체인지를 탐구하는 철학적 사유양식으로 이해될 수 있다. 최초의 실재론자인 아리스토텔레스(Aristoteles)는 플라톤에 의해 제시된 정신의 존재론에 의문을 제기하면서 정신이 참된 실재의 핵심이 아니라는 생각을 하였다. 그는 나무·돌·사람과 같은 경이로운 자연세계의 사물을 실체로 보았다. 아리스토텔레스는 먼저 이러한 사물들이 어떠한 공통성을 지니며 또 그 재료는 어떤 것으로 이루어졌는지 파악하면서 "물질"(matter)과 "형상"(form)이라는 개념을 제시하였다.

아리스토텔레스는 이 세상의 모든 사물이 물질이라는 가시적 구성요소와 그 물질의 본질에 의해 결정되는 형상을 지닌다고 생각하였던 것이다. 그에 따라 사물의 기본이 되는 물질은 그 안에 내재된 본질적 모습을 구현하기 위한 가능성이 된다. 반면에 물질로 하여금 현실성을 지니게 하는 형상은 단순히 사물의 영원한 실재가 아니라, 비형상화된 물질로 하여금 현실성을 지니게 하는 사물 자체의 목적이자 "동력"이기도 하다.[3] 아리스토텔레스는 물질이란 어떤 모습(form) 또는 어떤 본체를 갖출 것인지가 결정되지 않을 경우 현실화될 수 없다는 가설을 세웠다. 따라서 우주의 모든 대상, 즉 객관적 철학의 가시적 대상은 잠재성의 원리(principle of potentiality : matter)와 현실화의 원리(principle of actuality : form)라는 두 원칙을 통해 구체화된다.

예를 들어, 우리의 생활에 필수적 가구인 목재식탁과 의자를 생각해 보자. 식탁과 의자의 재료인 목재는 물질을 나타내고 식탁과 의자라는 개념은 형상을 나타낸다. 아리스토텔레스가 볼 때 이렇듯 세상의 모든 사물은 물질과 형상으로 결합되어 있다. 그런데 그의 이러한 주장은 관념론자 플라톤과는 상반되는 견해이다. 실체 또는 어떤 사물의 참된 실재란 정신에 내재된 관념의 세계에 존재하는 것이 아니라 정신의 외부에 있는 물질의 세계에 존재한다는 것이다. 아리스토텔레스는 정신 밖의 세계야말로 인간이 지각할 수 있는 유일한 실체로서 우주에 존재하는 모든 것은 실체라고 할 수 있다고 주장한다. 따라서 우리의 정신 속에 존재하는 관념과 개념은 사물 세계로부터 얻는 감각자료에 의존하게 된다고 본다.

아리스토텔레스에서 시작된 실재론은 중세와 근대를 거쳐 여러 사상가들에게서 발전하였다. 특히 근대와 현대에는 코메니우스(J. A. Comenius), 로크(J. Locke), 헤르바르트(J. F. Herbart), 러셀(B. Russel) 등과 같은 교육사상가들이 실재론에 근거한 교육이론을 전개하였다. 실재론의 계보를 크게 두 가지로 구분하면 고대의 합리적 실재론과 현대의 자연적·과학

3) H. J. 슈퇴릭히(1981). 『세계철학사』 상권. 임석진 역. 분도출판사. 235쪽.

적 실재론으로 대별된다. 하지만 그 분류에 관계없이 교육학적 측면에서 실재론의 관점을 요약하면, 실재론은 사물의 질서나 체계가 객관적으로 존재하며 인간은 그러한 실재로부터 지식을 획득할 수 있다는 것이다. 따라서 우리는 실재에 근거한 지식을 통해 주어진 질서에 일치하는 삶을 영위해야 한다. 현재 각국에서 진행되는 교과 중심 교육과정은 실제로 인간과 사물의 실재에 대한 지식의 체계를 바탕으로 역사·수학·과학·언어·예술 등과 같이 교과목을 구분하고 있다.

나. 아리스토텔레스의 교육이론

1) 인간이해

실체를 규명하는 데 물질과 형상의 개념을 동원하는 아리스토텔레스의 사유에는 자연주의적이면서 목적론적인 특성이 내재되어 있다. 그는 실재론자답게 인간을 이해하는 데에서도 자연적인 것이 곧 선한 것이라는 관점으로부터 출발함으로써 이전에는 사변적 내용이 자리하던 곳에 생물학적 관찰내용을 등장시켰다. 자연을 관찰하고 설명하는 데 중심 개념이었던 엔텔레히(Entelechie)가 이제는 심리학의 영역에 사용되어 영혼이란 "자연적 유기체의 본원적 엔텔레히"[4]로 정의된다. 살아있는 모든 것은 영혼을 지니며 영혼은 유기체의 단일한 생명원리라 할 수 있는 유기체의 힘과 작용의 총화이다. 따라서 영혼은 신체적 힘의 총화이며 신체가 없이는 존재할 수 없다. 그렇다고 해서 영혼이 물질적이지만은 않으며 죽으면 사라지는 것도 아니다. 인간의 기억력 같은 수동적 능력은 죽음과 더불어 소멸하지만 순수한 사고력, 즉 이성적 사유 자체는 소멸하지 않고 영원하다.[5]

이렇듯 아리스토텔레스는 영혼을 삶의 개념으로 파악하고 있다. 관념론

---

4) Aristoteles(1983). *Von der Seele*. Übers. und hrsg. von Olof Gigon. München. 286쪽 이하 (412b). 엔텔레히는 그 안에 목적을 스스로 지니고 있다는 그리스어로 '완전한 성장을 이루다' 혹은 '완전한 성장에 도달하다'라는 의미를 지니며 '내적 성장의 질서'라고도 번역할 수 있다.

5) Aristoteles, 앞 책, 408b.

자 플라톤에게서 영혼은 순수한 정신의 작용상태를 의미하는 개념이었고 소크라테스에게서는 윤리적 개념이었다. 그러나 이제 삶의 원리로 이해된 영혼은 그와 동시에 존재의 원리가 되었다. 인간 육체의 물질적 바탕은 영혼의 존재와 활동을 통해 개별적으로 구체화되기 때문에 육체, 즉 물질이 개별화의 근원이라고 할 수 있다. 그러나 영혼은 자신의 정신적 능력을 극대화함으로써 스스로를 유지하며 육체가 인간의 이성적 능력에 의해 규정되도록 한다. 식물적, 감각적 그리고 지적 존재의 원리를 총망라하는 인간의 영혼은 그 중에서도 특히 주도적 힘을 발휘하는 정신적 영혼의 인식활동을 통해 그 독특함을 발휘한다. 따라서 인간은 정신적 영혼을 지닌 동물이며 정신적 영혼이란 육체의 궁극적 의미이자 존재형식이 된다.

그러나 심리학적으로 정의된 개별적 인간의 존재조건은 사회적 측면의 보충을 필요로 하는바, 아리스토텔레스는 인간이란 본성적으로 사회적 존재(zoon politikon)라고 이해하였다. 인간의 개별적 욕구와 일반적 본성은 사회를 통해서만 발현될 수 있기 때문에 인간에게 사회는 극히 자연스러운 곳이다. 사회는 법질서에 의한 정의를 전제로 하여 실재하며 올바른 삶이라는 도덕적 목적을 추구한다. 그리하여 "선하고 올바른 삶"이 교육의 목표가 된다. 아리스토텔레스는 인간이 도덕적이고 정신적 활동을 통해 질 높은 쾌감과 만족을 찾아내고 선택할 수 있는 잠재력을 지녔다고 믿었다. 도덕적 준칙으로서의 덕(德)이란 인간의 실천이성에 의해 이루어지는 판단으로 그러한 행위를 습관화 해주는 엄격하고 철저한 교육을 통해 형성될 수 있다.

2) 교육이론

인간은 육체와 영혼의 통일체로서 영혼이 삶의 모든 측면에서 그 근거와 목적을 부여한다. 영혼은 인간에게 주어진 자연(physis)으로서 이성적 본성(logos)을 지니고 있다. 즉 인간은 사유할 수 있는 자연적 존재로서 그의 사유능력 역시 자연의 한 부분으로 이해되어야 한다. 이러한 인간에게 교육은 사회적 요구에서 시작되는 사회현상이라 할 수 있다. 그러나 교육에서 추구하는 의미와 목표는 이성적 본성을 활성화시키는 데 있다. 이성적 본성은 타당성, 진리 그리고 존재의 세계로서 자연보다 우세하기 때문에 인간이 사는 의미와 위대함은 이성적 본성에 의해 결정된다.

아리스토텔레스의 윤리학 저술들은 이성적 본성이 궁극적으로는 인간 삶의 실천적 측면을 위하여 존재한다는 것을 서술하고 있다. 인식과 행위의 탁월성이 함께 조화되도록 하는 데에서 윤리학의 본질이 규정된다. "정신적으로 관조하는 삶"(bios theoretikos)은 인간 최고의 사명이요, 교육이 추구하는 궁극적 목표이다. 그에 따라 세계 인식이라는 목적을 지닌 이성적 본성이야말로 인간의 진정한 본질이다. 영혼으로서의 인간이 진정 지향하는 바는 윤리적 덕성을 통해 자신의 사회성을 실현시키는 것이 아니다. 이런 의미에서 아리스토텔레스의 인간이해와 교육은 인간의 사회적 차원에만 머무르지 않고 정신적 차원으로 확장되어 나간다.

그러나 이성적 본성과 정신적 행복이란 결국 행위하는 데에서 성립될 수 있기 때문에 정신적인 관조는 실천적 삶 속에서 실현되어야 한다. 실천의 과정에서야 비로소 각성된 이성적 본성이 진정으로 나타날 수 있다는 것이다. 다시 말해 실천의 순간에서야 이상적으로 관조하는 삶이 사실로 실재한다는 말이다. 그리고 실천과 이론적 관조를 통합하는 철학은 인간의 삶과 존재 전체를 추구하는 교육학이 된다. 결국 본성(physis), 사회적 습관(ethos)[6] 그리고 정신(logos)이 함께 함으로써 교육하는 일(paideusis)이 가능하게 된다. 그러한 인간학적 전제조건 아래에서 교육과 도야가 일어날 수 있는 것이다.

> "인간이 선량하고 덕을 지니게 되기 위해서는 세 가지 요소가 필요한데, 그것은 자연적 본성(physis), 사회적 습관(ethos) 그리고 이성적 정신(logos)이다. 우선 누구나 인간은 다른 동물이 아닌 인간으로 태어나지 않을 수 없으며 따라서 일정한 성질의 육체와

---

6) 아리스토텔레스에게서 ethos란 단지 국가만을 의미하는 것이 아니다. 본성적으로 이성적 정신과 사회성을 지닌 개별적 존재로서의 인간과 국가 사이에는 인간이 모여 사는 사회라는 세계가 존재한다. 인간은 단순히 사회적이 아니라 다면적으로 사회적이다. 인간은 가족, 경제공동체 그리고 국가 속에서 살아간다. 이러한 사회에서의 근본 덕성(Grundtugend)이 바로 우정이다. 정영근(1996). "아리스토텔레스". 『위대한 교육사상가들 I』. 교육과학사. 181쪽.

> 영혼을 지니지 않을 수 없다. 그러나 본성 가운데 어떤 것들은 습관에 의해 더 좋게 되거나 혹은 나쁘게 된다. 대부분의 동물들이 주로 본성에 따라 생활하지만 어떤 동물들은 몇 가지 점에서 습관에 따라 생활하기도 한다. 그러나 인간은 이성에 따라 생활하는데 그것은 인간만이 이성을 갖고 있기 때문이다. 따라서 본성, 습관 그리고 이성은 서로 조화를 이루어야 한다. 왜냐하면 때때로 인간이 이성적 숙고를 통해 달리하는 것이 더 낫다고 확신하는 경우에는 습관과 본성에 반하여 행위하기 때문이다. (……) 그 밖의 다른 것은 이제 모두 교육의 일이다. 인간은 교육에 힘입어 어떤 부분은 습관에 의해 그리고 다른 부분은 수업을 통해서 필요한 것을 배운다."[7)]

인간은 타고난 본성과 사회적으로 습득되는 습관 그리고 정신적 통찰을 통하여 선하고 도덕적인 존재로 성장한다. 신체적이고 정신적인 면의 바탕이 되는 본성은 양육을 통해 발달하고, 덕은 습관이나 훈련을 통해 형성되며, 정신적 통찰력을 바탕으로 한 수업을 통하여 지식이 획득된다. 그렇지만 교육은 개인적 활동인 동시에 사회적 활동이다. 인간은 국가라고 하는 공동체 안에 태어나서 공동체를 보존하면서 살아나간다. 따라서 국가란 본래 가정이나 개인보다 앞서서 존재한다. 왜냐하면 전체가 부분에 선행하기 때문이다. 인간은 질서와 정의를 통해 공동의 생활을 가능케 하는 국가를 필요로 한다. 국가의 이러한 공동체적 목적으로부터 모든 사람이 동일한 교육을 받아야 한다는 생각이 나온다.

다. 실재론의 교육원리

위에서 아리스토텔레스의 교육이론을 통해 살펴본 것처럼 실재론에서 말하는 교육이란 인간의 타고난 본성, 사회적 습관 그리고 정신적 통찰능력을 최대한으로 개발하여 공동체 안에서 개성 있는 삶을 영위하도록 이끄는 데 그 목적이 있다. 교육은 아동들이 우주의 법칙과 부합되는 올바른 삶을 영위할 수 있도록 자연법칙을 발견하여 그것을 가르치는 일이다. 일반적으로 실재론자들은 학교란 인간의 이성을 계발하는 곳으로 규정하고

7) Aristoteles(1958). *Politik*. bers. von Eugen Rolfes. Hamburg. (1332a ff.).

교육을 통해 지식의 발견 및 전수 그리고 사용하는 능력을 길러주어야 한다고 믿는다. 지식은 인간의 사회적·정치적·심미적 영역 등 삶의 모든 측면에서 행동의 가장 확실한 길잡이가 된다는 것이다. 현대의 교육에 영향력을 발휘하는 실재론의 교육원리를 몇 가지로 요약하면 다음과 같다.[8]

첫째, 교육은 우주의 이치를 깨달을 수 있는 핵심적 지식과 경건한 마음을 갖추도록 하는 일이다. 인간이 대하고 사는 우주의 근본은 자연의 법칙과 체계에 따라 이루어졌기 때문에 그것을 과학적으로 인식하는 일이 바로 교육에서 가장 핵심적 사안이다. 따라서 자연을 직접적으로 연구하여 그 법칙을 탐구하는 교육내용이 강조된다. 실재론자들은 식물학·동물학·지구과학·화학·물리학·천문학 같은 과학 교과목을 학습해야 한다고 주장한다.

둘째, 실재론은 학생이 자신의 감각경험을 통해 세계의 자연 질서를 지각할 수 있는 유기체적 존재라고 본다. 학생은 고도의 지성을 발휘할 수 있는 자질을 지닌 존재로서 우주와 자연의 법칙을 깨닫고 사회 안에서 덕과 정신적 행복을 추구한다는 것이다. 학생은 자기 스스로를 결정하고 자아를 실현할 수 있는 권리를 지닌 개성적 존재로 인식된다.

셋째, 교사는 보편적 지식을 지닌 교육전문가로서 다양한 교수법을 통하여 학생들을 이끌고 교육해야 한다. 교사는 교양교과 및 과학교과 모두에 해박하여 보편적 지식을 지녀야 하는데, 이러한 보편적 지식은 지식체계 각각의 상호관계를 이해하게 하고 인간의 합리성을 함양시킨다. 교수의 목적은 학생들에게 지식의 체계를 제공하는 데 있기 때문에 교사는 지식을 공급하는 역할을 수행하게 된다.

넷째, 교육의 목표는 이상적 생활을 영위하게 하는 데 있으므로 자아실현 및 타고난 자연적 본성과 사회적 습관 그리고 이성이 조화된 개성을 추구하는 교육이 요청된다. 따라서 학교는 인간의 자연적 질서와 개성을 존중하는 교육을 통해 학생들이 교육의 궁극적 목적인 "정신적으로 관조하는 삶"을 추구할 수 있도록 이성을 고양시켜야 한다.

---

8) 김정환·강선보, 앞 책, 129-131쪽.

다섯째, 교육은 학생들이 진리를 알 뿐만 아니라 사용하는 습관을 길러주는 과정이다. 이러한 의미에서 학문적 기본 훈련이 중요하며 교사의 권위와 주도권이 존중되어야 한다. 교사는 가장 가치 있는 교과내용을 체계화하여 학생들에게 가르쳐야 하며 학생들이 진리에 대한 예민한 감각을 지니도록 도와줘야 한다.

3. 프래그머티즘과 교육

가. 프래그머티즘

흔히 실용주의라 불리는 프래그머티즘(pragmatism)은 19세기 말 퍼스(Ch. S. Pierce), 제임스(W. James), 듀이(J. Dewey) 그리고 미드(J. H. Mead) 같은 학자들에 의해 창안된 철학적 운동이었다. 프래그머티즘은 유럽대륙의 전통적 철학에 도전하면서 미국에서 새롭게 발전한 철학의 한 조류로, 철학내용으로서의 주제보다는 오히려 문제해결을 위한 방법에 중심을 두는 점에 그 특징이 있다. 프래그머티즘이라는 말은 퍼스가 처음 사용하였으며 밀(J. S. Mill)의 영향을 받은 제임스는 프래그머티즘의 의미를 설명하였다. 그러나 교육학 영역에서 프래그머티즘의 영향력을 극대화한 사람은 듀이로서, 그는 프래그머티즘 철학에 경험주의와 도구주의라는 용어를 소개하였다. 듀이는 미국의 모든 학교교육에 절대적인 영향을 남긴 사람이 되었다.

형이상학적 측면에서 프래그머티즘은 절대적인 실재, 선험적 원리, 불변의 자연법칙 등을 거부하며 인식론적 측면에서는 선험적 개념과 절대진리를 인정하지 않는다. 인간은 지속적으로 변화하는 경험의 세계에 살고 있으며 오늘의 진리는 항상 내일의 진리가 될 수 있는 것이 아니다. 왜냐하면 어떤 대상이나 사실을 진리로 판단하고 정당화하는 기준이 바로 인간의 경험이기 때문이다. 이런 점에서 프래그머티즘은 진화론자 다윈

(Ch. Darwin)의 "종의 진화"에 대한 개념을 사회의 발전이라는 측면에 적용시킨 철학 내지는 경험에 의한 검증을 중요시하는 경험론의 철학이라 할 수 있다.

듀이는 행동주의 심리학과 지식에 대한 진보주의 이론을 통해 자신의 경험주의적 이론체제를 확립하였다. 그의 관점은 유기체의 진화이론, 인간의 도덕적 발전 가능성에 대한 신념, 그리고 이상적 사회 환경에 대한 생각을 포함하고 있다.[9] 그가 말하는 "도구주의"는 여러 형태의 개념, 판단 그리고 추론에 대한 정확한 이론을 구성하는 것으로 이 이론을 통해 미래에 나타날 결과를 경험적으로 결정하는 사고의 기능을 발전시켜야 한다는 데에 그 초점이 있다. 전통적 철학에서는 진리가 선험적으로 존재한다고 믿는 데 반하여, 프래그머티즘의 철학은 진리란 인간의 경험으로부터 나오는 시험적이고 가설적인 것이라고 주장한다. 그에 따라 프래그머티즘에서는 인간 행동의 결과를 과학적 방법으로 검증하는 데 큰 관심을 지닌다.

프래그머티즘에 의하면, 교육이란 한마디로 생활문제를 해결하기 위한 경험의 재구성 과정으로서 그 필요와 욕구에 의하여 동기가 부여된다. 교육의 내용은 사회적 활동이어야 하고 교육 방법은 공동의 경험과 문제를 풀어나가는 활동이어야 한다. 결국 교육은 사회발전을 위한 가장 근본적인 수단이다. 퍼스·제임스·듀이 모두 개인의 사회적 본성을 강조하였으며 개별 자아는 공동체 자체와 공동체에서 출현·발전되는 의미활동에 참여함으로써 자신의 존재를 확장시켜나간다고 생각했다.[10]

경험론의 입장에서 "사회의 진화"와 경험적 방법으로서의 "실험"을 중시하는 프래그머티즘은 유럽의 전통적 철학의 문제점을 비판하면서 신대륙 미국의 문화적 주체성과 개척정신을 표현하는 철학으로서 교육에 지대한 영향을 주었다. 이 철학을 모태로 하여 미국에서 전개된 교육사조인 "진보주의"는 그 영향을 세계 곳곳에 미치게 되었으며 한국 역시 그 예외가 아니다.

---

9) 손인수·김동구(1992). 『교육사 교육철학』. 문음사. 298쪽.

10) N. Blake et. al (ed.)(2009). *The Blackwell Guide to the Philosophy of Education*(현대 교육철학의 다양한 흐름). 강선보 외 공역. 학지사. 50쪽.

나. 듀이의 교육이론

듀이는 1925년에 출판된 자신의 저서 『경험과 본성』에서 철학이란 지식 내용으로 정의되는 것이 아니라 경험에 의해 가치기능을 일반화하는 반성적 사고이며 또한 교육에 관한 일반 이론이라고 하였다. 철학은 문제의 중요성을 알아내고 그 문제를 해결하는 데 필요한 방법을 찾는 학문이라는 것이다. 이런 까닭에 듀이는 존재의 문제를 다룰 때 사변철학이나 형이상학적 접근이 반드시 필요하지는 않다고 생각하였다. 우리가 사는 세계가 비록 물질로 구성되어 있고 인간은 정신을 지니고 있지만 실체란 우리의 관념이나 물체 안에 존재하는 것이 아니다. 객관적 조건으로서의 사물과 인간 정신의 내적 조건이 서로 "교류하는 작용"에 우리가 인식하려는 실재가 있다는 것이다. 따라서 인간이 느끼고, 사회적 관계를 형성하며, 문제에 부딪히는 일상적 경험세계가 바로 우주를 구성하는 실질적 요소가 된다.

듀이의 이러한 철학적 자세는 그의 교육이론 형성하는 데 결정적인 요인이 되었다. 그의 교육이론이 지닌 체계와 방법에 관한 내용은 그가 쓴 최초의 저술에 속하는 〈나의 교육신조〉에 간결하고 명확하게 제시되어 있다. 듀이는 이 짧은 글에서 교육의 본질, 학교의 기능, 교육의 내용, 교육 방법의 성격 그리고 교육과 사회진보의 관계에 대해 논하고 있는데 그 내용을 간략히 정리하자면 다음과 같다.[11)]

교육이란? : 교육은 개인이 종족의 의식에 참여함으로써 이루어진다. …… 참된 교육은 아동이 살고 있는 사회적 상황의 요구에 의해 그의 힘을 자극하는 데 있다. …… 교육적 과정에는 심리적 측면과 사회적 측면이 서로 유기적으로 관련되어 있다. …… 교육을 받은 개인은 사회적 개인이고 사회는 개인의 유기적 통합체이다. 아동에게서 사회적 요인을 빼어버리면 남는 것은 추상적 존재뿐이다. ……

11) 존 듀이(1992). 『민주주의와 교육』. 이홍우 역. 교육과학사. 539-554쪽(부록: 나의 교육신조) 참고.

학교라는 곳 : 학교는 사회적 기관이다. 교육이 사회적 과정인 만큼 학교는 당연히 사회생활의 한 형태가 되어야 한다. …… 사회제도로서의 학교는 현재의 생활을 단순화해야 한다. 즉 학교는 실재하는 사회의 축소판이어야 한다. …… 학교에서 교사는 아동에게 관념을 주입하고 습관을 형성하는 사람이 아니라, 지역사회의 구성원으로서 아동에게 줄 영향을 선별하여 아동이 이 영향에 바람직하게 반응하도록 도와주는 사람이다. …… 학교에서의 훈육은 학교생활 전체에서 나와야 하며 교사로부터 직접 나와서는 안 된다. ……

교육의 내용 : 학교의 교과를 서로 관련짓는 진정한 구심점은 과학이나 문학, 역사, 지리가 아니라 오로지 아동 자신의 사회적 활동이다. …… 예를 들어 문학은 사회적 경험을 되받아서 표현하고 해석하는 것으로 그러한 경험에 앞서는 것이 아니라 뒤따르는 것이다. …… 따라서 교과학습의 진보는 일렬로 늘어선 교과를 배우는 데에 있는 것이 아니라 경험에 대한 새로운 태도와 새로운 관심이 발달해 가는 과정에 있다. 교육은 경험의 계속적인 재구성으로 파악되어야 한다. ……

교육 방법의 성격 : 아동 본성의 발달 과정에서 능동적 측면이 수동적 측면에 선행하며, 외적 표현이 내면의식의 인상에 선행하고, 근육의 발달이 감각의 발달에 선행하며, 운동기능이 의식적 감각기능에 선행한다. …… 학교공부에서 시간과 정력을 낭비하는 대부분의 원인은 위의 원리를 도외시하는 데에 있다. …… 따라서 아동들의 본성에 부합하는 능동적 활동에 근거한 학습방법이 요구된다. ……

학교와 사회진보 : 교육은 사회의 진보와 개혁의 근본적 수단이다. …… 교육은 사회적 의식을 공유하게 되는 과정을 정비하는 일이며, 이러한 사회적 의식을 기반으로 하여 개인의 활동을 조절하는 것이야말로 유일한 사회재건의 방법이다. …… 그러므로 교육에 대한 의무는 지역사회가 져야 할 최고의 도덕적 의무이다. …… 교사는 단순히 개인들을 훈련시키는 사람이 아니라 올바른 사회를 형성시키는 사람이다. …… 그는 적절한 사회

질서를 유지하고 올바른 사회의 성장을 도모하는 특별한 과업을 담당한 사회적 공복이다. ……

위에 요약되어 서술된 글에서 볼 수 있듯이 듀이는 교육을 "성장"과 "사회의 진보" 과정에 초점을 맞추어 이해하면서, 진화론의 관점에서 교육을 통해 개인과 사회 그리고 인류의 미래를 무한하게 발전시킬 수 있다는 낙관적 견해를 피력하였다. 따라서 듀이의 교육이론에서 나타나는 특징을 몇 가지 점에서 요약하자면 다음과 같다.

첫째, 교육은 성장이다. 성장은 삶의 특징이므로 교육은 성장과 완전히 동일하다.[12] 듀이는 교육에는 궁극적인 목적이 없다고 보았다. 교육의 유일한 목적은 과정 그 자체에 있다. 과정으로서의 교육은 성장 이외의 다른 목적을 지니지 않는다. 여기서 성장은 개인이 상호 관련짓는 다양한 경험들 사이의 의미 있는 맥락과 여러 학습장면의 상호 연관성을 이해하는 능력의 획득을 포함하는 개념이다.

둘째, 연속적 경험의 재구성이 교육의 과정이다. 성장의 개념에서 본 것처럼 학습자는 현재의 경험과 그 뒤에 따르는 경험 사이의 상호관계를 인식하게 된다. 이러한 상호관계는 반성적 사고에 의해 합리화 과정을 거치게 되고 합리화는 시행착오를 통해 경험적으로 검증되어야 한다. 경험을 재구성하는 일은 개인적인 동시에 사회적이다.[13] 모든 개인은 개별적으로 경험을 하지만 그가 경험한 것은 동시에 공공적 성격을 지니고 있다. 인간의 삶과 마찬가지로 교육은 부딪히는 문제를 해결하면서 배우고 또 그러한 활동을 통해 연속적으로 경험을 재구성하는 과정으로 이해된다.

셋째, 학교는 축소된 사회로서 문화유산을 엄선·정화하는 기능을 한다. 사회제도의 일환인 학교는 성장세대를 사회·문화적 활동에 참여시키는 특별한 환경이다. 학교는 복잡한 문명을 단순화하여 순서대로 전달해야 하는데, 그 과정에서 무엇보다 기존 환경의 무가치한 면들을 제거하고 최선의 것만을 선정하여 더 좋은 사회를 만들 수 있어야 한다.

12) 같은 책, 87쪽.
13) 같은 책, 126쪽.

넷째, 교육은 문제해결 학습을 통해 개인이 사회화되는 과정이다. 학생은 학교에서 서로 다른 사회적 환경에서 온 사람들과 더불어 개방적·민주적으로 협력활동을 하게 된다. 학습은 학생이 필요로 하는 활동으로부터 시작되며 함께 수업에 참여하는 사람들과 공유하는 협동작업의 형태를 지닌다. 학생들은 이러한 학습상황을 통해 진정한 민주주의를 배운다. 따라서 교사는 학생들의 정신을 훈련하거나 그들의 정신적 삶에 모범을 보이는 사람이 아니라, 학생들을 도와 학습의 방향을 제시하고 학급계획을 뒷받침하는 민주적인 조력자 역할을 하게 된다.

다섯째, 학생들은 행함으로써 배운다. 듀이는 교사 중심의 교육보다는 학습자 중심의 교육이 학생들의 지성을 개발하는 데 더 효과적이라고 보았다. 이러한 교육은 사고와 경험을 분리시키지 않고 서로 연결시킬 때 그 효과가 나타난다. 그래서 듀이는 과학을 가르칠 때 논증방법을 활용하는 것보다는 학생들이 스스로 행함으로 배우는 과학 실험방법이 더 중요하다고 옹호했다. 또한 그가 제시한 프로젝트 교수법(project method of instruction)은 학생이 수업시간에 탐구할 내용의 과제를 나누어 맡아 스스로 연구하여 발표하는 방법으로 학습자 중심의 교수법이라 할 수 있다.

다. 프래그머티즘과 한국교육

듀이로 대표되는 프래그머티즘의 교육이론은 한국의 교육과 떼려야 뗄 수 없는 관계를 지니고 있다. 한국의 현대교육사를 통해 볼 때 미국의 프래그머티즘에 근거한 교육이론은 한국의 교육에 거의 절대적인 영향을 주었기 때문이다. 따라서 우리는 지금부터라도 프래그머티즘과 한국교육의 연관성을 반성적 태도로 고찰할 필요가 있다. 이는 어느 교육이론이 옳거나 혹은 틀렸다는 식의 단정적 평가에 머무르지 않고 우리의 교육현실을 진단하여 그 미래를 진지하게 논의하기 위해 반드시 필요한 과정이다.

1945년 광복과 더불어 한국은 민주주의 이념을 바탕으로 그때까지의 일제식민통치 교육관을 극복하고 교육을 새로 정립해야 할 상황을 맞이하였다. 당시 미국에서 형성된 프래그머티즘 교육사상은 세계적으로 영향력을 행사하는 위치에 있었으며 미군정 하의 한국은 자연히 프래그머티즘의 교육이론을 수용하게 되었다. 특히 미국의 교육과 문화에 많은 영향력을 발휘했던 듀이의 민주주의 교육사상과 교육방법론은 "새교육운동"이란 이름으로 한국에 등장하여 교육계에 "듀이 붐"(boom)[14]을 일으켰다.

실제로 민주주의 정치체제를 표방한 한국은 교육 또한 정치체제에 상응하게 개편하는 과정에서 듀이나 프래그머티즘 교육사상의 내용을 제대로 소화할 겨를도 없이 수용하는 일에 급급하였다. 프래그머티즘 교육이론에서 주장되었던 아동 중심 및 생활 중심의 교육이 소개되었으며 어린이의 개성 존중, 어린이가 자발적으로 주도하는 학습, 경험 중심의 단원학습, 시청각교구를 이용한 간접지도법, 생활 중심의 과외활동이론 등이 그에 내재된 철학적이고 문화적 배경을 고려하지 못한 채 즉흥적으로 소개·전수되었다. 아무튼 이러한 시대상황적 요인에 의해 듀이의 교육이론과 프래그머티즘의 교육사상은 한국에 지대한 영향을 주게 되었고 "새교육 운동"이란 명칭으로 급속히 전개되었다.

이미 앞에서 언급했던 것처럼 프래그머티즘 철학의 창시자인 퍼스는 우리가 어떤 대상에 대해 분명하게 사고하기 위해서는 그 대상이 어떠한 실제적 결과를 가져올 수 있는가 생각해봐야 하며, 이러한 실제적 결과의 개념이 바로 우리가 그 대상에 대해 지니는 개념의 전부라고 간주하였다. 프래그머티즘 철학에 의하면 인간은 경험에 의해 세계를 파악한다. 우리가 아는 세계란 있는 그대로의 모습이라기보다는 우리의 경험에 의해 걸러진 세계이다. 우리는 세계와의 상호작용을 통해 세계를 파악하기 때문에 이 상호작용의 내용에 따라 세계에 대한 우리의 지식이 달라질 수밖에 없다.

프래그머티즘 교육사상이나 듀이의 교육이론은 이러한 철학에 근거하여 교육이란 현재의 생활 그 자체이지 생활과 동떨어진 미래를 준비하는 과정이 아니라고 주장한다. 교육은 생활 속의 경험을 재구성하는 과정으

14) 박봉목(1983). 『교육과 철학』. 문음사. 235쪽.

로 획득한 경험을 소화하고 그 내용을 조직화하여 앞으로 있을 새로운 사태에 창의적으로 대비하도록 이끄는 일이다. 교육은 생활 중심으로 진행되어야 하며 어린이의 흥미와 연관되어야 한다. 모든 학습의 과정은 어린이들을 흥미에 의해 자발적으로 노력하도록 구성되어야 한다. 학습은 교사나 교과서에 의해 일방적으로 진행되는 과정이 아니라 생활 속에서 어린이의 흥미와 관심이 반영되는 과정인 동시에 배워야 할 내용에 대한 어린이의 자발적 준비가 이루어지는 과정이다.

교육과 학습이 이렇게 이해됨에 따라 학교 또한 항상 사회와 상호작용함으로써 사회의 진보에 조력하는 기관으로 이해된다. 그에 따라 학교교육은 사회적 삶을 유지하고 존속시키는 수단이며 사회개선의 과정이 된다. 여기서 사회는 민주주의 사회로서 모든 사람이 공동의 관심사에 참여하고, 경쟁보다는 협동이 중시되며, 개개인의 문제해결 능력이 모아지는 곳이다. 그리하여 이러한 사회에서는 어린이가 중심이 되는 교육, 생활과 참여의 교육, 어린이 개개인의 흥미와 관심이 존중되는 교육이 추진되게 된다.

이와 같은 듀이의 교육이론은 일제식민통치에서 해방되어 사회·경제적으로 혼란한 상태에 있던 한국이 민주주의 정치체제를 정착시켜 사회를 안정시키고 국민을 민주시민으로 육성해야만 한다는 시대적으로 당면한 과제를 해결하는 데 가장 적합한 방안으로 간주되었다. 당시는 한국 자체의 필요성 때문에서라도 프래그머티즘 교육이론이 적극적으로 수용될 수밖에 없는 상황이었다. 그에 따라 미군정 시기에 미국의 교육학자들이 한국을 방문하여 지도하게 되었으며 한국의 학자들은 미국으로 파견되어 미국의 교육학을 현지에서 배우게 되었다. 그리고 이들 미국유학 교육학자들이 귀국한 뒤 활동하면서 한국교육학의 학문적 성격은 결정되었다.

그러나 듀이의 프래그머티즘 교육이론이 이렇듯 한국에 큰 영향을 주기는 했지만 이를 무비판적으로 수용하고 적용하기에 급급함으로써 그 이론이 본디 지향하는 교육적 결과가 나타났는지에 대한 평가와 반성적 성찰이 요구된다. 이에 대해서는 듀이의 철학과 교육이론을 제대로 이해하지 못한 채 맹목적으로 모방하는 데에만 바빴던 관계로 듀이나 프래그머티즘 교육이론이 제대로 평가받지 못하고 있다는 주장이 이미 제기된 바 있다.[15] 그런가 하면 이제까지의 듀이연구가 그의 "경험" 개념을 곡해하고 있었기 때문에 듀이의 교육이론이 부당하게 비판되고 있다는 견해 역시 최근에 대두되었다. "듀이의 경험 개념에 비추어 보면 지금까지의 한국 교육학에서의 듀이에 관한 연구는 오해의 역사"[16]라는 것이다. 한국의 듀이 연구자들이 제기한 이러한 주장들은 그 나름대로의 타당성이 있으며 지속적인 연구를 통해 제기된 문제들이 점차 명확하게 해명되어야 한다. 실로 듀이의 교육사상이 이론과 실천의 측면에서 한국의 교육에 기여한 점은 간과할 수 없을 만큼 크다.

그렇기는 해도 우리는 듀이와 프래그머티즘 교육이론이 한국에 이미 주었고 또 지금도 주고 있는 영향력을 비판적으로 살펴볼 필요가 있다. 그 중에 한 가지를 든다면 듀이의 교육이론에서 나타난 교육을 사회진보의 과정으로 이해하려는 경향성이 한국의 교육에 미친 영향일 것이다. 물론 듀이가 여러 글에서 교육에 "개인적 측면"과 "사회적 측면"이 함께 하고 있음을 서술하고 있기는 하지만, 그가 제시한 교육이론의 전반적 내용이 인간의 교육을 사회적 관점에서 파악하고 있다는 사실을 주시하지 않을 수 없다.

실제로 인간은 나면서부터 사회적 환경에서 생활하면서 성장·발달해간다. 따라서 교육 역시 사회적 환경에서 영위되어야 하는바, 사회에는 일정한 정치·경제·사회적 요소들이 존재한다. 듀이에 의하면 교육은 이러한 인간의 사회생활을 유지하고 존속시킬 뿐만 아니라 더 나아가 개량하는 과정이다. 그는 교육이 추구하는 점이란 "경험의 질을 변형시켜서 (교육하는) 당시 사회집단의 관심과 목적과 관념에 합치되게 하는 것"[17]이라고 정의하고 있다. 이렇듯 듀이의 관점에서 볼 때 교육은 궁극적으로 사회가 목적하는 바를 달성하기 위한 수단으로 파악되기 때문에 사회의 이상이나

15) 박봉목, 앞 책, 243쪽 이하 참고.
16) 박철홍(1994). "경험개념의 재이해 – 듀이의 연구에 대한 반성과 교육학적 과제". 『현대사회와 교육의 이해』. 강영혜 외 지음. 교육과학사. 315쪽.
17) 존 듀이, 앞 책, 22쪽.

관심을 반영하는 일이 당연시된다. 사회에서 요청되는 바를 교육의 힘을 빌려 성취하고자 한다.

그에 따라 "교육은 사회적으로 바람직한 경험들의 연속적 과정이고 그 재조직"[18]으로 이해될 수 있으며 듀이의 교육이론의 이러한 경향은 특히 일제 이후 입신출세를 추구하던 한국의 교육현실을 강화하는 데 그 나름의 편향성을 발휘했다고 볼 수 있다. 듀이가 비록 '아동 중심', '어린이의 흥미와 자발성' 등을 강조하면서 피교육자로서의 어린이를 중시한다 해도 교육의 궁극적 관심은 사회의 개선과 진보에 있으며, 개인의 사회진출을 중시하던 교육전통의 한국에서 어린이는 결국 그러한 사회적 변화과정을 위한 역할담당자로 이해될 수밖에 없었다. 이미 앞에서도 소개했던 것처럼 듀이는 〈나의 교육신조〉라는 글에서 교육의 사회적 관점을 다음과 같이 피력한다.

> "(……) 내가 믿는 바로는, 교육을 받는 개인은 사회적 개인이며, 사회는 개인의 유기적 통합체이다. 아동에서 사회적 요인을 빼어 버리면 남는 것은 추상적 존재뿐이다. 사회에서 개인적 요인을 빼어 버리면 남는 것은 무기력하고 생명 없는 덩어리뿐이다. (……) 아동의 능력과 관심과 습관은 끊임없이 다시 해석되지 않으면 안 된다. 매 단계에서 우리는 그것들이 무엇을 의미하는지 알아야 하는 것이다. 우리는 그것들을 사회적 맥락에 비추어, 다시 말하면 그것들이 사회에 어떤 봉사를 할 수 있는가 하는 관점에서 해석하지 않으면 안 된다."[19]

인용한 글에서 볼 수 있듯이 듀이가 개별 인간을 인정하고는 있지만 사회가 개인에 대해 지니는 우위 역시 명확히 드러난다. 이러한 경향은 그의 주저라고 할 수 있는 『민주주의와 교육』에서도 그대로 나타나고 있다. 실제로 인간의 개인적 측면을 완전히 배제한 채 극단적으로 사회의 관점에서만 교육의 개념을 정의하려는 교육학자는 없을 것이다. 문제는 듀이의 교육이론에서 인간존재에 본질적인 여러 차원 가운데서도 사회적 차원이 지나치게 강조되고 있다는 점이다. 듀이는 인간행위의 "사회적 측면과 도덕적

18) 노먼 A. 딥(1987). 『교육철학』. 김용권 편역. 법문사. 107쪽.
19) 존 듀이, 앞 책, 542쪽.

측면은 서로 동일하다”[20]고 언급한다. 이때 듀이가 ‘도덕적’이라고 말하는 데에는 최대 다수의 사람에게 유용하다는 사회적 의미를 지니고 있다.

그러나 우리는 인간의 사회성과 도덕성의 기원이나 본질이 동일하다고 할 수 없다. 듀이처럼 사회화 과정에 초점을 맞춰 교육을 이해하고 교육적 행위를 사회적 행위로 간주하는 입장의 교육이론에서는 자연히 인간의 정신적 측면과 인격적 측면이 소홀히 다루어질 수밖에 없다. 경험을 통해 그 사회적 유용성이 검증될 수 없는 개인의 정신과 인격적 세계는 듀이로 대표되는 프래그머티즘 교육이론에 기초한 교육학의 관심 밖에 머무는 형이상학적 내용일 뿐이다.

인간의 정신적·인격적 측면을 소홀히 하는 교육학은 일종의 행동과학으로 이해될 수 있는데 그 특징은 사회에서 필요로 하는 ‘인간의 제작’에 관여하는 사회공학의 방법적 틀 안에서 실천을 추구한다는 점이다. 따라서 행동주의 교육학이 오늘날 한국의 교육실천을 주도하고 있는 현실의 이면에는 듀이의 교육이론에 내재된 사회진보로서의 교육이해가 적잖은 역할과 작용을 했을 것이라는 합리적 의구심이 자리한다.

이 외에도 여기서 우리가 잠시 살펴봐야 할 사항은 교육의 사회적 기능을 강조한 프래그머티즘 교육이론이 한국에서 제대로 실천되지도 못한 채 단지 이론으로서만 자기주장을 해왔다는 점이다. 프래그머티즘의 교육이론이 민주사회의 건설과 민주적 자질을 지닌 국민의 교육을 표방했음에도 불구하고 입시 위주의 교육은 물론이거니와 성적경쟁을 통한 인간성 상실의 교육현실을 야기하게 된 까닭이 어디에 있는가 생각해 볼 필요가 있다는 것이다. 물론 한국의 교육이 이렇게 된 데에 듀이나 프래그머티즘의 교육이론이 전적으로 책임을 져야 한다는 말을 하려는 것은 아니다.

듀이의 교육이론에서 강조되고 있듯이 사회적 가치를 실현하는 것은 교육의 중요한 임무와 기능에 속한다. 그러나 전인적 의미의 교육은 인간이 지닌 신체·심리적 특성, 사회·문화적 영향, 정신적이고 의미를 추구하는

20) 같은 책, 535쪽.

삶과 고유한 개성으로서의 인격적 삶의 차원이 조화·통일되는 것을 전제로 해야 한다. 그리고 그 가운데에서도 개별 인간의 인격적 특성이 무엇보다도 중시되어야 한다. 우리가 교육을 특정한 지식이나 기술의 습득 또는 사회적 가치의 추구와 사회개선의 과정으로 이해한다 할지라도 배우는 주체는 개성적 인격일 수밖에 없기 때문이다. 개별성의 교육학 관점에서 볼 때 “사회가 어떤 가치가 좋은 것인지 나쁜 것인지를 결정해야만 하고, 우리는 경험의 결과에 비추어 사물을 판단해야 한다”는 듀이의 교육이해는 자유로운 개성으로서의 인간보다는 사회적 효용성과 사회적으로 인정을 받는 인간과 교육을 강조하는 것으로 보일 수 있다.

이제 우리는 한국의 교육현실에서 그렇게도 “인성교육”과 “개성교육”이 강조되고 논의되어도 전혀 바뀌는 것이 없으며 오히려 교육의 문제가 점차 심각해지는 까닭이 어디에 있는지? 교육이 무한경쟁을 통해서라도 사회적 진출에 필요한 실용적 지식의 습득에 치중되고 있는 이유가 무엇인지? 그리고 이러한 문제들을 해결하기 위해서 이미 수십 년 동안 교육학적 방책을 찾고 노력했어도 그 효과가 보잘 것 없음의 이유가 무엇인지 생각해 보아야 한다. 이렇게 부정적인 교육현실이 지속되는 데에는 아마도 사회성과 도덕성의 기원이나 본질이 동일하다고 간주하는 듀이와 프래그머티즘 교육이론의 영향이 있는지도 모른다. 프래그머티즘의 관점과 달리 도덕성과 같은 가치는 사회에 의해 결정·실현되기보다는 오히려 사회 속에 사는 인격적 개인의 결단과 수행에 의해 실현되는 것이라고 보아야 하기 때문이다. 따라서 듀이와 프래그머티즘 교육이론이 한국의 교육에 큰 영향을 주었음에 틀림없으나 그 효과가 기대에 미치지 못한 점을 반성적으로 고민·성찰할 필요가 있다.

현재 한국의 교육이론과 현실을 지배하는 경험주의 교육학은 그 학문적 특성으로부터 필연적으로 나오게 되는 사회 공학적 이론의 구속에서 벗어나야 한다. 교육이 인간을 그 사회가 원하는 목표나 방향으로 이끌거나 원하는 상태로 만드는 과정으로 파악되어서는 안 되기 때문이다. 프래그머티즘 교육이론에서 제시되었듯이 교육은 인간의 자발성 형성에 도움을 주는 과정이다. 그러나 교육은 그 목표를 달성하기 위해 교육의 주체인 인간을 전인적으로 고려해야, 즉 그의 역사·문화적 형성 과정, 사회·제도적 조건, 정신과 인격적 특성들을 다 함께 고려해야만 한다. 인간은 고유한 정신적 세계를 소유한 채 문화라는 터전에서 남들과 더불어 사는 인격적 존재인 것이다.[21)]

인간의 변화는 궁극적으로 자기 자신에게서 나오는 것이고 사회의 변화도 우선은 그러한 인간의 자기변화에서 시작된다. 인간은 사회화의 기제를 통해 집단적으로 획일화될 수 없으며 또 획일화 과정에 일방적으로 노출되어서는 안 될 존재이다. 그러므로 교육의 이론과 실천은 항상 인간의 그러한 특성을 고려하면서 구상되어야 한다. 한국처럼 사회적·집단적인 규범이 강한 유교적 전통의 문화를 지닌 나라에서는 교육의 과정에서 인간의 개별적 특성이 억압될 가능성이 크다. 사실 그러한 현상은 교육의 현장 곳곳에서 나타나고 있다. 따라서 교육의 부분현상이라 할 수 있는 사회화가 인간의 본질에 합당한 방법으로 이루어지도록 견제하고 또 교육이 다차원적 인간의 인격적 상호작용의 과정으로 나아갈 수 있도록 교육학적 논의가 형성되어야 한다.

새겨보기

관념론에서는 우주의 실체가 인간의 정신에서 밝혀질 수 있다고 보기 때문에 교육은 성장하는 세대가 참된 실재를 인식하고 최고선에 따라 아름다운 삶을 영위하도록 그들의 정신능력을 개발하는 일로 정의된다.

실재론은 물리적 세계 안에서 사물에 대한 지각과 경험을 통해 궁극적 실체를 탐구하는 철학이다. 실재론에서 말하는 교육이란 인간이 타고난 본성, 사회적 습관 그리고 정신적 통찰능력을 최대한으로 개발하여 공동체 안에서 개성 있는 삶을 영위하도록 이끄는 데 그 목적이 있다.

관념론이나 실재론의 실체개념을 비판한 프래그머티즘은 문제해결을 위한 방법에 주안점을 두는 경험론적 철학으로 아동의 성장과 사회진보에 초점을 맞추어 교육을 이해하면서 개인과 사회 그리고 인류의 무한한 진보를 추구한다.

21) 정영근(2001). 『인간이해와 교육학』. 문음사. 참고.

제3장

철학의 주요 영역과 교육

앞에서 우리는 교육철학을 배우는 목적은 교육문제 전반에 걸쳐 문제의식을 갖고 그 본질과 의미를 새롭게 찾으려는 노력에 있다고 배웠다. 그런데 이러한 일을 하기 위해서는 준비 작업으로서 철학적 지식에 대한 기본적인 이해가 요구된다. 철학적 지식에 대한 이해를 위해서 철학의 주요 분과 영역에 관심을 가질 필요가 있다. 철학의 주요 분과 영역으로서 일반적으로 존재론·인식론·가치론·논리학 등을 들 수 있다. 이러한 분과 영역 가운데 교육과 보다 직접적으로 관련이 있는 것은 지식의 문제를 다루는 인식론과 가치의 문제를 다루는 가치론이다. 교육은 지식과 가치의 문제 자체를 핵심으로 하는 활동으로서 지식 획득이 빠진 교육이나 도덕·윤리적인 문제가 개입되지 않은 교육활동은 생각할 수 없기 때문이다. 또한 교육은 근본 구조상 사회적인 행위로서 사회와 밀접한 관련을 맺고 있다고 볼 때 사회철학적 관점의 이해가 요구된다. 이러한 맥락에서 이 장에서는 인식론·가치론·사회철학의 기본적인 내용을 살펴보고 교육과의 관련성을 밝혀보고자 한다.

1. 인식론과 교육

가. 인식론이란?

인간의 생활은 일상적인 지식으로부터 고도의 전문적인 지식에 이르기까지 앎의 연속이라고 할 수 있다. 그런데 무엇을 안다고 할 때는 우선 그 아는 것의 목표가 되는 인식 대상이 문제가 된다. 모든 과학적 탐구는 바로 그 인식 대상을 밝히려는 노력에서 나온 것이라고 볼 수 있다. 예컨대 식물학은 식물에 관한 학문으로서 식물에 관한 인식과 그 체계를 의미한다. 그런데 인간은 특정 대상을 인식하는 데 그치지 않고 대상을 인식하는 그 자체를 문제 삼고자 한다. 즉, 안다는 것은 도대체 무엇인가? 지식이란 무엇인가? 그 지식을 어떻게 알 수 있게 되는가? 등을 물으면서 인식 자체를 알려고 하는 것이다. 이러한 '인식의 인식', 즉 인식 그 자체를 대상으로 하는 학문이 바로 인식론이다.[1] 이러한 인식론은 철학의 중요한 영역으로서 일반적으로 인식의 본질과 원칙·원천·조건·범위·한계 등을 탐구하는 학문으로 이해된다.

인식론이 철학의 독립된 분과 영역으로 성립된 것은 근대철학의 산물이다. 물론 인식론적인 문제가 그 이전에 전혀 없었던 것은 아니다. 인식의 문제는 철학과 그 역사를 같이 할 만큼 오래 전부터 다루어져 왔다고 볼 수 있다. 이미 플라톤에서 이러한 문제가 다루어져 감각으로부터 얻는 지식은 거짓이며 이성에 의해 얻어진 개념적 지식만이 참된 것이라고 하였다. 중세시대에 지식은 신앙에 속박되어 있었으며, 근세에 이르러 학문이 종교의 속박으로부터 벗어남으로써 지식이 지식 자체를 문제 삼는 인식론이 본격적으로 나타나게 되었다. 철학이 할 일은 대상에 대한 인식 이전에

---

1) 인식(앎)을 대상으로 연구하는 또 하나의 학문으로서 심리학이 있다. 그러나 심리학과 인식론은 앎을 대상으로 다루지만 연구 내용과 접근방법이 다르다. 즉 심리학은 주로 심리적 활동으로서의 앎의 사실을 자연과학적 방법을 통해서 연구한다. 반면에 철학의 한 부문으로서 인식론은 사실적 앎과 또 사실적 앎을 가능하게 하는 논리적 제약과 보편타당성을 비판하는 앎의 논리학(인식논리학)인 것이다(『철학대사전』 1974, 학원사. 909쪽 참조).

인식 그 자체를 문제 삼는 것이라고 보고, 모든 과학적 연구의 기반에 인식론을 위치시키려 하였다. 그리하여 근대철학의 인식론은 인식의 본질, 원천 등에 관심을 가지며, 어떤 방법을 통해 획득한 지식이 확실한가를 탐구하였다. 즉 고전적 인식론은 합리론이든 경험론이든 간에 지식은 개인의 경험이나 시대·사회적 차이를 초월하여 객관적으로 존재하고 또 그것을 인식할 수 있다고 상정하였던 것이다. 그런데 이러한 성격의 인식론은 현대의 새로운 철학의 등장과 함께 더 이상 지탱될 수 없게 되었다. 우선 철저하게 가치중립성을 표방하는 과학주의를 토대로 하여 등장한 분석철학은 인식의 본질이나 원천에 관한 것은 철학적 논의의 대상이 아니라고 보고 인식론의 새로운 과제에 관심을 갖기 시작하였다. 그리하여 분석철학적 인식론은 지식은 논리적이거나 사실적인 것으로서 개념적 혹은 경험적 증거에 비추어 객관적으로 인식될 수 있다고 보고, 지식의 논리적 조건을 분석하는 일에 초점을 두게 되었다. 다른 한편으로 삶·존재·인간의 문제가 강렬하게 부각됨으로써 존재론, 인간학, 삶의 철학, 실존철학 등이 철학의 중심 위치를 차지하게 됨에 따라 인식론의 새로운 관점이 나타나게 되었다. 즉 인식이란 고전적 인식론이나 분석철학적 인식론에서처럼 우리의 삶 자체와 분리된 객관적 세계 속에서 일어나는 과정이라기보다는, 인식 주체의 생생한 경험이나 체험과 관련되어 있다는 것이다. 여기서 인식의 주체성을 중심으로 앎의 본질을 규명하는 일에 주된 관심을 지닌 새로운 관점의 인식론, 즉 해석학적 인식론이 등장하게 되었다.[2)]

나. 교육과 인식론

교육이 무엇인가에 대해서는 다양한 시각에서 다양한 정의가 내려질 수 있다. 그럼에도 불구하고 교육이 지식을 전달하고 획득하는 활동을 중심

2) 이돈희(1998). "인식론과 교육". 『교육학대백과사전』. 서울대학교 교육연구소 편. 하우동설. 2148-2153쪽 참조; 신차균·안경식·유재봉(2006). 『교육철학 및 교육사의 이해』. 학지사. 367쪽; 376쪽 참조.

과제로 하고 있다는 점에 대해서는 누구도 부인할 수 없을 것이다. 이와 같이 교육이 지식 전달과 획득을 기본 조건으로 하고 있는 한, 지식의 대상과 본질 및 근거를 탐구하는 학문으로서의 인식론은 교육과 불가분의 관계에 있게 된다.

교육은 무엇인가를 가르치는 일이고 가르치는 것으로서 가장 핵심적인 것이 바로 지식이다. 학교에서 교사가 하는 일 가운데 가장 중요한 일이 교과지식을 가르치는 일이다. 그런데 교사는 주어진 지식을 그저 열심히 가르치기만 하는 것이 아니라 자신이 가르치는 지식이 왜 중요한지, 또 어떤 지식을 어떤 방법으로 가르쳐야 하는가와 같은 질문을 하게 된다. 이러한 질문은 철학적인 성찰을 필요로 하는 질문으로서, 이러한 질문에 답을 하기 위해서는 무엇보다 지식의 성격·근거·유형 그리고 지식을 습득하는 방법 등을 탐구하는 인식론에 대한 관심이 필수적이다. 즉 교사가 가르치는 교육내용, 교육 방법 등에 대해 주체적인 입장에서 평가할 수 있는 능력을 지니기 위해서 인식론적인 기반이 필요한 것이다.

인식론은 일차적으로 교육을 통해 전달되는 지식의 성격을 밝혀주며, 지식교육에서 유의해야 할 중요한 조건들을 제시해준다. 또한 교육이론의 타당성을 밝히기 위해서도 인식론적 분석이 요구된다. 그것을 통해 앎의 본질과 조건 그리고 논리적 과정이 제공되기 때문이다. 교사들은 인식론적 기반을 지님으로써 가르치는 교육자료의 내용, 다양하게 제시되는 교육 방법 그리고 지식과 권력 간의 관련성 등을 주체적으로 평가할 수 있게 되며,[3] 교수개념과 학습개념 등 학교교육에서 중요한 개념들을 연구하는 데도 도움을 받게 된다. 뿐만 아니라 우리의 교육현실에 대한 비판 가운데 가장 많이 등장하는 입시위주교육 및 지식위주교육의 문제점을 교육내재적인 측면에서 분석하고 올바른 지식교육을 위한 새로운 방안을 제시하는 데도 인식론적 논의가 필수적으로 요구된다. 앞에서 제시된 세 가지 대표적인 인식론, 즉 고전적 인식론, 분석철학적 인식론, 해석학적 인식론을 중심으로 그 핵심 주제들을 알아보고 교육과의 관련성을 살펴보자.

---

3) 이지헌(2001). 『교육의 철학적 차원』. 교육과학사. 13쪽.

다. 고전적 인식론: 인식의 대상과 원천

고전적 인식론은 인식의 대상, 원천에 일차적 관심이 있으며, 여기에 다양한 이론적 입장이 대립되고 있다. 인식의 대상·본질·원천 등에 대한 서로 다른 철학적 입장을 이해하는 일은 학교에서 가르치는 교과의 성격을 파악하고 그에 따른 교수 목적 및 방법을 결정하는 데 도움을 준다.

1) 인식의 대상

인식은 언제나 주체를 통한 대상의 인식이기 때문에 대상을 빼놓을 수 없다. 이 대상의 본질과 성격을 어떻게 규정하느냐에 따라 관념론(idealism)과 실재론(realism)이 대립하고 있다. 관념론은 인식의 대상을 관념적인 것으로 간주한다. 실재는 실제로 존재하는 것이 아니라 오직 우리의 의식 안에 있는 관념일 뿐이다. 여기서 진리란 논리적 사유에 의해 지지되기 때문에, 어떤 사실이나 신념이 진리가 되는 준거는 그것이 다른 신념이나 사실들과 논리적으로 얼마나 합치되는가 하는 정합의 정도이다. 실재론에서는 인식의 대상이 우리의 지각작용과는 상관없이 외계에 실재하며, 그것은 인식 주체로부터 아무런 영향도 받지 않는다고 한다. 즉 우리가 인식하든 못하든 간에 실재는 독립적으로 존재하며, 그리하여 우리의 인식은 의식을 초월하여 실재하는 실체의 모사에서 성립한다는 것이다. 따라서 진리의 타당성은 주관과 객관의 일치 여부에 달려 있게 된다.

2) 인식의 원천

인식의 원천에 관한 이론은 어떤 방법을 통해 획득한 지식이 확실한가에 관심을 두고 있으며, 이 이론의 대표적인 것으로 합리론(rationalism)과 경험론(empiricism) 그리고 이 양자의 비판적 종합이라 할 수 있는 비판론(criticism)이 있다. 합리론에서는 인식의 원천은 생득적인 이성의 사유에 있다고 본다. 따라서 경험에 의해서는 사물의 본질 인식이 불가능하며 오직 이성의 사유에 의해서만 가능하다고 본다. 경험론에서는 이성 능력의 무한성을 부정하고 인식은 감각적 경험을 통해 성립된다고 주장한다. 그러나 합리론은 경험을 무시함으로써 독단에 이르게 되었으며, 이성의 필연적인 법칙을 외면한 경험론은 회의론에 빠질 수밖에 없게 되었다. 이러한 결과에 대해 칸트는 이성과 감각의 관계를 올바로 보지 못한 때문이라고 비판하면서 양자를 종합한 새로운 인식론을 정립하였다. 즉 인식은 경험적 및 선험적인 두 계기의 종합과 통일에서 이루어지는 것으로서, 감성에 의해 주어진 후천적 경험적 재료가 자발적이고 선천적인 오성의 형식인 범주에 의하여 종합되고 통일되는 데서 성립된다고 보았다.

교사들은 고전적 인식론에서처럼 지식의 확고한 기반을 찾는 작업 자체에는 큰 관심이 없다. 하지만 그러한 작업을 둘러싼 다양한 입장들 속에서 각기 다른 지식의 특성을 이해함으로써 자신이 가르치는 교과들의 성격을 보다 정확하게 이해하고 그것에 적합한 교수방법을 선택하는 데 도움을 받을 수 있다.

라. 분석철학적 인식론: 지식의 종류와 조건

지식이란 객관적인 인식 내용, 즉 인식에 의해 획득된 결과를 의미한다. 이러한 지식의 종류와 형태를 구분하는 문제는 교육의 내용, 즉 교육과정의 선택 및 교육과정을 구성하는 문제와 밀접하게 관련되어 있기 때문에 매우 중요하다. 지식의 종류와 형태를 구분하는 방식에도 여러 가지가 있겠지만, 여기서는 분석철학적인 관점에서 지식의 종류와 지식의 성립 조건을 알아본다.[4)]

1) 지식의 종류

분석철학자들은 지식을 명제적 지식과 방법적 지식으로 구분한다. 명제적 지식은 "~인 것을 안다"(know that)의 형태를 취하며, 방법적 지식은

4) 신차균·안경식·유재봉, 앞 책, 370-375쪽 참조.

"~을 할 줄 안다"(know how)의 형식을 취한다. 명제적 지식이 일종의 내용으로서의 지식, 즉 탐구의 결과로서 생성된 지식을 말하는 것이라면, 방법적 지식은 일종의 능력, 즉 무엇을 하는 기술이나 방법을 아는 것을 의미한다. 명제적 지식은 명제 혹은 문장의 종류에 따라 대체로 세 가지 유형으로 구분된다.

첫 번째는 사실적 지식으로서 "물은 100℃에서 끓는다"는 것을 아는 것과 같은 지식이다. 이 지식은 문장의 진위(眞僞) 여부가 경험적 증거나 관찰에 의해 드러나기 때문에 경험적 지식이라고도 한다.

두 번째는 논리적 지식, 혹은 개념적 지식으로서 "처녀란 결혼하지 않은 성인 여자다"와 같이 주어의 내용 속에 서술 부분이 이미 포함되어 있는 문장을 말한다. 이러한 지식은 새로운 사실을 알려주기보다는 문장을 구성하는 요소들의 의미상의 관계를 나타내는 지식이다. 그러므로 논리적 지식은 개념과 개념 간의 논리적 관계에 의해 그 진위가 판명된다.

세 번째는 가치나 규범을 나타내는 규범적 지식 혹은 형이상학적 지식이다. 이것은 "남녀는 평등하게 취급되어야 한다"와 같이 평가적 문장으로 구성되며, 모든 가치판단 및 도덕적 판단에 관한 지식이 여기에 속한다. 이러한 형태의 명제적 지식은 사실적 지식이나 논리적 지식과는 달리 진위 여부가 명확하게 드러나지 않는다.

지식의 두 가지 종류 가운데 보다 중핵적이고 진리의 문제와 밀접한 관계가 있는 지식은 명제적 지식으로서 이러한 지식은 교육, 특히 학교교육에서 전통적으로 보다 많이 강조되어 왔다. 이상과 같은 지식의 종류에 대한 엄밀한 구분으로부터 여러 종류의 지식을 교육과정의 중요한 자원으로 인정해야 한다는 점과 동시에 각기 다른 종류의 지식은 그 자체의 성격에 충실하게 가르쳐야 한다는 점을 시사 받게 된다.

2) 지식의 조건

지식의 조건이라는 말은 주로 명제적 지식에 적용되는 말이다. 명제적 지식은 다른 지식에 비해 앎을 성립시키는 조건이 비교적 분명하기 때문이다.

앞에서 제시한 명제적 지식의 세 가지 형태, 즉 사실적 지식, 논리적 지식, 규범적 지식 등은 단순히 문장 구조가 경험적·논리적·평가적이라는 데만 있는 것이 아니라 그 지식의 성립 조건에 있어서 차이가 나는 것이다. 명제적 지식을 성립시키는 조건으로서 네 가지를 들 수 있다.

첫째, 신념 조건은 우리가 어떤 명제를 안다는 것은 그 명제를 믿는다는 것을 논리적인 필연 조건으로 한다는 것이다. 예컨대 "물은 100℃에서 끓는다"는 것을 알면서 믿지 않는다면 그것은 진정으로 아는 것이라고 볼 수 없다는 것이다.

둘째, 진리 조건은 지식의 조건 중에서 가장 중핵적인 조건이다. 왜냐하면 신념 조건도 그 지식이 진리라는 조건 아래서 성립되는 신념이지 그렇지 못하면 지식이 될 수 없기 때문이며, 증거 조건, 방법 조건 역시 지식이 진리임을 증명할 증거나 방법을 의미하기 때문이다. 다시 말해 어떤 명제를 안다는 것이 성립되기 위해서는 그 명제를 믿고 있을 뿐만 아니라 그 명제가 진리여야 한다는 것이다. 여기서 하나의 명제가 진리임을 주장하는 근거가 무엇인지가 문제가 된다. 이에 관해서는 크게 세 가지 이론, 즉 대응설·정합설·실용설이 있다.[5)]

셋째, 증거 조건은 우리가 어떤 명제를 안다고 하기 위해서는 신념 조건, 진리 조건에 덧붙여 그 명제가 진리라는 것을 뒷받침할 수 있는 증거를 제시할 수 있어야 한다는 것이다.

넷째, 방법 조건은 타당한 증거를 얻는 방식과 관련된 것으로서 우리가 어떤 명제를 안다는 말을 하기 위해서는 신념 조건, 진리 조건, 증거 조건과 더불어 그 명제가 진리라는 증거를 얻는 방법을 알고 있어야 한다는 것이다.

분석철학적 인식론이 제시한 지식의 네 가지 조건은 지식교육에 있어서

---

5) 첫째, 대응설은 일치설로도 불리며, 어떤 판단이나 신념이 진리인가 아닌가는 그것이 실세계의 사실과 대응적 관계가 성립하는가의 여부, 즉 실재와 일치하면 그 신념은 진리라는 주장이다. 대응설은 모든 실재는 객관적 실체로 존재한다는 실재론을 전제하고 있으며, 경험론적 입장의 진리관이다. 둘째, 정합설은 어떤 신념이나 판단이 하나의 체제 속에서 다른 신념 혹은 판단과 모순 없이 일관성을 유지하고 조화를 이루고 있으면 진리라는 주장이다. 이 진리관은 합리론과 관념론의 입장을 지닌 사람들에 의해 지지되고 있다. 셋째, 실용설은 어떤 신념이나 판단이 가져다주는 결과가 소기의 목적하는 바를 만족시킨다면 그것이 진리라는 주장이다. 진리는 실용적인 유용성에 따라 결정된다고 보는 것으로서 실용주의자들이 지지하는 진리관이다.

상당한 의미를 내포하고 있다. 우리가 지식을 가르친다는 것은 어떤 명제나 진술을 그대로 암기하거나 받아들이도록 하는 것이 아니라 지식의 조건에 맞게, 즉 내용만이 아니라 올바른 증거와 방법적 과정이 수반되는 방식으로 가르쳐야 한다는 것이다. 지식교육이 이러한 조건을 구비하지 못할 때 소위 주입식 교육이 된다. 왜냐하면 허위인 지식을 가르치거나 지식을 증거나 방법적 원리와 분리시켜 가르칠 때, 학생 스스로 생각하고 판단할 수 있는 능력의 발달을 의도적으로 중지시키는 것이 되기 때문이다.

마. 해석학적 인식론: 앎의 삶 관련성과 순환성

고전적 인식론이나 분석철학적 인식론은 공통적으로 지식의 객관적 근거가 있다는 것을 전제로 인식 대상의 절대성과 인식의 확실성을 추구한다. 그에 반해 해석학적 인식론은 지식을 삶과 분리된 객관적 세계 속에서 일어나는 과정으로 보지 않고, 인식 주체의 경험과 관련하여 인식의 확실성이나 의미를 찾고자 한다. 근본적으로 인식은 자율적인 것이 아니라 삶의 관련 체계 안에 포함되어 있다는 것이다. 이러한 맥락에서 해석학적 인식론은 전통적인 인식론에서 합리주의가 전제하는 확실한 기점으로서의 사유나 경험주의가 내세우는 순수한 출발점으로서의 감각을 통한 인상은 모두 현실적으로는 존재하지 않는 관념적인 가설에 불과하다고 본다. 우리의 지식은 아무 것도 모르는 백지에서 출발하는 것이 아니고 언제나 이미 알고 있는 것, 즉 미리 존재하는 삶의 세계에 대한 일정한 이해(해석학의 용어로 "전이해")로부터 출발하여 순환적으로 그것을 확인하고 보충하고 수정한다는 것이다.

이러한 인간의 앎의 현상의 순환성은 필연적으로 인식론의 기초에 대한 보다 심층적인 논거 정립을 요구한다. 인식론은 더 이상 인식론 자체로부터 논거될 수 없으며 인간 존재 전체로부터의 보다 더 깊은 논거 정립을 요청하게 된다는 것이다. 여기서 우리의 앎은 단순한 지성이나 의식만의 문제가 아니라 우리 존재의 문제가 되며, 해석학적 인식론은 인간학적 인식론이 된다. 그것은 인간의 앎을 전체적인 인간 존재와 연결시키고 인간학적인 모든 연구성과를 동원해서 인간의 앎의 본질을 밝히는 데 끌어들이는 방식을 취하기 때문이다. 이러한 인간학적 인식론은 확실한 인식의 길을 닦고자 하는 고전적 인식론은 물론 과학적인 인식의 논리를 전개하는 분석철학적 인식론의 목적과도 다르다. 인간학적 인식론은 지식을 얻는 방법을 가르치려는 기술학이 아니고 지식의 본질과 그 가능성, 앎의 현상을 삶과의 관련 아래 분석함으로써 밝혀내는 것을 목적으로 한다.

이와 같이 해석학적 인식론에서 지식의 본질이 앎의 순환성과 인간 존재 자체와의 관계 속에서 밝혀질 때, 지식을 추구하는 태도와 방법 및 교육을 하는 태도가 새로운 빛 속에서 드러나게 된다.[6)]이것은 교육적인 측면에서 무엇보다 지식교육과 관련된 많은 문제들을 드러내줌으로써 참다운 의미의 지식교육이 무엇인가를 보여주는 데 기여하게 된다. 즉, 본질적인 의미의 지식교육은 인식주체로서 학생의 경험과 체험을 통해 삶과의 관련성 속에서 이루어져야 한다는 것이다. 이를 통해 삶과 유리된 무기력하고 단편적인 죽은 지식 대신에 인간의 마음을 움직이고 올바른 판단과 실천을 가능하게 하는 살아있는 지식이 가르쳐질 수 있게 된다.

이러한 맥락에서 볼 때 잘못된 지식교육은 마땅히 배격되어야 하겠지만 지식교육 그 자체가 소홀히 되어서는 안 될 것이며,[7)] 오히려 교육의 본질 실현을 위해 올바른 지식교육은 필연적인 요소로서 강조되어야 할 것이다. 여기서 학교교육에서 지식교육의 권위 회복이 요구되며, 지식교육의 복권을 위해 인식론적 이해와 논의가 전제되어야 할 것이다.

---

6) 해석학적 지식론에 대해서는 이규호(1980). 『앎과 삶』. 연세대학교출판부. 42-56쪽 참조.
7) 지식교육의 문제에 대한 보다 자세한 논의는 홍은숙(2007). 『교육의 개념』. 교육과학사. 참조.

새겨보기

인식론은 인식의 인식, 즉 인식 그 자체를 대상으로 하는 철학의 중요한 분과 영역이다. 교육이 지식 전달과 획득을 핵심 조건으로 하고 있는 한, 인식론은 교육과 불가분의 관계에 있게 된다. 고전적 인식론은 인식의 대상, 원천에 일차적 관심이 있으며, 이는 학교에서 가르치는 교과의 성격을 파악하고 그에 따른 교수 목적 및 방법을 결정하는 데 도움을 준다. 분석철학적 인식론은 지식의 종류와 지식의 성립 조건에 관심을 갖고 있으며, 이는 교육과정의 선택 및 교육과정을 구성하는 문제와 밀접하게 관련되어 있다. 해석학적 인식론은 지식을 삶과 분리된 객관적 세계 속에서 일어나는 과정으로 보지 않으며, 인식 주체의 경험과 관련지어 인식의 확실성이나 의미를 찾고자 한다. 이는 본질적인 의미의 지식교육은 인식주체로서 학생의 경험과 체험을 통해 삶과의 관련성 속에서 이루어져야 한다는 것을 드러내준다.

2. 가치론과 교육

가. 가치론이란?

철학의 또 다른 관심은 선과 악, 정의와 불의, 아름다움과 추함 등과 같은 가치의 문제인데, 이처럼 가치의 문제를 다루는 철학의 영역을 가치론(axiology)라고 한다. 특히 가치가 도덕적 행위에 관한 것일 때는 윤리학(ethics)이라고 하고, 예술에 관한 것일 때는 미학(aesthetics)이라고 한다. 그런데 가치론은 다음과 같은 측면에 관심을 갖는다.

첫째, 가치는 객관적인가 혹은 주관적인가에 관한 관심이다. 가치는 개인의 선호와는 관계없이 스스로 존재한다고 보는 입장이 있는데, 예를 들면 진·선·미는 보편적 실재라는 주장이 그것이다. 반면에 가치는 개인의 선호에 따라 결정된다고 보는 입장이 있는데, 어떤 것이 가치 있느냐의 여부는 그것을 평가하는 개인들에 의해 좌우된다는 것이다.

둘째, 가치는 변화하는 것인가 또는 불변의 것인가에 대한 관심이다. 즉 가치는 시대나 사회에 따라 달라지는 것이 아니라는 입장이 있으며, 반대로 가치는 시대 및 사회에 따라 변하는 것이라는 입장이 있다.

나. 교육에서의 가치

주지하는 바처럼, 교육은 기본적으로 가치를 추구하는 활동으로서, 교육의 전체 과정에는 가치의 문제가 개재된다. 예를 들어, 교육의 목적은 기본적으로 가치 있는 것이어야 한다. 학생으로 하여금 바람직한 방향을 추구하게 하고 그것에 따라 행동하도록 이끌어 주어야 하는 것이다. 뿐만 아니라 이러한 교육목적을 달성하기 위한 교육 방법 또한 가치 있는 것이어야만 한다. 특히 교육의 목적이 아무리 가치 있는 것일지라도 그 방법이 교육적으로 가치 있지 못하다면 결과적으로 그러한 행위는 교육이라고 할 수 없다. 교육이라는 활동의 가장 중요한 목표는 도덕적인 인간을 양성하는 것이라는 점을 고려할 때, 가치론의 두 영역인 윤리학과 미학 중 교육과 관련하여 더욱 중요한 의미를 갖는 것은 바로 윤리학이라 할 수 있다.

1) 윤리학이란?

윤리학이란 인간의 행위에 대한 근거와 기준, 행위의 동기와 목적, 그리고 행위의 규범과 가치 등에 관한 학문이다. 윤리학을 도덕철학이라고도 하는데, 이는 윤리학이 도덕에 관한 이론을 의미하기 때문이다.[8] 이처럼 윤리와 도덕은 같은 뜻을 가진 말로 받아들여지고 있다. 서양의 경우 윤리의 어원이 되는 그리스어의 에토스(ethos)나 도덕을 가리키는 라틴어의 모레스(mores)는 거의 같은 뜻을 가지고 있다. 특히 도덕의 경우 도(道)는 인간이 걸어야 할 정신적 도리를 가리키며, 덕(德)은 도를 지키고 따랐을 때 얻어진 정신 및 인격적 결과로서 도의 실천적 측면을 강조한 것이다.[9]

8) 박선목(1994). 『윤리학과 현대사회』. 학문사. 17–18쪽.
9) 김형석(1992). 『윤리학』. 철학과 현실사. 15–16쪽.

2) 윤리학 이론

윤리학 이론으로는 다음과 같이 직관주의와 자연주의가 있다.[10]

직관주의(intuitionism): 어떤 행위가 옳고 그른가 하는 것은 인간의 선천적인 도덕적 감각을 사용하여 판단할 수 있다고 본다. 또한 어떤 도덕적 가치들이 옳은지의 여부는 논리적으로 증명될 수도 없고 경험적으로 검증될 수도 없으며, 단지 직관적으로 알 수 있다고 본다.

자연주의(naturalism): 도덕적 가치들이 어떤 결과들을 가져오는지를 객관적으로 검토하여 결정한다는 입장이다. 예를 들면 어떤 사람이 결혼 전 성관계가 옳지 않다고 믿는 것은 단순히 윤리적으로 옳지 않다는 판단 때문이 아니라, 그것이 어떤 영향을 미치는지를 관찰했기 때문이라는 것이다. 이처럼 자연주의는 생활 경험의 탐구를 통해 인간이 행동하는 데 어느 것이 최선의 길인가를 판단함으로써 도덕적 가치들을 선택한다는 입장이다.

다. 철학적 사유 형식에 따른 가치와 교육

교육은 가치를 추구하는 활동이라는 점에서 가치와 교육은 밀접한 관련성을 갖는다. 그런데 가치 및 교육에 대한 입장은 관념론, 실재론, 프래그머티즘 등의 철학적 사유 형식에 따라 다음과 같이 차이가 있다.[11]

1) 관념론에서의 가치와 교육

관념론자들에게 있어서 가치와 윤리는 절대적인 것이다. 진·선·미는 사회나 시대에 관계없이 불변의 것으로 간주한다. 그것들은 본질상 영원한 것이며, 인간에 의해 만들어진 것이 아닌 우주의 본질 그 자체라고 본다. 관념론자들의 주장은 다음과 같다.

10) G. F. Kneller(1971). *Introduction to the Philosophy of Education*. New York : John Wiley & Sons. p. 30.

11) 이하 기술한 내용 중 특별히 각주가 없는 경우 G. F. Kneller, *Introduction to the Philosophy of Education*. pp. 33-37을 참조하였음.

첫째, 학생들은 영원한 가치를 배워야 하며, 그러한 가치에 따라 사는 법을 배워야 한다. 왜냐하면 그러한 영원불변의 가치를 배움으로써 학생들은 그가 속한 보다 위대한 정신적 전체와 합치될 수 있기 때문이다. 학생들은 자신들이 저지른 악이 그들 자신, 사회, 그리고 인류 전체뿐만 아니라 나아가 우주적 정신 그 자체까지도 훼손시키게 된다는 것을 알아야 한다. 학생들이 지닌 가치들은 우주의 궁극적 정신체계와 연결이 될 때 비로소 의미를 갖게 되는 것이며, 이러한 정신체계는 교사들이 학생들에게 명확히 알게 해줘야 한다.

둘째, 악은 실질적인 것이 아니라 단지 불완전한 선(善)이라 본다. 악은 이 우주에 남아 있는 정신적 질서의 불완전함으로부터 기인하며, 우주적 정신이 보다 온전히 자신을 드러내 보이게 될 때 이 세상은 더욱 이성적이 되고 불완전함이 감소하게 되면서, 악은 점차 자취를 감추게 될 것이다. 실제로 악한 어린이들은 없으며, 단지 우주의 도덕적 질서를 제대로 이해하지 못하고 있는 어린이들이 있을 뿐이다.

2) 실재론에서의 가치와 교육

실재론자들은 관념론자들처럼 근본적인 가치는 본래 영원하다는 데 의견을 같이 하지만, 그 이유에 대해서는 생각을 달리한다. 또한 실재론자들은 교사는 어떤 확고한 가치를 아이들에게 전달해야 하며, 교사가 아이들에게 가르치는 기본적인 도덕이나 미적 기준은 일시적인 현실 상황으로부터 영향을 받아서는 안 된다고 본다. 아이들은 무엇이 옳고 그른가를 분명히 이해해야 하며, 그 시대의 도덕적·미적 유행의 변화에 관계없이 객관적 선과 미를 존중해야 한다는 것이다. 그런데 이러한 기본적인 입장에도 불구하고 고전적 실재론자, 기독교적 실재론자, 과학적 실재론자들 사이에는 서로 견해 차이가 있다.

먼저 고전적 실재론자들은 인간을 이성적 존재로 만드는 보편적 도덕법칙(도덕률)이 존재하며 인간은 그 도덕법칙을 이성을 통해 알 수 있다는 아리스토텔레스의 주장을 받아들인다. 그들은 학교가 교과목들에 신경을 써야 하지만 아리스토텔레스가 말한 매사에 절제와 중용을 지키는 인간, 즉 균형 잡힌 개인을 양성해야 한다고 주장한다. 또한 어린이는 절대적이고 보편적인 도덕 기준에 따라 사는 것을 배워야 한다. 왜냐하면 정의로운 것은 어느 특정 집단의 사람들에게만 정의로운 것이 아니고, 모든 사람들에게 보편적으로 정의로운 것이기 때문이라는 것이다. 그리고 어린이들은 좋은 습관을 갖는 것이 중요한데, 미덕(美德)은 저절로 갖춰지는 것이 아니라 학습을 통해서 습득되는 것이라고 보기 때문이다.

다음으로 기독교적 실재론자들의 경우 우리가 이성을 통해 이러한 도덕법칙을 이해할 수 있다는 데는 동의하지만, 그 도덕법칙은 신에 의해 만들어진 것일 뿐만 아니라 신은 우리에게 그것을 이해할 수 있는 이성을 부여했다고 주장한다. 또한 인간은 신의 도움 없이 도덕법칙을 이해할 수 있을 수도 있으나, 원죄로 인해 본성이 타락했기 때문에 신의 도움 없이는 그것을 실천할 수 없다고 믿는다. 또한 기독교적 실재론자들은 자연주의적 윤리관은 적절하지 않은 것으로 본다. 왜냐하면 인간은 자연적인 것을 초월하여 초자연적인 것에 도달할 수 있도록 창조되었기 때문이라는 것이다. 그리고 도덕교육의 진정한 목적은 영혼의 구제에 있다고 본다. 아이들의 영혼이 신의 은총으로 충만하고 도덕적 죄악으로부터 벗어날 수 있도록 가르쳐야 한다고 한다. 아이들은 선을 추구하고 악을 멀리 해야 하는데, 이것은 이성의 지시일 뿐만 아니라 신의 뜻이기 때문이라는 것이다.

마지막으로 과학적 실재론자들은 가치의 초자연성을 부정한다. 우리를 자연환경에 적응시켜줄 수 있는 것은 선이고, 반대로 적응시켜 주지 못하는 것은 악이라 본다. 또한 인간의 본질이나 자연의 본질은 일정하기 때문에 인간을 자연에 적응시켜주는 가치들도 일정하다고 본다. 물론 사회제도나 실제 삶이 여러 가지 면에서 변하는 것은 사실이나, 그 기본적 가치만은 변하지 않는다는 것이다. 이처럼 관념론자들이 인간의 완전성을 주장하는 데 반해 과학적 실재론자들은 인간의 불완전성을 주장한다. 특히 과학적 실재론자 교사들은 선과 악이란 종교적 교리에 의해 규정되기보다는 우리가 자연을 어떤 식으로 받아들이느냐에 따라 규정되는 것이라고 가르친다. 도덕은 과학적 탐구를 통해 만물의 영장인 인간에게 유익한 것이라고 밝혀진 것들에 기초하여 세워져야 한다고 한다. 질병은 악이고 건강은 선이라는 것이다. 우리는 체질을 개선할 수 있는 방법을 모색함으로써 선을 증진시키고 동시에 우리가 살고 있는 환경을 개선함으로써 악을 극복해야만 한다고 주장한다.

3) 프래그머티즘에서의 가치와 교육

프래그머티스트들은 가치란 상대적인 것으로 본다. 윤리적·도덕적 규범은 불변의 것이 아니며, 문화나 사회에 따라 그것들도 달라져야만 한다고 주장한다. 이는 시시각각으로 도덕적 가치가 변화해야 한다는 것이라기보다는 어떠한 규범도 상황과 관계없이 보편적일 수 없다는 것이다. "살인하지 말라"도 절대적 원칙은 아니라는 것인데, 예컨대 자신이나 타인의 목숨을 지키기 위해서는 살인을 하는 것이 정당화될 수도 있다는 것이다. 따라서 아이들은 경직된 기존의 원칙을 답습하기보다는 어떤 행위가 최대 다수를 위해 최선의 결과를 가져올 지를 판단하여 도덕적 결정을 내리도록 배워야 한다고 주장한다.

사회가 복잡해지면 질수록 사회가 개인에게 요구하는 것은 더욱 더 커지게 된다. 그러나 프래그머티스트들은 사회를 이용하려는 어떤 식의 개인주의뿐만 아니라 인간의 개인성을 억압하려는 어떤 사회적 의도에 대해서도 거부한다. 듀이는 개인주의적 사상과 집단적 규제 사이의 조화를 "비판적 참여"라 하였다. 그는 독립적으로 사고하면서도 자신을 집단과 연관지으려 하는 그런 개인들로 구성된 사회를 이상적인 사회로 보았다.

듀이의 가치론에 의하면, 교육에 있어서 지성의 훈련과 비판력을 기르는 것이 중요시된다. 여러 가지 사회문제의 상황을 파악하고 결과를 예견하면서 문제를 해결하고 판단하는 지성의 훈련이 모든 개개인에게 요구된다. 듀이의 자유주의적 윤리교육은, 인간이 자신의 욕망과 충동을 지도해서 그 욕망과 충동이 나아갈 길을 인도할 수 있고, 자신의 신념과 태도를 검토하며 자신의 잠재력과 능력을 발달시키고, 반성적 사고 과정을 적용해서 개인적·사회적 행동방향을 생각할 수 있도록 지성적으로 훈련된 사람을 기르는 것이다.[12)]

새겨보기

교육은 기본적으로 가치를 추구하는 활동이라는 점에서 가치론은 교육과 관련하여 대단히 중요한 의미를 갖는다. 특히 교육의 핵심적 목표가 도덕적 인간양성이라는 점에서 가치론 영역 중 윤리학은 우선적 관심의 대상이라 할 수 있다. 또한 가치 및 교육에 대한 입장은 관념론, 실재론, 프래그머티즘 등 철학적 사유 형식들에 따라 다소 차이가 있기 때문에 기본적으로 이들에 대한 이해가 요구된다.

3. 사회철학과 교육

가. 사회철학이란?

사회철학(social philosophy)은 18세기 시민혁명(프랑스혁명) 이후 대안적 국가공동체를 모색하면서 탄생한 학문이다. 왕이나 귀족이 아니라, 시민이 주도하는 새로운 사회, 새로운 공동체를 어떻게 만들어가야 하는가? 라는 고민에서 출발하였다. 전통적으로 철학자들은 '인간'에 대한 물음을 제기하고 답을 찾으려고 하였다. 인간은 어떤 존재인지? 인간 존재의 근원은 무엇인지? 인간은 어떻게 사물과 현상을 인식하는지? 등 존재론적이고 인식론적인 주제가 철학자들의 주요 관심사였다. 이에 반하여 사회철학은 사회(공동체)의 의미와 본질을 탐구하는 학문이다. 사회철학은 인간 자체 보다는 인간의 공동체인 '사회'에 초점을 두고, 개인과 사회의 관계 및 공동체

12) 조용태(2002). 『교육철학의 탐구』. 문음사. 72쪽.

생활을 밝히려는 학문이다. 사회철학자들은 인간을 개별자로서 보다는 '공동체 안의 존재'로 인식하려고 한다.

사회철학자들은 다음과 같은 질문을 던지고 그 답을 찾으려고 한다. 공동체(사회)의 본질은 무엇인가? 사회의 기능은 무엇인가? 왜 인간사회는 사회적 계약을 필요로 하는가? 어떻게 사회생활의 규칙을 정할 수 있는가? 인간의 자유를 보장하면서 공동체의 이익을 추구하는 방안이 있는가? 자유와 평등의 이념은 어떻게 조화를 이룰 수 있는가? 정의로운 사회는 어떤 사회인가? 이렇게 볼 때, 사회철학은 사회의 의미와 본질, 사회 질서의 원리들, 개인과 공동체의 관계에 관한 물음에 대하여 반성하는 철학의 한 분야라고 할 수 있다.

전통적으로 철학자들은 인간 본질의 핵심을 '이성적 존재'로 파악하였다. 이성을 기초로 생각하고 판단하고 합리적인 사회를 만들어가는 것이 동물과 다른 인간의 가장 중요한 특징으로 파악하였다. 실제로 인간은 지금까지 합리적인 이성을 기초로 인류 역사를 발전시켜 왔다. 반면에, 사회철학자들은 인간의 본질을 '사회적 존재'로 이해한다. 인간은 독립된 개체로서 존재하는 것이 불가능하고 공동체 안에서만 존재가 가능한 동물이라는 것이다. 따라서 사회철학자들은 좋은 공동체를 만드는 것이 인간의 행복을 위하여 매우 중요하다고 여긴다. 합리적인 이성이 지배하는 사회, 인간의 자유가 보장되는 사회, 인간 모두가 평등한 사회, 자유와 평등이 조화를 이루는 정의로운 사회를 만드는 것이 중요하다는 것이다. 그러한 사회를 만들기 위하여 사회를 분석하고, 비판적으로 검토하고, 문제점을 파헤치고, 합리적인 대안을 제시하는 것을 사회철학의 과제로 받아들이고 있다.

나. 사회철학과 교육

교육(敎育)은 학생을 위한 행위이다. 교육은 학생을 가르치고 기르는 행위이다. 학생의 소질과 능력을 개발하여 성숙한 인간으로 키우기 위한 행위이다. 이렇게 볼 때, 교육의 일차적 목적은 학생의 소질을 개발하고 자아를 실현하도록 하여 성숙하고 행복한 삶을 살도록 돕는 것이라고 볼 수 있다. 교육은 학생 개개인을 대상으로 하는 것이기 때문에 교육행위에서는 일차적으로 '개인'이 주요 관심사가 된다.

그러나 교육을 조금 더 넓게 생각하면, 교육은 학생의 자아실현을 넘어 학생이 사회공동체의 일원으로 살아가도록 돕는 행위이다. 인간은 사회적 존재이기 때문에 공동체 안에서 다른 사람과 더불어 살아가는 방법을 배워야 한다. 교육은 일차적으로 가정공동체에서 이루어지고, 다음으로 학교공동체에서 이루어지게 된다. 가정과 학교에서 학생은 부모나 교사의 가르침을 받고, 형제나 친구들과 어울리며 공동체적 삶을 배우게 된다. 이러한 과정을 '사회화(社會化)'라고 한다. 공동체의 규범과 질서와 예절을 익히면서 학생들은 사회 구성원으로서 필요한 자질을 갖추게 된다. 사회에서 필요한 자질을 갖추고 사회 안에서 살아가는 것을 통하여 학생들은 사회의 전통과 관습과 질서를 배우고 그것을 더욱 발전시켜 나가게 된다. 여기서 교육의 사회적 기능을 발견할 수 있게 된다.

교육은 가르치고 배우는 것이다. 가르치는 교사와 배우는 학생은 교육의 주체이다. 교육은 교사와 학생들로 구성되는 공동체 안에서 이루어지는 행위이다. 교사와 학생은 교육활동을 통하여 더불어 살아가는 방법을 배우게 된다. 즉, 교사와 학생들 그리고 학생들 상호 간의 상호작용 속에서 교육은 이루어진다. 교육은 공동체인 사회 안에서 이루어지는 사회적 행위인 것이다. 교사와 학생들이 움직이며 생활하는 교실과 학교는 작은 사회라고 할 수 있다. 교육은 학교와 교실이라는 작은 사회 안에서 이루어지는 사회적 행위라고 할 수 있다. 이렇게 교육이라는 현상은 그 근본 구조상 사회적 행위이고, 사회와 밀접한 관련을 맺고 있다고 할 수 있다.

가정과 학교가 사회의 한 부분이고, 교육을 학생의 사회화와 사회의 유지 및 발전을 가져오는 통로라고 이해할 때, 교육과 사회는 밀접한 관련을 맺고 있다고 할 수 있다. 여기서 우리는 사회철학적 주제가 곧 교육적 주제가 될 수 있다는 점을 확인하게 된다. 자유·평등·정의 등 사회철학의 관심사와 주제는 곧 교육공동체의 관심사요 논의 주제이다. 이러한 주제들은 교육을 균형 있게 이해하고, 교육의 바람직한 방향과 목적을 고민하는 데 크게 기여할 수 있다.

사회철학의 관점에서 우리는 다음과 같은 질문을 던질 수 있다. 교육공동체의 본질은 무엇인가? 학교와 교육의 본질적 과제와 기능은 무엇인가? 학교생활의 규칙을 어떻게 정하는 것이 바람직한가? 교사와 학생의 바람직한 관계는 어떤 모습인가? 피교육자인 동시에 미성숙한 존재인 학생의 자유와 인권은 어디까지 보장되어야 하는가? 교육에서 자유와 평등의 이념은 어떻게 조화를 이룰 수 있는가? 정의로운 교육은 어떤 모습인가? 교육적 불평등은 어떻게 해결할 수 있는가?

사회철학은 교육공동체의 의미와 본질, 공동체 운영의 원리들, 교사와 학생의 관계, 학생과 공동체의 관계, 바람직한 교육공동체의 모습 등에 대하여 비판적이고 반성적으로 질문을 던지고 대안을 찾는 데 있어 관점과 방법을 제공하는 역할을 한다. 위에서 제시한 여러 질문 가운데 교육철학계에서 가장 많이 주목 받았던 두 가지 주제를 선정하여 자세히 살펴보면, 사회철학의 의미 그리고 교육과의 관련성이 좀 더 구체적으로 드러날 것이다.

다. 교육에서의 자유와 평등의 문제

먼저, 교육에서의 자유와 평등의 문제를 다루고자 한다. 프랑스혁명에서 자유와 평등을 이념으로 내세운 이후 이 개념들은 오늘날까지 우리 사회를 이해하는데 가장 핵심적인 개념으로 사용되고 있다. 자유는 흔히 남에게 구속을 받거나 무엇에 얽매이지 않고 자기 마음대로 행동하는 것 또는 그러한 상태를 의미한다. 이렇기 때문에 자유 개념은 주로 '개인'의 자유를 얘기할 때 사용한다. 평등은 권리·인격·가치 등에서 차별이 없는 상태를 말한다. 성별·계층별·인종별 차등제도를 타파하고 인간의 가치를 동등하게 존중하려는 이념이 평등이다. 평등은 다른 사람과의 관계에서 그 의미를 지니기 때문에 흔히 '사회' 공동체와 관련하여 사용한다. 자유민주주의 사회에서는 인간의 '자유'를 보다 강조한다면, 사회주의 사회에서는 '평등'을 더욱 강조한다.

자유와 평등의 이념은 교육공동체를 설명하는 데에 있어서도 매우 중요한 개념이다. 교육공동체는 먼저, 자유의 공동체이다. 교사는 교육자로서의 역할에 충실하기 위하여 자유와 자율성을 최대한 보장받는다. 자유와 자율성 아래서 교사는 전문적인 책무성을 발휘할 수 있게 된다. 학생 역시 자유로운 존재이다. 학생은 수동적인 존재가 아니라, 자신의 소질과 가능성을 실현하고자 하는 자유로운 주체적인 존재이다. 학생들의 소질과 능력을 최대한 실현하기 위해서는 그들에게 자유로운 공간이 보장되어야 한다. 자유롭고 자율적으로 행동하고 시행착오를 경험하면서 그들은 자유의 가치를 느끼고 자율을 연습할 수 있게 된다. 그리하여 나중에 자유롭게 결정하고 책임 있게 행동할 수 있는 성숙한 어른이 될 수 있다. 다만, 학생의 경우는 미성숙한 존재이기 때문에 책임 있는 자유권을 행사하기 어려운 상황을 고려할 때, 그들의 자유와 자율성의 범위는 한편으로는 제한을 받고, 다른 한편으로는 점차 확대되는 특징을 갖고 있다.

교육공동체는 동시에 평등의 공동체이다. 학생의 사회적 배경과 관련하여 모든 학생들은 권리·인격·가치 면에서 차별을 받아서는 안 된다. 교육의 기회에서도 차별 받아서는 안 된다. 모든 학생들에게는 가정적 배경과 관련 없이 균등하게 교육을 받을 기회가 주어질 필요가 있다. 특히, 의무교육의 경우에는 국가가 균등한 교육기회를 제공할 책임을 갖고 있다. 더불어 교육의 여건이나 자원 면에서도 차별 없이 균등하게 제공될 필요가 있다. 학교의 유형이나 지역의 차이에도 불구하고 교육의 여건과 자원은 평등하게 제공되는 것이 바람직하다.

그러나 현실적으로 평등과 불평등 문제는 오랫동안 교육의 주요 현안으로 핵심 쟁점으로 제기·논의되고 있다. 교육에서의 불평등 문제는 다양하게 열거될 수 있다. 대표적인 것을 몇 가지 언급하자면, 먼저 교육기회의 불평등 문제이다. 성별 차이, 가정 배경의 차이, 또는 지역적인 차이로 인하여 교육기회가 균등하게 보장되지 않는 문제이다. 다음으로, 교육여건의 차이 문제이다. 학급당 학생 수, 교육시설, 1인당 교육비 등 교육여건이 학교별로 모두 같을 수는 없다. 셋째, 교육과정의 차이 문제이다. 국가 수준의 교육과정이 정해져 있다고 하더라도 학교에서 배우는 교육의 내용과 교육의 방법은 모두 다르다. 넷째, 가정 배경의 차이 문제이다. 학부모의 사회·경제적 배경이 모두 다르고, 그것이 교육에 큰 영향을 미치고 있다. 다섯째, 학생의 소질과 능력의 차이로 발생하는 문제이다. 학교에서는 수준별 학습을 통하여 차이와 불평등 문제를 완화하고자 하나, 근본적으로 학생들의 다양성에 부응하지 못하고 있다.

이러한 이유에서 학자들은 일찍부터 교육의 불평등 문제를 주목해왔다. 교육에서의 불평등 문제는 크게 두 가지 관점에서 논의되고 있다. 하나는 평등주의 입장이고, 다른 하나는 능력에 따른 차등주의 입장이다.[13] 평등주의 입장에서는 공동체인 '사회'가 주요 관심사이고, 차등주의 입장에서는 '개인'이 우선적으로 고려된다. 평등주의 입장이란 같은 종류의 교육적 경험을 양적으로 똑같이, 즉 같은 기간의 교육을 모두에게 같은 수준으로 제공하여야 한다는 것이다. 남녀·빈부·인종의 구별 없이 같은 교육을 받아야 한다는 입장이다. 성별·지역별·계층별 요인들에 의해 교육기회가 불평등하게 제공될 때, 국가는 적극 개입하여 불평등을 해소해야 한다는 입장이다.

능력에 따른 차등주의 입장이란 '개인'의 소질과 능력에 우선 관심을 기울이는 것이다. 능력의 차이가 있는 학생들을 동일한 조건과 환경 속에서 교육하는 것이 바람직한가? 라는 근본적인 질문을 제기한다. 능력의 차이를 무시하고 동일한 조건 속에서 교육하는 것이 교육적 관점에서 부당하다는 관점이다. 교육의 목적이 학생의 소질과 능력을 개발하는 것이라면, 그에 적합하고 적정한 수준으로 교육이 이루어지는 것이 정당하다는 것이다.

---

13) 이돈희(1999). 『교육정의론』. 교육과학사. 343-361쪽 참고.

즉 수준별 교육이나 개별화 교육이 바람직하다는 주장이다. 정리하자면, 이미 언급한 평등주의 입장이 불평등 제거에 큰 관심을 보이는 반면, 차등주의에서는 반대로 차이를 인정하는 것이 중요하다고 본다. 차등주의에서는 차등이 불가피하고 교육적으로도 바람직하다는 것이다.

이 문제에 대해 역사적으로 많은 철학자들이 관심을 갖고 다루어 왔는데, 그 가운데 세 가지 관점이 우리의 주목을 끌게 된다.

첫째, 플라톤(Platon)의 주장이다. 그는 인간을 소질과 능력에 따라 생산자·방위자·철학자로 구분하고, 각자가 추구하여야 하는 덕목을 절제, 용기, 지혜로 제시하고, 그러한 덕목을 갖추는 교육을 실시할 것을 주장하였다. 플라톤은 능력에 부합하는 교육, 차별적 교육을 실시하는 것이 튼튼한 국가와 정의로운 사회를 만드는 데 바람직하다고 보았다.

둘째, 아리스토텔레스(Aristoteles)의 주장이다. 그는 같은 사람들을 같이 대우하고, 다른 사람들을 달리 대하는 것이 정의롭다고 보았다. 이 주장에는 평등주의 입장과 차등주의 입장이 모두 포함되어 있다. 같은 사람들을 같이 대우하는 것을 주장한 면에서 평등주의적 입장이 확인되고, 다른 사람들을 달리 대우한다는 것은 차등주의 입장을 드러낸다.

셋째, 슐라이어막허(Fr. Schleiermacher)의 주장이다. 그는 학생의 소질과 능력에 차이가 있다고 보았는바, 학생들을 평등하게 교육하는 것이 바람직한지, 아니면 그러한 차이를 인정하고 불평등하게 교육하는 것이 바람직한지 고민하였다. 그는 교육받는 출발점에서는 모든 학생을 평등하게, 다시 말해 교육의 기회를 균등하게 제공하고, 시간이 지남에 따라 능력의 차이가 분명해질 때 수준에 따라 차별적으로 교육하는 것이 바람직하다는 제안을 하였다.

플라톤은 능력의 차이에 따른 차등주의 입장을 지지하였고, 아리스토텔레스는 평등주의와 차등주의가 상황에 적합하게 혼용되는 것을 지지하였고, 슐라이어막허는 평등과 차등의 변증법적인 통합을 주장하였다고 볼 수 있다. 교육은 자유로운 활동이다. 학교라는 공동체 안에서 교사와 학생은 자유로운 주체로서 상호작용하며 성장하고 발전한다. 교육은 또한 평등의 기반 위에서 수행된다. 학생들은 누구나 평등한 교육기회, 평등한 교육여건 속에서 교육받을 권리를 갖고 있다. 교육은 동시에 차등을 존중한다. 학생들의 소질과 능력에 차이가 있다는 점을 인정하고, 그것을 존중하는 방향으로 교육이 이루어져야 한다.

교육에서 자유와 평등은 서로 배치되는 개념이 아니다. 모두 존중되어야 할 가치이다. 교육에서의 자유와 평등문제는 갈등의 문제가 아니라 조화의 문제이다. 자유로운 인간을 육성하고 평등한 공동체를 만들어 가는 것은 교육적 책무이다. 평등주의 입장과 능력에 따른 차등주의 입장 가운데 어느 하나만이 중요한 것은 아니다. 평등성과 수월성은 교육에서 모두 중요한 상보적 개념이다. 교육의 배경적 불평등을 최소화하는 동시에 학생들의 능력에 부응하는 차등적 교육을 실시하는 것이 교육적 정의를 실현하는 것이다.

라. 인간의 사회화와 사회의 인간화 문제

인간은 사회적 존재이다. 인간은 홀로 존재할 수 없다. 인간은 본질적으로 다른 사람과 더불어 살아가는 존재이다. '독존'이 아니라, '공존'이 인간의 본질적인 모습이다.[14] 인간의 삶과 그의 모든 경험은 언제나 사회적인 집단 안에서 이루어진다. 가정·학교·직장·국가 공동체 안에서 다른 사람들과 더불어 살아가며 인간은 성장하고 발전하여 인간다운 인간이 될 수 있다. 인간이 사회 안에서 성장하며 사회의 규범과 문화를 전수받고 사회에 적응하며 살아가는 것을 '사회화'(socialization)라고 표현한다. 인간은 사회 안에서 언어·문화·도덕·종교 등을 배우며 사회에서 필요한 지식과 생활방식과 가치관을 획득하게 된다. 교육은 자연적인 하나의 개체로서 출생한 학생을 우리의 사회 안으로 인도해서 사회화시킴으로써 인간다운 인간을 만드는 노력이다. 학생이 교육을 통하여 사회화됨으로써 우리 사회의 가치·규범·문화 등이 전수되고 지속적으로 발전된다.

---

14) 이규호(1980). 『교육과 사상』. 배영사. 280쪽.

교육이 본질적으로 추구하는 가치이자 교육의 가장 중요한 목적은 인간교육이다. 인간으로 태어났다고 하여 모든 사람이 인간은 아니다. 사회에서 격리되어 늑대에 의하여 길러진 늑대소년의 예는 그것을 확인시켜 주고 있다. 인간성을 갖춘 인간, 성숙한 인간, 사회적 가치와 규범을 내면화한 인간은 교육과 인간이 성취하여야 할 목표인 것이다. 인간교육은 자유로운 하나의 인격이 다른 인격들과의 만남을 통하여 가능하다. 부버(M. Buber)는 그의 책 『나와 너』에서 나(인격체)와 너(인격체)의 인격적 만남을 통하여 인간의 비약적인 발전이 가능하다고 생각하였다.

그러한 인간교육을 위하여 사회는 큰 영향을 미친다. 가정과 학교뿐 아니라 정치·경제·문화·종교 등 사회제도는 인간교육에 큰 영향을 미친다. 따라서 인간교육을 성취하기 위해서는 사회구조에 대한 비판적인 검토가 필요하다. 특별히 인간을 소외시키고 비인간화 시키는 구조를 비판적으로 검토할 필요가 있다. 이러한 문제의식을 갖고 사회구조를 비판적으로 검토하고 논의를 시도한 학자들을 비판이론가라고 부른다. 호르크하이머(Max Horkheimer), 아도르노(Th. Adorno), 하버마스(J. Habermas) 등 비판이론가들은 인간을 억압하고 소외시키는 제도와 과정, 사회적 불의를 비판하고, 인간을 비인간화하는 모든 제도로부터 인간을 해방시키는 것을 과제로 삼았다. 그들은 사회의 정의·평화·자유를 지향하며 비판하고 참여하는 활동을 전개하였다.

비판이론가들이 제시한 사회의 문제점은 교육의 영역에서도 확인될 수 있다. 교육의 목적이 인간교육이라면 교육의 장인 학교 역시 인간교육의 장이 되어야 한다. 학교라는 공동체 안에서 수행되는 모든 활동이 인간교육을 지향하여야 한다. 교육의 내용, 교육의 방법, 교사와 학생의 관계, 학교문화 등 학교 안에서 이루어지는 모든 교육활동과 관계맺음이 학생을 인간다운 인간으로 성장하는 데 도움이 되는 방향으로 구성되어야 한다. 학생은 인간교육을 받고 사회에 적응하고 사회에서 필요한 구성원으로 역할을 담당하게 된다. 학생은 교육을 통하여 이렇게 사회화된다. 학생의 바람직한 사회화를 위해서는 학교 등 사회공동체가 학생을 소외시키거나 억압하거나 하여 비인간화를 초래하여서는 안 된다. 오히려 사회공동체가 인간화되어 인간교육을 지원하여야 한다. 학생의 사회화와 사회의 인간화는 이렇게 상호 밀접한 관련을 맺고 있다.

새겨보기

사회철학은 인간 자체 보다는 인간의 공동체인 '사회'에 초점을 두고, 개인과 사회의 관계 및 공동체의 본질과 과제를 밝히려는 학문이다. 사회철학자들은 인간의 본질을 '사회적 존재'로 이해하고, 좋은 공동체를 만드는 것이 인간의 행복을 위하여 매우 중요하다고 여긴다.

교육은 교사와 학생들로 구성되는 공동체 안에서 이루어지는 사회적 행위이다. 사회철학은 교육공동체의 의미와 본질, 교사와 학생의 관계, 학생과 공동체의 관계, 바람직한 교육공동체의 모습 등에 대하여 비판적이고 반성적으로 질문을 던지고 대안을 찾는 데 있어 관점과 방법을 제공하는 역할을 한다.

제4장

현대 교육철학

현대 교육철학이란 20세기 이후 서구에서 전개된 교육철학의 흐름들을 의미한다. 20세기 전반에는 교육철학을 철학의 연장이라고 보는 입장에서 대개 무슨 '주의'(主義, ism)의 형태를 띤 사조 중심의 교육철학이 미국을 중심으로 전개되었다. 그 대표적인 것으로서 진보주의·본질주의·항존주의·재건주의 교육철학을 들 수 있다.

20세기 후반에 서구에서는 교육을 철학적으로 규명하는 교육철학 흐름이 전개되었다. 이 흐름들은 일반적인 철학사상으로부터 교육문제에 접근한 것들로서 철학적 관점을 수용하여 교육현상을 인식하고자 한 것이다. 현대 교육철학의 흐름은 매우 다양하기 때문에 서술하기가 쉽지 않다. 대표적인 것을 어떤 기준에 의해 선택하느냐에 따라 달라지기 때문이다.[1] 여기서는 20세기 후반에 전개된 대표적인 현대철학으로서 실존주의·분석철학·비판이론·포스트모더니즘 등을 중심으로 그 교육철학적 관점을 살펴볼 것이다. 이어서 디지털 기술문명시대의 도래와 함께 새롭게 요구되는 교육철학의 과제를 제시함으로써 미래 교육철학의 방향을 전망해 보고자 한다.

---

1) 한명희(1983). 『교육철학』. 배영사. 62-63쪽.

1. 20세기 전반의 교육철학

20세기 전반기에 미국에서 교육에 대한 논의가 진지하게 열의를 띤 격론으로 발전하였으며, 그것은 네 가지 교육철학 사조를 중심으로 전개되었다. 논의는 미국 교육계에 혁명적인 세력으로 대두된 진보주의(progressivism)에서 출발하였다. 이어서 진보주의를 반대하는 세력이 나타났는데 그 대표적인 반대세력으로서는 항존주의(perennialism)와 본질주의(essentialism)를 들 수 있다. 이 두 이론은 정도의 차이는 있지만 대체로 진보주의를 반대하거나 비판적으로 보는 입장이다. 반면에 진보주의를 보강하려는 입장으로 재건주의(reconstructionism)가 대두되었다.

이 네 가지 교육철학 사조는 각각 일반 철학의 배경을 갖고 있지만, 교육에 대한 특수한 경험에 의한 것으로서 특별한 성격을 지닌다. 교육자 자신이 교육을 철학적으로 보는 방법의 문제를 다루는 일이라 하겠다.

가. 진보주의

진보주의는 두 가지 요인에 의해 발생하고 성장하였다. 진보주의 교육사상은 한편으로 전통교육에 대한 문제제기로부터 코메니우스(J. A. Comenius), 루소(J. J. Rousseau), 페스탈로치(J. H. Pestalozzi), 프뢰벨(Fr. W. A. Froebel) 등 아동 중심적 교육관을 이어받고 있다. 전통교육은 성인 중심, 사회 중심 교육으로서 어린이를 성인의 부속물 및 축소판이라고 보는 아동관과 축적된 과거의 지식을 어린이에게 주입시키고 어린이의 현재 생활보다도 장래를 위하여 준비시키는 것을 교육의 임무로 생각하는 교육관에 바탕을 두고 있다. 이러한 아동관과 교육관에 대하여 전면적으로 반기를 들고 교육의 자유화를 위한 길을 닦음으로써 어린이 중심 교육을 제창한 사람은 루소이다. 진보주의 교육은 어린이의 자유스런 활동을 중시하고 종래의 통제적인 교육방식에 반기를 들었다는 점에서 루소의 아동 중심 교육사상과 맥을 같이 한다고 볼 수 있다.

다른 한편으로 진보주의 교육사상은 20세기를 전후하여 출현한 실용주의(pragmatism) 철학을 바탕으로 하여 교육철학으로 발전하였다. 실용주의 철학은 진보주의자들이 교육에 대해 산발적으로 제시한 주장에 확고한 철학적 근거를 마련해 주었으며, 진보주의 교육사상을 하나의 체계를 갖춘 혁신적인 교육운동으로 추진시키는 데 강력한 힘이 되었다.

진보주의는 영원한 실재를 인정하지 않고 변화가 실재의 본질이라고 보는 실용주의 철학의 입장을 받아들임으로써, 교육의 기능은 영속적인 가치를 적용하는 데에서 결정되는 것이 아니라 경험의 계속적인 재구성 또는 개조과정에서 나타난다고 보았다. 이런 의미에서 듀이(J. Dewey)는 교육을 '경험의 개조' 또는 '성장'이라고 정의하였다. 진보주의가 주장하는 교육의 기본 원리를 요약하면 다음과 같다.[2)]

첫째, 교육은 생활을 위한 준비가 아니라 생활 자체이다.

둘째, 학습은 어린이의 흥미와 직접적으로 관련되어야 한다.

셋째, 문제해결을 통한 학습이 교재를 통한 가르침보다 더 낫다.

넷째, 교사의 역할은 지시하는 일이 아니라 조언하는 일이다.

다섯째, 학교는 경쟁보다는 협력을 강조한다.

여섯째, 민주주의만이 참된 성장에 필요한 사상과 인간성의 자유로운 상호작용을 허용하고 격려한다. 따라서 민주주의를 교육하기 위해서 학교 자체가 민주적이지 않으면 안 된다.

진보주의 교육이론은 우주와 교육의 끊임없는 변화와 쇄신에 관심을 기울이고 기존의 사회질서와 전통교육에 끊임없이 도전하는 교육이론을 형성함으로써 미국교육의 개혁과 발전에 크게 기여하였으며 전 세계적으로 영향을 미쳤다. 그러나 진보주의 교육이론에 대한 문제점도 지적되고 있다. 우선 진보주의 교육은 어린이의 흥미와 요구를 강조함으로써 교육의 대상인 어린이에게 너무 신경을 쓴 나머지 어린이가 배워야 할 학습내용에 대해서는 너무 무관심한 것이 아닌가 하는 반성과 비난의 소리가 있다.

---

2) G. F. Kneller(1976). 『교육의 철학적 기초』. 정건영 역. 교육출판사. 70-74쪽.

이러한 진보주의 교육사상의 한계점은 다음에서 살펴볼 본질주의 및 항존주의 교육사상가들의 주장에서 잘 나타난다.

나. 본질주의

본질주의는 주로 1930년대에 미국 교육사상을 지배하다시피 하고 있던 진보주의 교육에 대한 반격운동에서 출발하였다. 본질주의는 1938년에 배글리(W. C. Bagley)를 중심으로 20명 내외의 교육학자와 교육행정가들이 '미국 교육 향상을 위한 본질파 위원회'를 조직하면서부터 하나의 강력한 세력을 지닌 운동으로 대두되었으며, 이와 때를 같이하여 '미국 교육 향상을 위한 본질파 강령'이 선포됨으로써 본질주의 교육운동이 이념을 지닌 하나의 교육사조로 나타났다.

본질주의 교육사상은 말 그대로 '본질적인 것'을 가정하는 데서 출발한다. 역사적으로 전수되는 문화유산에는 그 핵심 내지 본질이 있으며, 그것은 오늘 우리에게도 필수불가결할 것이기 때문에 그 문화의 본질을 학교에서 가르쳐야 한다는 것이다.

본질주의는 어떤 특정한 철학적 전통과 연결되어 있지는 않다. 본질주의를 지지한 사람들 가운데 절대적인 것과 정신적인 가치를 추구하는 관념론 철학이나, 변화하는 사물의 세계 그 자체가 실재라고 보는 실재론 철학의 영향을 받고 있는 경우가 많다. 본질주의자들 간에도 교육의 가치나 본질에 대해 의견을 달리 하는 경우가 많지만, 대체로 다음의 네 가지 기본적인 원칙에 대해서는 일치점을 지닌다.[3)]

첫째, 학습은 본질적으로 어려운 작업과 달갑지 않은 적응을 요구한다. 따라서 본질주의자들은 훈련과 노력의 중요성을 강조한다.

둘째, 교육의 주도권은 학생이 아니라 교사에게 있다.

셋째, 교육의 과정의 핵심은 선정된 교재내용을 동화하는 데 있다. 여기서 교재는 진보주의에서처럼 어린이의 현재 경험과 관심을 중심으로 하여

---

3) 같은 책, 80-82쪽.

심리학적으로 조직되기보다는 지식 자체의 논리적 조직에 의해 어린이에게 제공되어야 한다.

넷째, 학교는 정신적 훈련을 위한 전통적 교수방법을 고수하여야 한다.

본질주의가 진보주의에 대항하는 운동으로 출발했다고 하지만 진보주의를 전면적으로 부인하는 운동은 아니었다. 진보주의 이론의 많은 부분에 동조하면서 지나친 교육실제에 대해서 비판하였다. 결국 본질주의는 지나친 진보주의에 대항하여 전통적인 교육의 장점들을 되살리고자 하였던 것이다. 그러나 이러한 본질주의는 체계적인 지식의 전수와 교사의 주도적 위치를 강조함으로써 학생의 학습동기와 자발적 참여를 약화시켰다는 비판을 받게 되었다.

다. 항존주의

항존주의도 1930년대 진보주의 교육에 대한 비판에서 시작되었다. 본질주의 교육이론이 부분적으로 진보주의 교육이론을 수용하는 반면에, 항존주의는 진보주의에 정면으로 반대하는 입장에 서 있다. 진보주의가 변화의 원리를 강조하는 데 비하여 항존주의자들은 절대적 원리를 주장한다. 이들은 사회적 변화에도 불구하고 변화보다는 영구한 것이 실재적이고 이상적인 것이라고 한다. 오히려 불안과 불확실성이 급증하는 세계에서는 확고한 교육목적이나 안정된 교육적 행동이 더욱 요구된다고 보았다.

이와 같은 항존주의자들의 주장은 아리스토텔레스(Aristoteles)와 토마스 아퀴나스(T. Aquinas) 등으로 이어지는 고전적 실재론을 철학적 기반으로 하고 있다. 이들은 인간의 마음으로부터 독립적으로 존재하는 객관적 실재를 인정하고 진선미의 절대적 가치를 인정한다. 이러한 연관에서 항존주의는 '항존'(恒存, perennial)이라는 말에서 알 수 있듯이 객관적 실재와 불변하는 가치의 관념을 핵심사상으로 삼고 있다.[4] 항존주의 교육

4) 조무남 외 공저(1996). 『교육사 교육철학 강의』. 동문사. 355쪽.

철학의 대변자로서는 허친스(R. M. Hutchins)와 애들러(M. J. Adler) 등이 있다. 항존주의 교육철학의 기본 원리로서 다음의 것들을 들 수 있다.[5)]

첫째, 인간의 본성은 환경의 차이에도 불구하고 동일하다. 따라서 교육은 모든 사람에게 동일해야 한다.

둘째, 이성은 인간의 최고의 속성이다. 교육을 통하여 인간의 최고 속성인 이성을 계발해야 한다.

셋째, 교육의 임무는 학생을 영원한 진리에 적응시키는 것이다. 진리는 어느 곳에서나 동일하므로 교육도 동일해야 한다.

넷째, 교육은 생활의 모방이 아니고 생활에의 준비이다.

다섯째, 학생들은 세계의 영원성에 익숙해지도록 하기 위해서 기본적인 과목들을 배워야 한다. 학교는 기본적으로 이성의 훈련이나 지성의 계발을 위한 과목으로서 영어, 언어, 역사, 수학, 자연과학, 철학, 예술 등과 같은 기본적인 과목들을 제공해야 한다.

여섯째, 학생들은 인류가 오랜 세월 동안 담아온 지혜의 보고(寶庫)라고 할 수 있는 '대저서'(Great Books)를 읽어야 한다.

항존주의는 올바른 방향감을 잃고 현실적응 위주의 교육 등으로 방황하는 현대교육에 대해, 진리의 절대성과 인간의 이성적 본성에 근거한 교육을 강조함으로써 인간교육의 본질적인 측면을 부각시켰다는 점에서 의의가 있다고 하겠다. 그러나 항존주의 교육이론은 절대적인 가치와 불변의 진리를 주장하고 지성의 단련과 고전을 위시한 인문교육을 지나치게 강조하기 때문에, 소수의 지적 엘리트를 위한 교육이 되기 쉽다는 비판을 받는다.

라. 재건주의

재건주의는 진보주의와 마찬가지로 프래그머티즘 철학을 바탕으로 하고 있으며, 교육을 수단으로 하여 새로운 사회질서를 수립해야 한다는 사상을 핵심이념으로 삼고 있다. 진보주의의 변형된 후예로 자처하는 재건

5) G. F. Kneller, 앞 책, 64-67쪽.

주의는 다음과 같은 전제하에서 출발한다.

첫째, 미국의 문화와 세계의 문화는 현재 중대한 문화적 위기에 직면하고 있다. 이러한 위기는 반드시 극복되어야 하는데 위기 극복을 위해서 교육이 선도적인 역할을 해야 한다.

둘째, 종래의 교육, 즉 진보주의·본질주의·항존주의 교육철학에 기초를 둔 교육으로써는 현대문화의 위기에 대처할 수 없으므로 새로운 교육철학이 모색되어야 한다. 그것은 브라멜드(T. Brameld)에 의하면 재건주의 교육철학인 것이다.

위와 같은 전제하에서 재건주의 교육철학은 다음과 같은 원리들을 제시하고 있다.[6]

첫째, 교육은 문화의 기본적 가치를 실현해 주는 새로운 사회질서를 창조하여야 한다.

둘째, 새로운 사회는 사회의 중요한 기관이나 자원이 국민들에 의해 지배되는 진정한 민주주의 사회가 되어야 한다.

셋째, 아동·학교·교육 등은 사회적, 문화적 힘에 의해 조건 지어진다. 교육은 '사회적 자아실현'(social self-realization)이다. 사회적 관계 속에서 자아를 실현시킴으로써 개인은 자신의 본성의 사회적 측면을 발달시킬 뿐만 아니라 사회적 계획에 참여하는 방법도 배우게 된다.

넷째, 교사는 재건주의자들이 제시하는 새로운 사회건설의 긴급성과 타당성을 학생들에게 확신시켜야 한다. 이것은 민주적 절차에 따라 면밀하게 행해져야 한다.

다섯째, 교육의 목적과 수단은 현재의 문화적 위기에서 오는 요구에 부응하고 행동과학이 발견해 낸 연구결과들에 맞도록 전면적으로 개조되어야 한다.

재건주의 교육이론은 현대사회의 문화적 위기 속에서 교육을 통하여 새롭고 민주적인 세계질서가 수립될 수 있다는 낙관적인 주장을 하였다.

---

6) 같은 책, 84-86쪽.

그러나 이러한 주장에 대해서 재건주의가 민주적인 방식에 대해 지나친 기대를 하고 있으며, 교육의 힘에 대해서도 과잉기대를 하고 있다는 비판이 제기된다.

이상에서 살펴본 네 가지 교육철학 사조는 서로 관련성이 없이 완전히 떨어져 존재하는 독자적인 이론은 아니다. 그들 사이에는 서로 다른 입장이 있는 반면 공통된 부분도 없지 않기 때문이다. 브라멜드는 네 가지 교육철학 사조의 상호관계를 다음과 같은 도표로 표시했다.[7]

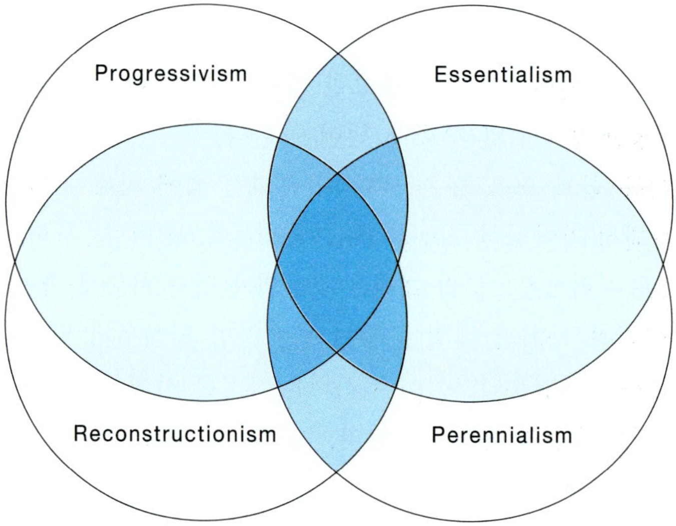

7) T. Brameld(1955). *Philosophies of Education in Cultural Perspective*. New York: The Dryden Press. p. 77; 오천석(1975). 『교육철학신강』. 교학사. 205쪽에서 재인용.

2. 20세기 후반의 교육철학

20세기 후반에 서구의 교육철학은 주로 철학적 논리들을 통하여 교육현상을 인식하고자 하는 노력으로 나타났다. 교육학에서 연구되는 현대 서구철학의 방법논리들은 매우 다양하다. 하지만 이들은 모두 전통 철학에 대한 반성에서부터 출발했다는 점에서 공통점을 찾을 수 있다.

현대 서구 철학들 가운데 20세기 후반에 교육학 안에서 관심을 끌게 되어 새로운 교육철학 흐름을 형성하게 된 대표적인 철학으로서 실존주의, 분석철학, 비판철학, 포스트모더니즘 등을 들 수 있다. 다음에서 이러한 철학들의 기본 성격과 그 교육철학적 관점을 살펴보고자 한다.

가. 실존주의 교육철학

실존주의(實存主義, existentialism)는 20세기의 특수한 역사적 상황을 반영하여 탄생한 철학이다. 실존주의는 두 차례에 걸친 세계대전의 비극적인 체험을 통해 본격적인 철학으로 정립되었다. 즉 제1차·제2차 세계대전을 겪으면서 모든 질서, 권위, 가치 등이 모두 다 의심스럽게 되었으며 이러한 불안한 사람들에게 어떤 확고하고 절대적인 것이 필요했다. 그리하여 사람들은 오직 자기 자신의 내면적인 것으로 돌아가 거기서 마지막 뒷받침을 얻으려고 했으며, 이 인간의 가장 내면적인 마지막 핵심을 '실존'(Existenz)이라는 개념으로 표현했다.

인간의 실존에 대한 관심은 이미 고대 소크라테스(Sokrates)에서 비롯되었지만, 키에르케고르(S. Kierkegaard), 니체(F. Nietzsche)에 의해 실존의 문제가 철학의 중심 주제로 등장하기 시작하였으며, 야스퍼스(K. Jaspers), 하이데거(M. Heidegger), 사르트르(J. P. Sartre) 등을 통하여 실존주의 철학으로 성장하였다. 이들의 사상은 여러 가지 면에서 다른 점이 있지만, 대체로 불안·우울·죽음·불합리성 등 인간 존재의 불가피하고 적나라한 모습, 그리고 자신의 주체적인 삶을 개척하기 위해 요구되는 자유·선택·결단·책임 등에 관심을 기울인다는 점에서 공통점이 있다. 이와 같이 실존주의는 전통적인 철학처럼 우주의 원리를 탐색하는 데 관심이 있는 철학이 아니며, 실존이라는 이름에서 나타나듯이 좀 더 절실한 인간 자신의 존재에 대한 철학인 것이다.

실존주의 철학의 핵심 개념인 '실존'은 인간의 자기존재에 대한 하나의 특수한 절대적인 체험을 표현하는 개념이다. 실존이라는 개념은 전통적으로 사물의 내용적인 규정으로서의 본질이라는 개념과 대립되어 사물이 실제로 존재한다는 사실을 의미하는 것으로 사용되어 왔지만, 실존철학에서 특수한 의미를 지니게 되었다. 즉 실존철학에서 실존은 언제나 인간현존, 다시 말해 인간존재의 현실을 말한다. 이러한 실존의 기본 성격은 사르트르의 "실존은 본질에 앞선다"라는 명제에서 잘 드러난다. 인간은 본질에 대한 규정 없이도 지금 여기에 존재한다는 의미로 먼저 존재하고, 그 다음에 자유로운 선택과 주체적인 결단에 의해 자신의 본질을 형성해 가는 현실존재가 인간이다. 인간의 현실 존재에는 개별성과 주체성이 포함되어 있다. 따라서 실존주의는 인간의 보편적, 추상적 본질보다는 각 개인의 실존을 중요시하며, 실존은 자유로운 선택에 의해 자신의 삶을 스스로 결정할 수 있는 주체인 것이다. 이러한 맥락에서 케에르케고르의 "주체성이 진리다"라는 명제가 나오게 된다. 여기서 주체성이란 추상적인 순수자아나 인식론적인 주관을 말하는 것이 아니라 이른바 단독자, 예외자로서의 주체를 말한다. 즉 자신의 존재방식에 관심을 갖고 어떻게 삶을 영위할 것인가를 진지하게 생각하며 살아가는 인간적 실존을 의미한다. 이러한 주체에 있어서 진리란 참된 자기 자신, 본래의 나 자신으로 되는 것이다. 이에 어떤 진리라도 그것이 참으로 진리로 존재하기 위해서는 나 자신에게 의미 있는 것이어야 한다. 어느 때 어디서나 누구에게나 타당한 객관적이고 보편타당한 진리일지라도, 그것이 나의 삶에 의미를 부여하는 것이 아니라면 진정한 의미의 진리는 아닌 것이다.[8]

---

8) 한전숙·차인석(2010). 『현대의 철학 1』. 서울대학교출판부. 7쪽; 신차균 외 공저(2010). 『교육철학 및 교육사의 이해』. 학지사. 422-423쪽.

실존주의는 집을 잃고 방황하는 인간, 불안과 초조에 떠는 인간, 조직과 기계문명의 억압 속에서 자신을 잃고 번민하는 인간 등을 구원하려는 염원에서 탄생한 철학으로서, 현대인의 모든 고뇌와 곤혹이 실존주의 철학에서 감동적으로 표현되었다고 볼 수 있다.

이상과 같은 실존주의는 철학뿐만 아니라 시와 예술, 나아가 전체 정신생활에 막대한 영향을 끼쳤다. 그런데 실존주의가 오랫동안 현대의 교육사상에는 영향을 끼치지 못하였다. 이러한 사실은 실존주의가 인간존재에 관한 철학으로서 인간이 형성되는 과정, 즉 교육에 대해 깊은 통찰을 지니고 있다는 점을 생각할 때 놀라운 일이다. 따라서 실존주의가 시사하는 교육적 통찰을 탐구하는 일이 교육학의 중요한 과제가 된다. 실존주의 철학자로서 교육에 대한 관심은 부버(M. Buber)에서 찾아 볼 수 있으며, 교육학 안에서 실존주의 철학의 영향은 볼르노(O. F. Bollnow)[9]에 의해 철저하게 탐구되었다.

1) 부버의 '만남'의 교육

실존주의 철학자로서 부버가 특히 만남의 중요성을 강조하였다. 그는 인간이 세계와 맺고 있는 관계에 대한 탐구를 통하여 인간의 본질을 파악하고자 하였다. 그에 의하면 인간의 세계에 대한 태도는 두 가지, 즉 '나-너'의 관계와 '나 -그것'의 관계이다. 여기서 부버는 인격적 만남의 관계인 '나 -너'의 관계, 즉 진정한 만남의 관계를 통해 인간의 본래적인 실존을 회복하고자 하였다. 이러한 관점에서 참된 교육은 진정한 만남의 관계를 통하여 인간의 본래적 모습을 회복하는 일을 궁극적인 목적으로 한다. 이러한 만남의 관계는 교육에서 특히 교사-학생 관계의 본질적인 모습으로서 교육을 가능케 하는 전제조건이 된다.[10]

---

9) Bollnow는 한국에서 볼노브, 볼노프, 볼노, 볼노오, 보르노, 볼르노우, 볼르노 등 매우 다양하게 표기되어 왔지만, 여기서는 고유명사의 원어 발음에 따라 '볼르노'로 표기하였다.

10) 강선보(1992). 『마르틴 부버의 만남의 교육』. 양서원. 180쪽.

2) 볼르노의 단속적 교육이론

현대 독일의 교육학자이며 철학자인 볼르노는 자신의 저서 『실존철학과 교육학』에서 실존철학의 기본 사상이 교육현상에 대한 이해를 얼마나 심화시켜 주는가를 철저하게 탐구하였다.[11] 그는 이제까지 교육의 역사에서 교육이 이루어지는 과정을 두 가지 관점, 즉 교육을 만드는 일로 보는 기계적 교육관과 교육을 기르는 일로 보는 유기적 교육관으로 구분하였다. 그런데 이 두 교육관은 인간의 지속적인 형성 가능성을 전제로 한다는 점에서 공통점을 지니고 있다고 보았다. 그런데 여기서 볼르노는 실존철학이 종래 두 가지 교육관의 전제, 즉 '지속적인 형성 가능성'을 부인하고 있다는 점에 주목하였다. 실존철학의 인간이해의 핵심개념인 '실존'은 인간의 지속적인 형성을 거부하고 비지속적이고 위기적인 측면에 근거하기 때문인 것이다. 그리하여 볼르노는 실존철학의 교육적 의미를 탐색하면서 두 가지 교육이해와는 다른 제3의 교육이해의 길을 제시하였다. 그는 종래의 두 가지 교육이론이 항구적·지속적인 것에 근거한다고 하여 '지속적 교육이론'이라 불렀으며, 이에 대하여 실존철학의 인간이해로부터 성립된 교육이론을 '단속적 교육이론'이라고 불렀다. 그는 종래 교육관에서 인간의 지속적인 형성 가능성을 전제로 하기 때문에 무시되었던 인간현존의 실존적 범주형식인 위기·각성·호소·충고·상담·모험·만남 등을 단속적 교육형식들로서 새롭게 규정하고 그 교육적 의미를 해석하였다.

실존주의적 관점을 통해 교육철학의 연구 영역이 넓어지고 이전에 관심 갖지 못했던 교육의 새로운 형식들이 의미를 지니게 되었지만, 새로운 교육형식으로 제시한 단속적인 교육형식들은 우연성을 전제로 하는 것으로서 사전에 계획하고 의도적으로 만들 수 없다는 한계를 지닌다. 예컨대 여러 실존적 범주 형식들 가운데 교육적으로 가장 중요한 '만남'에서, 교육자는 만남을 의식적으로 조정할 수는 없으며, 만남이 일어날 수 있도록 만남의 전제를 창출하는 노력을 할 수 있을 뿐이다. 그럼에도 불구하고

11) O. F. Bollnow(2008). 『실존철학과 교육학』. 윤재흥 역. 학지사. 참조.

교육이 인간존재 자체에 관심을 갖고 주체적인 인간형성을 목적으로 해야 한다면, 실존주의 교육철학은 방법화 등에 한계가 있음에도 불구하고 전인교육과 인간교육이 문제되는 곳에서 계속 의미를 지닐 것이다.

나. 분석적 교육철학

분석철학(分析哲學, analytic philosophy)은 20세기 초반에 헤겔 유형의 절대적 사변철학에 대한 비판을 출발점으로 하여 점차 확대된 철학탐구의 태도 또는 방법을 가리킨다. 이러한 탐구의 태도나 방법은 형이상학적 명제를 배제하며 논리적 분석에 의해 문제를 명확히 하고 해결하는 것이다. 인간의 사상과 사고는 언어라는 매개체에 의하여 전개·표현되기 때문에 언어분석이 분석철학의 가장 중요한 과제가 된다. 분석철학의 입장을 취하는 학파에는 여러 흐름이 있으나 대체로 크게 두 가지 경향으로 분류할 수 있다.[12)]

1) 논리적 실증주의

일상생활에서 사용하는 자연언어는 분명한 의미를 전달하기에 결함이 많으므로, 기호논리를 이용해 엄밀한 인공언어를 만들어 사용함으로써 철학을 과학화해야 한다고 주장하는 입장이다. 논리적 실증주의는 논리적 경험주의라고도 불리며 비엔나 대학의 철학 교수 슐리크(M. Schlick)를 중심으로 한 모임으로부터 시작되었다. 이들에 의하면 논리실증주의는 철학의 주요 임무를 거대한 이론체계를 형성하는 데 두는 것이 아니라 명제의 논리적 분석에 둔다. 따라서 형이상학적 명제는 그 진위(眞僞)를 검증할 수 없기 때문에 무의미한 것이 된다. 왜냐하면 형이상학적 명제는 분석적인 것도 경험적인 것도 아니기 때문이다. 분석적인 것으로서 수학적이며 논리적인 것이라면 논리적으로 그 진위 여부를 해명할 수 있겠고, 경험

12) 임병수 외 공저(1976). 『철학의 흐름』. 제일출판사. 277쪽.

적인 것이라면 실험과 관찰 및 검증에 의하여 또한 그 진위를 가려낼 수 있겠으나, 형이상학적 명제는 두 가지 가운데 어느 것도 아니기 때문이다.

2) 일상언어철학

일상적으로 사용하는 자연언어를 사용하는 방법을 언어의 구조형식에 맞추어 명확하게 함으로써 철학적 문제를 해명할 수 있다고 보는 입장이다. 라일(G. Ryle), 오스틴(J. L. Austin) 등에 의해 이끌어지는 옥스퍼드 철학자들은 일상언어가 실제로 사용되는 데에 관심을 가지고 있다. 일상적인 언어의 사용법을 면밀히 분석하여 그 의미를 밝혀내려 하였으며, 언어에 의해 일반적인 철학적 결론을 이끌어 내는 것을 목적으로 하였다.

이상의 분석철학자들은 철학의 목표와 과제에 관해서 서로 다른 견해를 가지고 있기 때문에 그들이 주장하고 있는 공통된 내용을 서술하기가 어렵다. 단지 그들이 공유하고 있는 철학적 논의의 방식과 문제의식을 통하여 분석철학자로 통칭될 수 있을 뿐이다.

분석철학이 교육학에 적용되어 영향을 미치기 시작한 것은 1950년대 이후의 일이다. 분석철학은 우선 교육철학의 방법에 가장 큰 영향을 주었다. 즉 이전의 교육철학이 주로 철학의 학파나 주의(主義, ism)에 입각해서 교육의 문제를 해명하여 지식으로 체계화하는 데 주력하였던 것에 반하여, 분석철학적 입장의 교육학자들은 교육적인 문제를 철학적으로 탐구하는 것을 교육철학이라고 보았다. 이에 따라 그들은 교육적인 문제의 성격을 규명한 뒤, 이를 토대로 주로 교육과 관계가 있는 개념들의 의미를 분석하는 작업을 하였다. 예를 들면 교육·지식·수업·학습·교화·훈련 등의 개념들을 분석하여 그 의미를 명료화하는 데 주력하였다. 교육학에 철학적 분석의 방법을 적용한 사례는 하아디(C. D. Hardy)를 출발점으로 하여 오코너(D. J. O'Connor), 셰플러(I. Scheffler), 라일(G. Ryle), 피터스(R. S. Peters) 등에게서 볼 수 있다.

3) 피터스의 교육개념 분석

피터스는 『윤리학과 교육』이라는 책 첫머리에서 교육의 개념을 논리적으로 분석하여 제시하였다. 그에 의하면 교육이란 가치 있는 활동 또는 사고와 행동의 양식으로 사람들을 입문시키되, 그것이 교육의 개념에 논리적으로 포함되어 있는 '세 가지 기준'을 충족시켜야 한다고 하였다.

첫째, 규범적 기준으로서 교육은 가치 있는 것을 전달함으로써 그것에 헌신하는 사람을 만든다는 뜻을 가지고 있다는 것이다.

둘째, 인지적 기준으로서 교육받은 사람이 되기 위해서는 단순히 기술 내지 방법상의 요령을 터득해서는 부족하기 때문에 지식뿐만 아니라 구체적이고 특수한 것 배후에 있는 원리들에 대한 이해를 가지고 있어야 한다는 점이다. 여기서 교육은 지적 안목을 길러주는 것이며, 단순히 어떤 사실을 암기하도록 훈련시키는 일이나 특정한 신념을 주입시키는 '교화'와 구분된다.

셋째, 과정적 기준으로서 교육은 교육받은 사람의 의식과 자발성을 존중하여 그들이 스스로 어떤 사태와 현상에 대하여 독립적으로 사고할 수 있도록 도와주는 활동이라는 것이다. 이러한 점에서 몇 가지 전달 과정, 예컨대 '조건화' 등은 교육의 과정으로 용납될 수 없게 된다.[13]

피터스의 학문적 작업에서 알 수 있듯이 많은 분석철학적 입장의 교육학자들은 교육과 이와 유사한 개념들의 공통점과 차이점을 밝혀내어 교육학의 주요 개념들의 의미를 명료화하는 데 공헌하였다. 분석철학적 입장의 교육학은 명확한 개념의 정립을 토대로 학문적 논의의 전개에 도움을 주며, 문제에 포함되어 있는 기본 전제나 가정 그리고 논의 전개상의 모순점을 밝혀내는 데 도움을 준다. 그러나 이러한 방식의 교육철학은 전통적으로 교육철학자들의 주요한 임무라고 생각되었던 교육에 관한 가치론적, 당위적인 문제들을 교육철학의 영역에서 제외시키는 결과를 가져 왔다. 그리하여 교육의 이념이나 목표를 정립하는 일을 소홀히 하였다는 비판을 받는다.

13) 이홍우(1991). 『교육의 개념』. 문음사. 76-77쪽.

다. 비판적 교육철학

비판이론(批判理論, critical theory)은 과학적 실증주의에 대한 비판과 선진 자본주의 사회에서의 비인간화 등의 원인을 규명하는 데서 출발하였으며, 신 마르크스주의를 사상적 토대로 1923년에 프랑크푸르트 대학 부설 사회연구소를 중심으로 출현한 프랑크푸르트학파의 사회철학을 가리킨다.[14] 비판이론이라는 개념은 초대 프랑크푸르트 대학 사회연구소 소장인 호르크하이머(M. Horkheimer)의 논문 "전통이론과 비판이론"(1937)에서 유래한다. 여기서 그는 고전적인 경험적 연구를 토대로 하고 있는 전통이론이 사회적 요인을 고려하지 않고 있다는 점을 비판하고, 사회철학으로서의 비판이론을 선언하였다. 그에 의하면 비판이론은 단순한 지식의 증대를 수행하지 않으며, 오히려 노예화된 상황에서 인간의 해방을 수행하는 데 역점을 둔다. 이러한 호르크하이머의 이론적 시도를 출발점으로 아도르노(Th. Adorno), 마르쿠제(H. Marcuse), 하버마스(J. Habermas) 등으로 대표되는 프랑크푸르트학파의 비판이론이 발전되었다.

비판이론이란 현대사회에 대한 비판이론을 의미하는 것으로서, 현대사회를 비판하면서 그 책임이 개인이 아니라 사회 또는 그 체제에 있다고 본다는 점에 특징이 있다. 비판이론은 현실 문제를 이론화의 주제로 삼고 있으며, 또한 단순히 현실 문제를 설명하기만 하는 것이 아니라, 개인과 집단이 그들 자신의 삶을 통제해야 한다고 주장하면서 현실 문제를 해결하는 방안을 제공하고자 한다.

비판이론가들은 현대사회의 모든 부조리의 책임을 개인보다는 사회 또는 체제에 돌리고 있음에도 불구하고 '새로운 인간'을 요구하고 있다. 이는 체제가 변화해도 인간이 변화하지 못하면 사회가 근본적으로 달라질 수 없다는 점에서일 것이며, 근본적으로 인간을 철두철미 사회적 존재로 보는 비판이론에서 인간의 변화와 사회의 변화는 분리해서 생각할 수 없을

14) 김귀성·노상우(2001). 『현대교육사상』. 학지사. 209쪽; 황원영(2003). 『비판적 교육과학』. 학지사. 18쪽; 신차균 외 공저(2006). 『교육철학 및 교육사의 이해』. 학지사. 429쪽.

것이기 때문이다.[15] 이러한 맥락에서 비판이론가들은 교육에 많은 관심을 가졌으며, 현대교육에 대해서도 매우 비판적이었다. 이들은 교육과 교육학의 이데올로기적이고 반계몽적인 기능에 대해 물음을 제기하면서 하나의 새로운 교육철학을 제시하였다.

비판적 교육철학이 하나의 통일된 이론을 전개시키지 않았기 때문에 하나로 묶어서 이야기하는 데는 무리가 있다. 그럼에도 불구하고 비판적 교육철학이라고 불리는 이론적 시도들에서 나름대로의 공통점을 발견한다. 즉 비판적 교육철학은 교육학과 교육실천의 사회적 성격을 강조하고 있다는 점에서 전통적 교육철학과 분명하게 구분이 된다. 결국 비판적 교육철학은 교육실천의 장(場)인 교육 사회와 사회적 조건들에 내재되어 있는 이데올로기를 비판적으로 분석함으로써 계몽과 해방을 향하여 교육할 수 있는 조건들을 찾아내고자 하며, 더 나아가 이에 적절한 교육과정을 구상하고 실현함으로써 인간과 사회를 해방시키는 과정에 참여하고자 하는 교육학적 시도인 것이다.

비판적 교육철학은 교육학에 새로운 관점, 즉 사회적 관점을 제공해 줌으로써 교육학의 대상 영역의 확대를 가져 왔다는 점에서 의미가 있다. 그러나 비판적 교육철학은 주요 개념의 불명확성, 다의성, 구체적인 대안 제시의 결핍, 정치적인 프로그램으로의 변질 가능성 등이 문제점으로 지적되고 있다.

라. 포스트모더니즘 교육철학

현대 서구 정신세계의 상황을 가장 잘 대변하고 있는 철학은 '포스트모더니즘'(postmodernism)이다. 포스트모더니즘이라는 개념은 리오따르(J. F. Lyotard)가 철학적 논의 안으로 끌어들인 이후 문학·연극·음악·무용·영화·건축 같은 예술의 영역뿐만 아니라 사회학·철학·신학 같은 인문·

15) 이규호(2005). 『현대철학』. 단계 이규호 전집 제1권. 박순영 편집. 연세대학교출판부. 426쪽.

사회과학에 이르기까지 다양한 학문 분야에 폭넓은 관심과 논의의 대상이 되었다. 여기서 오늘날 고도의 정신활동이 요구되는 곳이라면 어느 곳에서도 포스트모더니즘의 개념을 피해갈 수 없게 되었으며, 교육학도 예외가 아닐 것이다.[16)]

포스트모더니즘은 그 사상의 지평이 넓고 방대할 뿐만 아니라 그 자체가 체계적 이론을 거부하기 때문에 의미를 규정하기가 쉽지 않다. 포스트모더니즘은 가장 넓은 의미에서 단순화시켜서 볼 때, 인간과 세계에 대한 새로운 사고방식과 관점을 나타낸다고 볼 수 있다. 이러한 의미에서의 포스트모더니즘은 진리와 지식, 이성과 합리성에 대해서 모더니즘이 주장하는 절대성, 보편성, 객관성을 거부하고 우연성·임의성·상대성·역사성을 기본적으로 강조하고 있다.[17)]

포스트모더니즘 철학이 교육학에 미치는 영향에 대해서 여러 입장이 나타난다. 우선 포스트모더니즘은 불행스러운 실패의 개념으로 비판을 받는다. 진리의 객관성과 보편성 및 합리성을 부인하고 진리의 우연성과 상대성을 주장하는 포스트모던적 사고에 입각해서 볼 때, 교육에 대한 전통적 관점과 견해는 설 자리가 없는 것으로 보인다. 전통적으로 교육이론이나 실천은 세계에 대한 객관적 지식과 보편적 가치를 학생들에게 가르침으로써 세계를 객관적으로 파악할 수 있는 합리적 이성 능력을 기르는 것으로 간주되어 왔기 때문이다. 이러한 관점에서 볼 때 포스트모더니즘은 교육의 전통적인 지적·도덕적 기반을 흔들어 놓음으로써 종래 학교교육에 충격과 혼란을 가져다주는 것으로 보인다. 더 나아가 학교교육의 가능성과 역할에 대해 회의와 불신 그리고 무력감을 확산시키며, 모든 교육활동을 냉소적으로 바라보게 하는 부정적인 결과를 초래하는 것으로 보인다.

반면 포스트모더니즘적 사유는 교육학에서 현 시대의 정신을 밝혀주고 사고 방향을 제시하는 개념으로서 교육에 대해 긍정적인 영향을 주는 것으

16) 오인탁(1996). "'포스트모던'의 교육학". 『교육철학』. 제14-2호. 한국교육학회 교육철학연구회. 10쪽.

17) 조화태(1994). "포스트모던 철학과 교육의 새로운 비전". 『현대사회와 교육의 이해』. 강영혜 외 공저. 교육과학사. 8-9쪽.

로도 인식된다. 포스트모던 철학은 표면적으로 상대주의의 특징을 드러내고 있지만, 이러한 상대주의는 결코 반이성주의나 허무주의로 연결되는 것이 아니라 본래적 의미의 합리성과 개방성을 지향한다고 보기 때문이다. 진정 합리적인 것은 독단적·도그마적이지 않고 차이와 다양성을 존중하기 때문에 공존이 가능하다는 것이다. 교육과 교육학 안에서 이러한 양상은 이미 나타나고 있다. 교육학 안에서 다양한 이론적 접근이 상호 경쟁적으로 전개되고 있으며, 다양한 교육의 이념과 개념 및 다양한 교육 방법과 평가방법 등이 장려되고 있다. 이러한 차이와 다양성을 존중하는 교육은 무책임한 주장과 혼란을 용납하는 것이 아니다. 오히려 학생 개개인의 의견과 권리, 특수성·고유성·독립성을 인정하고 그들이 스스로 책임 있게 미래를 향해 새로운 의미창조를 실천하도록 도와주는 것을 의미한다.[18]

포스트모더니즘과 교육과의 관계에 대한 이상의 대립적인 관점에도 불구하고 한 가지 분명한 사실은 포스트모더니즘 교육철학은 종래의 소위 모더니즘 교육학이 지닌 한계와 이데올로기적 제약을 인식하고, 모더니즘 교육학이 탐구의 대상으로 삼지 않은 것에 관심을 갖고 문제시한다는 점이다. 여기서 포스트모더니즘 교육철학은 교육과 교육학을 새로운 관점에서 성찰하는 지적 탐구로서 의미를 지니게 된다.

현재 서구세계는 여러 상이한 패러다임들이 공존하는 시대를 살고 있다. 이러한 패러다임의 공존현상은 교육학에서도 분명하게 나타난다.[19] 교육철학에서도 다양한 철학논리와 이론정립을 토대로 한 다양한 교육철학적 관점들이 상호 경쟁적으로 존재하고 있다. 서로 다른 관점들이 상호 인정하고 대결할 때 교육철학은 발전해 나갈 수 있다. 상호 인정과 대결을 통하여 교육철학은 이론전개가 더욱 엄밀해질 수 있으며, 그 가운데 새로운 논리와 입장들이 탄생할 수 있을 것이기 때문이다.

앞으로 서구 교육철학은 방법론과 이론정립의 다수성을 전제로 상호 인정과 대결을 통해 발전해 나가기 위해서, 교육을 새로운 방식으로 성찰하

---

18) 노상우(1998). 『교육의 역사와 사상』. 교육과학사. 395쪽.
19) 오인탁, 앞 글, 19쪽.

는 지적 탐구로서의 포스트모던적 사고를 보다 적극적으로 수용할 것으로 전망된다.

3. 디지털 기술문명시대와 교육철학의 과제

가. 디지털 기술문명시대의 교육

20세기 후반에 들어 디지털정보기술의 괄목할 발전에 따라 인간은 다양한 뉴미디어를 매개로 삶의 여러 측면에서 변화를 경험하고 있다. 컴퓨터와 연결된 디지털 정보·통신공학기술은 시공간과 정보를 압축하는 동시에 폭발적으로 확산시킴으로써 문화와 기술이 서로 분리되지 않는 생활환경을 구축했다. 디지털 매체기술은 전 세계를 네트워크화하여 학업·직업생활·여가활동 같은 사회·문화적 일상은 물론 인간의 사고방식과 존재 자체까지 새롭게 규정한다. 컴퓨터와 네트워크는 인간의 두뇌와 신경망을 확장하고 디지털복제를 통해 새로운 감각체험과 문화를 형성하고 있다.[20)]

디지털기술은 교육의 영역에서도 영상매체를 기반으로 수업방법과 학습활동에 막대한 영향을 주고 있다. 공학적 교육학의 관점에서 주장하는 디지털 뉴미디어의 교육적 효과는 크게 세 가지다. 첫째, 정보 접근이 용이하여 언제 어디서든 원하는 내용을 얻을 수 있다.[21)] 둘째, 사회·경제적 의사소통과정의 중심이 생산자에게서 소비자로 이전되어 수용자의 여건과 취향에 맞춘 교육내용을 구성할 수 있다. 셋째, 양방향성 네트워크의 가상공동체를 통해 사회적 관계를 동등하고 수평적으로 재구성하게 된다

---

20) 이 내용은 정영근 외(2017). 『인간·학교·디지털기술문명사회와 교육. 교육학개론 4.0』. 문음사. 295쪽 이하의 내용에 의존해 서술되었다.

21) 첨단정보산업과 연계되어 나날이 발전하는 기술은 이제 인간의 시각 환경·의식구조·존재방식은 물론 사회의 권력 작용에도 영향을 준다. 디지털 하이퍼텍스트는 전달자와 수신자 사이의 거리를 분산시켜 아날로그적 의사소통의 현실적 전제조건인 사회적 위세나 차별성을 약화시킴으로써 후기산업사회의 탈중앙집권·탈권위적 문화와 생활조건을 실현하며, 교사가 지식과 정보의 분배를 독점하는 경향이 점차 약화되어 학교교육도 학생의 주체적 참여를 바탕으로 하는 민주적 교육문화로 전환된다고 주장된다.

는 것이다. 디지털교과서 제작에 주안점을 둔 한국의 'SMART 교육' 역시 이러한 관점에서 디지털기술 기반 교육의 효용성을 강조한다.[22]

디지털교과서 활용을 최우선시 하는 교육의 핵심은 사람이 아니라 디지털기술과 기기로 무장된 최첨단 교실이다. 2013년 IBM은 앞으로 5년 안에 인류의 삶을 바꿀 혁신기술의 하나로 '교실이 학생을 학습케 한다'는 주제를 선정하였다. 미래의 학교교육은 교실에 설치된 이러닝 플랫폼(digital teaching platform)에서 학생의 성적·출결·행동 데이터를 분석해 개인 맞춤형으로 진행된다는 것이다.[23] 학습자에 대한 모든 사항을 컴퓨터가 파악·분석하고 교사는 기계가 전달·요구하는 내용을 수행함으로써 수업이 진행된다.

2016년 스위스 다보스에서 열린 세계경제포럼에서 클라우스 슈밥(K. Schwab)은 '인간과 기계의 잠재력을 획기적으로 향상시키는 사이버 물리 시스템(Cyber Physical System)' 기반의 기술혁명인 '4차 산업혁명'을 주창하였다.[24] 1·2·3차 산업혁명이 선형적이었다면 4차 산업혁명은 기하급수적(exponential)이다.[25] 이는 '자동화'를 주축으로 했던 3차 산업혁명과 확연히 다른 차원으로 사물인터넷(IoT)·클라우드·빅데이터·인공지능(AI)·3D프린팅·드론·가상현실(VR)·증강현실(AR)·융합현실(MR)·로봇·협동로봇(COBOT) 같은 다양한 신기술이 조력자로 등장한다. 앞서간 산업

---

22) 전 세계적으로 가장 빠른 2018년에 전면적 디지털교과서 도입을 추진하는 한국의 교육정책 당국은 학생을 산업과 시대적 요구에 상응하는 인력자원으로 양성하기 위해서는 디지털기술에 의존할 수밖에 없다는 결정을 내린 것으로 보인다. 이러한 조짐은 모든 학교의 교육과정이 국가직무역량표준(NCS)에 따라 재조직되는 데에서 나타났다. 인간으로서의 어린이·청소년·교사보다는 경제적으로 활용될 직무능력 소지자 및 디지털 수업관리자가 더 중요시되는 것처럼 보인다. 정영근(2015). "Homo digitalis와 스마트교육. 한국의 '스마트'교육 정책에 대한 교육·이미지 인간학적 논의와 비판", 『교육의 이론과 실천』. 20(3). 148쪽 이하.

23) C. Dede/J. Rechards(2015). *Digital Teaching Platform*. (스마트 교육을 위한 디지털 티칭 플랫폼). 송기상·채창환·김순화 옮김. 아카데미프레스. 6쪽.

24) '4차 산업혁명' 개념은 독일의 카거만(H. Kagermann) 박사가 사용한 '인더스트리 4.0(Industrie 4.0)' 개념에 기초한다. 그에 의하면 인더스트리 4.0은 자동화의 새로운 단계로 인공지능과 기계가 결합해 인간의 도움 없이도 제조과정의 다양한 문제들에 대응할 수 있게 한다. 과거 산업혁명이 인간의 노동을 단지 기계화·디지털화하는 것이었다면 이제는 기계 스스로 모든 것을 기억·개발·점검하는 시스템을 구축하는 것이다.

25) https://www.weforum.org/agenda/2016/01/the-fourth-industrial-revolution-what-it-means-and-how-to- respond/

혁명이 인간의 육체노동을 대체했다면 4차 산업혁명은 정신노동을 대체할 것으로 전망한다.

지난 산업혁명이 인간의 노동을 단지 기계화·디지털화하는 것이었다면 작금의 인더스트리 4.0은 기계 스스로 모든 것을 기억·개발·점검하는 시스템을 만들어내는 것이다. 이런 '로봇 스마트공장'의 등장으로 필요한 노동력이 최대 1/50 수준으로 급감할 것으로 전망된다. 실제로 값싼 노동력 활용을 위해 개발도상국에 생산시설을 투자했던 선진국의 기업들이 최근에는 자국으로 유턴하고 있다. 따라서 4차 산업사회가 생산혁명을 통해 전 세계의 소득 수준을 향상시켜 인류 삶의 질을 향상시킬 것이란 전망과 노동시장에 거대한 불평등을 야기할 것이란 상반된 예측이 존재한다. 현재로선 어떤 예측이 맞을지 알 수 없다.

인공지능과 자동화기계로 대체되는 과정에서 더 압도적 영향력을 발휘하는 자본에 의한 수익이 노동에 의한 수익 증가와의 차이를 크게 벌려 사회·경제적 불평등이 심화될 수도 있다. 고급 지식이나 물리적 자본을 가진 사람과 열등한 지식 및 기술을 보유한 사람 사이의 차이가 점점 확대되어 중간층이 사라지는 소득의 양극화가 뚜렷해지는 중이다. 그래서 승자 독식의 경제로 인한 정치와 사회적 불안정이 극심해질 것이란 염려도 생긴다. 4차 산업사회에서 인간은 정체성과 삶 전반에 막강한 영향을 받을 것이 틀림없으나 그 최종 결과가 어떻게 될지 누구도 단정할 수 없는 상황이다.

이러한 현실에서 각국은 디지털기기 및 뉴미디어를 이해하고 다룰 수 있는 능력을 중요시하면서 디지털기술 및 콘텐츠 활용 수업환경 구축은 물론 컴퓨팅 사고(computational thinking) 형성을 위한 코딩교육에 특별한 관심을 보인다.[26] 실제로 기존의 교육을 근본적으로 바꿀 혁명적 수단으로 여겨지는 디지털 멀티미디어의 교육적 활용이 급속히 증대하고 있다. 현실적으로 디지털이미지 환경에 노출된 어린이와 청소년에게 그 기술을 활용하는 교육과 문화소비는 피할 수 없는 시대적 요구이며 이들은

---

26) 기술혁명 기반의 4차 산업사회를 대비하여 과학(Science)·기술(Technology)·공학(Engineering)·수학(Mathmatics)을 융합한 일명 'STEM 교육'이 미국에서 주창되고 있다. 한국도 2015년 교육과정개정에서 창의·융합형 인재 양성을 목표로 하였다.

디지털기술과 더불어 성장할 수밖에 없다. 주어진 기술적 환경에 의해 그들의 두뇌는 이미지 인지에 적합하게 발달하고 있으며 그러한 세계에 친숙한 자아를 형성해간다.

슈밥은 제4차 산업혁명시대에 '상황맥락지능', '정서지능', '영감지능', '신체지능' 등 네 가지 능력을 갖추고 있어야 한다고 말한다. 더 나아가 새로운 과학기술시대에 민첩히 대응하고 의사결정시 협력적이며 유연한 사고를 지녀 경제·사회·정치시스템을 개선해나가야 한다고 강조한다.

인간과 기계 그리고 생산을 인터넷으로 실시간 연결하여 자동화된 생산시설을 더 빠르고 효율적으로 운영하는 4차 산업사회는 사물인터넷을 통해 기계와 원료가 더 지능적으로 생산에 연결됨으로써 산업효율성을 최적화한다. 인간의 존재양식과 사회·문화적 삶을 근본적으로 변화시키는 이러한 현실은 산업 생산과정의 효율화 및 수익의 극대화를 추구함으로써 인간교육을 직업능력 개발과 전수활동으로 환원시킬 위험을 지닌다. 그러므로 교육학은 이러한 변화를 면밀히 주시하여 그것이 앞으로 가져올 장점뿐만 아니라 단점 및 부정적 효과에 대해서도 검토해야 한다.

나. 교육철학의 과제

디지털기술은 이제 초유의 기술혁신이라 할 인더스트리 4.0과 연결되어 새로운 생활현실 창조의 차원을 넘어 인간의 자기이해와 존재방식까지 근본적으로 바꾸고 있다. 사유하는 인간이 그간의 기술혁신을 통해 이룩한 자동화기계의 잠재력을 획기적으로 향상시킨 사이버-물리 시스템을 기반으로 하는 전대미문의 기술혁명을 이룩한 것이다. 이는 인간 노동력 보완지향의 기계화 및 생산 효율성을 위한 자동화가 주축이었던 3차 산업혁명과 확연히 다르다. 기계화를 통해 육체노동을 줄여가며 사유와 협업능력에 의한 기획·설계·운영 업무 및 서비스 업무로 전환했던 인간이 스스로 학습하는 인공지능과 연결된 자동화설비에 의해 자신의 노동력과 직업을 박탈당할 위기에 처하게 되었다.

인공지능과 자동화기기가 인간의 노동을 하루아침에 대체하지 않겠지만 그럼에도 앞으로 인간이 수행할 수 있는 일이 얼마나 남게 될지는 지켜봐야 한다. 획기적 전환기에 '창의·융합적 인재'의 육성이나 '컴퓨팅 능력을 형성시켜야 한다'는 식의 대책이 제시되지만 앞으로 인간존재의 미래 운명에 대한 본질적 논의는 거의 없다. 시대적 담론을 주도하는 사람들은 주로 기술의 혁신을 낙관적으로 보면서 무조건적 발전과 진보를 주장하는 공학자와 수익증대를 추구하는 산업자본가이다. 이제까지 인간 스스로 자신을 정의했던 사람됨의 기준조차 망각되는 것은 아닌지 걱정이다.

앞으로 인간이 자신의 존재적 속성을 어떻게 유지·변화시키며 살 것인지에 대한 미래전망은 아직 보이지 않는다. 인공지능시대의 산업과 직업의 변화에 대해 다양한 추측만 있을 뿐이다. 교육학 역시 4차 산업사회를 대비해 창의·융합인재를 양성해야 한다는 식의 언급을 하지만 교육의 내용과 방식이 어떻게 바뀔 것인지를 구체적으로 제시하지 못한다. 현 시점에서 우리가 명확히 생각해볼 수 있는 것은 지금까지 유지되었던 인간존재가 처한 현 위기상황과 문제를 교육학의 관점에서 서술·논의하는 일이다. 그러기 위해 이 문제를 인간의 전인적 능력이라 할 수 있는 '지성'과 '감정' 그리고 '육체'의 측면에서 교육학적으로 고찰하며 대안을 성찰하는 것이 필요하다. 이는 인간의 교육을 지성·덕성·신체 영역으로 정의했던 페스탈로치(J. H. Pestalozzi)의 관점에 따르는 것으로 인본주의적·전인적 접근이라 할 수 있다. 디지털기술문명이 인간의 성장과 학교교육을 장악해가는 시대의 교육철학은 다음과 같은 교육적 과제에 대해 고민하며 미래의 교육을 성찰해야 할 필요가 있다.

첫째, 인간은 자신이 창출한 문명에 의해 본연의 능력과 삶을 제약받는 역설적 상황을 마주하고 있다. 사유·표현·소통능력을 바탕으로 지식과 가치를 전수하며 누려왔던 자신의 지위를 인간보다 뛰어난 연산·추리·해석·판단기능을 구사하는 인공지능에 서서히 넘겨주어야 할지도 모른다. 그렇다고 인간이 앞으로 인지·사유능력 대신 또 다른 능력을 개발하여 대안적 일을 담당하게 될 것인지는 아직 추측조차 할 수 없다. 따라서 교육철학은 유기체의 세계를 넘어 무기물의 영역인 디지털 가상세계 및 인공지능의 세계에서 자연선택의 법칙을 떠난 인간이 기약 없는 미래를 어떻게 꿈꾸며 기다릴 수 있을 것인지 고민해야 한다.[27]

둘째, 디지털 기술문명시대에도 인간은 여전히 자신의 감정을 표현하고 다스리며 살지만 그 속성과 교류방식은 본질적으로 바뀌었다. 대면한 상태로 대화하는 사람이 경험하는 감정은 아마도 가상공간에서 접속·연결된 사람이나 인공지능과의 감정교류와 차이가 있을 것이다. 사실 0과 1의 수자로 이루어진 디지털공간의 관계는 비록 그 접속과 활동의 주체가 인간이라 할지라도 매체의 기술적 속성을 따라가지 않을 수 없다. 접속의 기회를 만드는 기술이 인간 사이의 감정교류나 도덕적 연대의식을 보장하는 것은 아니다. 그에 따라 교육철학은 디지털 기술문명사회가 공감과 가치 공유를 통해 도덕적 태도와 행위 능력 형성에 관계하는 전인적 교육을 감당할 수 있는지 검토해야 한다.

셋째, 인간의 신체능력은 존재와 삶을 유지시키는 역할을 한다. 인간은 먹고사는 문제를 넘어 끝없는 내적욕망의 충족이나 이상의 실현을 위해 일한다. 여타의 동물과 달리 인간은 사유하는 두뇌를 지녔으며 섬세한 작업을 할 수 있게끔 손이 발달되어 있다. 이러한 자연적 조건과 상태에서부터 인간은 일을 하며 살아야 할 운명적 존재인 '호모 라보란스(homo laborans)'이다.[28] 그러나 4차 산업사회는 인공지능과 자동 기계화된 생산시설을 통해 노동의 성격과 형식을 획기적으로 전환시킬 것임을 예고하고 있다. 앞으로의 변화과정에서 더 명확해지기는 하겠으나 새로운 일자리가 인간의 지성과 신체적 속성이나 수준에 적절한 것인지 의문이 생기지 않을 수 없다. 교육철학은 인간의 정신과 감정 그리고 육체가 조화로운 상태에 이르는 교육이 어떻게 가능할 것인지 검토·판단해야 할 것이다.

27) 인공지능이 교육실천과 의학적 진료를 부분적으로 대체하고 있으며 빅데이터 분석을 통해 새로운 생활조건을 만들어나가는 세상에서 인지능력과 신체능력밖에 없는 보통의 인간이 앞으로 인공지능과 결합된 기계들에 맞서 무슨 일을 하며 존재할 것인지 고민하지 않을 수 없다.

28) 정영근(2010). "호모 라보란스의 꿈". 정영근·이종하·김선희 공저. 『삶·일상·윤리』. 문음사. 309-336쪽.

교육철학의 관점에서 생각하는 디지털 기술문명시대의 교육받은 인간은 주어진 기술적 조건에 매달리기보다는 자신이 관계하는 학습조건이나 환경에 대해 비판적으로 사고하는 자이다. 이는 교육학적·윤리적 차원에서 배움을 통해 존재와 삶의 의미를 깨닫는 성장세대뿐만 아니라 교육을 담당하는 사람에게도 매우 중대한 측면이다. 그러므로 이 시대를 살아가는 성장세대에게 필요한 교육은 궁극적으로 '디지털시대의 지혜로운 인간(homo sapiens digitalis)'을 목표로 하지 않으면 안 된다.[29)]

새겨보기

이 장에서는 현대 서구 교육철학의 관점들을 20세기 전반기와 후반기로 나누어 살펴보았다. 20세기 전반기에 미국에서는 사조 중심의 교육철학, 즉 진보주의, 본질주의, 항존주의, 재건주의 교육철학이 전개되었다. 20세기 후반에 서구에서는 철학적 논리들을 통하여 교육현상을 인식해 보려는 다양한 교육철학적 관점들이 전개되었다. 대표적인 관점으로서 실존주의 교육철학, 분석적 교육철학, 비판적 교육철학, 포스트모더니즘 교육철학을 들 수 있다. 앞으로 추구될 교육철학의 방향은 가속화되는 디지털 기술의 발달이라는 측면에서 전망해 보았다.

교육철학 연구는 교육현상을 보다 근원적으로 파고들어 가서 철저하고 치밀하게 규명하는 것을 목적으로 한다. 따라서 교육철학 연구는 교육철학 이론에 대한 정리로 끝나는 일이 아니다. 이 장에서 살펴본 현대 서구 교육철학의 여러 관점들을 숙지함으로써 교육현상을 보다 다양한 관점에서 깊이 있게 해명하며, 더 나아가 디지털 기술문명시대에 처한 교육의 본질적 과제와 의미를 파악하는 일이 중요할 것이다.

29) 정영근(2015). "Homo digitalis와 스마트교육. 한국의 '스마트'교육 정책에 대한 교육·이미지 인간학적 논의와 비판". 『교육의 이론과 실천』. 20(3). 160쪽.

제2부

한국교육사

5. 삼국시대~고려시대의 교육 -제도교육의 성립과 전개-
6. 조선시대의 교육 -시험문화의 고조-
7. 개화기와 일제하의 교육 -한국 근대교육의 형성과 전개-
8. 미군정기와 대한민국의 교육 -한국 현대교육의 형성과 전개-

제5장

삼국시대~고려시대의 교육

- 제도교육의 성립과 전개 -

1. 삼국시대의 교육 : 역동적 교육의 시대

가. 시대적 특징

종전의 부족국가들을 병합함으로써 출발한 고구려·백제·신라의 삼국은 보다 광범위한 고대국가 체제로의 변신을 도모하였다. 그들은 고대국가의 면모를 갖추기 위해 역사서를 편찬하고 법령을 반포하였으며, 각 부족들이 갖고 있었던 서로 다른 사상들을 극복하고 부족들을 하나의 사상으로 통합하기 위해 불교를 수용하였다. 그런데 역사서의 편찬이나 법령의 반포는 국민들의 문해(文解) 능력이 있을 때 의의를 지닐 수 있는 것이었기 때문에, 그들은 학교 및 이와 유사한 교육제도를 운영할 필요가 있었다.

한편 삼국시대의 특징은 고구려·백제·신라가 서로 세력 균형을 이룬 정립(鼎立) 상태로서 당시는 언제 전쟁이 일어날지 모르는 그야말로 일촉즉발의 위기상황이었다. 삼국의 교육에는 이러한 상황이 그대로 반영되어 있는데, 청소년 수양단체의 존재와 교육내용에서의 문무(文武) 균형이 바로 그것이다. 이런 이유로 삼국시대는 한국 교육사에서 가장 개성적인 교육의 시대로 남게 된다.

삼국의 교육에서는 보편성과 함께 그들 나름대로의 특수성을 발견할 수 있다. 모든 교육이 시대적·사회적 산물임을 감안할 때 이는 곧 삼국의 상황이 서로 비슷하면서도 달랐음을 보여주는 것이다. 또한 이 말은 삼국시대 이전에도 그 시대가 달랐던 만큼 특유의 교육이 이루어졌을 가능성을 시사하기도 한다. 그러나 아쉽게도 이 시대의 교육에 관해서는 기록이 전무하다시피하기 때문에 알 도리가 없다. 여기서는 편의상 우리 교육사에 있어서 처음으로 그 실체가 드러나기 시작하는 삼국시대 교육부터 다루기로 한다.

나. 삼국의 교육

1) 고구려의 교육

① 태학

태학(太學)은 소수림왕 2년(372)에 설립되었으며 기록상 우리나라 최초의 학교라는 교육사적 의의를 갖는다. 그러나 기록에는 단지 언제 태학을 설립했다는 것 외에 아무것도 나타나 있지가 않다. 태학은 중국 동진(東晋)의 학교제도를 모방한 것으로 보인다. 당시 동진에서는 일찍부터 태학을 운영하고 있었고, 또한 양국이 긴밀한 외교관계를 유지하고 있었다는 점을 감안할 때 고구려의 태학은 동진의 것을 참고했을 가능성이 크다.[1] 동진과 마찬가지로 고구려 태학의 입학 대상 역시 귀족자제였을 것으로 생각된다. 그런데 이들이 신분상 장차 관리가 될 사람들이었을 것이라는 점에서 태학은 관리양성 기관이었을 것으로 판단된다.

당시 고구려에 있었던 서적들의 종류로 미루어 볼 때 태학에서는 유교경전·역사서·한자사전·문학서 등을 교재로 사용했을 것으로 짐작된다.[2]

---

1) 高明士(1995). 『한국교육사 연구』. 오부윤 역. 대명출판사. 27쪽 참조.

태학의 교관 명칭은 "박사"였던 것으로 생각되는데, 이는 중국의 고구려 관련 사료에서도 "태학박사"라는 직함이 발견되고 있을 뿐만 아니라, 〈삼국사기〉에서도 "태학박사"라는 명칭이 등장하고 있기 때문이다.

그런데 고구려에는 태학과 함께 '국자학'이라는 학교도 있었던 것으로 보인다. 그 이유는 당시 중국의 동진이 385년에 국자학을 설립함으로써 태학·국자학의 양학(兩學) 제도를 운영했었으며, 그 후에 고구려가 관계한 중국의 남·북조 역시 국자학 제도가 있었다는 데서 찾을 수 있다. 그러나 더욱 중요한 사실은 중국에서 641년에 편찬된 『한원(翰苑)』이란 책의 '고려기'(高麗記) 중에 "국자박사·태학박사가 있어 …… "라는 내용이 있다는 것이다.[3] 이와 같은 사항들을 고려할 때 고구려에는 태학 외에도 국자학이 존재했을 가능성이 크다.

② 경당

고구려에는 "경당(扃堂)"[4]이라는 또 하나의 교육공간이 존재하였다. 경당의 성격은 다음의 기록 내용에서 잘 드러난다.

> 풍속이 서적을 좋아하여, 누추한 문에 땔나무를 해서 사는 집에 이르기까지 각기 네거리에 커다란 집을 짓고 이를 일컬어 경당이라 하는데, 자제들이 결혼하기 전까지 밤낮으로 여기서 독서와 활쏘기를 한다.[5]

> 사람들은 배우기를 좋아하여 가난한 마을에서 땔나무를 팔아 살아가는 집에 이르기까지도 부지런히 배우는 것에 힘쓰며, 네거리 옆에 위엄을 갖춘 집을 지어 경당이라고 부르고, 자제들 가운데 미혼인 자들이 무리지어 머물면서 경서를 외우고 활쏘기를 익힌다.[6]

---

2) 〈구당서(舊唐書)〉에 기록되어 있는 당시 고구려의 서적들은 5경·사기·한서·범엽의 후한서·삼국지·손성의 진춘추·옥편·자통·자림·문선이다. 여기서 5경은 유교 경전, 사기·한서·후한서·삼국지·진춘추는 역사서, 옥편·자통·자림은 한자사전, 문선은 문학서였다(구당서, 권199 상 열전 149 상 동이(東夷) 고려조 참조).

3) 高明士, 앞 책, 21쪽.

4) 〈신당서〉의 몇몇 판본에는 '경당'이 아닌 '국당(局堂)'으로 기재되어 있다. 따라서 '국당'이었을 가능성을 배제할 수 없다. 여기에 관한 자세한 논의는 이원재(2004). "'경당(扃堂)' 명칭에 대한 재론(再論)". 『한국교육사학』. 제26권 제2호를 참조할 것.

5) 구당서 권199 상 열전 149 상 동이 고려조.

6) 신당서 권220 열전 145 동이 고려조.

경당은 지방에 설립된 학교로서 고구려에는 전국 곳곳에 경당이 존재했었음을 알 수 있다. 그런데 경당 교육의 대상이 누구였는가 하는 점에 유의할 필요가 있을 것이다. 우선 이 기록들이 말하는 "미혼자"는 단순히 결혼하지 않은 자라기보다는 청소년층을 의미하는 것이다.

그렇다면 이들의 신분은 어떠했는가? 그들이 가난한 사람들이었다는 점에 주목할 경우 경당은 평민들만을 대상으로 한 교육기관이었다고 단정할 수도 있을 것이다. 그런데 경당이 평민들을 대상으로 하는 기관이었다면 지방의 귀족들을 대상으로 하는 또 다른 교육기관이 존재했어야 하는데 그러한 별도의 지방교육기관에 관한 기록은 없다. 이는 경당이 지방의 귀족과 평민 모두를 대상으로 했던 교육기관이었음을 시사하는 것이다. 이 점은 신라의 화랑도 역시 마찬가지였다. 뿐만 아니라 밤낮으로 독서를 했다는 사람들이 모두 평민이었을 것이라고 가정한다는 것도 무리가 있다. 결국 위의 기록에서 "가난한 …… 집에 이르기까지"라는 문구는 경당 입학생의 신분적 하한선을 강조한 것이었다고 보는 것이 옳다. 이렇게 볼 때 고구려의 경당은 귀족 및 평민 모두를 수용했던 지방교육기관으로 단정할 수밖에 없는 것이다.

또한 교육내용으로 볼 때 경당은 관학(官學)이었던 것으로 생각된다. 독서와 활쏘기, 다시 말해서 문무병행의 교육내용은 당시 고구려가 처해 있었던 시대적 상황, 즉 중국·백제·신라와 대치하고 있음으로 해서 언제 있을지 모를 전시(戰時)에 대비해야만 하는 그러한 시대적 배경과 관련이 있다. 이처럼 국가의 유사시에 대비하는 작업은 국가에서 해야 하고 또 국가가 주도하였을 때 가능할 수 있는 일이라는 점에서 경당은 당연히 관학으로 간주하여야 할 것이다.

이와 같은 특징들을 고려할 때 경당은 신라의 화랑도와 대단히 유사한 집단임을 알 수 있다. 다시 말해서 이 둘은 국가의 위기 상황에 대비하기 위해 귀족과 평민을 통괄하여 문무의 균형을 중시하는 관 주도의 청소년 생활공동체였다는 것이다. 이것들은 한 시대의 교육이란 그 시대적 상황의 산물임을 보여주는 좋은 예라고 할 수 있다.

2) 백제의 교육

백제의 교육에 대해서는 직접적인 사료가 거의 없다시피 하기 때문에 그 실상을 파악하기 어렵다. 그나마 백제 교육의 모습을 추측케 하는 단서는 중국의 사료에 들어 있다. 물론 이런 측면은 고구려 교육 역시 마찬가지라고 할 수 있다. 이처럼 우리나라의 사료에 고구려·백제의 교육에 관한 기록이 거의 없는 이유는 삼국통일의 주역이었던 신라 위주로 역사를 기술한 데 따른 것이라고 할 수 있을 것이다.

우선 백제에 학교 또는 이와 유사한 교육기관이 존재했음을 알려 주는 단서로는 "박사"라는 호칭이 있다. 박사는 원래 중국에서 유교경전의 연구와 교육을 담당했던 학관(學官)의 일종인데, 학관이 있었다는 것은 곧 학교가 있었음을 의미하는 것이다. 따라서 당시 백제의 기록에서 박사라는 호칭이 자주 발견되고 있다는 것은 당시에 학교가 존재했었음을 단적으로 보여주는 것이라 할 수 있다. 이와 함께 교육을 관장하는 부서인 사도부(司徒部)와 주무장관에 해당하는 내법좌평(內法佐平)이 있었다는 사실도 백제에 학교와 같은 교육기관이 존재했었음을 추측할 수 있는 중요한 근거가 된다.

또한 박사라는 호칭은 백제의 교육내용을 짐작할 수 있게 한다. 여기서 박사는 곧 5경박사를 말하는 것인데[7] 이는 백제에서 5경을 주 교육내용으로 했었음을 알려주는 것이다. 또한 일본에 초빙되어 건너간 아직기가 〈일본서기〉에 "경전을 해독할 줄 아는 자"로 기록되어 있는 것을 보아도 백제에서는 5경에 대한 교육이 이루어졌음을 알 수 있다.

이와 함께 일본 〈고사기(古事記)〉에 왕인이 일본으로 건너올 때 『논어』와 『천자문』을 휴대했었다는 기록과 〈구당서〉 '백제전'에 "그 나라 서적 가운데는 5경 및 자(子)·사(史)가 있다"는 등의 기록들을 볼 때, 백제의 교육내용으로는 5경 이외에도 천자문·사상서·사서(史書)가 있었음을 알 수 있다.

---

7) 高明士, 앞 책, 39쪽 참조.

그런데 백제의 교육내용과 관련하여 주목할 것은 중국『북주서(北周書)』 '백제전'의 "(백제인은) 말타기와 활쏘기를 즐겨 했으며, 아울러 고서(古書)나 사서 읽기를 매우 좋아하였다. 그 가운데 뛰어난 자는 글짓기에도 정통하였다"라는 기록이다.[8] 이것은 곧 백제가 서적 중심의 문(文)교육뿐만 아니라 무(武)교육도 중시했었음을 보여준다. 그런데 백제가 무술교육을 중시했던 이유는 당시 고구려와 신라와의 대치상황 때문이었다고 할 수 있다. 이 밖에 백제에서는 의(醫)·역(易)·역(曆) 등을 담당하는 전업(專業)박사 제도가 있었는데[9] 이것은 당시에 어느 정도 잡학교육이 실시되었음을 추측하게 한다.

이처럼 백제에서 문·무·잡학교육이 이뤄졌다는 것은 곧 당시에 어떤 식으로든 학교 내지 교육제도가 존재했었음을 추측할 수 있게 한다. 그것들은 고구려의 태학처럼 중국식의 학교였을 수도 있고 혹은 경당이나 화랑도 같은 청소년 수양단체였을 수도 있다. 그런데 여기서 중요한 점은 그것들의 명칭이 무엇이고 특징이 어떠했는가를 확인하는 것이 아니다. 그보다는 그러한 학교 내지 교육제도가 존재할 수밖에 없었던 필연적인 이유가 있었음을 이해하는 것이다. 이는 사료가 취약한 한국 고대교육사 분야를 접할 때 우리에게 요구되는 교육사적 안목이다.

3) 신라의 교육

신라는 고구려나 백제에 비하여 학교설립이 늦었다. 그렇다고 해서 신라가 이 두 나라에 비해 교육상의 발달이 늦었다고는 볼 수 없다. 신라에는 일찍부터 학교가 아닌 신라 고유의 교육제도가 존재하였다. 그것은 바로 화랑도였다. 화랑도가 신라의 기간 교육제도라고 하는 것은 김대문이 지은『화랑세기』를 통해 확인할 수 있다 : "어진 재상과 충성스런 신하가 이(화랑도)로부터 나왔으며, 훌륭한 장수와 용감한 병사들이 이로 말미암아 생겨났다." 이처럼 화랑도는 신라가 필요로 하는 인재들을 양성해냈던

---

8) 같은 책, 40쪽.
9) 같은 책, 40쪽.

제도로서 당시 중국식의 학교제도와는 사뭇 다른 형식이었다.

화랑도의 전신은 원화제도였다. 이 제도의 특징은 집단의 지도자가 여자였다는 것인데 가장 잘 알려진 원화로는 “남모”와 “준정”을 들 수 있다. 기록에 의하면 준정이 남모를 시기한 나머지 살해하는 일이 생기게 되는데, 그 일로 준정 역시 사형을 당하게 되고 무리들은 뿔뿔이 흩어지게 되었다고 한다. 이를 계기로 여자 대신에 남자를 우두머리로 삼는 제도로 전환하게 되며 그들이 바로 화랑이었고 이들이 이끄는 집단이 바로 화랑도였던 것이다.

화랑도는 본래 자생 집단이었다. 당시에는 마을마다 청소년 집단이 있었는데, 이 집단은 특정한 사람이 모범인이 되어 그를 중심으로 행실을 모방하게 하는 수양단체의 성격을 띠었다. 초기의 화랑도들 간에는 서로 연계성이 없었으며, 진흥왕 37년(576)에 와서야 이들을 국가적 차원에서 조직화하였다. 그 조직은 맨 위에 국선(國仙) 화랑 그리고 그 밑에 화랑도들을 두었고, 각 화랑도에서는 한 명 또는 여러 명의 화랑이 수백 또는 수천 명의 낭도들을 통솔하게 하였다.

당시에 화랑이 될 수 있는 조건은 ① 수려한 외모 ② 덕성 ③ 귀족 신분 ④ 14~18세 등이었다. 특히 화랑의 요건으로서 귀족신분이 요구되었던 것은 평민인 낭도들을 통솔하기 위해서는 상대적으로 우월한 신분이 요구되었을 뿐만 아니라, 집단을 유지하기 위해서는 어느 정도의 경비가 필요했기 때문인 것으로 생각된다.

〈삼국사기〉에는 화랑도의 교육내용에 관한 것이 기록되어 있는데, 그것은 다음과 같다.

> 혹은 서로 도의를 닦고, 혹은 서로 노래와 음악을 즐기고 산수를 돌며 놀았는데 아무리 먼 곳이라고 해도 가지 않은 데가 없었다. 이를 통해 그 사람됨이 나쁜지 좋은지를 알아내어 좋은 사람을 택해서 조정에 천거하게 되었다.[10]

10) 〈삼국사기〉 권4, 신라본기4 진흥왕.

먼저 도의교육이 중시되었음을 알 수 있는데, 도의교육의 핵심은 바로 세속오계(世俗五戒)였다. 이 세속오계의 내용은 다음과 같다.

사군이충(事君以忠) : 임금을 충성으로써 섬겨라.
사친이효(事親以孝) : 부모를 효로써 섬겨라.
교우이신(交友以信) : 친구를 신의로써 사귀라.
임전무퇴(臨戰無退) : 전쟁을 할 때는 물러서지 말아라.
살생유택(殺生有擇) : 살생은 가려서 하라.

여기에서 사군이충, 사친이효, 교우이신은 유교의 영향을 받은 덕목이라고 할 수 있으며, 임전무퇴와 살생유택은 불교적 덕목이라고 할 수 있다. 이 다섯 가지 중 주목할 만한 덕목은 임전무퇴로 이것을 이해하기 위해서는 당시 신라인들에게 널리 퍼져 있었던 "불국토"(佛國土) 사상을 알 필요가 있다. 불국토란 원래 부처가 거처하는 땅으로 더할 수 없이 좋은 자연환경으로 되어 있으며, 자비가 충만하여 모든 사람들이 행복을 누리는 불교의 이상국가를 뜻한다. 그런데 당시의 신라 국민들은 신라 땅이 바로 불국토라는 믿음을 지니고 있었다는 것이다.

그리하여 신라인들에게 있어서 국토는 신성하고 존엄한 존재였다. 따라서 국토에 대한 외적의 침략은 자신들의 진리세계에 대한 도전으로 받아들여지게 되고, 이 경우에 목숨을 바쳐서라도 국토를 지켜내야 한다는 생각을 가지게 되는 것은 당연한 일이었다. 이처럼 "임전무퇴"는 바로 불국토사상에서 나온 것이었다.

"살생유택" 또한 불국토사상의 맥락에서 이해할 필요가 있다. 이 덕목은 유교의 "인"(仁)을 반영한 것이라고 보거나 수태한 소를 잡지 말라는 불교의 가르침과 관련된 것이라고 보는 입장이 있다. 그러나 그보다는 만일 외적과의 전쟁을 벌일 경우 어쩔 수 없이 적을 죽여야 하기 때문에 이를 정당화시키기 위한 계율이었다고 보는 것이 훨씬 설득력 있다고 할 수 있을 것이다.

화랑도의 교육내용은 이와 같은 도의교육과 함께 음악을 통한 상호 간 유대의식 강화, 국토순례를 통한 심신수양 등이 주를 이루었다. 특히 국토순례는 화랑들로 하여금 자신들 땅이 신성한 불국토임을 확인시킴으로써 애국심을 갖게 하려는 의도에서 이루어진 것이었다고 볼 수 있다.

다. 삼국시대 교육 읽기

한 시대 한 사회의 교육을 이해하는 데 있어서 학교를 중심으로 살펴보는 것은 나름대로 유용성을 지닌다. 그러나 교육이 반드시 학교라는 틀을 통해서만 이뤄지는 것은 아니라고 할 때, 학교 중심의 교육사 서술은 한계를 가질 수밖에 없다. 따라서 교육의 발전 여부를 판단하는 준거로서 학교의 완비 정도를 문제 삼는 것은 바람직하지 않다. 이와 같은 학교 중심의 관점은 교육사의 본질을 호도할 가능성이 있는데, 이 점은 한국 고대교육사 기술에 있어서 두드러지게 나타나는 현상인 것 같다. 특히 신라의 교육과 관련하여, 왜 신라에서는 학교의 창설이 늦었는가 하는 식의 문제제기는 마치 신라교육의 후진성을 암암리에 시사하는 것이라 아니 할 수 없다.[11] 분명히 해야 할 것은 한 나라의 교육은 학교제도의 완성도로 가늠될 수 있는 것이 아니라는 점이다. 오히려 교육의 역동성은 학교라는 틀을 벗어났을 때 더욱더 강하게 나타날 수 있다는 역설이 가능하다는 것을 알 필요가 있다. 이러한 측면은 바로 신라의 교육에서 보다 분명하게 확인할 수 있었다.

한국교육사에서 삼국시대의 교육은 가장 독특하다. 삼국시대 교육의 특징은 대체로 "문무의 균형", "심신의 조화", "지·덕·체육"의 병행으로 표현할 수 있을 것이다. 이런 측면은 이후의 한국 교육의 역사에서는 거의 찾아보기 힘든 부분이다. 이러한 삼국시대의 교육은 지금처럼 편협한 우리 교육의 현실에 비춰 봤을 때 하나의 귀감이 된다고 할 수 있다.

11) 이런 식의 문제제기를 했던 사람은 바로 대만 학자인 高明士이다. 高明士, 앞 책, 52쪽 참조.

이와 같은 삼국시대의 교육은 그들이 임의적으로 선택한 것이라기보다는 자신들이 처해 있었던 시대적인 상황에 대응하기 위한 것이었다고 해야 할 것이다. 한마디로 삼국시대의 교육은 삼국의 각축이라는 시대적인 산물이었다는 것이다. 한편 이것은 삼국의 교육에 대한 중국의 영향이 그리 강하지 않았다는 데 원인이 있었다고 해야 할 것이다. 통일신라시대부터는 거의 전적으로 중국의 교육제도를 모방하게 됨에 따라 유교경전과 문학의 학습이 교육의 주된 내용을 차지하게 됨으로써, 삼국시대 교육처럼 역동적이고 균형있는 교육은 더 이상 어렵게 된다. 특히 고려시대에 과거제도가 도입된 다음부터는 문약(文弱)으로 흐르게 됨에 따라 교육은 서적의 암기나 글짓기 능력 함양과 같이 시험 위주의 학습으로 변질되게 된다.

그런데 지금까지 다룬 삼국시대 교육은 공식적인 제도교육을 중심으로 살핀 셈이었다. 하지만 당시 삼국민들에게 교육적 영향력을 미친 요인은 이것만이 아니었을 것이다. 우리가 주목할 필요가 있는 것은 당시의 무형식적 교육의 영역으로 그 중에서도 가장 중요한 것은 종교이다. 종교가 당시 사람들의 정신세계에 미친 영향력은 결코 과소평가할 수 없을 것이다.

삼국은 공통적으로 불교를 받아들였다. 물론 그 수입경위와 보편화 과정에 있어서 차이는 있었을지언정, 불교는 당시 삼국민 모두의 가치관 형성에 커다란 기여를 하였다. 그 중에서도 쉽게 추측할 수 있는 것은 불교의 자비, 인과응보, 호국 등의 사상은 현실생활에서 그들의 의식을 규율하는 원천이 되었을 것으로 생각된다.

불교뿐만 아니라 무속사상의 영향도 컸을 것이다. 특히 무속사상은 우리 민족의 의식의 원형이었다는 점에서, 이것이 지닌 교육력은 대단히 컸을 것으로 보인다. 그 중에서도 남에게 해를 입히면 결국 그 화가 자신에게 돌아온다는 무속적 사고방식은 불교의 인과응보사상과 상승작용을 일으켜 삼국민의 의식 속 깊이 내면화되었을 것으로 생각된다. 당시에 어떤 형식교육도 이보다 더 큰 영향력을 지닐 수는 없었을 것이다.

새겨보기

삼국시대는 고구려·백제·신라가 각축을 벌였던 시기로서, 이런 상황은 그대로 교육에 반영되었다. 특히 당시에는 청소년을 대상으로 무술을 가르침으로써 유사시에 대비하려 하였다. 고구려의 경당과 신라의 화랑도는 바로 그러한 취지에서 만들어진 집단이었으며, 백제의 경우도 그 명칭은 알 수 없지만 이들과 유사한 단체가 있었던 것으로 보인다. 이들 집단에서는 무술 외에도 여러 서적들을 가르치는 등 교육내용에 있어서 문무의 균형을 도모하였다. 이처럼 삼국시대의 교육은 보편성을 지녔는데, 이것은 한마디로 시대의 산물임을 보여주는 것이었다. 한편 삼국은 중국 교육의 영향도 받았는데, 이 점에 있어서는 고구려와 백제가 신라보다 더욱 그러하였다. 그러나 결국 중국 학교제도의 영향을 거의 받지 않고 개성적인 교육제도를 운영했던 신라가 삼국을 통일하게 되었다는 것은 중국의 학교라는 틀에서 자유로울 때 교육이 보다 역동적일 수 있었음을 보여준다.

2. 통일신라의 교육 : 학교 중심 교육의 성립

가. 시대적 특징

신라는 당과 연합하여 먼저 백제를 멸망시킨 다음 이번에는 고구려를 공격해 항복을 받아 내었다. 그 후 당이 고구려와 백제에 대한 지배권을 행사하려 하자 신라는 이를 저지하기 위해 당과 전쟁을 벌였다. 신라는 결국 당의 군대를 이 땅에서 몰아내고 한반도에 대한 지배권을 확보하게 된다. 그런데 이처럼 신라가 당의 침략을 물리친 것은 실로 중요한 의미를 갖는 것이었다. 그것은 바로 한반도 전체에 대한 당의 지배 야욕을 분쇄함으로써 민족적 위기를 모면했다는 것이다. 뿐만 아니라 이를 계기로 한국 민족의 형성을 위한 토대를 마련하게 됐다는 점에서 이것은 커다란 의미를 갖는 것이었다.

그런데 삼국을 통일한 후 종전과는 비교할 수 없을 만큼의 넓은 영토와 많은 국민을 지배하게 되면서 신라는 여기에 상응하는 국가 기구를 확보할 필요가 있었다. 통일신라를 대표하는 교육기관이었던 국학은 이러한 차원에서 설립되었던 것이다.

나. 통일신라의 학교교육

1) 국학

국학은 신문왕 2년(682)에 세워졌다. 국학이라는 명칭은 중국의 제도를 모방한 데 따른 것이었다. 중국에서는 학교의 명칭을 크게 중앙과 지방의 학교로 구분해 사용하는 경향이 있었는데, 대체로 전자는 "국학"으로, 후자는 "향학"(鄕學)으로 지칭하였다. 국학에서 '국'(國)은 중앙을 의미하는 것으로서 국학은 곧 나라의 중앙에 있는 국가의 최고학부를 상징하는 것이었다. 따라서 국학이라는 명칭 자체는 본래 고유 명칭이라기보다는 범칭이었던 셈이다. 그 당시 당(唐)의 경우 최고학부였던 "국자감"을 국학으로도 지칭하였는데, 아마도 통일신라는 이를 모방하여 학교 명칭을 국학으로 정한 것으로 생각된다. 여기서 당의 국학과 신라의 그것이 다른 점은 신라의 "국학"은 고유 명칭이었다는 것이다.[12]

국학은 당의 국자감을 축소시켜 놓은 규모였다. 당의 국자감은 6개의 독립된 학관으로 구성되어 있었으며 3개의 학관에서는 유교경전을, 나머지 3개의 학교에서는 기술교육을 실시하였다. 이에 비해 통일신라의 국학은 2개의 학관에서 유교경전과 기능교육을 나눠 실시했던 것으로 생각된다.[13]

국학의 교육과정은 우선 필수과목으로서 〈논어〉와 〈효경〉이 있었는데 이 역시 당의 국자감과 마찬가지였다. 또한 유교경전을 다음과 같이 3개 영역으로 나누어 이수케 하였다.

---

12) 한국교육사에서 국학이라는 명칭과 관련하여 유의할 것은 신라 이후 이러한 명칭이 자주 등장하게 된다는 것인데, 이때는 국학이 단순히 당대의 최고학부를 지칭하는 것이라는 점이다. 예를 들어 고려시대의 국학은 '국자감'을, 조선시대의 국학은 '성균관'을 지칭한다는 것이다.

13) 高明士, 앞 책, 79쪽 참조.

① 〈예기〉·〈주역〉

② 〈좌전〉·〈모시〉

③ 〈상서〉·〈문선〉

이 세 영역은 학습 기간이 비슷하였는데 이 중 한 영역과 함께 필수과목인 〈논어〉·〈효경〉을 이수하면 졸업이 가능하였다.[14)]

또한 국학의 교육내용으로 지금의 수학과 같은 산학(算學)이 있었다. 그러나 당의 국자감에서처럼 이를 전문적으로 하는 학교가 별도로 있었던 것은 아니었다. 그 밖의 기술교육으로서 율령학·의학·천문학·주종(鑄鐘 : 종 만드는 일)·전자(鐫字 : 글자 새기는 일) 등은 국학교육과는 별도로 이뤄졌다.

국학의 교관으로는 박사와 조교가 있었으며 그 인원은 일정치 않았다. 이러한 박사·조교제도는 역시 당의 국자감에서도 발견할 수 있다. 국학의 입학 자격은 대사(17관등 중 제12위)부터 벼슬이 없는 자까지로 되어 있었으며, 입학연령은 15~30세로서 그 폭이 다소 큰 편이었다. 또한 수업연한은 9년이었고, 졸업요건은 학생의 벼슬이 대나마(제10위)나 나마(11위)에 이르는 것이었다. 이는 곧 관위가 높은 입학생일수록 그만큼 졸업이 쉬웠다는 것을 뜻한다.

입학자격 및 졸업요건과 관련하여 주목할 점은 당시의 엄격한 골품제 사회에서 심지어 5두품 출신의 학생들도 종전에 진골이나 6두품 신분만이 가능했던 대나마 또는 나마의 관위에 오를 수 있도록 한 것이다. 이러한 조치는 신라가 점차 혈통과 같은 귀속적 요인보다는 경서 지식과 같은 능력적 요소를 중시하겠다는 의지로 해석할 수 있다. 이것은 곧 신라가 학식 있는 자들을 관리로 등용함으로써 골품제를 근간으로 한 종전의 세습적 관직제도의 취약점을 개선하려는 의도라고 볼 수 있다.

국학에서는 "독서삼품출신법"이 있었는데, 이는 국학생들이 얼마나 많

---

14) 같은 책, 81쪽 참조.

은 책을 통달하였는가의 여부에 따라 관리로 선발하는 제도였다. 이 시험은 그 결과에 따라 이에 상응하는 직위가 주어지게 되고 또 일정한 지위에 도달하게 될 경우 졸업하게 되어 있었다는 점을 생각할 때, 독서삼품출신법은 국학생의 졸업시험임과 동시에 관리 등용시험이었음을 알 수 있다. 이 법의 구체적인 내용은 다음과 같다.

특품 : 5경, 3사, 제자백가서(사상서)에 통달한 자
상품 : 〈춘추좌씨전〉, 〈예기〉, 〈문선〉, 〈논어〉, 〈효경〉에 통달한 자
중품 : 〈곡례〉, 〈논어〉, 〈효경〉에 통달한 자
하품 : 〈곡례〉, 〈효경〉에 통달한 자

그런데 여기서 특품에 해당되는 학생은 한품에 구애되지 않고 파격적인 벼슬을 주어 등용하도록 되어 있었으나, 실제로 여기에 해당되는 경우는 극히 드물었던 것으로 보인다.

한편 성덕왕 16년(717)에는 당으로부터 공자를 중심으로 한 유교 성현들의 초상을 들여와 국학에 안치했다는 기록이 있다. 당시 당에서는 모든 학교에 공자묘(孔子廟)를 세워 제사를 지냈는데, 이것은 공자를 교육적 이상으로 삼아 성현의 경지에 도달하게 하려는 것으로서 곧 유교교육을 지향한다는 의지의 표현이었던 것이다. 그 후 통일신라의 왕들도 국학에 행차하여 공자에게 제사를 지내고 박사들로 하여금 경서를 강론케 했는 바, 이 역시 유교교육을 권장하기 위한 상징적 행위였다. 이러한 전통은 그 후 고려 및 조선시대에서도 지속된다.

또한 소성왕 원년(799)에는 국학생을 위한 녹읍(祿邑)을 지정해 주었는데, 녹읍은 학생들에게 학비지원을 목적으로 하사한 땅을 말한다. 이처럼 학생들의 학비를 국가에서 지원하려 했던 것은 당시 중국이나 일본 역시 마찬가지였다.

2) 지방학교

다음으로 언급할 것은 통일신라의 지방학교에 관한 문제이다. 당시 지방학교의 존재 여부에 대해서 관심을 갖지 않을 수 없는 이유는 앞서 언급한 국학(國學)이라는 명칭 때문이다. 즉 이 "국학"이 중국의 학교전통을 계승한다는 의지를 보여주기 위해 지은 명칭으로 본다면 국학과 한 짝이라고 볼 수 있는 "향학"(鄕學)의 존재 여부에 대해 관심을 갖지 않을 수가 없는 것이다.

통일신라시대에 향학의 존재를 보여주는 것은 신라 경덕왕 6년(747)에 "각 주(州)에도 조교를 두었다"[15]는 기록이다. 앞서 살핀 것처럼 조교라는 직책이 학관(學官)의 하나였다는 사실에 주목할 때, 당시 지방에도 학교가 있었음을 쉽게 추측할 수 있다. 그리고 그 명칭은 당의 경우처럼 주학(州學)이었을 것으로 생각된다.

다. 통일신라 교육 읽기

국학 설립과 관련하여 자연스럽게 제기되는 의문은 왜 통일 이전에는 학교가 없다가 통일 후에 이것이 등장하게 되었는가 하는 점이다. 이는 한마디로 상황이 달라졌기 때문이라고 할 수 있을 것이다. 즉 통일 전 신라는 고구려·백제와 각축을 벌여야 하는 위태로운 상황에 대처하기 위한 방편으로 청소년 전사 집단이 요구되었다. 특히 신라인들의 불국토사상은 화랑도의 존재 의의를 더욱 절감하게 만들었다. 이것이 바로 화랑도가 오랫동안 존속할 수 있었던 현실적 이유이자 명분이었다고 할 수 있다. 그러나 이러한 현실적 필요성이나 명분은 국가적 상황이 바뀌게 되면 그 의미를 상실하게 된다. 신라가 삼국을 통일한 후 삼국의 각축이라는 위기상황이 해소되자 이제 화랑도의 존재의의는 반감될 수밖에 없었던 것이다. 뿐만 아니라 종전과 비교할 수 없을 정도로 넓은 강토를 지닌 통일국가로서

15) 〈동사강목〉 4 하 경덕왕 6년. 통일신라의 지방행정 단위는 주·군·현으로 되어 있었다.

그 면모를 갖추기 위해서는 거기에 걸맞은 새로운 성격의 교육기관의 설립이 요구되었다. 이것은 곧 통일신라의 교육이 유교식 학교제도를 중심으로 하는 당시 동아시아 교육의 보편성으로 편입됨을 의미하는 것이었다. 통일신라의 학교제도는 바로 이와 같은 배경에서 성립되었던 것이다.

이처럼 통일신라가 중앙과 지방에 학교를 설립하려 한 것은 방대해진 국가경영을 위한 관리양성이라는 현실적인 목적 때문으로도 볼 수 있겠고, 한편으로는 국가에는 반드시 중앙과 지방에 학교가 있어야 한다는 유교교육의 전통에 기인한 것으로 볼 수 있다. 특히 후자적 측면은 우리나라가 중국교육의 영향을 본격적으로 받기 시작했음을 보여주는 것이다.

한편 신라는 당에 유학생을 파견하였는데, 많을 때는 그 수가 100명에 이를 만큼 성행하였다. 유학생의 출신성분은 왕족자제(진골귀족)부터 6두품 자제까지의 상층 집단이었다. 이들은 학업이 끝나게 되면 간혹 당의 과거에 합격하여 벼슬을 하는 자도 있었다. 이처럼 당 유학은 상층 집단의 자제에 국한되었던 반면에, 국학교육은 주로 5두품 자제를 대상으로 하였다. 이처럼 통일신라는 교육기회가 출신신분에 따라 확연히 달라졌음을 알 수 있다. 특히 당시 사회의 골품제의 특성상 당 유학생 출신이 높은 관직을 차지하게 되었을 것임을 감안할 때 상대적으로 열등했을 국학의 위상을 쉽게 추측할 수 있다.

다음으로 우리는 독서삼품출신법의 의의에 대해 생각해 볼 필요가 있다. 먼저 이 법이 국학과 어떤 연관이 있었느냐 하는 점을 이해하는 것이 중요하다. 독서삼품출신법은 무엇보다도 국학의 질 관리를 위한 제도적 장치였다. 다시 말해서 이 법은 국학생들에게 신분상승의 기회를 제공했는데, 이는 학생들에게 학업에 대한 의욕을 자극함으로써 국학교육이 일정 수준 이상으로 유지될 수 있게 하였다는 것이다. 국학에 독서삼품출신법이라는 유인체제가 없었다면 국학이 과연 그 명맥을 유지할 수 있었을까 하는 점에 대해서는 회의적이다. 이처럼 독서삼품출신법은 국학의 존립 기반이었다고 할 수 있다.

또한 국학에서의 독서삼품출신법 시행은 당시의 관리선발 기준에 있어 커다란 변화를 초래하게 되었던 것으로 보인다. 이것은 다음과 같은 사례를 통해 알 수 있다.

원성왕 원년(789)에 자옥(子玉)이란 사람을 지방관리에 임명하는 것과 관련하여 논란이 있은 적이 있었는데, 그 내용은 자옥이 독서삼품출신법을 거치지 않았다는 이유를 들어 임명을 반대하는 사람들이 있었다는 것이다. 결국은 그가 당에 유학한 경력이 있다는 이유를 들어 왕으로부터 관리가 되는 것을 겨우 허락받게 되었다는 것으로,[16] 이것은 당시의 뿌리깊은 골품제 사회에서 능력을 중시하는 경향이 대두되기 시작했음을 보여주는 것이다. 특히 자옥의 사례는 곧 당 유학보다는 국학 졸업이 더욱 중시되기 시작했음을 보여주고 있는데, 그것은 국학 졸업 자체가 독서삼품출신법이라는 능력검증 과정을 거쳤음을 의미하기 때문이라고 풀이된다.

새겨보기

신라가 삼국을 통일한 후 삼국 간의 대립이라는 위기상황이 해소되자 이제는 더 이상 화랑도는 존재할 현실적 필요성이나 명분이 없게 되었다. 그보다는 거대한 통일국가의 위신에 걸맞는 중국식의 학교제도가 요구되었는데, 국학은 이런 배경에서 설립되었다. 국학은 당의 국자감을 모방한 것으로서 규모만 작을 뿐 운영방식에 있어서는 큰 차이가 없었다. 국학에는 책을 읽은 정도를 기준으로 관리를 선발했던 독서삼품출신법이라는 독특한 제도가 있었는데, 이는 국학의 졸업시험과도 같은 것이었다. 이 제도를 계기로 통일신라에서는 종전과 같이 혈통을 중시했던 관행에서 부분적이나마 능력을 중시하는 쪽으로 변화가 생기게 되었던 것으로 보인다. 또한 국학을 졸업하게 되면 제한적이긴 하지만 신분상승의 기회가 주어졌기 때문에 학생들이 여기에 입학하려 하였다. 결국 독서삼품출신법은 국학의 명맥을 유지하기 위한 제도적 장치였다. 한편, 당시에는 중앙의 국학 외에도 지방에 학교를 두었던 것으로 판단되는데, 이는 통일신라가 국학과 향학을 동시에 추구하려는 중국의 유교교육적 전통을 수용한 결과라고 할 수 있다.

16) 〈삼국사기〉 권10, 신라본기 원성왕 5년 9월 참조.

3. 고려시대의 교육 : 시험문화의 시작

가. 시대적 특징

고려를 건국한 태조 왕건은 이전의 고대국가를 운영하였던 원리에서 탈피하여 중세국가로서의 고려를 통치하기 위한 새로운 원리를 채택하게 되는데 그것은 바로 유교였다. 태조는 특히 훈요 10조를 통해 유교경전과 역사서를 널리 읽어 옛일을 교훈으로 삼아 반성하는 자세로 정치에 임할 것을 후대 왕들에게 당부하였다. 그런데 고려의 국교가 불교였음에도 불구하고 이것이 통치이념이 될 수 없었던 이유는 불교가 바로 수신(修身)을 위한 사상이었기 때문이다. 따라서 불교보다는 상하 간의 질서를 강조하고 있는 유교가 백성들을 다스리는 데 적합한 이념으로 생각되었던 것이다.

이처럼 통치이념으로서 유교가 채택되었다는 사실은 당시 교육과 관련하여 중요한 의미를 갖는다. 유교를 존숭하는 군주였던 고려의 역대 왕들은 유교적 국가로서 손색이 없도록 문물제도의 정비에 노력을 기울였는데, 그 중에서도 교육제도의 완비를 국가의 최우선적 과제로 인식하였던 것이다.

또한 고려의 교육은 과거제도와 유리되어서는 올바로 파악하기 어렵다. 광종 때 중국으로부터 도입된 과거제도는 유교적 소양을 지닌 인재를 관리로 선발하고, 귀족들 간에 경쟁관계를 조성함으로써 이들의 세력을 약화시키기 위한 목적으로 실시되었다. 그런데 "학교에서 길러 과거를 통해 선발한다(庠序以養之 科目以取之)"라는 기본 정책이 시사하는 것처럼, 고려의 교육제도는 과거제도와 밀착되어 있었다. 특히 당시의 과거제도는 교육제도의 뒷받침 없이는 원활하게 운영될 수 없었기 때문에 고려의 역대 왕들은 교육제도 확충을 위해 노력을 기울였다.

한편 고려는 여러 호족세력들을 기반으로 성립됐던 관계로 태조는 이들을 배려하지 않을 수 없었다. 이를 계기로 호족세력들은 특권층으로 자리잡아 갔고, 고려왕들의 입장에서는 이들이 부담스런 존재일 수밖에 없었다. 따라서 이들 세력을 어떻게 회유하느냐 하는 것은 왕권 안정의 관건으로 인식되었으며 고려의 지방 교육제도 성립은 이러한 호족들의 회유와 관련이 있었다.

나. 고려시대의 학교교육

1) 국자감

국자감은 고려시대의 대표적 관학이자 당시 최고학부였다. 국자감의 설립 배경은 크게 두 가지로 볼 수 있다. 첫째, 유교 군주의 지상과제인 교화(敎化)를 수행하기 위해서였다. 교화란 국민들을 유교적 이념에 따라 살아가도록 만드는 것으로서, 예로부터 학교는 교화의 근원으로 인식됨으로 해서 유교 국가에서는 학교설립이 최우선적 과제였던 것이다. 둘째, 학교가 과거제도를 활성화시키기 위한 수단이라는 당시 왕들의 생각 때문이었다. 과거제도는 유능한 인재선발을 위한 것이었을 뿐만 아니라 왕권안정을 위한 장치로 인식되었는데 만일 학교가 없다면 학생들은 공부할 기회 자체가 없게 되어 과거제도에 대해 무관심하게 될 것이고 이렇게 되면 과거제도는 유지될 수 없게 되는 것이었다. 이런 이유로 인해 고려의 왕들은 학교설립에 관심을 쏟지 않을 수 없었다.

국자감의 특징으로서는 먼저 묘학제(廟學制)를 들 수 있다. 공자를 위시한 유교 성현들을 제사 지내기 위한 장소인 문묘(文廟)와 학생들에게 강의를 실시하기 위한 학당이 별도로 있었다. 이는 문묘가 독립되어 있지 않고 학당 안에 있었던 통일신라의 국학과 다른 점이었다.

국자감은 흔히 "6학 4계급"으로 표현되는 것처럼, 6개의 학교와 4등급의 입학자격으로 되어 있었다. 그 내용은 다음과 같다.

국자학 : 문무관 3품 이상의 자손 등
태학 : 문무관 5품 이상의 자손 등
사문학 : 문무관 7품 이상의 아들 등
율학·서학·산학 : 문무관 8품 이상의 아들과 서인 등[17]

이처럼 국자감은 국자학·태학·사문학·율학·서학·산학의 6개 학교로 구성되어 있었으며, 각 학교의 입학자격은 국자학, 태학, 사문학, 율·서·산학의 4단계의 순서로 위계화 되어 있었다.

국자감의 정원은 국자학·태학·사문학이 각각 300명이었으나, 율·서·산학은 일정치 않았다. 수업연한은 유교경전을 가르쳤던 국자학·태학·사문학은 9년, 기능교육을 담당했던 율·서·산학은 6년이었다.

국자감의 교육과정을 보면 국자학·태학·사문학은 〈논어〉와 〈효경〉을 선수(先需) 과목으로 하였으며, 경서들을 3개 영역으로 나누고 각 영역에서 1개 경전씩을 이수케 하였다. 그 3개 영역은 아래와 같았다.

① 〈상서〉·〈공양전〉·〈곡량전〉(각 2년 반)
② 〈주역〉·〈모시〉·〈주례〉·〈의례〉(각 2년)
③ 〈예기〉·〈좌전〉(각 3년)

또한 경전의 학습과 함께 정치적 식견을 진술하는 시무책을 익히게 하였으며, 여가가 있을 때는 글씨를 연습시키되 하루에 한 장씩 쓰게 하였고, 〈국어〉·〈설문〉·〈자림〉·〈삼창〉·〈이아〉 등의 서적을 읽게 했다. 한편 기능교육의 경우 율학은 법령, 서학은 팔서(八書), 산학은 산술을 가르쳤다.

국자감의 교관은 박사와 조교로서 그 직급은 국자박사가 정7품, 태학박사가 종7품, 사문박사가 정8품, 율학박사가 정8품, 서학·산학박사가 종9품으로서 대체로 낮은 편이었다고 할 수 있다. 조교의 직급은 분명치 않으며 다만 기록에 율학조교가 종9품으로 나타나 있을 뿐이다.

고려시대의 국자감은 대체로 당의 국자감과 유사하였다. 차이점이었다고 한다면 우선 학생 정원에 있어서 당의 국자감이 많았다는 것이다.[18)]

---

17) 원래 입학자격은 이보다 복잡한데, 여기서는 이해를 쉽게 하기 위해 문무관 중심으로 살펴보았다. 또한 율·서·산학의 입학자격인 8품 '이상'이 '이하'로 정정되어야 한다는 주장이 있으나 이것은 오류가 없는 것으로 판단된다. 신천식(1983). 『고려교육제도사 연구』. 형설출판사. 103-104쪽 참조.

18) 당의 국자감의 정원은 국자학 300명, 태학 500명, 사문학 1,300명이었다. 차석기(1975). 『동양교육사』. 박영사. 41쪽.

그러나 당과 고려의 인구 차이를 감안하면 이것은 당연한 것이었다고 할 수 있다. 다음으로 입학자격을 비교해 보면 특히 두 나라의 사문학에서 차이를 보이는데, 당의 사문학은 서민들에게까지 개방되었던 것에 비해 고려는 문무관 7품 이상의 아들에 준하는 지위를 가진 사람들에 한해 입학을 허락했다. 이는 한마디로 고려 국자감이 당에 비해 다소 폐쇄적이었음을 보여주는 것이다.

고려의 국자감 조직은 예종 4년(1109) 국학에 7재(齋)가 설치됨으로써 변화하게 된다. '재'라는 것은 쉽게 말해서 반(班)과 같은 것으로서, 7재란 일곱 개의 전공반을 의미하는 것이었다. 그 내용은 다음과 같다.

〈표 5-1〉 고려시대 국자감의 7재

재의 명칭	전 공
여택재	〈주역〉
대빙재	〈상서〉
경덕재	〈모시〉
구인재	〈주례〉
복응재	〈대례〉 (〈예기〉)
양정재	〈춘추〉
강예재	무학

위로부터 6개의 재는 유학 전공반, 나머지 하나는 무예 전공반이었다. 특히 무예 전공의 강예재는 고려시대의 국학에서만 찾아볼 수 있는 독특한 것이었다.

또한 예종 14년(1119)에는 일종의 장학재단이라고 할 수 있는 양현고가 설치되었다. 그런데 충렬왕 때 와서 양현고 재원이 바닥이 나자 안향이 관리들로부터 금전을 걷어 다시 재원으로 충당하였다. 안향은 양현고 재원을 축내지 않고 운영하기 위해 대부를 해주고 받는 이자로써 학생 후생 경비를 확보토록 하였는데, 이렇게 해서 마련된 경비를 섬학전(贍學錢)이라 불렀다. 그러니까 섬학전 제도는 국학의 학생 후생비용 운영방식에 있어서 큰 전환을 의미하는 것이었다.

고려시대의 국학(국자감)의 강화는 왕권 강화와 맞물려 있었다. 뿐만 아니라 국학은 바로 국가 위신의 상징이기도 하였다. 따라서 역대 왕들의 국정 쇄신을 위한 노력 중에서 이러한 국학의 정비가 대단히 큰 비중을 차지했다.

그런데 이처럼 국학에 대한 집착은 그 운영상에 있어서 무리를 불러오기도 했는데, 단적인 예가 바로 학생 정원 문제였다. 앞에서 살핀 것처럼 국자감의 정원은 국자학·태학·사문학을 합쳐 900명이었다. 이 숫자는 당의 국자감 정원 2,100명과 비교하면 분명히 적은 편이라고 할 수 있겠지만, 중국과 고려의 인구비례로 볼 때나 혹은 재정적 능력으로 볼 때 이 900명은 대단히 많은 정원이었다. 특히 조선시대 성균관의 경우 정원이 200명이었는데도 불구하고 운영에 어려움을 겪었다는 점을 고려한다면, 고려시대 국자감의 900명이라는 정원은 현실성이 결여된 숫자라고 할 수 있다. 그리하여 당시에는 다음과 같이 국자감의 개혁을 요구하는 상소가 여러 차례 있었다.

> 국학에서 선비를 기르는 데 드는 비용이 너무 많아 실로 민폐가 되고 있으며, 또한 중국의 제도를 우리나라에 행하는 것은 어려움이 있으니 혁파할 것을 청합니다.[19]

> 국학에서 선비를 너무 많이 기르기 때문에 비용이 너무 많이 드니, 청컨대 행실이 닦여지고 학업이 성취된 자 약간 명만 가려 재학케 하고 나머지는 모두 내보내소서.[20]

이처럼 국학의 운영비가 국가의 능력에 비춰볼 때 대단히 과중한 것이었기 때문에 국학을 없애거나, 최소한 정원축소에 대한 요구가 제기되었던 것이다. 특히 두 번째 상소의 경우는 당시 국학의 정원이 200명으로 감축되었던 시점이었다는 것을 감안한다면, 국학 운영을 위한 고려의 재정능력은 대단히 문제가 있었음을 알 수 있다.

---

19) 〈고려사절요〉 권6 숙종 7년 윤6월.
20) 〈고려사〉 권74 선거2 학교 인종 8년 7월.

2) 지방학교(향학 또는 향교)

고려는 건국 초부터 지방학교가 존재했었던 것으로 보인다. 그 단적인 예는 "태조 13년(930)에 왕이 서경(평양)에 행차하여 학교를 창립하고 ……"라는 기록이다.[21] 그러나 이러한 지방학교는 전국적으로 보편화된 것은 아니었고 서경과 같이 중국과 인접한 같은 중요지역에만 존재했던 것으로 판단된다.

고려의 지방학교는 성종 6년(987) 전국의 12목(牧)에 대한 박사 파견을 계기로 확대되었다고 할 수 있는데, 이와 같은 박사 파견은 유경습업제도(留京習業制度)로부터 비롯된 것이었다. 이는 당시 지방의 호족 자제들을 상경시켜 수학하도록 한 제도로서 일종의 볼모제도였다고 할 수 있다. 이 유경습업제도는 곧 당시 미약했던 왕권과 관련이 있었다고 할 수 있다. 그러나 명분상으로는 지방에 학교가 없기 때문에 호족 자제들을 위해 국가에서 교육상의 편의를 제공해 준다는 것이었다. 그 후 성종은 얼마 되지 않아 이들 호족 자제들을 희망자에 한해 귀향시킴과 동시에 전국의 12목에 경학박사와 의학박사를 각각 1명씩 파견하여 지방교육을 담당케 하였다. 이러한 조치는 곧 각 지방에 학교가 있어야만 가능할 수 있었다는 점을 감안할 때, 고려의 지방학교는 이 시기를 전후해서 전국적으로 확대되었던 것으로 볼 수 있다.

그런데 이때 세워진 지방학교를 "향교"(鄕校)라고 지칭하는 경우가 많은데, 향교는 그 개념을 분명히 할 필요가 있다. 향교라 하면 일반적으로 조선시대 향교를 연상하는 경우가 많다. 이 시기 향교는 특수한 건물구조, 즉 공자를 비롯한 유교의 성현들에 대한 제사 공간인 문묘와 함께 학생들을 위한 교육공간인 명륜당으로 이뤄진 지방학교를 의미하게 된다. 한편 향교는 단순히 "지방학교"의 의미로서 사용되는 경우도 있다. 이때의 향교는 앞서 살펴본 "향학"과 같은 말로서 여기에는 모든 지방학교가 포함된다고 할 수 있다. 또한 이는 조선시대의 향교와는 다른 개념이다.

그런데 고려시대 향교의 기원이 언제인가 하는 것에 대해서는 앞서 언급

---

21) 〈고려사〉 권74 지28 선거2 학교.

한 성종 때 지방학교 확대로 보는 입장이 있는가 하면, 인종 5년(1127) 전국 각 주(州)에 대한 학교설립으로 간주하는 경우도 있다. 이 밖에도 충렬왕 때 처음으로 문묘가 세워졌다는 기록을 들어 이때부터 향교가 시작되었다는 주장과, 태조 때 서경에 세운 학교가 향교의 효시였다는 주장들이 있다.

그러나 이와 같은 향교기원설들은 어느 것 하나 확고하게 인정받지 못하고 있다. 그것은 무엇보다도 향교의 개념에 대한 합의가 이루어져 있지 않기 때문이다. 향교를 단순히 지방학교로 규정할 것인지, 아니면 조선시대처럼 문묘가 있는 지방학교로 볼 것인지에 따라 그 기원이 달라진다.[22)]

그렇다면 이와 같은 상황에서는 고려시대의 지방학교를 다음과 같이 설명하는 것이 합리적일 것이다. 즉 태조 때 처음으로 지방학교가 설립되었고, 그 후 점차로 확대되었을 뿐만 아니라 그 구조 또한 변화되어 갔다는 것이다. 이런 관점에서 고려시대의 지방학교의 설립 과정을 보다 구체적으로 설명하면 다음과 같다.

① 태조 13년 서경에 지방학교 설립→ ② 성종 6년 전국 12목으로 확대→ .③ 인종 5년 전국의 각 주에까지 설립→ ④ 고려 말 정몽주에 의해 증설

또한 고려시대의 지방학교 건물구조는 ① 초기 : 학당만 존재 ② 중기 : 공자묘와 학당이 같은 건물 안에 존재 ③ 말기 : 공자묘와 학당의 분리의 순서로 변천되어 왔다고 설명할 수 있다. 이것을 그림으로 나타내면 다음과 같다.

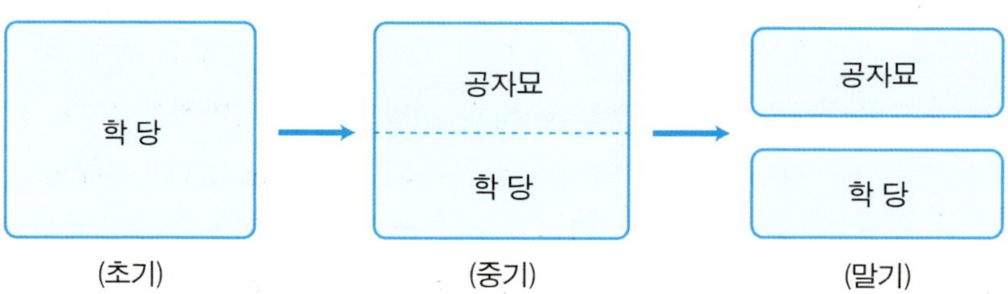

〈그림 5-1〉 고려시대 지방학교의 건물구조 변천 과정

22) 이원재(1998). "향교기원론 검토". 『한국교육사학 제29집』 참조.

고려시대 향교의 교육내용은 일정치 않으나 당시 과거시험 과목이었던 명경과 제술에 대비하기 위한 유교경전의 학습과 시(詩)·부(賦) 등을 짓는 문학 수련이었을 것으로 생각된다. 그런데 각 시대마다 지방교육에 대한 관심 중의 하나는 어느 행정단위까지 학교가 설립되었는가 하는 점이다. 고려시대 지방학교 설립 과정의 특징을 보면 역시 행정단위 크기를 중심으로 하여 하향적으로 설치되어 왔다. 즉 경(京)→목(牧)→주(州) 단위의 순서로 학교를 설립하였는데, 결국 현(縣) 단위까지는 확대 설립하지 못하였다. 현의 숫자는 주에 비해 기하급수적으로 늘어나는 셈이 되기 때문에 현에 학교를 설치했느냐의 여부는 대단히 중요한 의미를 갖는다.

3) 학당

학당은 고려시대 말기에 등장한 중앙의 학교로서 원종 2년(1261)에 동서학당으로 시작하였다가, 그 후 정몽주에 의해 5부학당으로 확장하게 되었다. "안(중앙)으로 5부학당을 세우고 밖(지방)으로는 향교를 설치하여 유술(儒術)을 진작시켰다."[23]라는 내용으로 미뤄볼 때, 학당은 향교와 동일한 수준의 학교였다는 것을 알 수 있다. 그리고 당시에는 국자감이 존재했던 점을 감안할 때, 학당과 국자감은 교육수준에 따라 위계적으로 분화되었던 것으로 추측할 수 있다. 다시 말해서 국자감은 상급교육을 담당하고 학당은 하급교육을 담당하게 되었던 것으로 생각된다.

4) 사학(私學)

① 12도(徒)

고려시대의 사학으로는 먼저 12도를 들 수 있다. 여기서 '도'는 교습을 위해 사적으로 맺어진 교사와 학생들의 무리를 의미한다. 이처럼 '도'가 사람들의 집단이라는 것은 신라의 화랑도에서도 발견된다. 따라서 '도'라는 것은 특정 교육공간을 지칭하는 것이 아니었다. 당시 각 '도'의 교육장

23) 〈고려사〉 권117 열전30 정몽주전.

소는 유동적이었는데 특히 한여름에는 시원한 절간에서 교육이 이루어지는 경우가 많았다.

당시에는 이와 같은 무리가 12개가 있다고 해서 "사학"하면 으레 "12도"로 불려졌다. 그런데 처음부터 12개의 무리가 있었던 것이 아니라, 한 개의 '도'로 출발했던 것이 호응을 얻게 됨에 따라 다른 사람들도 다투어 도를 만들게 되어 나중에는 그 수가 12개가 되었던 것이다. 그 중에서 12도의 시초이자 가장 인기가 있었던 것은 최충의 문헌공도(시중 최공도)였다. 최충은 목종 8년(1005)에 과거에 급제한 후 문종 대까지 5대에 걸쳐 요직을 두루 거친 학식과 덕망을 겸비한 인물이었다. 그는 말년에 벼슬을 그만둔 뒤 후진 양성을 위해 사학을 세워 9경·3사·제술 등을 가르쳤다. 이를 계기로 많은 수의 학생들이 몰리게 되자 9개의 교실이라 할 수 있는 9재(齋)를 설립하여 이들을 가르치기도 하였다.

12도는 그 교육내용으로 미뤄볼 때 당시 최고 수준의 교육을 실시했던 집단이었음을 알 수 있다. 그런데 12도는 당시 관학이었던 국자감의 쇠퇴와 연관이 있는 것으로 보인다. 그러나 국자감의 쇠퇴가 12도의 발호를 가져왔는지, 아니면 거꾸로 12도의 융성이 국자감의 부진을 초래했는지는 분명치 않다.

12도는 대체로 하과(夏課)라 하여 무더운 여름철에 절에서 강습회를 여는 것이 관례였는데, 이때는 과거에 급제했으나 아직 관직에 들지 않은 학생들로 하여금 강의를 담당케 하는 경우도 있다. 이는 그들이 당시 과거시험 출제 경향에 대한 감각이 뛰어났기 때문인 것으로 생각된다. 또한 최충의 문헌공도에서는 하기 강습회 때 각촉부시(刻燭賦詩)를 실시하였다. 이는 초에 금을 그어 놓고 그 금까지 초가 탈 동안 부(賦)와 시(詩)를 짓게 하는 시험이었는데, 좋은 글을 지은 학생들은 그 순서대로 방을 붙이고 잔치를 베풀어 주기도 하였다. 결국 각촉부시는 모의 과거시험이었다고 할 수 있다. 이처럼 12도의 중요한 목적으로서 과거 준비였다. 당시 12도 중에서 문헌공도가 가장 인기가 있었던 이유는 과거 합격률이 제일 높았기 때문이다.

12도는 교육을 목적으로 결성된 사적 집단이라는 점에서 기본적으로 사학이었다. 그러나 나중에는 국가가 그 운영에 관여함으로써 그 성격이 모호하게 된다. 예를 들어 국가에서 12도 교육의 안정을 위해 그 학생들의 거취를 제한했다거나, 또는 고려 말에는 국자감과 향교 사이에 12도를 중간 단계로 하는 학교체제를 구상했다던가 하는 사례들은 12도가 준(準)관학으로 변했음을 보여준다. 이는 당시 국자감이 유명무실한 상태에서는 12도가 국가의 기본 교육정책에 위배되지 않게 교육을 하는 한 이를 장려할 필요가 있었을 것이고, 더 나아가서 이 12도 교육이 원활히 이루어지도록 적극적으로 개입하지 않을 수 없었기 때문으로 생각된다.

② 사숙(私塾)

사숙이란 당시에 보편적으로 사용되던 명칭은 아니다. 흔히 사숙은 개인에 의해 세워졌던 비교적 적은 규모의 교육공간을 의미한다. 이는 조선시대의 서당과 유사하다고 할 수 있다. 당시에는 12도와는 별도로 적은 규모로 학생들을 지도하는 경우가 상당히 많았던 것으로 보인다. 특히 이러한 사숙교육을 통해 많은 수의 학생들이 과거에 합격했던 것으로 생각된다.[24] 고려시대에 이와 같은 사적인 교육이 얼마나 성행했는가 하는 것은 당시 중국 사신이었던 서긍이 쓴 〈고려도경〉을 통해 확인할 수 있다.

> 아래로는 민간 마을에 경관(經館)과 서사(書舍)가 두 셋씩 늘어서 있다. 그리하여 백성들의 자제로서 결혼하지 않은 자들이 무리지어 살면서 스승으로부터 경서를 배우고, 장성해서는 벗을 택해 각각 그 부류에 따라 절간에서 강습하고, 아래로 어린아이들에 이르기까지 마을 선생에게 글을 배운다. 아, 훌륭하도다.[25]

24) 신천식, 앞 책, 72-73쪽 참조.
25) 〈고려도경〉 권40 유학.

다. 고려시대 교육 읽기

흔히 각 시대마다의 교육을 살필 때는 가장 먼저 그 틀, 다시 말해서 학교제도가 어떻게 짜여 있는가 하는 것에 관심을 가지게 된다. 이는 한 시대의 그것을 이해하게 된다면 교육의 대강을 파악할 수 있게 될 것이라는 생각 때문일 것이다. 이것은 또한 그 시대의 교육을 이해하기 위한 가장 손쉬운 방법일 것이라는 발상에서 나왔을 것이다. 그러나 이러한 생각들은 안일한 태도라고 할 수 있다. 물론 학교제도가 그 시대의 교육과 무관하지 않을 것이지만 우리는 한 시대의 제도와 실제 사이에는 괴리가 있을 수도 있다는 사실에 유념해야 한다. 어떤 경우에는 양자가 별개의 것일 수도 있기 때문에 도식적인 이해는 금물이다. 예를 들어 어떤 시대에 어떤 학교가 있었고, 그 학교의 정원이 몇 명이었다고 해서 실제로도 그만큼 교육이 제대로 이루어졌다고 생각해서는 안 된다는 것이다.

우리가 쉽게 빠져드는 오류 중의 하나는 오늘날의 교육현실에 익숙한 나머지 학교가 있었다면 당연히 학생들의 적극적인 호응이 있었을 것이라는 가정이다. 그러나 전통시대는 오늘날과 같이 학력(學歷)이 중시되지도 않았으며, 과거시험과 관련하여 학교가 커다란 이점이 있지도 않았다. 뿐만 아니라 당시에는 오늘날처럼 학교교육을 지원할 수 있는 국가의 경제력이 충분하지도 않았다. 요컨대 전통시대의 학교, 특히 국가에서 세운 관학은 우리가 생각하는 것처럼 잘 굴러간 것은 아니었다는 것이다. 이와 같은 안목은 우리가 각 시대의 교육을 고찰할 때에 반드시 지녀야 할 조건이다. 이러한 안목을 견지한다면 우리는 지난날 교육의 심층적인 모습을 들여다볼 수 있는 기본 자세를 갖추게 되는 셈이다.

한 시대 교육의 실상을 이해하기 위한 첩경은 교육이 그들에게 무엇이었는가를 아는 것이다. 교육을 인간적인 성장을 도모하기 위한 활동으로 인식했는가, 아니면 어떤 다른 목적을 달성하기 위한 수단으로 받아들였는가 하는 것은 당시 교육의 판도에 결정적인 영향을 미치게 되기 때문이다. 따라서 우리는 고려시대의 실태를 알기 위해서는 당시 사람들이 교육을 어떻게 인식했는지를 파악할 필요가 있다.

앞서 살핀 바와 같이, 고려의 역대 왕들의 큰 관심사 중의 하나는 유능한 관리의 확보였다. 그리하여 그들은 어떻게 하면 과거를 통해서 양질의 인재를 뽑을 수 있을까 고심하였다. 당시의 학교는 바로 과거에 응시할 인재들의 질적 수준을 높이기 위한 제도적 장치로 인식되었고, 학교의 확충은 바로 이런 배경에서 이루어졌던 것이다.

그런데 교육을 관리양성의 수단으로 여기는 고려왕들의 사고방식은 백성들 역시도 교육을 관리가 되기 위한 수단으로 인식하도록 만들었다. 이처럼 교육이 출세의 관건이 된다는 인식 때문에 백성들은 교육에 대해 강한 집착을 보였다. 특히 관리가 되기 위해서는 과거시험에 통과해야 했기 때문에, 학생들은 어떤 교육이 과거시험에 얼마나 효과적이냐에 민감한 관심을 갖지 않을 수 없었다.[26] 그러면 당시의 학생들은 학교교육에 대해 어떻게 대응했는지를 알아보기로 한다.

성종 8년에는 "(학생들이) 헛되이 국학에 이름만 걸어 놓고……"라는 내용의 기록이 있다. 이는 당시 학생들이 국학을 기피하려는 경향이 있었음을 보여준다. 그 이유는 당시가 아직은 과거제도가 활성화되기 전이라서 굳이 학교에서 힘들게 공부할 필요가 없었기 때문이었을 것이다. 그런데 그 후 과거가 중시되기 시작한 다음에도 국학교육에 대한 관심의 정도는 별반 차이가 없었다는 것이다. 그것은 바로 국학이 과거 준비에 적합한 곳이 아니었기 때문이었다. 당시 문종이 국자감 학생들이 학업을 폐하는 것은 교관에게 책임이 있다고 한 지적은 국자감 교육이 교사들의 자질 부족으로 부실했었음을 암시한다.

그런데 이처럼 학생들이 국학에서 공부를 하지 않았다는 것은 곧 다른 곳에서 배웠음을 의미하는 것이었다. 그곳은 바로 사학(私學)이었다. 당시 사학에 대한 선호 경향을 분명하게 보여주는 것은 사학 12도의 융성이라

26) 당시에는 관리 충원의 다른 방법으로서 문음이라는 제도가 있었는데, 이것은 국가 유공자에 대해 간헐적으로 내린 특혜였다. 그러나 문음을 통해 관리가 되는 경우 대부분 낮은 직급의 관리로 진출하였다. 특히 문음 출신들은 무능력자로 인식되었기 때문에 문음 출신 관리들 중에는 또다시 과거에 응시하는 사례가 많이 있었다. 이처럼 당시에 과거는 문음보다 더욱 중시되었다.

할 수 있다. 이 12도의 발호 배경이 당시 전란으로 인해 국자감(국학)이 쇠퇴했었기 때문이라는 설명이 있기는 하나, 보다 근본적인 이유는 관학보다 사학이 과거 준비를 하는 데 훨씬 유리했기 때문이었다. 과거합격이 목적이었던 당시 학생들은 관학이든 사학이든 과거 준비에 더 큰 도움이 되는 쪽을 선택하려 했다. 당시의 사학인 12도에서는 국자감 교관보다 유능한 교사들이 과거준비를 시켰기 때문에 학생들이 여기에 몰릴 수밖에 없었던 것이다.

그런데 이 말은 반대로 관학이 어떤 식으로든지 과거응시와 관련하여 이점이 있게 된다면 학생들이 여기로 몰릴 수도 있음을 암시하는 것이기도 하다. 당시에 실제로 이런 상황이 일어난 적이 있었다. 예종은 쇠퇴 일로를 걷고 있었던 관학의 부활책으로 모든 과거 응시자들에게 국자감에서 수학할 것을 의무화한다는 방침을 정하였다. 이 조치로 인해 과거응시를 위한 일차적인 조건은 바로 국자감 재학생이 되었으며 이렇게 되자 당시의 사학 12도 재학생들은 더 이상 그곳에 남아 있을 이유가 없었다. 이들은 곧 자신들의 스승을 배반하고 국자감으로 옮겨가는 상황을 연출하였던 것이다. 그런데 고려 말에는 이와는 정반대의 상황이 벌어지게 된다. 즉 과거와 국학의 연계성이 느슨해지자 다음과 같이 국학은 곧 쇠퇴를 면치 못하였던 것이다.

> 오늘날은 관직에 오른 자라도 반드시 과거에 급제한 자가 아니며 급제자라도 반드시 국학을 거칠 필요가 없으니, 누가 지름길을 버리고 어려운 길을 가려고 하겠습니까? 학생들이 흩어지고 학교건물이 기울어 허물어지는 것도 실로 이 때문인가 합니다.[27]

학교가 과거 준비에 얼마나 유리한가에 따라 이리저리 몰리는 현상은 심지어 12도 내에서도 벌어졌던 것으로 보인다. 인종 때 각 도(徒)의 학생 중 스승을 배반하고 다른 도로 옮기는 학생의 경우 과거 응시를 못하게 했던 조치[28]는 이를 뒷받침한다.

---

27) 〈고려사〉 권115 열전 28 이색전.
28) 〈고려사〉 권74 지28 선거2 학교.

또 한 가지 유의해서 살펴볼 점은 예종 때 국학에 설치되었던 7재에 대한 학생들의 반응이다. 앞서 언급한 것처럼 7재 가운데에서 6개의 재는 유교의 경서를 가르치기 위한 반이었고, 나머지 한 재는 무술을 가르치기 위한 무학재였다. 예종의 의도는 물론 유학교육의 진흥에 있었으므로 경학을 다루는 6재에 관심이 더 컸었다고 할 수 있다. 그런데 결과는 경학 6재는 인기가 없고 오히려 무학재가 선호되는 양상으로 나타났다. 이것은 바로 다음과 같은 이유에서였다.

> 무학재의 학생은(……) 급제가 쉬우므로 모든 학생들이 다투어 무학재에 속하려 하니, 이것은 말리(末利)를 좇는 것으로서……[29]

무학재 학생들은 과거 급제에 유리했기 때문에 무학재는 다른 6재보다도 인기가 있었던 것이다. 이와 같이 과거 급제가 목표였던 고려시대 학생들은 국가의 의도에는 아랑곳하지 않고 자신들의 목표 달성을 위해 보다 유리한 쪽의 교육을 선택하려 하였으며, 당시 학교들의 융성과 쇠퇴는 이로 인해 좌우되었던 것이다. 그렇다면 이것은 무엇을 의미하는 것인가? 이는 교육 본래의 의미를 추구하지 않았었다는 것, 즉 인격이나 교양 함양과 같은 교육의 본질적 측면을 도외시했음을 보여주는 것이다. 그렇다면 앞에서 중국 사신 서 긍이 훌륭하다고 감탄해마지 않았던 고려교육의 장면도 결국은 당시 사람들이 교양을 쌓거나 마음의 수양을 위해 노력한 것이 아니라, 단지 과거시험을 위해 애쓴 흔적에 불과한 것이었다고 할 수 있다.

29) 〈고려사〉 권74 선거2 학교2 인종 11년 정월.

새겨보기

통치이념으로서 유교를 채택했던 고려의 역대 왕들은 교화의 근원으로 여겨졌던 학교의 설립에 많은 관심을 가졌다. 또한 그들은 건국 초기부터 불안정한 왕권을 강화시키고, 유학적 소양을 지닌 인재를 선발하기 위한 방편이었던 과거제가 원활하게 운영될 수 있도록 학교제도를 확충해 나갔다. 특히 당의 제도를 본따 국자감 제도를 운영하였으며, 지방에도 점차 학교설립을 늘려 나갔다. 한편 고려시대에는 12도를 비롯한 사학들이 대단한 호응을 얻었는데, 이것은 바로 사학이 과거시험에 유리했기 때문이었다. 당시 학생들은 관학과 사학 중에서 어느 쪽이 과거 합격에 유리한가를 저울질 하여 이리저리 몰려다니기도 하였다. 이처럼 고려시대에는 교육을 과거 합격을 위한 수단으로 여기는 풍조로 인해 정상적인 교육은 이루어지기 어려웠으며, 이러한 부작용은 과거가 관리선발의 주된 통로였던 조선시대에 들어오면서 더욱 심화된다.

제6장

조선시대의 교육

- 시험문화의 고조 -

1. 시대적 배경과 성리학

14세기 중엽 원(元)의 세력이 점차 약해져 가자 고려는 원의 간섭으로부터 독립하고 원이 차지했던 옛 영토를 탈환하고자 하였다. 이를 위해 공민왕은 새로이 도입된 성리학[주자학]으로 무장된 신흥 사대부들과 힘을 합하여 원 세력과 결탁해 있었던 대토지 소유의 구귀족과 대결하였다.

그 후 이성계의 위화도회군을 계기로 정권장악에 성공한 신흥 사대부 집단은 그들이 신봉하는 성리학을 통치이념으로 하는 새로운 국가건설에 매진하였다. 그들은 숭유억불 정책을 표방하면서 국가의 모든 문물제도를 성리학 이념에 따라 정비하였는데 학교제도의 강화 역시 이런 맥락에서 이루어졌다.

이처럼 조선시대 교육은 그 이념적 바탕을 성리학에 두고 있었다. 따라서 당시 교육을 이해하기 위해서는 먼저 성리학과 그것이 담고 있는 교육철학에 대한 이해가 필요하다.

유학의 한 계보인 성리학(性理學)은 중국 송대(宋代)에 성립된 것으로서 주자학·송학·도학·이학·정주학 등의 여러 명칭으로도 불려진다. 종전의 유학이 실천적·윤리적인 측면을 강조했던 것에 비해 성리학에서는 인간의 올바른 행위의 원리와 근거까지를 깊이 탐구한다. 따라서 성리학은 다른 유학들에 비해서 이론적·철학적 성격이 강하며, 특히 인간의 본성이나 우주의 원리와 같은 형이상학적 문제에 큰 관심을 가진다.

성리학은 이(理)와 기(氣)를 핵심개념으로 하는 사상이다. 성리학의 교육철학 역시 이기론에 기초하고 있다. 따라서 조선시대의 교육철학을 이해하기 위해서는 이와 기에 대한 이해가 필요하다. 성리학에서는 우주에 이와 기란 요소가 존재한다고 본다. 먼저 기란 생명과 활동의 근원이며, 모든 사물을 이루는 데 필요한 질료·재료의 개념이다. 즉 기가 응축됨으로 해서 사물이 형성된다는 것이다. 그런데 여기서 생성되는 사물은 그 자체로는 어떤 지향성을 내포하고 있지 않다. 다시 말해서 선을 지향한다거나 악을 염두에 두는 것이 아니라는 것이다. 우리는 여기서 두 가지 의문을 제기할 수 있다. 첫째는 왜 기가 응집되어 사물이 형성되는가? 둘째는 만약 기가 사물로 전환됨에 있어 올바른 쪽으로의 지향성이 없다면 세계는 혼란으로 빠지게 되는 것이 아닌가?

이러한 의문에 대한 해답을 제시해 주는 것이 바로 이(理)다. 이(理)는 바로 기가 응축되어 사물이 되는 이유요, 그 사물이 궁극적으로는 옳은 것을 지향하게 되는 근본 이치이다. 따라서 이(理)는 우주 삼라만상의 기본 법칙으로 마땅히 모든 사물들이 따라야 할 길인 것이다. 그런데 이와 기는 항상 떨어뜨려 놓을 수 없는 일체(一體)이다. 이런 점에서 우리는 기의 무방향성으로 인한 우려로부터 벗어날 수 있다.

교육은 인간을 대상으로 하는 활동이다. 따라서 무엇보다도 이기론에 기초한 성리학의 인간관을 살펴볼 필요가 있다. 성리학에서는 모든 만물이 그러하듯이 인간 역시 반드시 이와 기에 의해 탄생하며, 이렇게 이와 기를 받아서 탄생한 인간은 특정한 심성(心性)을 지니게 된다고 본다. 여기서 다시 심성은 이(理)에 근거한 본연의 성(본연지성 : 本然之性)과 기로부터 나오는 기질의 성(기질지성 : 氣質之性)의 총화로 보고 있다. 그런데 항상 본연의 성은 순선무구(純善無垢)한 것으로서 누구에게나 보편적으로 내재해 있으며, 기질의 성은 사람마다 차이가 있어 순수함과 탁함, 곧음과 편벽됨, 선함과 악함 등으로 다르게 나타날 수 있다는 것이다.

그러나 여기서 문제가 되는 것은 기질의 성이 본연의 성을 가림으로써 그것이 발현되는 것을 막을 수도 있다는 점이며, 또 그 발현 정도에 따라 인간의 종류가 구분된다는 점이다. 따라서 기질의 성에 구애받지 않고 본연의 성을 완전히 구현하는 사람은 성인(聖人)이라 할 수 있고, 성인의 반대쪽에는 소인(小人)이 있다. 그런데 중요한 것은 이런 측면은 절대적인 것이 아니라는 점이다. 즉 아무리 소인이라 할지라도 노력을 통해 좋지 않은 기질의 성을 극복하고 본연의 성을 회복할 경우 성인이 될 수 있다는 것이다.

여기서 노력이란 스스로 배우려는 노력(학 : 學)과 외부로부터 가르침(교 : 敎)이다. 이것이 바로 성리학에 내포되어 있는 교육의 가능성이자 필요성인 것이다. 그런데 현실적으로 볼 때 본연의 성을 구현하는 성인들은 극소수이기 때문에 대부분 교육을 필요로 하는 사람들인 셈이다. 성리학의 특징이 교육철학으로 수렴되고 있는 이유는 바로 여기에서 찾을 수 있을 것이다.

성리학적 교육철학의 특징은 인간과 자연·우주를 연관시켜 논의한다는 것이다. 성리학에서는 자연·우주의 움직임을 성실함 그 자체로 인식하였다. 천체의 운행, 사계절의 순환과 같이 지금까지 한 번도 오류가 없어 왔던 자연·우주의 질서는 바로 인간이 본받아야 할 길로 받아들여졌던 것이다. 이처럼 자연·우주의 운행질서와 인간의 행동이 하나로 된 상태가 바로 성리학의 궁극적 목적이었다. 그런데 인간에게 있어서 자연·우주처럼 성실함 그 자체(성자 : 誠者)는 오직 성인에게만 해당되는 것이고, 나머지 인간들은 그와 같이 되도록 노력해야만 하는 존재들로 보았다. 따라서 대부분의 인간들은 성실하려고 노력하는 것(성지자 : 誠之者)을 삶의 기본 자세로 삼아야 하며 이런 자세가 바로 인간의 길(인지도 : 人之道)로 여겨졌던 것이다. 또한 성실하려고 노력하는 것은 스스로 깨닫고 배우며 그것을 실천하려는 것으로 보았다. 이렇게 하도록 도와주는 것이 곧 교육이고 따라서 교육 없이는 인간의 길도 모색할 수 없다고 하는 것, 이것이 바로 성리학적 교육철학의 핵심이었던 것이다.

조선시대의 대표적인 성리학자로 여겨지는 퇴계 이황과 율곡 이이가 주목할 만한 교육사상가였다는 것은 자연스런 일이다. 이들의 교육사상은 곧 앞서 언급한 성리학적 교육철학 체계에서 크게 벗어나지 않으면서 그것을 더욱 정교화하고 심화시킨 결과인 것이다. 이 점에 있어서는 여타의 성리학자들 역시 마찬가지라고 할 수 있다. 그런데 이들의 교육사상의 기본 골격은 먼저 유교적 이상사회를 상정하고, 이를 위해 인간을 어떻게 기를 것인가를 논하고 있다는 것이다. 특히 그들의 관심은 인간의 마음에 관한 논의인 심성론에 치중되어 있다. 그 이유는 교육이란 결국 올바른 인간으로 만드는 것이라고 할 때, 그 방법적 원리를 모색하는 데 있어서는 결국 인간 마음의 본질이 무엇이고 이것을 어떻게 변화시킬 수 있는가를 알아내는 것이 관건이라고 생각했기 때문이다.

성리학 역시 기존의 다른 유학들과 마찬가지로 윤리 규범의 실천을 중시하였다. 차이점이 있다면 성리학은 왜 그것을 지켜야 하는가에 대한 이론적·철학적 근거를 확고하게 마련해 놓았다는 것이다. 이것은 곧 성리학에서 인륜 실천의 당위성을 더욱더 강조하고 있다는 말이기도 하다.

그런데 여기서 인륜을 실천하도록 한다는 것은 바로 "교화"(敎化)를 의미하는 것이었다. 이러한 교화는 성리학을 포함한 모든 유교사상들의 지상 과제였다. 그 중에서도 성리학은 교화의 철학적·이론적 근거를 가장 강력하게 제시한 유교사상이었다고 할 수 있다. 교화란 한마디로 유교적 지식이나 규범을 내면화하는 것을 말하는데, 이는 쉽게 말해서 모든 사람이 제 분수대로 자신의 도리를 다하게 하는 것을 의미하였다. 예를 들면 임금과 신하, 부모와 자식, 남편과 아내, 어른과 아이가 각각 제 분수를 지키게 하는 것, 즉 안분(安分)을 의미하는 것이었다. 특히 자기의 분수에 넘치는 행위를 한다는 것은 천리(天理)에 어긋나는 일로 여겨졌기 때문에, 분수를 지키도록 이끄는 교화는 하나의 소명으로서 인식되었다.

그렇다면 교화의 주체와 대상은 누구인가? 교화의 주체는 완벽한 인간이라 할 수 있는 성인(聖人)일 수밖에 없는 것이고, 그 나머지 사람들은 모두 교화의 대상이 되는 셈이다. 이와 같이 교화의 대상은 무차별적인 것으로서 모든 사람들이 그 대상이 되었던 것이다. 따라서 교화를 마치 지배층이 피지배층에게 지배이념을 주입시킴으로써 그 체제를 유지하기 위한 방편인 것으로 받아들일 때는 교화의 본질을 올바로 이해할 수 없게 된다. 당시 교화는 모든 사람의 염원이었다. 인간의 도리를 제대로 알고 실천한다는 것은 인간이 짐승과 구별되는 기본 조건으로 인식되었던 것이다. 이런 이유에서 교화의 기회에 접근하기 어려운 일반 서민들은 불쌍한 존재로 여겨졌으며, 이들을 교화시킬 때 애민(愛民) 또는 위민(爲民)의 차원에서 이루어졌던 것은 바로 이 때문이었다.

또한 조선시대의 교육을 이해하는 데 있어서 알아야 할 것은 상고주의(尙古主義)이다. 상고주의란, 유학을 신봉하는 사람들에게 보편화되어 있었던 경향으로서 고대를 흠모하여 현재에 재현시키려는 사상을 말한다. 여기서 고대란 중국의 하·은·주 삼대(三代)를 의미하는데, 이 삼대 모든 문물제도가 완비되어 있었던 이상사회로 여겨졌다. 따라서 유교이념을 지향했던 조선시대에 있어서 이 삼대의 교육제도는 하나의 모범이자 규범이었다. 조선시대에는 이러한 삼대 교육제도를 본받아 학교제도를 완비하려 하였으며, 또한 이것은 삼대의 학교 틀을 벗어나지 않았을 때 정당화될 수 있었던 것이다.

2. 조선시대의 학교교육

앞서 언급한 바처럼 조선시대에 국왕을 포함한 위정자들의 지상과제는 바로 교화였다. 교화의 달성은 곧 이상적 유교국가의 완성이라는 의미와 함께 국가 안위의 보장이라는 이중적 의미를 내포하는 것이었다. 그런데 이러한 교화를 담당하는 전초 기구로 인식되었던 것이 바로 학교였다.

당시 위정자들의 입에 항상 오르내렸던 말은 "학교는 교화의 근원"이었다. 이처럼 학교는 현실적으로 교화 기능을 수행하는 기관으로 인식되기도 하지만, 한편으로는 교화에 대한 국가의 의지를 나타내는 상징이기도 했다. 극단적으로 말해서 만일 국가에 학교가 없다면 이는 곧 교화의 포기를 의미하는 것으로서 오랑캐나 금수(禽獸)의 나라로 전락함을 의미하는 것이었다.

그런데 학교를 교화의 근원으로 상정한 데는 나름대로 이유가 있었다. 학교교육을 통한 교화대상은 상층 집단으로서, 먼저 이들을 교화시키게 되면 이들의 교화된 행위가 하층민의 본보기가 됨으로써 교화의 효과를 기대할 수 있기 때문이었다. 당시 교화의 방법적 원리는 바로 상행하효(上行下效), 즉 위에서 모범을 보이면 아래에서 본받는다는 것이었다.[1] 이 밖에도 당시 위정자들에게 학교는 "인륜을 밝히는 곳", "인재를 양성하는 곳", "정치의 요체" 등으로 인식되었다.

조선시대의 관학체제로서 중앙의 성균관과 사학(四學), 지방의 향교는 이러한 학교관을 배경으로 설립되었으며 사학(私學)인 서원과 서당 역시 교화기능이 인정되어 설립이 허락되었던 것이라고 할 수 있다.

가. 성균관

성균관은 조선시대의 최고학부였다. 앞서 자주 언급한 것처럼 흔히 국가를 대표하는 학교를 국학이라고 지칭하였는데, 가끔씩 성균관을 국학으로 지칭한 것도 바로 이러한 이유에서였다. 성균관 교육의 기본적인 목적은 교화였다. 이는 학교와 과거제도와의 연계를 강조함으로써 학교교육의 목적이 인재 양성임을 표방했던 고려시대와 다른 점이라고 할 수 있다. 물론 성균관 교육의 부수적 목적으로서 인재양성을 지적할 수 있겠

1) 이와 같은 교화의 방법은 사회교육에도 적용되었다. 그것은 바로 정표(旌表)였다. 이는 충신·효자·열녀 등을 표창함으로써 이러한 덕행을 권장하려는 조치로서, 흔히 이들의 집 앞에 붉은 문을 세워주는 정문(旌門)이었다. 이러한 정표는 바로 모범 집단을 설정해 놓음으로써 사람들로 하여금 본받게 하려는 것으로서 상행하효의 원리에 기초한 것이었다.

으나, 성균관 교육의 기본 이념은 어디까지나 교화였던 것이다.

성균관의 성격을 이해하기 위해서는 건물구조를 알 필요가 있다(〈그림 6-1〉 참조). 성균관은 통일신라의 국학과 고려의 국자감과 마찬가지로 묘학제를 따르고 있다. 따라서 성균관은 제사를 지내는 공간인 문묘와 교학 공간인 학교로 구성되어 있는데, 문묘는 다시 중앙에 대성전과 그 옆에 각각 동무(東廡)와 서무(西廡)가 있었고, 학교는 중앙에 명륜당과 그 양쪽에 동재(東齋)와 서재(西齋)가 있었다. 대성전과 동·서무는 공자를 위시한 유교 성현들의 위패를 안치해 놓고 제사를 지내는 곳이었으며, 명륜당은 강의 장소, 동·서재는 학생들의 기숙사였다. 문묘에서는 매년 봄·가을마다 공자에게 제사 지내는 행사인 석전제(釋奠祭)를 지냈으며, 매월 1일에는 모든 학생들이 예복을 갖추어 입고 문묘에 참배하도록 되어 있었다.

〈그림 6-1〉 성균관의 건물구조

성균관의 정원은 200명이었고 입학자격은 원칙적으로 소과(생원진사시) 합격자인 생원·진사로 하였다. 만일 생원·진사로 정원을 채우지 못할 경우는 사학(四學) 학생 중에서 선발하여 충당하였는데, 이들을 승보생이라 하였으며 신분은 유학(幼學)[2]이었다. 이와 함께 공신이나 고관의 자제들 중에서 선발하여 충원하는 경우도 있었다.

성균관의 교육내용은 4서5경과 역사서가 주가 되었는데 특히 4서는 주자가 주(註)를 단 책의 경우만 허락되었으며, 노자·장자와 같은 도가(道家), 불교, 제자백가(諸子百家)와 관련된 서적들은 교육내용에서 철저히 배제되었다. 간단히 말해서 성리학 관련 교재만 허용되었다는 것이다.

2) 유학(幼學)은 아직 관직에도 오르지 못하고, 과거에도 합격하지 못한 사람들을 의미한다. 이원재(1997). "조선전기 유학(幼學) 연구". 『한국교육사학』. 제19집. 8-10쪽 참조.

시험은 제술시험과 강경시험이 있었는데 제술시험은 일종의 논술이나 작문시험 같은 것이었고, 강경시험은 경서 내용에 대한 구술시험이었다. 제술의 경우 특이하거나 천박한 문체로 글을 짓는 경우는 퇴학시켰으며, 글씨는 정자체인 해서(楷書)로 쓰지 않는 경우에는 벌을 받았다. 또한 강경시험의 경우는 다음과 같이 평가하였다.

대통(大通) : 끊어 읽는 것이 분명하고, 해석에 막힘이 없으며, 한 가지 경서의 의미를 다른 경서와 관련해서 깊이 이해한 경우
통(通) : 한 가지 경서만 깊이 이해한 경우
약통(略通) : 한 가지 경서에서 한 장(章)의 의미를 정확하게 해석한 경우
조통(粗通) : 한 장의 요지를 이해하나, 설명에 부족함이 있는 경우
조통이하(粗通以下) : 경서 중 한 장도 전혀 설명하지 못하는 경우(조통 이하는 벌을 줌)

성균관 학생에 대한 훈육 방법은 엄격하였다. 예를 들어 시험에 합격하지 못했거나 학업태도가 불량한 경우, 행실이 바르지 않거나 사치스러운 학생은 종아리를 때리는 벌을 주거나 퇴학을 시켰다. 그렇다면 당시에는 학생들이 왜 성균관에 입학했는가? 그것은 과거 응시자격과 관련된 바로 원점법 때문이었다. 이를 이해하기 위해서는 다음의 과거응시 절차를 알 필요가 있다.

생원진사시[소과] 합격 ⇒ 성균관 재학 ⇒ 문과[대과] 응시[3)]

이처럼 소과에 합격했다고 해서 곧바로 대과에 응시할 수 있었던 것이 아니라, 그 사이에 성균관에서 일정 기간 동안 재학해야 한다는 의무규정

3) 과거시험 단계를 좀 더 구체적으로 설명하면, 생원진사시[소과]의 경우 생원시·진사시 모두가 초시와 복시의 두 단계로 되어 있었고, 문과[대과]는 초시·복시·전시의 세 단계로 되어 있었다. 특히 문과의 초시·복시는 각각 초장·중장·종장으로 단계로 다시 나뉘어졌으며, 전시는 국왕 앞에서 등수를 가리는 형식적인 시험이었다. 따라서 문과는 모두 7단계였던 셈이다.

이 있었다. 그것이 바로 원점법(圓點法)이었다. 원점법이란 성균관에서 일정 기간 동안 수학한 학생들에 한하여 문과 응시자격을 부여했던 법으로서, 그 실시 방법은 학생들이 성균관 식당에서 아침과 저녁식사 때 참석하면 동그란 원점 하나를 찍어 주는 것이었다. 만일 아침과 저녁식사 중 한 번만 출석할 경우에는 반점(半點)으로 인정되었다. 이 원점이 일정수에 달하게 되면 문과 응시자격이 주어졌는데, 원점법의 실시 초기에는 300개였으나 이후 다소 변동이 있었다. 특히 이 원점법은 과거시험 중 3년마다 실시되었던 식년시(式年試)에 적용되었고 부정기 시험에는 거의 적용되지 않았다.

결국 원점법은 성균관 수학 기간을 규정한 법이었던 것이다. 이처럼 당시 학생들이 성균관에 입학하려 했던 이유는 단지 과거응시 자격을 얻기 위한 것이었지, 오늘날 우리가 상식적으로 생각하는 것처럼 성균관 수학 자체가 중요한 경력이 되기 때문이 아니었다. 당시에는 어떤 학교를 졸업한다 하더라도 그 자체가 별다른 의미를 지니는 것이 아니었다. 중요한 것은 학교를 다녔느냐의 여부가 아니라 과거시험에 합격했느냐의 여부였다.

성균관 학생들은 왕이 정치를 잘못하는 경우나 논란이 될 만한 문제가 생겼을 때 상소를 올린다거나, 권당(식당에 가지 않는 것)이나 공관(성균관을 나오는 것) 등을 실시함으로써 자신들의 주장을 관철시키려 했다. 한편 국가에서는 성균관 학생들은 국가의 원기라 하여 대체로 이들의 행동을 문제 삼지 않았다.

나. 사학(四學)

사학은 원래 사부학당(四部學堂)에서 유래된 명칭이다. 사부학당은 앞서 살핀 고려 말의 5부학당 제도를 계승한 것이었는데, 형편상 북학을 제외하고 동학·서학·남학·중학의 네 개 학당만을 운영하게 되었던 것이다. 당시에 성균관이 대학이었다면 사학은 소학에 해당되는 셈이었다. 따라서 학교의 위계상으로는 성균관의 하급 단계의 학교였다. 특히 사학은 다음과 같은 점에서 성균관과 밀접한 관계를 지닌, 좀 더 분명히 말한다면 성균관의 부속학교의 성격을 지녔다고 할 수 있다. 그것은 첫째, 사학의 교관을 성균관 교관이 겸직하였으며 둘째, 앞서 말한 것처럼 성균관 정원에 결원이 생겼을 경우 일종의 특차로 입학할 수 있었다는 점을 들 수 있다.

그런데 사학이 성균관의 부속학교였는가 하는 것에 대해서는 논의가 분분하다. 이 점에 관해서는 사학에 문묘가 없었다는 사실이 중요한 판단기준이 된다. 만일 사학을 성균관에 딸린 학교였다고 본다면 이처럼 문묘가 없었다는 사실이 이유 있다고 볼 수 있을 것이다. 그러나 사학을 독립된 학교로 본다면 사학은 당시 관학의 전통이었던 묘학제로부터 벗어난 유일한 관학이 되는 셈이다. 그러나 이는 당시 관행상 생각하기 어렵다는 점에서 사학을 성균관의 부속학교로 보는 것이 타당하다고 할 것이다.

사학의 정원은 각 100명씩 도합 400명이었다. 그러나 이와 같은 숫자는 현실적으로 의미가 없는 것이었다. 왜냐하면 이 정원은 조선시대 내내 한 번도 찬 적이 없었기 때문이다. 결국 조선 후기에 사학 정원은 각 5명씩 총 20인으로 대폭 축소되었다.

다. 향교

앞서 살펴본 것처럼 "국학"이라는 명칭이 특정한 기관을 지칭하는 경우도 있고 혹은 단순히 국가의 최고 학부에 대한 범칭인 경우도 있었듯이, 향교 역시 두 가지 의미로 쓰여졌다. 첫째는 지방학교에 대한 범칭으로서 향학(鄕學)과 같은 개념이었다. 둘째는 지방의 특정한 학교를 지칭하는 일종의 고유한 명칭이었다. 그런데 조선시대에서 향교는 후자를 의미하였다.

조선시대 향교의 건물구조는 성균관과 동일하며 다만 크기에 있어서 차이가 있을 뿐이었다. 즉 향교는 문묘와 학교로 구성되며, 다시 문묘는 중앙에 대성전과 그 양쪽에 동·서무가 있고, 학교는 중앙에 명륜당과 그 양쪽에 동·서재가 있었다. 따라서 마치 향교가 성균관을 모방하되 그 크기만 축소시켜 놓은 것으로 이해하게 될 수도 있을 것이나 이는 올바른 이해가 아니다. 앞서 말한 바와 같이 당시 학교의 전통은 묘학제로서 문묘와 학교가 합쳐진 형태를 취했다. 향교나 성균관 모두는 이러한 전통을 따른 것으로서 결과적으로 그 크기에 있어 차이가 나게 된 것뿐이지 처음부터 향교를 성균관의 축소 형태로 설립하려 한 것은 아니라는 것이다.

조선시대 〈세종실록 지리지〉에서는 당시에 문묘를 향교라고 불렀다고 되어 있다. 이 말은 문묘만을 별도로 향교라고 했다기보다는 문묘가 향교의 핵심이 된다는 것을 의미하는 것으로 봐야 한다. 단적으로 말해서 조선시대에는 문묘가 없으면 향교라고 부르지 않았다는 것이다. 그렇다면 조선시대 향교의 기원을 논할 때 다루게 되는 고려시대의 지방학교는 문묘 존재 여부를 확인하는 것이 중요하다. 즉 아무리 "향교"라는 명칭의 학교라 하더라도 문묘가 없다면 이는 조선시대의 향교와는 다른 것이다.

이러한 점을 고려할 때 조선시대 향교의 기원은 고려 말인 충렬왕 때라고 할 수 있다. 즉 "우리나라에는 전에 학교가 없었다…… 고려 충렬왕 때 강릉 관찰사 김승인이…… 문묘를 처음 세우자 여러 읍에서 문묘가 이어서 생겨났다"라고 하여 지방에서 문묘가 이때 처음으로 세워졌음을 알 수 있는데, 이것이 바로 조선시대 향교의 기원이라고 볼 수 있을 것이다.

그런데 고려시대와 조선시대의 향교정책의 차이점은 설립단위에서 찾을 수 있다. 고려 말에는 향교가 군(郡) 단위까지밖에 세워지지 않았음에 비해 조선시대에는 그보다 한 단계 아래인 현(縣) 단위까지 향교 설립을 확대하였다. 향교 설립단위가 군에서 현으로 확대된 것은 산술적 증가가 아니라 기하급수적 증가를 의미하는 것이라고 할 때, 조선의 향교 설립에 대한 열의는 실로 괄목할 만한 것이었다고 할 수 있다. 특히 지방학교의 설립 정도는 학교제도 전반의 내실성을 가늠할 수 있는 기준이 된다는 점에서 조선의 학교제도는 고려시대의 그것에 비해 한층 더 높은 완성도를 지녔다고 할 수 있다.

조선시대 향교의 규모는 일률적이 아니었으며, 행정 단위별로 차이가 있었다. 또한 향교의 크기에 따라 학생 정원, 교관의 지위, 학전(學田) 등의 차이가 있었는데 그 내용은 다음과 같다.

학생 정원 : 목(牧) 이상의 향교 90명, 도호부 향교 70명, 군 향교 50명, 현 향교 30명

교관 : 도호부 이상의 향교→ 교수 1명(종6품), 군 이하의 향교→ 훈도 1명(종9품)

학전 : 주·부 향교 7결, 군·현 향교 5결

향교의 교육내용은 유교경전의 강독과 시나 문장을 짓는 능력을 학습시키는 것이었다. 이것은 과거시험과 밀접한 관련이 있었는데, 조선 초기 지방에서는 향교에서 수학한 후 생원진사시(소과)에 응시하는 것이 관례였다. 특히 당시에는 지방의 경우 과거시험에 응시하기 위해서는 향교에 적을 두어야 했다.

그러나 향교는 이미 조선 중기 이전부터 쇠퇴 일로를 걷기 시작하였다. 그 이유는 무엇보다도 향교와 과거와의 연계성이 약화되었기 때문인데, 예를 들어 세종 때부터 사학(私學) 출신자에게도 과거응시 자격이 주어지게 되자 향교는 학생들에게 외면당하게 되었던 것이다. 뿐만 아니라 향교 교관의 무능력 또한 향교 기피의 원인이 되었다.

상황이 이렇게 되자 특히 양반의 자제들은 향교를 떠나게 되고 그 빈자리를 양인(良人)들이 채우게 되었다. 그런데 그들이 입학하려 했던 것은 공부가 목적이 아니라 군역을 면하기 위해서였다. 이처럼 피역소로 전락한 향교는 더 이상 교육기관으로서의 기능을 수행하지 못하게 되었고, 그 대신 문묘에서 봄·가을로 공자에게 제사를 지내는 석전제와 함께 향사례·향음주례·양로례와 같은 유교적 의례행사를 주관하는 기구로 남게 되었던 것이다.

라. 서원

일반적으로 서원이라 하면 16세기 이후에 제사와 교육을 목적으로 세워진 사학(私學)을 의미한다. 고려 말과 조선 초에도 "서원"이라는 명칭의 교육기관이 있었지만, 이것은 후진 교육에 뜻을 둔 사람들이 강학(講學)만

을 목적으로 세웠던 곳으로, 흔히 말하는 서원의 범주에는 포함되지 않는다. 여말선초에 이와 유사한 성격을 지닌 기관으로는 서재·서당·정사(精舍) 등이 있었다.

조선시대 최초의 서원은 백운동서원으로서 중종 38년(1543)에 풍기군수 주세붕에 의해 세워졌다. 이 백운동서원은 중국의 주자(朱子)가 세웠던 백록동서원을 참고한 것으로서, 그때까지 거의 모든 학교제도가 그랬듯이 조선의 서원 역시 중국의 제도를 모방한 것이었다. 조선시대의 서원이 어떤 이념을 배경으로 하여 세워졌는가 하는 것은 백운동서원 설립과 관련한 주세붕의 다음과 같은 언급에서 잘 드러난다.

> 하늘이 사람을 낳으매 사람이 되게 하는 바는 가르침이 있기 때문이다. 사람이되 가르침이 없었다면 …… 사람의 무리는 멸망한 지 오래되었을 것이다. 무릇 가르침은 반드시 선현을 존숭하는 데서부터 비롯되므로, 이에 묘(廟)를 세워 덕을 높이고 원(院)을 두어 배움을 도탑게 하게 되는 것이니 진실로 가르침이란 어지러움을 수습하고 굶주림을 구제하는 것보다 급하다.[4)]

이처럼 주세붕이 백운동서원을 세우게 된 목적은 바로 교화를 위해서였다. 기실 당시 모든 학교들의 가장 중요한 설립 명분은 교화였다. 이 점에 있어서는 서원도 예외일 수가 없었던 것이다.

서원이 비록 사학이었기는 해도 조선의 국가적 지상과업인 교화를 수행하는 데 일익을 담당하는 이상 국가에서는 서원에 대해 장려를 할 필요가 있었다. 그 방법은 바로 사액(賜額)서원으로 지정해 주는 일이었다. "액"은 국왕이 새로 지어 준 서원 명칭이 씌어진 현판을 의미하였다. 따라서 사액서원은 국왕이 새로 정해 준 이름을 새겨 놓은 현판을 하사 받은 서원이라고 할 수 있는데, 현판을 내릴 때는 대개 책·노비·토지 등을 함께 주는 것이 관례였다. 사액서원이 되면 그 서원의 입장에서는 영광스런 일이었을 뿐만 아니라, 현실적으로도 커다란 혜택을 입는 것이었기 때문에 서원들은 사액서원으로 지정되기를 갈망했다.

4) 주세붕. 〈무릉잡고〉 권7 원집.

최초의 사액서원은 소수서원이다. 이는 명종 4년(1549)에 퇴계의 건의에 의해 국왕이 백운동서원을 사액서원으로 지정해 줌으로써 생겨난 서원으로서, 이때 "백운동서원"이 "소수서원"으로 명칭이 바뀌었던 것이다. 그 후 다수의 서원들이 사액서원으로 전환되었다.

앞서 설립 취지에 나타나 있는 것처럼 최초의 서원인 백운동서원은 제사공간인 묘(廟)와 교육공간인 원(院)이 합쳐진 형태로서 묘학제의 전통을 따르고 있음을 알 수 있다. 그러나 당시 서원들의 형태는 일률적인 것이 아니어서, 심지어 서원의 일반적인 요건이라고 할 수 있는 묘와 원 중 하나씩밖에 없는 서원들도 있었다. 다시 말해서 어떤 서원은 교육을 위해 원만을 갖춘 경우가 있었는가 하면, 이와는 반대로 오직 제사만 지내기 위해 묘만 갖춘 경우도 있었다는 것이다.[5] 그런데 퇴계 이황은 서원의 요건으로서 반드시 묘가 있어야 한다고는 보지 않았다. 이것은 곧 서원의 중심기능이 곧 교육이 되어야 한다는 것을 의미하는 것이었는데, 이 점은 특히 중국의 무묘유원(無廟有院)의 서원, 즉 묘가 없이 원만 있었던 서원의 예를 참고한 데 따른 것이었다.

조선의 초기 서원은 중국의 서원들이 대체로 그랬던 것처럼 과거 준비기관의 성격이 강했던 것으로 보인다. 이것은 다음과 같은 소수서원의 기록에도 잘 나타나 있다.

> 와서 머무는 사람들이 4~5년이 채 못되어 모두 이름난 선비가 되고 연달아 좋은 성적으로 붙으니, 사람들이 이르기를 서원에 들어가면 곧 급제한다고 하였다.[6]

이처럼 서원이 세속적인 과거준비 교육을 실시하지 않을 수 없었던 것은 '교육=과거공부'로 여기는 당시 일반인들의 인식 때문이었다. 따라서 당시 서원들이 이 점을 무시했다면 별다른 호응을 얻지 못했을 것이다. 퇴계는

---

5) 원(院)만 있는 서원은 고려 말부터 조선 초 사이에 널리 퍼져 있었던 사설 교육공간인 서재(書齋)와 유사하다고 할 수 있다. 16세기 이후에도 이처럼 묘(廟)가 없이 교육공간만 있는 경우에는 서재로 지칭하는 것이 관례였던 것으로 생각된다. 〈퇴계전서〉 권2 서(序)·기(記), 이산서원기 참조.

6) 소수서원등록 사문입의(斯文立議) 제2조.

서원들의 이러한 세속적 경향을 비판하면서 이를 시정하기 위해 많은 노력을 기울였다. 즉 그는 당시 과거준비 위주의 교육을 지양하고 유교 성현의 가르침을 올바로 이해하고 몸소 실천하게 한다는 취지에서 여러 서원을 세웠다. 그러나 퇴계의 서원들 역시 과거준비 교육을 전적으로 배제할 순 없었다. 이는 그만큼 당시에 과거 중심의 교육이 대세를 이루었기 때문이라고 할 수 있다.

초기의 서원들은 이처럼 과거준비나 성리학 연구 및 수양을 목적으로 설립되었다. 그러나 시간이 갈수록 서원은 정치적 이해관계에 따라 설립되는 경향이 뚜렷해지게 되는데 그 방향은 대체로 두 가지였다. 첫째, 당쟁이 격화됨으로써 자기 당파의 위상을 높이고 결속을 다지기 위해 그들이 존숭하는 유교의 성현이나 자기파 출신의 선현에 대한 제사 및 후진양성을 목적으로 서원이 건립되었다. 둘째, 향촌사회에서 양반들이 자신들의 결속을 강화함으로써 지역주민에 대한 지배권을 확보하기 위한 구심점으로서 서원을 많이 세우게 되었다. 이 밖에 특정 가문의 후손들이 유명한 조상들에 대한 제사를 통해 자기 가문의 위세를 높인다거나, 혹은 자기 문중자제들의 교육을 위해서 서원을 세우기도 하였다.

그런데 이처럼 각 집단들의 이해관계로 인하여 서원들이 남설되거나 중복 설립되는 현상이 나타나게 되면서 여러 폐해가 뒤따랐다. 그것은 우선 서원이 당쟁을 더욱더 격화시키는 결과를 초래하였다는 점을 들 수 있으며, 일부 서원들은 재물을 모으는 데 혈안이 되었다는 점을 들 수 있다.

특히 서원의 폐해 중 심각한 것은 향촌주민들에 대한 착취였는데, 심지어는 관리에게도 재물을 요구하는 경우까지 있었다. 그 대표적인 사례가 바로 화양묵패 사건이었다. 이 화양묵패라는 것은 화양서원에서 발부한 일종의 고지서와 같은 것으로서, 그 내용은 지방민들에게 일방적으로 제사비용을 갖다 바치라는 것이었다. 그 대상은 관리에서부터 일반 백성까지 무차별적이었으며, 이를 거부할 경우에는 서원으로 끌려가 곤욕을 치러야 했다. 이 때문에 화양묵패를 받게 되면 재산을 팔아서라도 돈을 마련하지 않을 수 없었다. 이러한 폐해들을 시정하기 위해 영조 17년에 서원철폐

정책이 실시되기는 했으나 부분적인 성과밖에 얻지 못하였다. 대대적인 서원철폐 조치는 대원군에 와서야 단행되는데, 이때 전국에 산재하였던 697개의 서원 중 47개만 남고 나머지 모두는 폐쇄되었다.

마. 서당

앞서 살핀 바와 같이 조선시대의 향교는 교관이 없는 경우가 많았고, 있다고 해도 학식이나 교육에 대한 열의가 부족해 학생들은 향교를 기피하였다. 또한 서원의 경우는 일종의 특권적·배타적인 교육기관의 성격을 지녔기 때문에 여기서 수용하는 학생들은 극히 소수일 수밖에 없었다. 뿐만 아니라 선현에 대한 제사가 중시되었던 서원은 순수하게 강학만을 원했던 학생들에게는 그리 만족할 만한 교육기관은 아니었다. 이처럼 당시 기존의 교육기관들은 여러 가지 문제점을 안고 있었기 때문에 보다 새로운 성격의 교육기관의 출현이 요구되었다. 그 결과 일정한 틀이나 격식에 구애받지 않은 채 단순히 강학만을 위한 사설 교육기관들이 등장하게 되었는데 그것이 바로 서당이다.

조선시대에 서당은 17세기 이후부터 본격적으로 나타나게 되는데 이것은 교육인구의 급증과 맞물려 있었기 때문이다. 교육인구가 급증하게 된 이유는 신분질서의 동요와 상업의 발달로 인해 새롭게 부상한 비양반층들의 교육에 대한 수요가 광범위하게 창출되었기 때문이다. 당시 서당의 설립은 다음과 같은 몇 가지 수준에서 이루어졌다. ① 개인이 서당을 설립하고 학생들을 모집하는 경우, ② 가문이나 문중에서 자제들의 교육을 위해 교사를 초빙하여 서당을 만드는 경우, ③ 한 마을 또는 여러 마을이 공동으로 자제들의 교육을 위해 교사를 초빙하여 서당을 여는 경우 등이 있었다.

흔히 서당은 훈장이 아동들을 대상으로 초보적인 문자교육을 실시했던 초등교육기관 정도로 인식되고 있으나 반드시 그렇지만은 않았다. 앞서 언급한 것처럼 서당이 대두된 배경은 기존의 교육기관들이 많은 문제점을 안고 있었기 때문이었다. 따라서 서당은 다른 학교들에 진학하기 전에 거치는 준비단계가 아니라 그 자체가 완성교육의 성격을 지녔다는 것이다. 그렇기 때문에 학생들의 필요에 따라 기초적인 문자교육으로 끝날 수도 있고, 혹은 유교경전·역사서·문학서의 교육과 같은 상급 수준의 교육으로 이어질 수도 있다는 것이다. 이것은 곧 서당의 교육수준이 향교나 서원 심지어는 성균관에 필적하는 경우도 있었음을 보여주는 것으로서, 당시 서당이 단순히 초등교육기관이었다는 식의 생각은 무리가 있다고 하겠다.

그런데 여기서 유의해야 할 것은 서당이 조선시대 후기에 와서 처음으로 등장한 것으로 생각해서는 안 된다는 것이다. 서당은 이보다 훨씬 이전부터 있어 왔었다고 할 수 있다. 예를 들어 앞서 언급한 고려 말과 조선 초에 있었던 서재는 서당과 큰 차이가 없었던 것으로 생각된다. 이 점은 정약용이 〈목민심서〉에서 서당을 "서재"로 지칭한 것을 통해서도 잘 알 수 있다. 뿐만 아니라 역시 앞서 언급한 조선초의 서원·정사 그리고 더 거슬러 올라가서 고려시대의 사숙(私塾) 역시 또 다른 형태의 서당이었다고 할 수 있다.

이와 같이 서당은 대단히 긴 생명력을 지녀 온 교육공간이었다. 그럴 수 있었던 이유는 서당이 관학과 달리 간편하면서도 실속이 있었기 때문이었다. 서당은 언제 어느 곳에서든 형식이나 명분에 구애됨이 없이 자유롭게 설립할 수 있었고, 학생들이 필요로 하는 것을 아무런 제약 없이 가르칠 수 있었다. 이런 이유 때문에 사람들이 있는 곳이면 항상 서당이 함께 있었던 것이다. 특히 다른 교육기관에는 필수적이었던 제사공간인 묘(廟)가 없었던 것은 서당의 실리 지향적 성격을 단적으로 보여준다. 요컨대 서당은 전통시대에 유명무실했던 관학과 달리 당시 사람들의 실질적 교육을 담당했던 곳이었다. 이런 점에서 볼 때 서당은 우리 교육사에 있어서 핵심이었다고 할 수 있다.

3. 조선시대 교육의 현실과 교육개혁론

앞에서 우리는 조선시대의 통치이념이 어떤 것이었고, 그것에 기초한 교육이념의 내용은 무엇이며, 교육제도는 어떻게 실행되었는가를 살폈다. 그러나 이것들은 우리에게 조선시대 교육에 대해서 피상적인 이해만 가져다 줄 뿐이다. 실로 우리가 알아야만 하는 것은 이런 껍데기 사실이 아니라 당시의 실제적인 교육의 모습이다. 그동안 우리가 그것을 잘 알지 못했던 이유는 지금까지 교육사 서술이 귀납적 방법보다는 연역적 방법에 의존했기 때문이라 할 수 있다. 다시 말해서 조선시대 교육에 대한 설명은 주로 당시 학교가 통치이념인 성리학 이념을 구현하려는 노력의 결정체였으며, 이러한 학교들이 존재했기 때문에 그만큼 교육은 정상적으로 잘 운영되었다고 하는 식이었다. 여기에서는 당시 교육 수요자들이 왜 교육을 받으려 했고 어떻게 교육을 받았는지는 드러나지 않는다. 이것을 밝히기 위해서는 사실(史實) 하나하나를 충실하게 검토함으로써 당시의 교육현실이 어떠했는가를 밝히는 귀납적 접근이 요구된다. 이 귀납적 방식을 통해 우리는 비로소 그동안 가려졌던 당시 교육의 실상을 규명할 수 있게 될 것이다.

가. 공부 목적 : 과거 합격

우리는 우선 조선시대 사람들이 교육을 어떻게 인식하고 있었는지, 보다 직접적으로 말해서 그들이 왜 교육을 받으려 했는지를 알 필요가 있다. “지금 세상 사람들은 조금만 문자를 알면 곧 과거시험 볼 마음만 가진다.”[7] 라는 말은 그러한 측면을 단적으로 보여준다. 즉 당시에 글을 배운다는 것은 주로 과거시험에 응시하기 위한 수단으로 인식되고 있었음을 알 수가 있다.[8] 따라서 아무리 글을 많이 공부하더라도 과거에 합격하지 못하면

---

7) 〈중종실록〉 권25 중종 11년 5월 을사.

8) 이것은 당시의 지배적인 생각이 그러했다는 것이지, 모든 사람들이 다 같은 생각을 지닌 것은 아니었다. 예를 들면 당시에 사림파와 같은 집단 중에는 과거를 가볍게 생각하고, 그보다는 성

그것은 다음과 같이 아무 소용이 없게 되는 것이었다.

> 유생은 애를 써가며 부지런히 경서를 연구하더라도 혹시 과거에 합격하지 못하면 시골에 폐기되어 세상에 쓰이지 못하고 한 평생을 마치게 되니……[9]

그렇다면 왜 과거 합격이 중요했는가? 흔히 과거급제는 부와 명예의 상징으로 여겨지고 있는데 과연 당시에 실제로 그러했는가를 알아 볼 필요가 있다. 먼저 당시에 가장 중시되었던 문과(대과)에 급제한다 하더라도 받게 되는 쌀이나 기타 곡물은 대부분이 양반 출신이었던 이들에게 있어 하루아침에 부자가 될 정도로 대단한 것은 아니었다.[10] 무엇보다도 "우리나라 사대부들의 녹봉이 본래 박하고 적은데……"[11]라는 당시의 인식처럼 과거 합격은 부와 다소 거리가 있었다.

결국 과거에 급제하기를 갈망했던 보다 중요한 이유는 다른 데 있었다는 추측이 가능하다. 그 중 하나는 바로 양반신분의 유지였다. 당시 과거 응시자들은 거의 대부분 양반이었다. 일반 양인들의 경우 법으로 과거 응시가 금지되거나 한 것은 아니었지만, 과거준비를 위한 그들의 경제적 능력이나 혹은 응시절차에서 요구되는 관할 관리의 신원보증서 제출 등과 같은 까다로운 조건 때문에 이들이 과거시험을 본다는 것은 여간 어려운 일이 아니었다.

이와 같이 당시 양반들이 과거에 매달렸던 이유는 양반 가문을 유지하기 위해서는 대체로 사조(四祖), 즉 부·조·증조의 3대와 외조(外祖)에 9품 이상의 문·무 관리가 있어야 한다는 사회적 통념 때문이었다.[12] 따라서 관직을 얻지 못하게 되면 양반에서 중인(中人) 또는 양인 신분으로 전락하게

리학에 입각한 도덕 수양에 치중한 사람들로 있었다. 그러나 이들은 전체로 봤을 때는 소수에 불과하였다. 당시의 전반적인 풍조가 어떘는가 하는 것은 "사모하는 것은 과거급제요 바라는 것은 부귀이며, 옛 사람의 학문하는 도리를 이야기하는 사람이 있기만 하면 떼지어 웃고 헐뜯습니다."(〈인종실록〉 권2 인종 원년 4월 정미)라는 기록이 여실히 보여준다.

9) 〈성종실록〉 권196 성종 17년 10월 경인.

10) 조선 전기의 예를 들면 문과 장원 급제자의 경우 1년간 30~57석부터 최하위 급제자들인 병과(丙科) 급제의 11~19석까지 쌀이 차등 지급되었으며, 그 밖에 약간의 곡물이 주어졌다.

11) 〈중종실록〉 권16 중종 7년 7월 계유.

12) 이성무(1980). 『조선 초기 양반 연구』. 일조각. 64쪽 참조.

되었기 때문에, 자연히 관직에 도달하는 주요 통로인 과거가 중시되지 않을 수 없었던 것이다.

이와 함께 과거에 합격하게 되면 "유학"(幼學)이나 "학생"이라는 호칭을 면할 수 있었다. 조선시대에 이들 호칭은 모두 무관직자를 의미하는 다소 불명예스런 것으로서, 생전에는 "유학"으로 불리다가 사후에는 "학생"으로 바뀌었다. 여하튼 이런 호칭은 특히 소과에 합격해 생원이나 진사만 되어도 모면할 수 있었다. 이 밖에 당시에는 학식의 정도가 중요시되었는데 한 개인의 학식은 곧 그 사람의 도덕성과 동일시되었기 때문이다. 그런데 당시에 학식의 판단기준은 학교 졸업이 아니라 바로 과거 합격 여부였다.

이처럼 당시 양반들에게 과거 합격은 가문적·개인적 차원에서 무엇보다 중요한 일이었다. 결국 과거 합격은 그들의 사회적 가치체계에서 가장 상위를 차지했던 것이라 볼 수 있다. 그리하여 이들에게 교육은 주로 과거 합격의 수단으로 인식되어 그 밖의 의미는 극소화되었던 것이다. 다시 말해 과거에 합격을 하게 되면 다음의 인용에서 볼 수 있는 것처럼 더 이상 공부의 필요성을 느끼지 않게 된다는 생각이 사회 전반에 팽배해 있었다.

> 문과로 출신한 자가 거의 배움을 이로움과 녹봉의 수단으로 삼아, 일단 과거에 합격하면 학업을 버리니…… [13]

나. 공부 방법 : 시험문화

교육을 수단으로 인식하게 될 때 그것의 선택기준은 당연히 효율성일 수밖에 없었다. 다시 말해서 조선시대에는 과거 합격에 얼마나 도움이 되는가 하는 것이 어떤 종류의 교육을 선택할 것인가의 기준이 되었다는 것이다. 그리고 이러한 행태는 조선시대 교육의 판도에 결정적인 영향을 미치게 되었다. 그렇다면 그 구체적 내용이 어떤 것인지 우선 당시 교육의 실상을 가늠하게 하는 기록부터 살펴보자.

---

13) 〈태종실록〉 권11 태종 6년 5월 임인.

> 성균관과 사학(四學)에 모여 학업을 연마하지 아니하고 서울 및 지방의 유생이 사사로이 집에서 배우고 있어……[14]

이처럼 당시에는 학생들이 성균관과 사부학당 같은 관학에서 공부하는 것을 기피하였음을 알 수 있다. 실제로 성균관을 포함한 당시 관학들은 부진을 면치 못했는데 그것은 바로 재학생 숫자를 통해 쉽게 알 수 있다. 먼저 성균관의 경우 정원이 200명인데도 불구하고 재학생 수는 대체적으로 수십 명에 불과했으며, 그나마 기숙사에 상주하면서 공부하는 학생은 그것의 반도 되지 않는 경우가 허다했다. 심지어는 한두 명에 불과한 경우도 비일비재했다.[15]

학생이 없기는 사학(四學) 역시 매한가지였다. 각 학당마다 정원이 100명이었으나, 학생은 거의 없어서 개점휴업 상태나 마찬가지였다. "사학의 기숙사가 모두 하나같이 퇴락하여서 무성한 풀만 가득하여 마치 빈 절간과 같으니……"[16]라고 한 것은 그러한 상황을 잘 보여주고 있다. 앞서 살핀 바처럼 조선 후기에 들어서면서 사학의 정원이 각 5명씩으로 축소되었던 것도 다 이유가 있었던 것이라 할 수 있다.

당시 관학교육의 부진은 전반적인 추세로서, 이 점에 있어서는 향교 또한 예외일 수가 없었다. 그런데 향교의 경우는 성균관이나 사학과는 달리 그 재학생 숫자로 판단하는 것은 문제가 있다고 할 수 있다. 왜냐하면 당시 향교 재학생들은 군역(軍役)을 모면하기 위해 들어온 양인 출신 학생들이 대부분이었기 때문이다. 한마디로 교육 실수요자들은 향교를 기피했었다는 것이다.

그렇다면 왜 학생들이 관학을 기피했는가? 이 점에 대해서는 각 학교마다 그 이유가 조금씩 차이가 있을 수 있지만, 공통적인 문제점으로 지적할 수 있는 것 중의 하나가 바로 교관의 자질 부족이었다.

---

14) 〈중종실록〉 권88 중종 33년 10월 계묘.
15) 〈명종실록〉 권2 명종 즉위년 12월 정미 참조.
16) 〈명종실록〉 권5 명종 2년 1월 신미.

> (성균관 교사는) 거개가 합당한 사람이 아니어서 늙고 병든 사람이 아니면 거의 다 인망이 없는 사람입니다.[17)]

국가의 최고학부인 성균관의 교관 사정이 이러했다면 사학이나 향교의 교관은 어떠했을지 쉽게 추측할 수 있을 것이다. 대체로 당시 관학에는 교관이 없는 경우가 많았고, 설사 교관이 있다 하더라도 사기 저하와 자질 부족으로 정상적인 교육이 이뤄질 수가 없었다.

교관 문제와 함께 관학교육을 기피하게 한 또 다른 이유는 숙식조건이 대단히 열악했었다는 것이다. 성균관에서조차 음식이 먹기 힘들 정도로 형편없었으며 기숙사 시설 또한 거처하기에 대단히 불편했다. 이런 사정으로 인해 성균관 학생 중에는 병을 얻어 가끔씩 죽어 나가는 경우까지 있었다.[18)] 당시에 관학에서 과거 준비를 하려는 학생들이 거의 없었다고 하는 것은 당연한 일이었다. 그러나 과거공부는 결코 포기할 수 없는 것이었기 때문에 학생들의 입장에서는 다른 대안을 생각하지 않을 수 없었을 것이다. 그것은 바로 사교육이었다.

당시 사교육의 형태는 대략 두 가지로 나눌 수 있다. 하나는 교사에게 지도를 받는, 그러니까 오늘날의 과외수업과 같은 유형이 있었고, 다른 하나는 독학이었다. 물론 독학의 경우도 어느 정도 교사의 지도를 받아야만 과거응시가 가능한 것이었다. 그런데 특히 전자와 같은 사교육 방식을 선택하게 된 이유로서 관학교육의 열악한 조건을 꼽을 수 있지만, 이보다 더 근원적인 이유는 무엇보다도 학생들 간의 경쟁심 때문으로 봐야 할 것이다. 왜냐하면 과거시험이란 어차피 일정한 등수 안에 들어야만 하는 것이고, 그러기 위해서는 남들보다 한 발 앞서 갈 수 있는 방법을 택해야 하는 것이다. 이 말은 곧 관학교육이 정상적으로 이루어졌다고 하더라도 상황은 마찬가지였을 것임을 의미한다. 다시 말해서 만일 학생들이 이처럼 정상적인 관학교육을 똑같이 받을 경우 관학교육 자체는 누구에게나

---

17) 〈명종실록〉 권30 명종 19년 2월 계축.
18) 〈세종실록〉 권13 세종 3년 8월 갑인 참조.

동일한 조건이 되는 셈이고, 이런 조건하에서는 누구도 과거 합격을 확실하게 보장할 수 없기 때문에 또 다른 대안 즉 사교육에 매달리지 않을 수 없게 된다는 것이다. 결국 과거시험이 존재하는 한 사교육은 필연적인 것이었다고 할 수 있다. 한편 독학이라는 방법 역시 보편적인 과거준비 방법이었는데, 독학은 주로 자기 집이나 혹은 절간에서 하였다.

그런데 우리는 여기서 독학을 조장한 중요한 원인에 대해 알 필요가 있다. 그것은 바로 초집(抄集)이라는 것이었다. 초집은 일종의 예상문제집과 같은 것으로서 당시에는 이 초집이 대단히 성행하였다. 초집을 빼놓고서는 조선시대 교육을 제대로 이해할 수 없을 만큼 이것은 대단히 중요한 의미를 지니는 것이었다. 그만큼 초집은 조선시대 교육의 모든 특징이 녹아들어 있는 것이었다. 우선 사료를 통해 초집의 존재부터 확인할 필요가 있을 것이다.

> 온 나라 자제들이 …… 초집만을 좋은 수단처럼 여겨 …… 비록 금하는 법이 있을지라도 이제는 막지 못하게 되었습니다.[19]

당시에 학생들에게 초집은 과거시험에 나올 가능성이 있는 문제 및 답안을 모아 놓은 것이었기 때문에, 이것만으로도 과거 준비가 가능하다고 보고 독학하려는 경향이 많았다. 그런데 초집의 분량이 그리 많지 않아 장기간에 걸쳐 준비할 필요가 없었으므로 과거 시험이 임박해서 준비하려는 경우가 많았다.

> 우리나라에서 3년마다 과거시험을 실시한 법이 그 유래가 이미 오래 되었으나, 글을 배우는 학생들이 미리 시험 볼 시기를 알고서 한가히 놀고 공부를 폐하고 있다가, 임시로 주워 모아 가지고 요행이나 바라면서 일찍부터 상시로 학교에서 학업을 익히려는 뜻이 없게 되오니……[20]

이처럼 초집은 학생들로 하여금 관학교육을 기피하게 만들었으며, 학업

19) 〈세종실록〉 권77 세종 19년 6월 기미.
20) 〈세종실록〉 권61 세종 15년 8월 임인.

태만 풍조를 가져왔던 것이다. 한편 국가의 입장에서는 과거제도를 실시함으로써 백성들의 학구열을 도모하려 했던 의도는 커다란 차질을 맞게 되었던 셈이다. 초집은 마치 사생아와 같은 존재였으나 국가로서도 어쩔 도리가 없었다. 그렇다면 어떻게 해서 초집이 그토록 성행하게 되었는가? 여기에는 구조적인 문제가 있었다. 다시 말해서 초집이 단순히 학생들이 과거시험 준비를 쉽게 하려는 이유에서 생긴 것만은 아니었다는 것이다. 그 구조적인 문제란 바로 별시(別試) 제도와 서적의 품귀였다.

먼저 별시라는 것은 일종의 부정기 과거시험이었다. 당시 과거시험은 대체로 3년마다 한 번씩 실시하는 식년시가 있었고 그 밖에 국가의 경사 등의 이유로 해서 실시하는 각종 별시가 있었다. 이 별시는 중국이나 고려시대에서도 찾아볼 수 없는 조선만의 독특한 제도로서 조선은 이러한 별시를 자주 실시하였다. 그 이유는 당시 백성들은 될 수 있는 대로 자주 과거시험을 실시해 주기를 바랐기 때문이다. 결국 별시는 민심회유 수단으로 활용되었던 것임을 알 수 있다. 그런데 문제는 별시가 그 실시 시기가 정해져 있지 않았다는 것이었다. 학생들의 입장에서는 그 시기를 모르기 때문에 심리적으로 불안할 수밖에 없었으며, 또 빈번히 실시되는 별시에 응시하기 위해서는 차분히 시간을 갖고 준비하기보다는 짧은 시간 안에 그 대비책을 마련할 수밖에 없었다. 이것은 다음에서 확인할 수 있다.

> 이(별시)로 말미암아 선비의 자제가 학업을 배양할 여가가 없으며 마음도 들뜨게 되어, 동료의 글을 베껴서 요행을 바라는 풍습이 크게 일어납니다.[21]

초집이 성행하게 된 배경에는 또 다른 이유가 있었다. 바로 서적의 품귀였다. 조선시대에는 서적이 대단히 부족하였다. 가장 큰 이유는 종이가 부족하였기 때문이었는데 이것은 국가의 열악한 경제적 형편에 기인하는 것이었다. 여하튼 서적의 품귀현상은 곧 서적이 고가였음을 의미하는 것으로서, 당시에는 "나라에서 가장 귀한 것이 서적"이었으며 심지어 "조정

21) 〈문종실록〉 권3 문종 즉위년 9월 무신.

의 관리조차도 사서·오경을 갖고 있는 사람이 적다"고 할 정도였다. 과거시험 준비에 기본이 되는 서적이 부족했다는 사실은 우리나라가 과거제도를 실시할 물적 토대가 마련되어 있지 않았다는 것을 의미하는 것이었다.

여하튼 이런 이유 때문에 과거 준비에 필요한 책을 구입할 수 있는 학생들은 그리 많지 않았다. 그렇다고 해서 과거시험을 포기할 수도 없었다. 그렇다면 편법이 필요할 수밖에 없었던 것이고, 그것이 바로 초집의 형태로 등장하게 되었던 것이라 할 수 있다. 이 밖에도 초집이 성행하게 된 이유는 과거시험 출제방식이 소위 '문제은행식'이어서 한 번 출제된 문제가 시간이나 장소를 달리해서 다시 출제되기도 했기 때문이다. 이처럼 초집은 어쩔 수 없는 이유에서이건 혹은 초집이 지니는 이점 때문이건 간에 조선시대 과거준비를 하는 학생들에게 널리 퍼짐으로써 학생들로 하여금 관학교육을 기피하게 만들었고, 임기응변식의 학습태도를 조성하는 등 당시 교육문화에 커다란 영향을 미쳤던 것이다.

조선시대의 교육의 실상을 잘 대변하는 또 다른 하나는 경학을 기피하려는 풍조였다. 경학이란 문자 그대로 경서 즉 4서3경[22] 공부를 말하는 것으로, 당시에 과거시험 과목 중 경서지식을 구술시험을 통해 확인하는 "강경"(講經)에 대비하기 위한 공부였다. 그런데 강경은 실제로는 경서의 암기 정도를 시험하는 것이었으므로 경학은 곧 암기 위주가 될 수밖에 없는 것이었다. 그러나 4서3경을 다 외운다는 것은 실로 엄청난 시간과 노력을 요하는 것이었기 때문에 당시에 강경시험에 대비하기 위한 경학은 대단히 힘든 공부로 인식되었다. 그러다 보니 학생들은 다음과 같이 경학을 기피하려는 경향이 있었다.

> 실학(경학)은 글읽기가 몹시 괴로운데 유생들이 실학을 읽지 아니 할지라도 때로는 요행히 과거에 급제할 수도 있으니 어찌 괴롭게 글을 읽으려 하겠습니까?[23]

---

22) 4서3경은 문과[대과] 시험과목 중 강경시험의 시험내용이었으며, 4서5경은 생원진사시[소과] 중 생원시의 시험내용이었다.
23) 〈중종실록〉 권88 중종 33년 10월 계묘.

그런데 경학의 기피라는 것은 당시 교육의 기본이 되는 경서의 학습에 소홀히 했음을 의미하는 것으로서, 이는 곧 당시 학생들의 학력을 의심케 하는 것이었다. 실제로 이와 같은 경학의 기피풍조는 학생들의 현저한 학력저하를 초래하였다.

> 오늘날 유생들이 모두 경서를 통하지 못해 …… 논어·맹자의 첫 부분조차 해석하지 못하니, 그 나머지는 가히 알 수 있을 것입니다.[24)]

〈논어〉·〈맹자〉는 경서 중에서도 비교적 쉬운 내용의 책이었음에도 불구하고 그 첫 부분도 해석하지 못했다는 것은 결국 당시 학생들 중 많은 수가 경서 전반에 대해 제대로 알지 못했음을 보여주는 것이다. 그런데 이처럼 학생들의 실력이 부족한 상황에서는 과거를 통해 우수한 인재를 확보한다는 것은 어려운 일이었다. 실제로 당시 강경시험에서는 합격자가 정원에도 못 미치는 경우가 허다했다.[25)]

조선시대 교육의 실상을 이해하기 위해서는 당시 학생들의 학습방법이 무엇이었는가에 주목할 필요가 있다. 그 학습방법은 곧 암기 위주였다는 것이다. 이것은 과거가 결국은 암기력을 확인하는 시험일 수밖에 없는 것이었기 때문이다. 그러나 과거제도에 숨겨져 있는 의도는 학생들이 과거공부를 하면서 경서내용이 그들의 도덕률로서 내면화되도록 하는 것이었다. 다시 말해서 수험생들의 교화를 도모하기 위한 것이었다. 그럼에도 불구하고 그 결과는 학생들이 단순히 암기에만 치중함으로써 차질이 생기게 되었던 것이다. 이렇게 될 수밖에 없었던 근본적인 이유는 학생들의 입장에서 공부란 단지 수단일 뿐이었기 때문이라고 할 수 있다.

---

24) 〈성종실록〉 권8 성종 원년 12월 갑진.
25) 〈성종실록〉 권220 성종 19년 9월 병인의 기사와 중종실록 권77 중종 29년 윤2월 경신의 기사를 참조할 것.

다. 실학자들의 교육개혁론

지금까지 언급한 바처럼 조선시대의 교육은 과거준비 공부인 소위 과업(科業) 중심으로 흘러 많은 역기능적 현상들을 야기시켰다. 그런데 당시에는 이러한 세태를 비판하고 그 개선책을 제시한 지식인들이 있었다. 그들이 바로 조선 후기의 실학자들이었다.

실학자들 중 많은 수가 교육개혁안을 제시하기는 하였으나 당시의 교육현실에 대한 충분한 성찰을 토대로 교육개혁을 주장한 실학자들은 그리 많지 않다. 예를 들어 대표적인 실학자라고 할 수 있는 정약용의 교육개혁론조차 당시의 교육현실에 대한 철저한 자기반성을 결여한 다분히 관념적인 주장이었다. 여기서는 교육현실에 기초하여 비교적 체계적인 교육개혁론을 제시한 실학자들의 견해를 중심으로 살펴보기로 한다.

이들 실학자들의 교육개혁론은 당시 조정으로부터 수용되지 않았다. 그러나 그들의 교육개혁 사상에서 유의해서 봐야 할 점은 이들의 눈에 비친 당시의 교육문제가 무엇이고, 그러한 문제해결을 위해 그들이 내놓은 개선책이 얼마나 의미가 있었는가 하는 것이다. 아울러 이러한 내용들이 지금의 우리 교육현실 그리고 이를 개선하기 위한 교육개혁안들과 얼마나 닮았는가를 비교해 볼 필요가 있다.

1) 유형원의 교육개혁론

유형원의 실학사상은 다른 실학자들에게도 지대한 영향을 미쳤다. 당시 실학자들의 교육개혁론 중 서로 유사한 부분들이 있는 것은 바로 이러한 이유 때문이라고 할 수 있다. 따라서 유형원의 교육개혁안은 실학자들의 그것을 대표하는 것이라고 해도 과언이 아닐 것이다.

> **유형원**
>
> 유형원(柳馨遠 : 1622~1673). 호는 반계(磻溪). 경세치용(經世致用)의 학을 체계화한 실학자로서 과거준비 중심의 교육현실을 비판하고, 그 대안으로서 학교교육을 토대로 한 공거제(貢擧制)를 주장하였다. 저서로는 〈반계수록〉이 있다.

유형원이 당시의 교육의 문제점으로 지적

한 것은 역시 과거준비 위주의 교육이었다. 그는 ① 문예 일변도로 흐름으로써 도의교육이 소홀히 되고 있는 당시 세태, ② 아무리 학식과 도덕성을 겸비해도 과거시험에 합격하지 못하면 사람 구실을 할 수 없는 당시의 현실, ③ 관직에 오른 사람들이 대부분 서울의 세력있는 가문의 자제들이라는 점과 이로 인해 지방 학생들이 사기가 떨어져 학력이 저하되는 문제, ④ 자주 실시되는 별시가 한 번의 시험으로 당락이 결정되기 때문에 학생들이 요행을 바라고 학업에 열중하지 않게 되는 당시의 풍조 등을 비판하였다. 이러한 내용들은 앞서 언급했던 조선시대의 교육현실과 일치하는 것으로서, 이는 곧 유형원이 당시 교육의 문제점에 대한 상당한 통찰력이 있었음을 보여주는 것이다.

유형원이 이와 같은 문제점을 극복하기 위해 제시한 대안은 바로 공거제(貢擧制)였다. 공거제란 과거제처럼 시험을 통해서 관리를 선발하는 것이 아니라, 학교교육을 통해 양성한 인재를 시험 없이 추천(천거)으로써 관리로 등용하는 제도였다. 이것은 지금의 학교장 추천제와 유사한 제도였음을 알 수 있다. 이처럼 공거제는 학교교육을 토대로 한 것이었기 때문에 그는 학교제도의 확충을 강조하지 않을 수 없었다. 그가 주장한 학제는 다음과 같다.

(중앙) 방상(坊庠) → 사학(四學) → 중학(中學) ↘
태학(太學)
(지방) 향상(鄕庠) → 읍학(邑學) → 영학(營學) ↗

유형원이 제시한 학제에서는 종전의 학제와는 달리 학교 간의 위계성 및 계열성이 강한 것이 특징이라고 할 수 있다. 그것은 공거제가 일련의 학교교육만으로 관리를 선발하는 제도이기 때문에 각 단계마다 철저하게 학생들을 걸러낼 필요가 있었던 것이다.

그의 학제개혁안에서 주목할 만한 것은 초등학교라 할 수 있는 방상과 향상의 설치를 주장하고 있다는 것, 그리고 이들의 정원을 제한하지 않았다는 것이다. 이것은 당시에 보편화되어 있었던 서당교육을 초등 관학으로 흡수하려는 의도라고 볼 수 있으며, 특히 정원을 개방한 것은 초등교육 기회의 확대를 염두에 둔 데 따른 것이라고 보여진다. 또한 학교교육의 성패는 교사에 의해 좌우된다고 보고 당시 천시되었던 교관에 대한 인식 제고와 사학(四學)에 전임 교관 배치의 필요성을 역설하였으며, 지방교관의 경우 가족을 거느리고 갈 수 있도록 배려함과 동시에 임기가 찬 후에는 근무성적을 평가하여 승진시킬 것 등을 주장하였다.

또한 유형원의 교육개혁안은 종전의 과거제에서처럼 집안의 경제적 능력에 따라 교육기회가 결정되고, 나아가서는 관리가 될 수 있는 가능성이 좌우되는 당시 사회의 불합리한 측면을 개선할 수 있는 방안이 될 수 있다는 점에 주목할 필요가 있다. 즉 그의 개혁안은 이처럼 학교교육의 결과를 중심으로 관리를 선발할 경우 사교육이 큰 변수가 되지 않아 부익부 빈익빈 식의 관리배출 관행이 시정됨으로써 종전의 과거제가 내포하고 있었던 부정적인 측면의 능력주의적 요소, 즉 경제적 능력만큼 사교육을 누릴 수 있게 되고 이것이 과거 합격에 큰 영향을 미쳤던 폐단을 개선할 수 있는 것이었다.

어떻게 보면 유형원의 학교제와 공거제는 종전보다 더욱더 학식과 도덕성을 갖춘 인재를 양성·선발할 수 있는 제도라고 할 수 있을 것이다. 그러나 이것은 어디까지나 종전의 과거제에 비해 상대적으로 그렇다는 것이지, 기본적으로 학교교육의 목적이 관리가 되는 것일 경우 여전히 성적에만 매달리며, 도덕적이기보다는 경쟁적이고 이기적인 인간을 길러낼 가능성을 배제할 수 없는 것이었다. 그의 교육개혁안의 허점은 바로 여기에 있었다고 보아야 할 것이다.

유형원이 제시한 학교제도는 유교경전의 하나인 〈예기〉의 내용과 유사하다. 이것은 곧 그의 교육개혁안이 유교적인 사고의 틀을 벗어나지 못했음을 보여주는 것이다. 이것은 당시 실학자들의 사고 한계를 보여주는 것이기도 하였다. 뿐만 아니라 초등학교 이후부터는 "선비"와 "서인"을 구분해야 되기 때문에 서민은 더 이상 교육시킬 수 없다는 입장을 취하고 있는데,

이것은 그 역시 각 신분에 따라 분수를 지켜야 한다는 종전의 유교적 차별 관념에서 벗어나지 못했음을 보여주는 것이었다. 또한 학교 교육내용과 관련하여 기존의 것과 유사한 〈소학〉·〈대학〉·〈논어〉·〈맹자〉·〈중용〉·〈근사록〉·6경·〈사기〉·성리서 등을 강조하면서 성현의 글이 아니면 읽지 말 것을 주장한 것을 볼 때 그의 구태의연한 사고의 측면을 읽을 수 있다. 또한 그가 입학자격으로 관직자 자제 및 일반 백성 중 준수한 자로 하되 공·상·천인은 제외시킨 것 역시 기존의 유교적 관행을 그대로 답습한 결과라고 할 수 있다. 이상과 같은 유형원의 교육개혁론은 여느 실학자들의 경우와 마찬가지로 결국 국가의 교육정책에 반영되지 못한 채 공허한 외침으로 그치고 말았다.

2) 이익의 교육개혁론

> **이익**
>
> 이익(李瀷 : 1681~1763).
> 호는 성호(星湖). 근기남인(近畿南人)의 학통을 확립한 재야 유학 지식인이자 실학자로서 과거공부 위주의 세태를 비판하고 학교제도와 과거제도의 연계성을 강화하는 방향으로 교육개혁론을 주장하였다. 저서로는 〈성호사설〉, 〈곽우록〉 등이 있다.

앞서 지적한 것처럼 조선시대에 있어서 교육에 관심을 갖게 되었던 것은 과거 때문이었다. 그리하여 당시 학생들의 공부라는 것은 대체로 과거공부를 의미하였다. 조선시대 교육의 문제점은 결국 이러한 과거 위주의 공부 때문에 생긴 것이었다고 할 수 있다. 이익은 당시의 이러한 교육의 문제점에 대해 다음과 같이 언급하였다.

> 그들이 공부하는 것은 사장(詞章)을 기억하고 외우는 것에 불과하다. 세상에 태어나서 머리털이 마르기도 전에 과거공부를 하는데, 요행히 급제를 하여도 여전히 서투르고 거칠어 배운 것이 소용이 없고 소용되는 것은 배운 것이 아니다. …… 오늘날 과문(科文)이란 것은 사륙문(四六文)만을 숭상하며, 한두 시간 안에 짓도록 하니 재주껏 할 수 없고, 고시관도 옳은 사람이 적으므로 글을 뽑는 기준이 없다.[26)]

26) 〈곽우록〉 공거사의(貢擧私議).

이는 조선시대 과거 위주 교육으로 인해 나타나는 대표적 병폐들, 즉 암기 위주의 공부, 요행심을 자극하는 과거시험 방식, 요령 위주의 학습으로 인한 학력저하 등의 세태를 묘사한 것이라 할 수 있다. 특히 그가 "요행" 운운한 것은 곧 당시에 초집을 통한 과거준비 행태를 비판한 것이었다. 이러한 언급들은 곧 이익이 유형원보다 당시의 교육현실을 더 정확하게 간파하고 있음을 보여준다. 그는 이러한 문제인식을 토대로 다음과 같은 개혁방안을 제시하였다.

첫째, 종전까지 3년마다 실시했던 과거시험의 간격을 5년으로 연장할 것을 주장하였다. 이는 과거공부를 하는 데 있어서 요행의 여지를 없애기 위한 것이었다. 즉 그는 시험의 시간적 간격을 길게 할수록 얼마나 성실히 준비했느냐에 따라 우열이 판가름 나기 때문에 요행의 소지가 그만큼 줄어들 것으로 보았던 것이다. 특히 5년 간격으로 과거시험을 실시해야 한다는 그의 주장의 이면에는 당시 교육의 고질적 병폐, 다시 말해 요행을 바라고 학업을 등한시하는 풍조의 근원이라 할 수 있는 별시와 같은 비정기 시험을 폐지해야 한다는 메시지가 깔려 있다고 할 수 있다.

둘째, 과거시험 절차의 개혁을 주장하였다. 즉 5년에 걸쳐 단계적으로 시험을 실시하되 ① 1단계에서는 사장(글짓기) 시험을 통하여 서울과 지방에서 1,000여 명을 선발하고, ② 2단계에서는 서울의 성균관과 사학(四學)에서 이들을 대상으로 해마다 경서와 사서(史書) 시험을 통해 수백 명을 선발하며, ③ 3단계에서는 이들 합격자를 대상으로 정치적 안목을 시험하는 책문(策問)을 통해 몇 명을 관리로 뽑고, 나머지는 '진사'로 호칭하되 그 재능에 따라 차례로 관직에 등용하자는 주장을 폈다.

그러나 이와 같은 과거 개선책의 제시에도 불구하고 이익 자신이 이상적으로 여긴 인재선발방식은 천거제라 할 수 있는 향거리선제(鄕擧里選制)였다. 그는 이 제도가 부활한다면 해당 지방의 관리가 직접 관찰할 수 있게 되고, 실제로 학식과 도덕성을 기준으로 추천하게 되므로 학생들이 열심히 학업과 수양을 쌓음으로써 종전과 같은 안일한 학업태도를 일신할 수 있을 것으로 보았다.

그렇지만 이익의 개혁안 역시 그리 혁신적인 요소를 발견할 수 없다. 즉 과거제 개선안은 부분적인 보완책일 뿐이며, 그가 이상적으로 여겼던 향거리선제는 종전 것을 재탕한 것에 불과하다고 할 수 있다. 그리고 경서와 사서에 대한 학습을 통해 학생들의 도덕성이 제고될 것이라는 사고방식 역시 구태의연한 발상이라고 할 수 있다. 다만 이익 교육사상의 혁신성은 천인에게도 과거응시를 허락해야 한다는 그의 주장에서 찾을 수 있을 것이다. 이러한 주장은 곧 천인에게도 학교교육의 기회를 개방해야 한다는 것으로 해석이 가능하기 때문이다. 이 측면은 이익의 교육사상이 유형원의 그것과 차별화되는 부분이며 이익의 교육사상 중 가장 주목할 대목이라고 할 수 있을 것이다.

3) 박제가의 교육개혁론

박제가

박제가(朴齊家 : 1750~1805). 호는 초정(楚亭). 서얼 출신의 학자적 관료로서 정조의 측근이었다. 청(淸)의 문화를 배워야 한다는 북학파의 대표적 인물이었으며, 철저한 원칙에 의해 운영되는 중국의 과거제도처럼 우리의 과거제도를 개혁할 것을 주장하였다. 저서로는 〈북학의〉가 있다.

실학자들 중에서 유형원이나 이익의 교육개혁론에 비견될 만한 주장을 편 인물로는 박제가를 들 수 있다. 박제가의 관심은 주로 당시의 과거제도 개혁에 집중되어 있어 교육개혁에 대한 주장은 상대적으로 소략한 편이라고 할 수 있다.

박제가는 국가제도 중 개혁이 가장 시급한 것이 바로 과거제도라고 보고, 당시의 과거제도에 대해 통렬한 비판을 가하고 있다. 그 중 중요내용을 살펴보면 다음과 같다. ① 과거의 종류가 지나치게 많고, 너무 자주 실시되고 있다는 점을 비판하였다. 이것은 그가 특히 별시가 중심이 되었던 비정기 시험의 폐해를 지적한 것으로 볼 수 있다. ② 과거를 자주 실시함으로써 합격자가 국가에서 수용할 수 있는 인원보다 너무 많게

됨을 비판하였다. 그는 과거 합격자가 관직 정원의 10배가 되기 때문에 나머지 10분의 9는 쓸데가 없게 된다고 주장하였다. 그러나 이러한 비판은 기실 조선 초부터 간헐적으로 제기되어 왔던 주장과 크게 다르지 않은 것이었다. 결국 박제가의 비판을 통해 우리는 과거제도의 폐해가 조선시대 거의 전 시기에 걸쳐 지속되었음을 알 수 있다.

박제가는 과거제도 개선책으로서 중국의 과거제도를 참고할 것을 주장하였다. 그러나 이는 곧 과거제도 자체에 대한 혁신안이라기보다는 단지 운영방법상의 개선안을 제시한 것에 불과한 것이었다고 할 수 있다. 그 중 주목할 만한 것은 중국의 선발방식을 본받아야 한다는 주장인데, 그는 중국에서는 과거시험을 주관하는 고시관을 엄선할 뿐만 아니라 과거합격자에 대한 추후 검증 절차를 거치기 때문에 재능이나 학식이 없는 자는 감히 응시하지 못하게 된다는 점을 강조하였다. 또한 그는 우수한 인재를 선발하기 위해서는 담당 교사와 관할지역 관리가 학생이 과거응시 자격이 있음을 보증하게 한 다음, 다시 이들을 엄격하게 시험하는 이른바 선 추천·후 시험의 방식을 실시하면 무모하게 응시하려는 학생들이 없어질 것이라는 주장하였다.

이처럼 박제가의 개혁안은 내실 있는 인재를 선발하기 위한 방안으로서 특히 당시에 아무나 요행을 바라고 과거에 응시하려던 풍조를 개선하려는 의지를 담고 있다. 그는 당시 사람들이 "과거란 이권과 녹봉이 거기에 달려 있고 공명(功名)도 거기에서 나오니 그곳이 물과 불 속이라고 하더라도 그 속으로 달려들지 않을 자가 거의 드물다."[27]고 하면서, 많은 사람들이 무리하게 요행을 바라고 과거시험에 응시하려는 세태를 신랄하게 비판하였다.

그의 과거제도 개혁론은 당시의 교육현실을 개선하려는 목적에서 나온 것이었다. 이는 과거가 당시 교육에 가장 큰 영향을 미치는 요인이라는 것을 직시했기 때문이었다. 이것은 곧 박제가가 다른 어떤 실학자들보다

27) 우용제(1995). "조선 후기 교육개혁론 연구". 서울대학교 대학원 박사학위논문. 117쪽 참조.

도 철저한 통찰에 근거하여 교육개혁안을 제시했음을 보여주는 것이다. 그렇기 때문에 박제가의 개혁안은 당시 교육현실을 개선하기 위한 가장 설득력 있는 대안이었다고 평가할 수 있는 것이다.

4. 조선시대 교육 읽기

조선시대의 관학들은 거의 유명무실했다고 해도 과언이 아닐 만큼 제 기능을 다하지 못했다. 그럼에도 불구하고 당시에 학교가 중시되었던 것은 그것이 수행하는 실제적인 교화기능 때문이라기보다는 학교 자체가 바로 교화에 대한 국가 의지의 상징이었기 때문이다. 조선시대에 학교는 오랑캐나 짐승의 나라가 아니라 자랑스런 유교국가임을 자부할 수 있는 근거였던 것이다. 따라서 설령 제 기능을 못한다 하더라도 결코 학교는 없앨 수 없었던 것이다.

지금까지 살펴본 조선시대 교육의 실상은 오늘날의 그것과 별반 차이가 없음을 알 수 있다. 오늘날 입시 중심의 우리 교육이 안고 있는 병폐들, 즉 제도교육의 불신, 사교육의 선호, 암기 위주의 학습, 도덕교육의 소홀, 예상문제집의 범람 등의 현상들은 정도의 차이는 있을지언정 조선시대 교육에서도 어렵지 않게 찾아볼 수 있는 것들이었다.

물론 조선시대 교육이 과거공부 일색이었던 것만은 아니다. 예를 들어 사림(士林) 집단처럼 당시의 과거(科擧) 지향적인 세태 속에서도 순수하게 성리학을 연구하고 이를 토대로 심신 수양을 추구한 경우도 있었다는 것이다. 이처럼 조선시대에는 과거공부를 위주로 했던 부류와 성리학 연구 및 인격수양을 목적으로 했던 부류가 공존하였지만, 조선시대 교육문화의 대세는 어디까지나 과거시험의 문화였다고 할 수 있다.

결국 조선시대 교육과 현대 한국교육은 닮은꼴임을 알 수 있다. 뿐만 아니라 교육현실을 어떻게 개혁할 것인가에 대한 고민에 있어서도 두 시대는 닮은 점이 있다. 즉 조선시대 실학자들의 교육개혁 사상이나 오늘날의 교육개혁론은 주로 시험제도의 개선을 주장하고 있다는 점에서 서로 공통점이 있다는 것이다. 이와 함께 이러한 교육개혁 주장에도 불구하고 두 시대의 교육현실은 요지부동이라는 점에서도 비슷하다. 이 말은 곧 오늘날 우리의 교육개혁론 수준이 조선시대의 그것보다 별로 나아진 것이 없음을 의미하는 것이라고 할 수 있다.

새겨보기

성리학을 통치이념으로 삼았던 조선은 인간이 본래 갖고 있었던 성품을 회복하게 하여 인간 각자의 본분을 자각하고 실천하게 하는 것, 다시 말해서 교화를 교육의 이상으로 삼았으며, 이를 달성하기 위해 학교제도를 완비하려 하였다. 그러나 당시에 과거에 합격하는 것을 가장 중요한 목적으로 삼았던 대부분의 유생들은 관학이 과거 준비에 별다른 도움이 되지 않는다고 여겨 이를 기피하는 대신 사교육에 의존하였다. 당시에 과거제도는 오늘날의 입시제도가 그랬던 것처럼 교육을 파행으로 몰고 간 주범이었다. 이러한 교육현실에 염증을 느낀 조선 후기의 실학자들은 여러 가지 교육개혁론을 제시하였으나 그들의 주장은 결국은 공허한 외침으로 끝나고 말았다. 이와 같은 조선시대 교육현실은 구한말 외세의 도전에 대응하기 위해 전통교육에 대한 개혁에 착수하기 전까지는 별다른 변화없이 근 500년간 지속되었다.

제7장

개화기와 일제하의 교육

- 한국 근대교육의 형성과 전개 -

1. 개화기의 교육

가. 시대적 배경

조선은 근 500년간을 별다른 체제 동요 없이 국가를 유지해 왔다. 이처럼 오랜 기간 동안 체제유지가 가능했던 것은 성리학[주자학]적 질서체제가 그만큼 공고했었기 때문으로 생각할 수 있으며, 이와 아울러 그동안 조선을 둘러싸고 있는 국제질서에 있어 큰 변동이 일어나지 않았던 것도 중요한 이유로 지적할 수 있다.

조선왕조의 변화는 바로 이 두 가지 요인의 변동으로부터 초래되었다. 조선조 말기에는 실학사상의 대두, 농민반란, 서학[천주교]의 전래 등으로 성리학적 기강이 현저하게 해이해졌으며, 구미 자본주의 열강이 그들의 상품판매를 위한 시장과 원료 공급지를 확보하기 위해 아시아에 진출함으로써 이 일대 질서에 커다란 변동이 일어나게 됐던 것이다. 특히 후자는 조선으로 하여금 구태를 벗고 새롭게 변신하지 않으면 안 된다는 자각의 계기를 제공했다.

19세기 후반 무력을 앞세워 중국과 일본으로부터 통상조약을 얻어낸 서구 열강들은 이번에는 그 시선을 조선으로 돌리게 되었다. 그들은 종전과 같은 방법으로 조선의 개방을 요구하였으나 조선은 이에 응하지 않았다. 그러자 프랑스와 미국은 강화도를 침략하는 등 그들의 야욕을 노골적으로 드러냈다. 한편 이러한 일련의 사태에 직면한 조선은 그동안의 쇄국정책으로는 한계가 있음을 깨닫고 문호개방을 추진하였다. 그리하여 외국의 문물제도를 배우기 위해 사절단을 파견하고 국가기구를 개편하는 등 발빠른 행보를 보이게 되었다. 특히 이와 같은 개혁에 대한 조선의 의지는 1894년 국가의 근대화를 지향하기 위한 대수술인 갑오개혁으로 이어지게 되었다.

한국 근대교육 체제는 바로 이러한 국가 근대화 과정과 궤를 같이하여 형성되었다. 특히 국가의 부강은 교육의 혁신에 달려 있다는 인식이 확산되면서 정부뿐만이 아니라 민간 차원에서도 근대식 학교 설립이 활발하게 이루어지게 되었다. 이와 같은 근대학교 설립은 곧 새로운 역사에 직면하여 여기에 대처해 나갈 주역들을 양성해 내기 위한 것이었다. 뿐만 아니라 근대학교는 기독교 전파를 위해 외국으로부터 들어온 선교사들에 의해서도 상당수 세워졌다. 이처럼 구한말의 근대학교 설립은 정부·민간인·선교사의 세 집단이 주축이 되어 추진되었는데 그 구체적인 내용은 다음과 같다.

나. 정부 설립의 근대학교

정부가 근대학교 설립을 본격적으로 추진하기 시작한 것은 1894년의 갑오개혁 이후이다. 그러나 그 이전에도 정부의 필요에 따라 산발적으로 신식 교육기관을 설립했는데, 그 대표적인 예가 바로 동문학(同文學, 1883)과 육영공원(育英公院, 1886)이다.

조선은 개화의 필요성을 절감하게 되면서 쇄국정책을 철회하고 서구열강 및 일본과 통상조약을 체결하였다. 이렇게 되자 당장 시급한 일은 외국과의 통상에 필요한 통역관의 양성이었다. 이러한 필요에 따라 처음으로 세워진 것이 바로 동문학이었다. 동문학은 영어교육을 위해 세워진 학교로서 이곳 졸업생들은 실제로 여러 분야에서 활발히 활동했던 만큼 동문학은 소기의 성과를 거둔 셈이었다. 그러나 이 기관은 어디까지나 영어연수를 위주로 한 직업학교의 성격이 강했기 때문에, 일반인들을 대상으로 폭넓은 신지식을 전수하는 근대학교와는 다소 거리가 있었다.

이에 비해 육영공원은 비록 동문학과 마찬가지로 영어연수를 목적으로 출발하였으나 점차로 서양의 신학문을 가르쳤다는 점에서 동문학보다 더 근대학교에 가까웠다. 육영공원은 미국에 파견된 사절단으로부터 교육의 중요성을 듣게 된 고종이 미국 공사 푸트(L. H. Foote)에게 교사 파견을 의뢰한 후 3인의 청년 선교사가 한국에 입국함으로써 설립이 이루어졌다. 육영공원은 처음에 영어연수가 강조되었으나 나중에는 영어로 지리·수학·자연과학·국제법·정치경제학 등의 신지식을 가르쳤다.[1] 따라서 육영공원은 관립학교로서는 최초로 근대학교의 요건을 갖춘 학교였던 셈이다.

육영공원은 좌원(左院)과 우원(右院)으로 나누어 학생들을 뽑았는데, 이는 앞서 살핀 성균관의 동재·서재의 형식과 유사하다고 할 수 있다. 좌원은 과거 합격자와 연소한 현직 관리 중에서 10명을, 우원에는 아직 과거에 합격하지 못했거나 관리가 되지 못한 사람들인 유학(幼學)들 중에서 20명을 선발하여 충원하였는데, 이 역시 종래의 성균관 유생의 선발방식과 유사한 것이었다. 그러나 실제로는 학생들의 신분이 주로 고급관리 및 유명 양반가문들의 자제라는 점에서 육영공원은 일종의 귀족학교의 성격을 지녔다고 볼 수 있다. 육영공원은 그 후 학생들의 향학열 부족, 학교재정의 악화, 외국인 교사의 사퇴 등의 이유로 인해 결국 1894년에 폐교되었다.

구한말 조선의 본격적인 교육개혁은 1894년의 갑오개혁을 통해 이루어졌다. 당시 조선의 근대 교육제도 청사진은 같은 해 7월에 출범한 학무아문의 발표 내용에 들어 있다.

---

1) 그런데 흥미로운 것은 육영공원 초창기에 미국인 교사의 통역을 담당한 직원은 바로 동문학 출신이었다는 것이다. 서울대학교 교육연구소(1997). 『한국교육사』. 교육과학사. 208쪽 참조.

> 돌아보건대 시국은 크게 바뀌었다. 모든 제도가 다 함께 새로워야 하지만은 영재의 교육은 무엇보다 시급한 일이다. 그러므로 나라에서 소학교와 사범학교를 세워 먼저 서울에 행하려 하니, 위로는 공경대부의 아들로부터 아래로는 서인의 자제에 이르기까지 다 이 학교에 들어와 배워 아침에 외우고 저녁에 익히라. 그리하여 장차 힘을 길러 시대를 구하고 내수(內修)와 외교에 크게 쓰고자 하나니 진실로 좋은 기회이다. 앞으로 대학교와 전문학교도 세우려 한다. 무릇 뜻있는 자는 일심으로 가르침을 받들어 성세를 이루려는 대지(大志)를 버리지 말라.

이 발표내용은 시국이 바뀐 만큼 국가에서 신식학교를 설립하여 모든 국민을 출신에 관계없이 받아들여 교육시키고 이들을 또한 정부의 관리로 선발하겠다는 취지로 요약할 수 있다. 또한 고종은 그 이듬해인 1895년 1월과 2월에 각각 "홍범 14조"와 "교육입국조서" 발표를 통해 근대교육의 중요성을 국민들에게 강조하였다. 특히 "교육입국조서"에는 교육을 통해 국가의 부흥을 이루고자 했던 고종의 절박한 심정이 반영되어 있는데, 그 주요 내용은 다음과 같다.

> ……아아! 짐이 교육에 힘쓰지 아니하면 나라가 공고하기를 바라기 심히 어렵도다. 세계의 형세를 보건대, 부강하고 독립하여 웅시(雄視)하는 모든 나라는 모두 그 인민의 지식이 개명하였도다. 이 지식의 개명은 곧 교육의 선미(善美)로 이룩된 것이니, 교육은 실로 국가를 보존하는 근본이라 하리로다. 그러므로 짐은 군사(君師)의 자리에 있어 교육의 책임을 몸소 지노라. 또 교육은 그 길이 있는 것이니, 헛된 이름과 실제 소용을 먼저 분별하여야 하리로다……[2)]

이에 따라 정부는 1895년 4월에 먼저 교사양성의 중요성을 감안하여 한성사범학교 관제를 공포하였다. 학교관제란 곧 학교설립을 위한 기초법안으로서, 이 한성사범학교 관제는 우리나라 최초의 근대학교 법규라고 할 수 있다. 그 후 많은 학교관제가 공포되었고 이를 토대로 여러 관립 근대학교들이 설립되었다.

---

2) 교육입국조서의 전체 내용은 오천석(1975). 『한국신교육사(상)』. 광명출판사. 77~78쪽 참조.

다. 민간 설립의 근대학교

서구 및 일본 제국주의 세력의 도전은 당시 정부 관리들뿐만 아니라 모든 국민들에게 위기의식을 불러일으켰으며, 이것의 당연한 결과로서 하루빨리 개화를 통해 부국강병을 달성하여야 한다는 인식을 심어주었다. 이들은 모두 개화의 가장 중요한 수단이 바로 교육임을 믿어 의심하지 않았고, 그들 나름대로 근대학교 설립을 위해 노력했다. 그 중에서도 일반 민간인들의 활동은 정부보다 더욱 활발하였는데, 특히 설립된 근대학교의 숫자 면에서 정부를 압도하였다. 뿐만 아니라 최초의 근대학교 설립에 있어서도 민간인들이 정부보다 앞섰다. 그것이 바로 1883년에 세워진 원산학교였는데 그 설립 배경과 과정을 살펴볼 필요가 있다.

1876년 강화도 조약에 따라서 1880년에 개항된 원산항에는 곧바로 일본인 상인들이 대거 진출하였다. 그 후 원산의 시장경제는 이들 일본인 상인들에 의해 급속도로 잠식당하게 되면서 이곳 주민들은 위기감을 느끼지 않을 수 없게 되었다. 그리하여 주민들은 일본인 상인들에 대응하기 위해서는 우리도 새로운 시대를 담당할 인재가 필요하다는 것을 절감하고, 관할 관청에 자신들이 재정을 부담하겠다는 조건으로 근대학교 설립을 요청하게 되었던 것이다. 이처럼 원산학교 설립의 배경에는 외국의 침략에 대한 위기의식 그리고 그 대안은 바로 근대학교의 설립이 급선무라는 인식이 자리하고 있었던 것이다.

그러나 대체로 민간 근대학교 설립은 민족주의적 성향을 지닌 지식인들에 의해 이루어졌다고 할 수 있다. 이들은 당시 기울어 가는 국운을 바로잡고 부강한 국가를 만들기 위해서는 무엇보다도 국민들의 개화가 중요하다고 판단하고 교육사업에 힘을 쏟았던 것이다.

민간인들에 의한 근대학교 설립은 1905년 11월 일본의 강요에 의한 을사조약을 계기로 해서 변화하게 된다. 즉 을사조약 이후부터는 종전의 개화운동에서 이제는 교육을 통하여 잃어버린 국권을 되찾겠다는 교육구국운동의 차원에서 사립학교를 설립하게 되었던 것이다. 그 중에서 보성학교

(1905, 고려대학교의 전신)는 이용익이 교육구국의 이념에 따라 설립한 학교였으며, 안창호가 설립한 대성학교(1907)와 남강 이승훈의 오산학교(1907)는 민족의식이 강하기로 이름난 학교들로서 당시 일제의 감시 대상이었다.

그런데 우리는 당시의 민간인 근대학교의 숫자가 어느 정도였는가에 대해 주목할 필요가 있다. 구한말의 애국지사였던 황현의 〈매천야록〉에는 1910년 한일합방 직전까지 그 내실이야 어찌되었던 간에 3,000여 개의 사립학교가 세워졌다고 되어 있다. 그렇다면 이 많은 숫자의 학교가 모두 소위 저항 민족주의를 표방하면서 설립된 것이라고 볼 수 있을 것인가? 그보다는 국민 대중의 교육열 때문이었다고 봐야 할 것이다.

갑오개혁 이후 신분제도가 타파되면서 이제는 누구나 출신에 관계없이 입신출세가 가능한 세상이 도래하게 되었다. 그런데 출세를 위한 기본 요건은 바로 신지식의 습득이었고 신지식을 배우기 위해서는 근대식 교육을 받을 필요가 있었다. 당시에 엄청난 수의 사립학교는 바로 이러한 교육적 수요에 대응하기 위하여 세워졌던 것이다. 그러나 당시 민간인 설립의 근대학교들 중 많은 수가 일정한 격식을 갖추지 못했던 것으로 판단되는데, 이는 구한말의 민간인 사학들이 국민 대중의 교육적 필요에 따라 융통성 있게 대응하려 했던 결과라고 할 수 있다. 따라서 이들 학교들은 종전의 서당류와 동일선상에 있는 것임을 알 수 있다.

라. 선교단체 설립의 근대학교

개항과 함께 이 땅에 들어오기 시작한 선교사들은 자신들의 임무인 기독교 전파를 위한 수단으로 교육과 의료활동을 펴나갔다. 특히 서양인과 기독교에 대한 공포심이 강했던 당시 조선사회에서 교육활동은 선교의 중요 수단이었다. 선교계 사립학교는 바로 이런 목적에서 설립되었는데, 1910년 2월까지 설립된 이들 학교를 보면 장로파가 501교, 감리파가 158교, 성공회가 42교, 안식교가 2교, 종파 미상이 84교, 각 교파합동이 1교,

가톨릭이 46교로서 총 796개교에 이르렀다.[3)]

그 중에서 광혜원(1885)은 의사인 알렌(H. N. Allen)에 의해 세워진 최초의 근대식 국립병원이었다. 알렌은 본래 선교사였으나 당시 기독교를 기피하는 조선사회를 의식하여 의사 자격으로 입국했었다. 알렌은 그 후 수구파의 핵심 인물인 민영익이 갑신정변 때 큰 부상을 입게 되자 그를 근대 의술로 치료해 주었다. 이를 계기로 알렌은 그 공을 인정받아 선교활동을 묵인 받게 되었던 것이다. 알렌은 1885년 의료인 양성을 위해 광혜원을 설립하고, 이듬해인 1886년부터 의료교육을 실시하였다. 광혜원은 그 후 세브란스 의학전문학교로 바뀌었다가, 해방 후 연희전문학교와 합침으로써 연희대학교(현재의 연세대학교)로 확대되었다.

아펜젤러(H. G. Appenzeller)에 의해 세워진 배재학당(1885)은 선교계 학교 중 일반 교육을 목적으로 한 최초의 학교였다. 배재학당이란 명칭은 고종이 정해 준 것이었는데, "학당"은 종전의 사부학당에서 따온 것이었다. 특히 고종은 "배재학당"이라고 쓴 현판을 하사했는데 이것은 조선시대의 사액서원에서처럼 사학에 대한 권장 의지를 보여주려는 행위로서, 당시 고종이 근대교육에 대해 큰 기대를 가졌음을 알 수 있게 하는 대목이다.

스크랜튼(M. F. Scranton) 부인에 의해 설립된 이화학당(1886)은 당시에 큰 반향을 일으켰다. 당시까지만 하더라도 "소인(小人)과 여자는 가르칠 수 없다"는 공자의 말에 따라 여성에 대한 교육을 백안시하였던 유교적 전통이 남아 있었기 때문에, 여자들을 대상으로 하는 학교를 연다는 것은 실로 획기적인 일이 아닐 수 없었다. 그런 만큼 초기에는 여학생 얻기가 대단히 어려워 많은 곤란을 겪지 않을 수 없었다. 몇 년 후 스크랜튼이 18명의 여학생을 모아 가르치기에 이르자, 민비는 "이화학당"이란 학교이름을 붙여 주었다.

또한 1886년에 언더우드는 고아들을 대상으로 일명 "언더우드학당" 또는 "구세학당"이라고 불린 기숙사 학교를 만들었다. 이것은 그 후 경신학

---

3) 이만규(1949). 『조선교육사(하)』. 을유문화사. 159-160쪽 참조.

교로 발전되었으며, 특기할 만한 점은 훗날 민족운동가로 많을 활동을 했던 안창호와 김규식이 이곳 출신이었다는 것이다.

마. 개화기 교육 읽기

육영공원 학생들의 행태에서 개화기 교육관의 한 단면을 확인할 수 있다. 당시에 육영공원의 좌원에 지원하는 학생들이 시간이 갈수록 줄어들게 되자 결국에 가서는 우원 학생만을 뽑기에 이르렀다. 그 이유는 우원 학생들이 더 공부를 열심히 하는 것으로 판단되었기 때문이다. 그렇다면 왜 우원 학생들이 열심이었는가? 당시 육영공원 학생들 중 성적우수자에게는 문과(대과)의 2차 관문인 회시(會試)에 곧바로 응시할 수 있는 특혜가 주어졌는데, 이것은 이미 과거합격자이거나 관리 신분이었던 좌원 학생들에게는 별다른 자극이 되지 못했던 반면, 아직 유학(幼學) 신분이었던 우원 학생들에게는 커다란 혜택이었기 때문이다. 우리는 이를 통해 당시 학생들의 학교교육에 대한 인식태도가 어떠했는가를 쉽게 짐작할 수 있다. 한마디로 학교교육을 지위 상승의 수단으로 인식했었다는 것이다.

이 점에 있어서는 민간인이나 선교사들이 설립한 근대학교 역시 마찬가지였다. 이것은 조선인 학생들의 배재학당의 입학동기에서 단적으로 드러난다. 아펜젤러는 처음에 영어 사숙(私塾)의 형식으로 문을 열면서 조선정부에 학생 모집을 의뢰하였는데, 불과 한 달 만에 20명의 학생들을 모을 수 있었다. 이들은 영어를 배우고 싶으나 관립학교인 육영공원에 입학할 수 없었던 부류들이었다. 아펜젤러가 이들에게 "왜 영어를 공부하느냐"고 물었더니, 한결같이 "관직에 나아가기 위해서다"라고 대답했다는 것이다.[4)]

육영공원이 실패했던 주원인은 여기를 졸업했을 때 주어지는 혜택이 별로 없었다는 점에 있었다. 즉 육영공원 졸업이 관직을 보장받는 조건이 된다거나 혹은 사회적으로 중요한 경력이 되지 않았기 때문에, 당시 일류

---

4) 같은 책, 235-236쪽 참조.

문벌가문의 자제들로서 가문의 음덕을 통하여 관직에 오를 수 있었던 육영공원 학생들은 학업에 열의를 보이기가 어려웠던 것이다. 이렇게 해서 육영공원은 결국 문을 닫을 수밖에 없었는데, 특히 이것은 조선시대 성균관의 전철을 그대로 답습한 셈이었다.

한국교육사에서 개화기의 교육은 중요한 의미를 지닌다고 할 수 있다. 그 이유는 오늘날 우리 사회의 큰 병폐라고 할 수 있는 학력병 내지 학력주의가 바로 이때부터 싹텄다고 볼 수 있기 때문이다. 특히 이러한 현상은 역시 오늘날 우리 교육계의 고질적인 문제라 할 수 있는 소위 "맹목적 교육열"과 직접적으로 연결된 것이라고 할 때, 이 시기의 교육은 우리가 특별히 관심을 가질 필요가 있다고 본다.

그렇다면 어떻게 해서 이런 상황이 연출되었는가? 앞서 살핀 1894년의 갑오개혁의 내용은 두 가지가 주목할 만하다. 첫째는 사회·경제제도의 개혁 중 신분차별의 철폐이고, 둘째는 정치제도 개혁 중 관리 임용법의 개정이다. 신분제 철폐는 곧 관리의 조건으로서 더 이상 출신 신분이 문제가 되지 않게 되었음을 의미하는 것이었고, 관리 임용법의 개정은 종전의 과거제를 폐지하고 신지식을 시험하는 새로운 방법으로 관리를 선발하게 되었다는 것을 의미하였다. 그런데 이러한 새로운 관리 임용법에서는 근대학교에서 공부한 학생들이 결정적으로 유리할 수밖에 없었다. 특히 점차 특정학교, 즉 관립 근대학교 졸업생을 관리로 임용하게 되면서 여기에 입학하는 것이 출세의 관건으로 인식되었다. 여하튼 이때부터 근대학교에서의 수학 경력, 다시 말해서 학력(學歷)이 사회적으로 중시되기 시작했던 것이다. 특히 이런 경향은 신분제 철폐 조치로 인해 더욱 증폭될 수밖에 없었다. 뿐만 아니라 그동안 소외되어 왔었던 집단까지 가세하게 됨으로써 이제는 한정된 관립학교 입학을 둘러싸고 그야말로 만인의 투쟁이 벌어지게 되었던 것이다.

학력에 대해 강한 집착 현상이 생기게 된 데는 또 다른 이유가 있었다. 한마디로 그것은 종전의 과거제도와 밀접한 연관성이 있다고 할 수 있다. 앞서 살펴본 것처럼 전통사회에서 과거 합격이 갖는 의미는 관직 획득을 통한 사회적 위신의 격상이나 관직에 상응하는 부의 획득만을 의미하는 것은 아니었다. 과거 합격이 중요했던 또 다른 이유는 이것이 오늘날의 학력(學歷)과 유사한 의미를 지녔기 때문이다. 다시 말해서 당시에는 대과에 합격함으로써 얻게 되는 "급제", 소과에 합격해 얻게 되는 "생원"·"진사"는 오늘날의 "대학원졸"·"대졸" 등의 학력과 비슷한 개념으로 인식되었다는 것이다. 이처럼 조선시대에 한 개인의 학력은 학교 졸업이 아니라 과거 합격 여부로 결정되었다. 단적으로 말해서 당시에 최고학부라고 할 수 있는 성균관을 졸업하였다 하더라도 이는 학력과는 아무런 관련이 없었다는 것이다.

여하튼 당시에 과거 합격을 통해 얻게 되는 그러한 호칭들은 학식과 동일시되었으며, 학식은 또한 도덕성과 밀접한 관련이 있는 것으로 여겨졌다. 특히 이처럼 학식과 도덕성이 동일선상에서 취급되었던 것은 당시의 서적들이 교훈적인 성격을 강하게 지녔기 때문이라고 할 수 있다. 이런 이유로 인해 과거에 합격하지 못할 경우에는 사회적으로 제대로 대접을 받을 수가 없었던 것이다. 당시에 과거 합격에 강하게 집착했던 것은 바로 이런 이유 때문이었다고 할 수 있다.

그런데 개화기로 들어오면서 전통시대의 과거 합격과 동일한 의미구조를 지니게 된 것은 바로 학교 졸업이었다. 다시 말해서 종전의 "과거 합격"이 "학교 졸업"으로 대치되었던 것이다. 이제 학교 졸업은 출세와 함께 배운 사람(도덕적인 사람)으로 대접받기 위해 반드시 성취하여야 할 과업이었다. 그렇기 때문에 종전에는 그렇게 과거 합격에 목을 매었던 것처럼, 개화기에는 학교 특히 관립 근대학교에 입학하기 위해 필사적으로 노력하게 되었다. 특히 종전에는 신분제 사회로 인해 과거시험에 응시할 수 있는 계층이 한정되어 있었던 것에 비해, 개화기에는 신분제가 타파됨으로써 보다 많은 국민이 학교에 들어가기 위한 경쟁에 동참할 수 있게 되었던 것이다. 이것은 필연적으로 보다 '좋은 학교', 보다 '높은 학력'을 추구하려는 경쟁으로 이어졌으며, 이렇게 하여 우리나라는 본격적으로 학력주의 사회의 길로 접어들게 되었던 것이라 할 수 있다.

새겨보기

서구 열강과 일제의 도전에 직면한 조선왕조는 그동안의 폐쇄적인 대외정책의 한계를 절감하고 적극적인 문호 개방을 추진하였다. 이와 함께 국가의 개화 임무를 담당할 인재 양성을 위해 근대학교를 설립해 나갔는데, 근대학교 설립은 정부뿐만 아니라 민간인과 선교사들에 의해서도 이루어졌다. 당시에 근대학교는 조선시대의 학교들에 비해 큰 호응을 얻었는데, 이것은 국가나 사회에서 필요로 하는 인재의 조건인 신지식을 근대학교에서 가르쳤을 뿐만 아니라, 학교 졸업(학력 : 學歷)이 한 개인의 사회적 지위를 가늠하는 새로운 기준이 되었기 때문이다. 특히 당시에는 신분제가 철폐됨으로써 종전보다 훨씬 많은 사람들이 학교에 들어가려고 했기 때문에 경쟁이 치열할 수밖에 없었다. 이처럼 개화기는 오늘날까지 우리 교육계에서 심각한 문제로 지적되어 왔던 맹목적 교육열 내지 학력집착 현상이 불거지기 시작했던 시기였다고 할 수 있다.

2. 일제하의 교육

가. 시대적 특징

조선이 실질적으로 일제의 지배하에 들게 된 것은 1905년 을사조약부터라고 할 수 있다. 일제는 을사조약 이후 일본정부를 대신하는 통감부를 조선에 설치했으며, 교육행정 기구 내에도 일본인 관리를 배치함으로써 조선의 교육에 대해 실질적인 영향력을 행사하게 되었다. 그 후 1910년 8월 29일 한일합방 조약을 계기로 명실상부하게 조선의 주권을 빼앗은 일제는 종전의 통감부를 총독부로 개편하는 한편, 헌병과 경찰을 동원한 무단통치를 실시했다.

일제의 식민지정책은 서구 열강의 그것과는 사뭇 달랐다. 즉 서구의 식민지정책의 특징은 식민지를 자기 국가의 부강을 위해 이용하려는 것뿐이었으나, 일제는 여기에서 한 걸음 더 나아가 한국인의 민족의식과 민족문화를 말살시키고 한국과 일본을 한 나라로 통합하려 했다는 것이다.

이것은 영구히 그리고 보다 철저하게 한국을 착취하기 위한 술책에서 나온 것이었다.

일제는 조선인들의 정치적 자유를 박탈하였으며 조선의 경제를 약탈하였다. 이에 항거하기 위하여 조선의 많은 지식인과 청년들은 항일민족해방운동을 위해 나섰다. 그러나 일제의 무단정치로 전국이 감옥 같았기 때문에, 이들은 정치와는 거리가 있는 종교나 교육의 장에서 활로를 찾을 수밖에 없었다. 그리하여 이들은 종교단체나 사립학교를 통해 반일운동을 전개했던 것이다.[5)]

나. 보호시대의 교육

1905년부터 1910년까지 소위 보호시대 동안 조선정부가 가장 중점을 두었던 교육방침은 수업연한 축소를 골자로 한 학제의 개혁과 보통교육의 확충이었다. 즉 학제의 경우 종래의 소학교를 보통학교로 개칭하고 5~6년이었던 수업연한을 4년으로 단축시켰다. 이와 함께 중학교를 고등학교로 고치고 7년이었던 수업연한을 4년 내외로 하였다.[6)] 또한 일본으로부터 들여온 차관으로써 전국의 주요 도시에 보통학교를 증설하였다. 이와 같은 교육조치들은 일본의 의도대로 추진된 것이었다. 뿐만 아니라 일제는 조선학교에서의 일본인 교원배치, 일본어 교육 실시 등의 조치를 취하였는데, 이는 조선의 교육개혁을 통해 식민통치를 위한 기반을 다지려는 그들의 의도를 노골적으로 드러내는 것이었다.

일제가 역점을 두었던 것은 조선인 학교의 수업연한 축소 및 상급학교 진학 억제를 통한 우민화정책, 그리고 일본어교육의 강조로 대표되는 동화정책 바로 그것이었다. 이 두 가지는 일제가 조선의 교육을 재단하는 데 항상 고려했던 양대 축으로서 이 노선은 일제시대 내내 유지되었다.

---

5) 윤건차(1987). 『한국 근대교육의 사상과 운동』. 심성보 역. 청사. 401쪽 참조.

6) 고등학교의 수업연한은 처음에 본과 4년, 예과 및 보습과를 각각 1년 이내로 하였었는데, 1909년 개정령에 따라 본과 4년을 지방 사정에 따라 1년 단축할 수 있게 되었고, 예과는 폐지하였다. 오천석(1975). 『한국 신교육사(상)』. 광명출판사. 126쪽 참조.

다. 식민지시대의 교육

일제의 본격적인 교육방침은 1910년 한일합방 조약 이후 4차에 걸친 "조선교육령"이라는 것의 발표와 더불어 시행되었는데, 이것들의 구체적인 내용은 다음과 같다.

1) 제1차 조선교육령 시기의 교육

1911년에 공포된 제1차 조선교육령의 주요 내용은 "충량한 국민의 육성"(제2조), "시세(時勢)와 민도에 적합하게 함"(제3조), "보통의 지식·기능을 주고 …… 국어(일본어)를 보급"(제5조)한다는 것이었다. 이렇듯 1차 조선교육령에는 곧 일제가 한국민들에게 보통의 지식과 기능, 그리고 일본어를 주입하는 소위 시세와 민도에 적합한 교육을 통해 한국인들을 우민화시킴으로써 주체 의식을 말살하고 저급한 업무에 종사할 수 있는 충성스런 일본국민으로 동화시키려 했던 그들의 식민지 교육정책의 의도가 잘 반영되어 있었다.

이러한 교육정책에 따라서 일제는 한국인과 일본인을 별도로 가르치기 위한 복선형 교육제도를 수립 운영하였다. 즉 일본인의 학교명은 소학교(6년), 중학교(5년), 고등여학교(5년)라고 하면서, 한국인의 학교에는 "보통"이라는 말을 붙여서 보통학교(3~4년), 고등보통학교(4년), 여자고등보통학교(3년)라 개칭하였다. 이처럼 조선 내 한국인과 일본인의 학교는 그 명칭을 달리하였을 뿐만 아니라 수업연한에 있어서도 차등을 두었다. 또한 인구 비례상으로 볼 때 조선 내 일본인 학교의 수는 한국인 학교보다 월등히 많았고 학교예산 역시 훨씬 많았다. 이 밖에 일제는 한국인에게는 수준 높은 과학·기술교육을 제공하지 않는다는 방침에 따라 대학교육을 실시하지 않았으며, 그나마 있었던 전문학교의 경우도 일본의 전문학교보다 수준을 낮게 조정하였다. 이와 같은 교육상의 차별정책은 한국인들의 불만을 야기하지 않을 수 없었는데 다음에 언급할 1922년의 제2차 조선교육령은 이런 불만을 무마시키기 위해서 실시하였던 것이라고 할 수 있다.

2) 제2차 조선교육령 시기의 교육

일제는 3·1운동 직후인 1920년에 "임시교육조사위원회"라는 것을 조직하고, 이것의 활동을 토대로 제2차 조선교육령을 마련하였다. 이 제2차 조선교육령은 한국민들의 불만을 누그러뜨리기 위한 것으로서, 표면상으로는 각급 학교의 수업연한과 교과목 편제를 일본인과 동일하게 조정하였다. 특히 종래 4년이던 보통학교의 수업연한을 6년으로 연장하되 각 지방의 사정에 따라 4~5년으로 단축할 수 있도록 규정을 정하였다. 그러나 지방의 경우 상당수의 4년제 보통학교가 일제 말기까지 계속 유지되었다. 이런 식으로 일제는 교육상 차별의 철폐를 표방하면서도 실제로는 한국인과 일본인을 교묘하게 차별하였던 것이다. 이 밖에 제2차 조선교육령에서는 그동안 불만의 대상이었던 실업교과를 선택과목으로 변경하였으며 인문 교과목을 늘려 배정했다. 그런데 2차 교육령에서 특히 주목할 만한 것은 일제가 한국인들에게 대학교육의 기회를 제공하려는 방침을 천명했다는 것이다. 그들은 조선 땅에 "경성제국대학"을 설립하기로 하고 1924년과 1926년에 각각 예과와 학부(법문학부, 의학부)를 설치하였다. 수업연한은 예과 2년 학부 3~4년이었고, 한국인과 일본인의 공학을 허용하였다. 그러나 실제적으로는 한국인들의 입학을 제한했기 때문에 극소수의 한인 학생들만이 입학할 수 있었다.

3) 제3차 조선교육령 시기의 교육

그 후 일제는 1938년에 제3차 조선교육령을 발표하게 되는데, 이 교육령의 골자는 첫째, 각급 학교의 명칭을 일본인 학교와 동일하게 한다는 것으로서 종래의 보통학교·고등보통학교·여자고등보통학교를 각각 소학교·중학교·고등여학교로 개칭한다는 것이었다. 그러나 명칭만 변경되었을 뿐 실질적으로는 별다른 변화가 없었다. 둘째, 한국인의 황국신민화를 위한 교과목을 강화한다는 것으로서 특히 일본어·일본사·수신(도덕)·체육 등의 교과목 비중을 높였다. 또한 한국어를 선택과목으로 변경하였는데, 이것은 곧 한국어 과목의 폐지를 의미하는 것이었다. 이처럼 제3차 조선교육령은 표면상 황국신민화를 내세워 일본인과 제도상으로 동등한 교육을 시키겠다는 것이었으나, 실제로는 전시체제로 돌입한 일제가 조선을 병참기지화하여 지속적으로 착취하기 위한 정지작업의 일환으로서 한국인을 사상적으로 보다 철저히 통제하려는 술책에 불과한 것이었다고 할 수 있다.

4) 제4차 조선교육령 시기의 교육

1943년에는 제4차 조선교육령을 공포하게 되는데, 이 교육령의 주요 내용은 우선 중학교(5년)·고등여학교(4~5년)·실업학교(3~5년)의 수업연한을 모두 4년으로 단축한다는 것이었다. 특히 전문학교(4년)의 경우는 이미 1941년에 3년으로 단축해 놓기도 하였다. 이와 같이 수업연한을 단축한 이유는 1년이라도 빨리 전쟁에 동원하기 위한 의도였다고 볼 수 있다. 또한 4차 교육령의 내용에서 눈에 띄는 것은 각급 학교의 교육목적이 종전의 소위 "황국신민의 양성"에서 "국가 유용의 인물양성"으로 바뀌었다는 것인데, 이 역시 전세가 불리해진 일제가 학교를 통해 전쟁인력을 확보하기 위해 실시한 사전 작업에 불과한 것이었다.

라. 일제하의 민족교육

일제로부터 국권을 빼앗긴 이후 조선인 지식인들은 뼈아픈 각성을 하였고, 향후 국권을 회복하기 위한 방법에 대해 성찰하게 되었다. 그 결과 우리 민족을 대상으로 한 계몽을 통해 그들의 역량을 키워 국권을 되찾는다는 방향을 설정하기에 이르렀다. 이는 1905년 일본의 강요에 의한 을사조약으로 잃어버린 국권을 되찾기 위해 당시 애국적 지식인들이 수많은 사립학교를 설립하려 했던 교육구국운동의 연장선상에서 이해될 수 있는 것이었다. 당시 이런 배경에서 이루어진 주요 민족교육운동으로는 조선민립대학 설치운동, 문자보급운동 및 브나로드운동, 민중교육운동 등을 들 수가 있다.

1) 조선민립(民立)대학 설치운동

앞서 살핀 바와 같이, 일제는 처음에 우리로 하여금 민족적인 각성을 하지 못하도록 하기 위해 대학교육의 기회를 차단하였으나, 3·1 운동 이후 일종의 회유책으로서 1922년 제2차 조선교육령을 통하여 조선 땅에 대학 설치 계획을 발표하기에 이르렀다. 그러나 당시 조선인 지도층 인사들은 민족의 장래를 개척해 나가기 위해서는 높은 역량을 지닌 인재들 양성이 절대적으로 필요하다고 보고 조선민립대학 운동을 펼쳐 나갔다. 그들은 우리 조선인들의 교육수준이나 능력이 대학을 갖기에 충분하며, 우리 손으로 우리의 지도자를 배출함으로써 조선인들에게 새로운 희망과 긍지를 부여할 수 있기를 기대하였다.

그리하여 1922년에 이상재를 대표로 한 발기인들이 구성됨으로써 '조선민립대학기성준비회'가 만들어졌으며, 그 후 전국의 인사 및 유지들의 열성적인 지원에 힘입어 1923년에는 '조선민립대학기성회발기총회'가 개최되기에 이르렀다. 이와 함께 설립자금 모금을 위한 지방부를 설치하였는데, 이때 조직된 조선민립대학 지방부의 숫자는 100여 곳을 상회하였다.

그러나 조선에 유일한 관립대학을 설립하여 운영하려 하였던 일제는 당시 급속도로 진행되는 조선민립대학 설치운동에 당황하여 이 운동에 대해 방해공작을 펼쳐 나갔다. 예를 들어 설치운동에 가담한 조선인들을 배일(排日) 민족주의자로 몰아가거나, 기금을 낸 유지들을 경찰서에 연행하여 그 동기와 의도 등을 심문하기도 하였다. 결국 이러한 일제의 방해공작과 탄압으로 인해 조선민립대학 설치운동은 실패로 돌아가게 되었다. 특히 일제는 이 운동을 막기 위한 방편으로서 1923년 12월에 경성제국대학창설위원회를 설치하고, 이듬해인 1924년 5월에 경성제국대학을 설립하게 되었다.

2) 문자보급운동과 브나로드운동

1920년대 후반에 들어 일제의 식민지 교육정책이 점차 본격화되면서, 당시의 조선인 언론기관이나 교육지도자들은 이에 저항하기 위한 활동들을 전개해 나갔다. 그리하여 1929년부터 조선일보와 방학 중 귀향 학생들을 중심으로 민중문화 향상을 위한 문자보급운동이 시작되었는데, 이는 문맹퇴치와 농촌계몽운동을 목적으로 한 것이었다. 당시 조선일보 제1회[1929] 문자보급운동에 참여한 학생 수 409 명, 문명 퇴치자 수 2,849 명이었던 것이, 제2회[1930] 문자보급운동 때는 참여 학생 수가 900명, 문맹퇴치자 수가 10,567 명에 이르게 되었다. 그 후 조선일보가 주도한 문자보급운동은 1934년까지 지속되었으나, 1935년부터는 총독부의 중지령으로 더 이상 이루어지지 못하게 되었다.

한편, 조선일보의 문자보급운동에 자극을 받아 동아일보에서도 1931년부터 브나로드운동을 펼쳐 나갔는데, 브나로드는 19세기에 러시아 지식계급들이 민중 속으로 뛰어들어 그들과 함께 생활하면서 지도하던 민중운동을 뜻하는 말이었다. 당시 이 운동은 학생계몽대를 주축으로 조선인 문맹자들에게 우리글을 가르쳤을 뿐 아니라, 미신타파·생활개선·문화생활 등을 위한 계몽활동을 실시하였다. 당시 동아일보 쪽에서는 이 운동을 계몽운동에 국한시키려 하였으나 학생계몽대는 계몽뿐만 아니라 농민들에게 항일사상을 암암리에 고취시키려는 경우가 많았다. 이 때문에 당시 일제 경찰은 이들에 대해 지속적으로 감시를 하였으며, 집회를 금지시키는 경우들도 많았다. 브나로드운동은 일제가 중지령을 내리기 전 해인 1934년까지 지속되었으며, 이를 통해 당시 조선인 인구의 80%에 해당하는 문맹자들을 대상으로 문자보급 및 계몽운동을 실시할 수 있었다.

3) 민중교육운동

민중교육운동은 일제시대 조선 민족의 가장 큰 집단을 차지하였던 민중을 대상으로 한 계몽운동이라 할 수 있다. 이는 앞서 살핀 문자보급운동과 브나로드운동이 주로 농민을 대상으로 한 것에 비해 전체 민중을 대상으로 한 계몽운동이라 할 수 있다.

이러한 민중교육운동의 대표적인 예는 물산장려운동이었다. 물산장려운동은 민중들에게 국산품 소지를 장려하여 조선인 경제를 일으키기 위한 일종의 자립경제를 추구하도록 하는 계몽운동이었다. 뿐만 아니라 수많은 기관과 단체에서 농민을 대상으로 하여 문맹퇴치와 함께 자력갱생의 중요성과 민족의식을 고취시키기 위해 헌신하였다.

1930년대는 전국에 농민·노동자·여성 등을 대상으로 한 야학들이 활발히 설립되어 민중교육을 실시하였을 뿐만 아니라 문화운동 및 사회운동까지 전개하였다. 그 중에서도 특히 농민 야학들이 두각을 나타내었다. 1930년대 초부터 여타의 민족운동이 쇠퇴한 것과는 달리 농민 야학을 비롯한 농민운동은 전성기를 맞았는데, 농민 야학의 경우 농민들이 주체적으로 야학을 추진하고 야학교사를 고용할 정도로 활발히 운영되었다.[7)]

한편, 당시 기독교에서도 민중교육의 차원에서 농촌사업에 착수하였는데, 1923년부터 기독교중앙청년회가 주축이 되어 보건교육·농사지도·농촌계몽 및 문맹퇴치운동을 실시하였다. 또한 기독교의 각 교회에서는 주일학교 확장운동으로서 농촌계몽운동을 전개하였다. 이 운동의 중요한 목적은 당시 취학의 기회를 얻지 못했던 농어촌 청소년들에게 교육을 보급시키는 것이었다.

마. 일제하의 교육 읽기

일제가 어떤 의도에서 교육정책을 구상하고 실시했든 간에 그것을 받아들이는 한국인들의 입장에서는 그들 나름대로 교육에 대한 생각이 없을 수 없었다. 그러한 생각이 어떤 것인지는 당시 한국민들 사이에 만연되어 있었던 학력 집착 현상에서 잘 드러난다. 다음은 합방 전 일제 통감부가

7) 손인수(1987). 『한국교육사Ⅱ』. 문음사. 674쪽 참조.

조선의 교육정책을 수립하는 것과 관련하여 했던 언급으로서 이것을 이해하는 데 도움이 된다.

> 당시 한국인은 한국의 부강 개발을 도모하려면 교육을 보급하지 않으면 아니 된다고 하고, 초등교육을 마친 자는 누구나 고등한 학교에 입학하려는 자가 심히 많았다. 그런데 한국의 실정은 다년간 정치의 부패와 인심의 타락으로 말미암아 민력이 고갈되고 국운은 부진하며, 국가와 백성이 더불어 어려움에 빠져 있음에도 불구하고, 많은 사람들은 학과가 많은 것과 정도가 높은 것을 희망하여 그들이 주창하는 부국 개발이 어떻게 달성할 것이냐 하는 것을 깊이 생각하지 않았다. 그러므로 학부는 현재의 중등교육기관으로 하여금 다시 상급학교에 올라가는 예비 단계가 되게 하는 폐단에 빠지지 않고, 사실상 마지막의 교육기관이 되게 하는 방침을 취한 것이다.[8)]

이 언급의 요지는 한국인들이 맹목적으로 상급학교에 진학하려는 경향이 있기 때문에 이것을 바로 잡기 위해서는 상급학교 진학 기회를 억제하겠다는 것으로 실로 어처구니없는 발상이라고 할 수 있다. 그런데 여기서 유의해서 봐야 할 것은 당시 한국민들이 지녔던 교육에 대한 가치관과 이에 따른 행태이다. 즉 개화기부터 나타나기 시작한 학력 중시 현상이 일제시대에 들어와서는 더욱 확대되었음을 알 수 있다. 그런데 일제는 학력에 대한 한국민들의 집착이 강한 것을 알고 있음에도 불구하고 이에 조응해 주지 않았다. 단적인 예가 각급 학교의 수업연한의 단축과 고등교육 기회의 제한이다. 이것은 한국민들에게 가장 큰 불만의 원인이 되었을 것으로 생각되는데, 우리는 이것이 3·1운동의 촉발과 어떤 연관이 있었던 것이 아닌가 하는 점에 대해 생각해 볼 필요가 있다.

3·1운동의 원인이 일제로부터 독립을 쟁취하려는 한국민의 욕구 때문이었다는 점에서는 이론의 여지가 없다. 특히 이 점은 3·1운동의 최대 원인은 "조선인의 독립욕"이라고 했던 당시 총독부의 일본인 학무과장의 주장을 통해서도 분명하게 알 수 있다. 요컨대 국권회복은 당시 한국민들에게 주어진 지상명령과도 같은 것이었다.

8) 高橋濱吉(1927). 『朝鮮教育史考』. 帝國地方行政學會 朝鮮本部. 227쪽.

그런데 우리는 3·1운동이라는 한국민들의 국권회복 투쟁의 한 원인이 한국인에 대한 일제의 부당한 차별 대우였다는 것을 알 필요가 있다. 당시 일본인들이 분석한 바에 의하면 한국민들의 가장 큰 불만은 교육·산업·관리임용에 있어서의 차별 대우였다. 간단히 말해서 교육과 취업에 대한 불만이 컸었던 것이다. 그런데 취업과 교육은 불가분의 관계에 있는 것이라고 본다면 결국 한국민들이 불만을 갖게 된 근원적인 이유는 교육에 대한 차별 때문이었다고 할 수 있다. 특히 전통적으로 학력 집착이 강했던 한국민들에 대한 일제의 교육 차별은 그야말로 견디기 힘든 일이었을 것이다. 당시에 한국민들은 이런 억울한 현실의 원인은 바로 일제에게 국권을 빼앗겼기 때문이고, 이러한 현실을 타개하기 위해서는 국권 쟁취라는 오직 한 가지 방법밖에 없다는 결론에 도달하게 되었던 것이라고 할 수 있다. 요컨대 한국민들에 대한 교육의 차별은 3·1운동을 촉발시킨 한 간접적 원인이었다는 것이다.

여기서 주목해야 할 점은 당시 제도교육에 대한 한국민들의 대응 자세이다. 앞서 살핀 내용들은 결국 한국인들이 일제가 제공한 학교교육을 전적으로 거부하지 않았음을 보여주는 것이다. 혹자는 이 점에 대해서 문제를 제기할 수도 있을 것이다. 그러나 우리는 다음과 같은 점을 이해하지 않으면 안 된다.

일제시대에는 극히 일부의 친일세력을 제외한 대부분 한국인들의 의식 저변에는 일제에 대한 증오와 저항심리가 깔려 있었다고 할 수 있다. 그러나 이러한 심리를 표면화시킬 경우 거기에는 일제의 가혹한 탄압이 따랐기 때문에, 그들은 일제에 대한 증오심을 감춘 채 겉으로는 현실에 영합하는 행태를 보이지 않을 수 없었던 것이다. 특히 언제 해방이 될지 알 수 없는 상황에서는 가족의 생존 외에 다른 것을 생각할 여유가 없었다.[9] 그런데

9) 일제 초기에는 관·공립학교에 진학하는 한국인 자제들이 많지 않았으며, 압도적 다수의 한국민은 사립학교에 취학하였다는 점에 유의할 필요가 있다. 이것은 바로 일제 침략에 대한 애국심의 발현의 결과였다. 그 후 일제의 지배체제가 확고해지면서 일본어 능력을 중심으로 한 높은 학력을 추구하기 위해 일제의 관·공립학교에 입학하는 사람이 늘기 시작했다. 윤건차, 앞 책, 329쪽 참조.

생존을 위한 가장 중요한 조건은 바로 교육일 수밖에 없었고, 그런 이유에서 당시 한국인들은 학교에 매달리지 않을 수 없었던 것이다.

당시 한국민에게 교육이 어느 정도로 중요한 문제였느냐 하는 것은 다음의 사례에서 너무나 분명하게 확인할 수 있다. 일제는 말기로 들어서면서 강도 높은 동화정책으로서 한국인들의 성과 이름을 일본식으로 바꾸려는 소위 "창씨개명"을 추진하였다. 그런데 여기서 창씨개명을 거부하는 한국인에 대한 위협방안에 주목할 필요가 있다. 그것은 자녀의 입학 및 진학 거부, 강제징용, 식량배급 중지 등이었다.[10] 이처럼 교육기회의 제한은 한국인들에게 있어 생사와 직결된 강제징용 및 식량배급 중지와 맞먹는, 어떻게 보면 그것들보다 더욱 견디기 힘든 압력이었을 것으로 생각된다.

뿐만 아니라 일제는 교육에 대한 한국민들의 이와 같은 인식태도를 통치에 이용하였다. 그들이 구사했던 전략의 내용은 다음과 같다.

앞서 살핀 것처럼 일제는 한국인에 대한 관리 임용을 제한하였다. 그런데 여기서 유의해야 할 것은 그들이 한국인의 관리 임용을 절대적으로 제한하지는 않았다는 점이다. 그것이 비록 하급관리 채용에 국한된 것이었기는 해도 한국인들의 입장에서는 그나마 다행스런 일로 여기지 않을 수 없는 형편이었다. 그런데 일제는 이러한 하급관리의 자격요건을 학교 졸업생으로 국한시켜 놓으면서 동시에 일정한 한도 내에서 학교교육을 제공하였다. 일제의 의도는 간단히 말해서 하급관리를 미끼로 한국민을 학교, 특히 사립보다는 관·공립학교로 유인하여 반일사상을 희석시킴으로써 한국민에 대한 우민화·동화정책을 달성하겠다는 것이었다. 일제의 이런 발상은 대체로 적중하였던 것으로 보인다. 이것은 무엇보다도 당시의 뜨거운 진학열을 통해서 알 수 있다. 당시에 자식이 입학시험에 낙방한 한국인 부모들 중에는 자살을 하거나 가출을 하는 경우까지 있었다는 사실은 그것이 어느 정도였는지를 가늠하게 한다.[11]

---

10) 김운태(1986). 『일본 제국주의의 한국 통치』. 박영사. 170쪽 참조.

11) 당시의 신문에는 아들이 고등보통학교 입학시험에 불합격한 것을 비관한 아버지가 물에 빠져 자살했다는 기사(동아일보, 1936. 3. 29)가 있는가 하면, 역시 아들이 고등보통학교 입학시험에서 떨어져 집안 분위기가 침울해지자 어머니가 아들에게 "모쪼록 공부 잘 해라"는 말을 남

이와 같은 일제의 통치술은 조선시대에 과거제도를 이용한 통치 방법과 상당히 유사한 측면이 있다. 단지 조선시대의 과거 합격의 의미가 일제시대에는 관·공립학교 입학으로 바뀌었을 뿐 그 본질은 서로가 동일한 것이었다.

새겨보기

1905년 을사조약을 계기로 조선의 교육을 지배하려 했던 일제는 조선인 학교의 수업연한 단축과 조선인 상급학교 진학 억제를 통한 우민화 정책, 그리고 일본어 교육을 통한 조선인의 동화정책을 식민지 교육의 기본 노선으로 삼았다. 이러한 일제의 교육정책은 결과적으로 조선 내 한국인과 일본인 간의 차별을 가져 왔으며, 이것은 한국인들로 하여금 강한 불만을 야기시키게 되었다. 이러한 불만을 누그러뜨리기 위해 일제는 한때 각급 학교의 수업연한과 교과목을 일본인과 동일하게 한다는 방침을 표명하기도 하였으나 실제로는 종전과 별 차이가 없었다.

일제는 한국인들의 강한 교육열을 통치에 이용하기도 했는데, 그들은 한국인 자녀들의 입학을 미끼로 한국인들의 창씨개명을 유도하려 하였다. 또한 관리를 임용할 때 사립보다 관·공립 출신을 우대함으로써 한국인 자녀들을 여기에 유인하여 반일사상을 제거하려 하였다.

기고 가출했다는 기사(동아일보, 1936. 3. 23)를 찾아볼 수 있다. 한국교육개발원(1997). 『한국 근대 학교교육 100년사 연구(Ⅱ): 일제시대의 학교교육』. 110-111쪽 참조.

제8장

미군정기와 대한민국의 교육
- 한국 현대교육의 형성과 전개 -

1. 미군정기의 교육

가. 시대적 특징

미군정기시대는 불과 3년밖에 안 되는 짧은 기간이었지만, 바로 이때에 현대 한국교육의 기본 틀이 마련되었다는 점에서 한국교육사상 대단히 중요한 시기라고 말할 수 있다.

일본을 굴복시킨 미·소 연합군은 일본의 식민지였던 한국의 무장해제를 위해 38선을 경계로 미군은 남한에 소련은 북한에 들어와 각각 군정을 실시하였다. 처음에 미군은 우리가 기대했던 것처럼 우호적이지 않았으며 오히려 점령군처럼 위협적으로 우리에게 다가왔다. 그들은 미군의 명령에 불복하는 자는 사형에 처한다고 하는 등 한국민에게 공포심을 안겨 주기까지 하였다.

당시 미군정의 기본 목적은 소련에 대한 견제를 위해 남한을 미국과 동일한 사회질서를 갖춘 민주국가를 만드는 것이었다. 그러나 미군은 준비가 부족했기 때문에 매사에 한국인들의 협력을 구하지 않을 수 없었으며,

이 점에 있어서는 교육 분야 역시 마찬가지였다. 그들은 남한의 교육을 개혁하기 위해 미국 유학생 출신으로서 반공이념이 투철하고 민주주의적 성향을 가진 한국인 교육인사들을 발탁하였는데, 이들 인사들은 당시 학무국 직원이나 한국교육위원회 및 조선교육심의회 위원으로 있으면서 우리 교육의 초석 마련을 위해 많은 활동을 하였다.

나. 미군정시대의 교육시책

초기의 미군정 당국은 혼란을 두려워 한 나머지 급격한 개혁을 실시하지 않았다. 그보다는 일제시대의 제도를 그대로 유지하려 하였는데 교육제도 역시 예외가 아니었다. 그 후 여유를 찾은 미군정청은 남한을 민주주의 국가로 만든다는 방침 아래 한국인 교육인사들의 도움을 얻어 대폭적인 교육개혁을 실시하였다. 이것은 개화기의 교육개혁에 필적할 만큼의 엄청난 개혁이었다. 이때 추진된 교육개혁의 주된 내용은 다음과 같다.

교육이념의 제정 : 일제의 지배에서 벗어나 교육을 처음부터 시작해야 했던 우리가 가장 먼저 해야 했던 것은 바로 교육이념의 제정이었다. 이 문제는 당시 조선교육심의회의 교육이념 분과위원회에서 다루었으며, 그 활동의 결과로서 다음과 같은 교육이념이 제정되었다.

> 홍익인간의 건국이상에 기(基)하여 인격이 완전하고 애국정신이 투철한 민주국가의 공민을 양성함을 교육의 근본이념으로 함.

이처럼 당시 교육이념의 핵심문구는 "민주국가의 공민"이었으며, 그것의 토대는 "홍익인간"이었음을 알 수 있다. 특히 이 홍익인간의 도입은 당시 이 작업에 관여하였던 한국인 교육인사들의 민족주의적 성향이 반영된 결과라고 할 수 있다.

신학제의 도입 : 먼저 복선형 학제를 단선형으로 바꿈으로써, 종전에 보통교육과 실업교육이 제도적으로 분리되어 있어 빈부에 따라 진학하는 학교

계통이 다를 수밖에 없었던 것을 이제는 모든 국민들이 일원적인 학교제도 안에서 진학할 수 있도록 하였다. 다음으로 초등학교부터 대학교까지의 수업연한을 6-3-3-4제로 전환하였는데, 이 학제의 골자는 종전에 4년제였던 중등학교를 6년제로 하면서 이를 초급중학교 3년과 고급중학교 3년으로 나눈다는 것이었다. 당시에는 이러한 조치에 대해서 찬반 논의가 없었던 것은 아니었으나, 결국 이와 같은 6-3-3-4학제로 굳어지게 된 것은 이것이 미국의 학제 중의 하나였다는 사실과 무관하지 않다고 할 수 있다.

의무교육제의 실시 : 미군정 당국이 남한을 민주주의 국가로 만든다는 계획은 국민들에 대해 최소한의 교육이 이루어졌을 때 가능한 것이었다는 점과, 전통적으로 강한 진학열을 지녔던 한국민들의 교육기회 확대요구를 무시할 수 없었다는 점에서 당시 의무교육제의 실시는 당연한 귀결이었다고 할 수 있다. 조선교육심의회에서는 1946년 9월부터 의무교육을 실시하기로 가결하였으며, 그 후 문교부는 국민들의 진학을 꾸준히 권장한 결과 1948년에는 전체 취학연령 아동 중 75%를 초등학교로 흡수할 수 있게 되었다.

미군정 당국은 이 밖에도 대규모의 교원양성과 재교육을 실시하였으며, 일제시대의 교과서 대신 새 교과서를 편찬하였다. 또한 취학 시기를 놓친 사람들을 대상으로 성인교육을 실시하였으며, 군정 말기에는 교육자치제의 실시 계획을 담은 군정 법령을 공포하기도 하였다.

한편 민간 차원에서는 교육의 민주화가 제도만 바꾼다고 해서 이루어지는 것이 아니라는 점을 인식하고, 교육의 현장에서도 명실상부하게 민주교육이 이루어질 수 있도록 교육운동을 펴나갔다. 이것이 바로 "새교육 운동"이었다. "새교육"이란 한마디로 아동 중심의 교육을 의미하는 것으로서, 이는 곧 미국의 진보주의 교육의 영향을 받은 것이었다. 새교육 운동은 그 후 군정 당국에서 관여하게 되었는데, 군정 당국은 특히 교사들에 대한 재교육을 대대적으로 실시하였다. 당시에 새 교육을 실시했던 일선 학교에서는 아동이 중심이 되는 새로운 교수법을 실시한다는 취지하에,

종전의 강의식 수업을 지양하고 분단 조직을 통한 아동들의 발표와 토론이 주가 되는 수업을 권장하였으나 실제로는 별다른 성과를 거두지 못하였다.

다. 미군정시대 교육 읽기

당시 우리의 교육개혁을 담당하였던 미군들의 태도에서 다음과 같은 점을 지적할 수 있다. 그들은 자신들을 한국민의 은인으로 각인시키려 했다는 것이다. 이것은 의무교육제도를 당시 교육기회의 확대를 염원했던 민심에 부응하기 위한 차원에서 실시하였다는 것과, 교육자치제 실시와 관련하여 당시 미군정 장관이 "이것은 한국 민족에게 보내는 최후의 선물이다."[1]라고 언급한 데서 잘 드러난다. 뿐만 아니라 해방 후 우리 국어학자들에 의해 만들어진 최초의 국어 교과서를 미군정 장관이 직접 우리 학생들에게 '하사'하는 의식을 거행하려 했던 것을 통해서도 쉽게 알 수 있다.

그런데 이처럼 시혜를 베풀 듯이 실시하였던 교육정책은 그 내실 면에서 여러 가지 문제를 내포하고 있었다. 그 단적인 예가 바로 의무교육제도의 실시이다. 상식적으로 새로운 제도를 실시할 경우에는 거기에 상응하는 재정투자가 있어야 하는데, 미군정 당국은 학교 증설과 같은 사업에 별다른 투자를 하지 않았던 것이다. 대책 없이 급작스럽게 이루어진 교육기회 확대는 과밀학급이나 2부제 수업을 낳게 되었고, 갑자기 늘어난 학교 졸업생과 한정된 직업 시장과의 심한 불균형으로 인해 심각한 취업난이 초래되었다. 뿐만 아니라 취업하지 못한 졸업생들이 무작정 상급학교에 진학하고 보려는 학력(學歷) 가수요현상이 나타나게 되었고, 이것은 다시 '학력 인플레'를 가져 왔다. 또한 학력 인플레이션은 입시경쟁을 더욱 증폭시키는 원인이 되었으며, 지나친 입시경쟁은 수많은 교육문제를 야기했다. 요컨대, 미군정 당국자들은 자신들의 정치적 이해 때문에 그야말로 백년지대계(百年之大計)여야 할 교육정책을 졸속으로 처리함으로써 우리에게 큰 부담을 안겨 준 셈이 되었던 것이다.

1) 오천석(1975). 『한국신교육사(하)』. 광명출판사. 32쪽 참조.

다음으로 짚고 넘어가야 할 점은 새교육 운동에 관한 것이다. 한마디로 당시 새교육 운동이 별다른 성과를 보지 못했던 이유는 우선 당시 학생이나 교사 모두가 일제시대의 교육으로 인해 획일적 사고에 너무나 익숙해져 있었기 때문이었다. 그리하여 책상은 토의식 수업을 위해 서로 마주 보게 배치해 놓고 실제 수업은 일제시대 때와 똑같은 강의식으로 하는 것이 당시 교실의 일반적인 모습들이었다. 물론 이렇게 된 데는 또 다른 중요한 이유가 있었는데, 그것은 다름 아닌 중학교 입시 때문이었다. 입시를 위해서는 역시 강의식 교육이 효과적이라는 생각이 지배적이었던 까닭에, 토론이 중심이 되었던 새교육은 일선 학교로부터 외면당할 수밖에 없었던 것이다. 특히 "새교육을 하면 실력이 떨어진다"는 인식이 확산되면서 학부모들의 강한 저항에 부딪힘에 따라 새교육은 설 곳을 잃게 되었다.

새겨보기

미군정시대는 현대 한국교육의 기틀이 만들어졌던 만큼 한국 교육사에 있어서 중요한 시기였다. 당시 미군정 당국은 이 땅에 민주주의 교육을 실시한다는 방침에 따라 한국인 인사들의 힘을 빌어 일제시대의 교육제도를 혁신하려 하였다. 그러나 제도 개혁을 뒷받침할 만한 물질적인 투자가 따르지 않아 많은 문제들을 초래하였다. 특히 대책없는 의무교육제 실시는 과밀학급 현상을 낳았으며, 갑자기 졸업생들이 늘어나게 됨으로써 취업난이 야기되었다. 이러한 취업난은 학력에 대한 가수요를 부채질하였고 이로 인해 학력 인플레 현상이 나타남에 따라 치열한 입시 경쟁이 초래되었다. 한편 민주 교육의 상징으로서 아동중심 교육을 표방한 새교육 운동은 일제 식민지 교육의 관성과 입시에 도움이 되지 않는다는 학부모들의 인식 때문에 별다른 성과를 거두지 못하였다.

2. 대한민국의 교육

가. 시대적 특징

유엔 소총회의 결의에 따라 1948년 5월 10일 한국 역사상 최초로 총선거가 실시되었다. 그 결과 198명의 국민대표가 선출되었고, 같은 해 5월 31일에는 최초의 국회가 열리게 되었다. 그 후 국회가 만든 헌법의 절차에 따라 대통령 선거가 실시되었으며 이 선거에서 이승만이 대통령에 당선되었다. 그리고 이를 바탕으로 하여 1948년 8월 15일 비로소 역사적인 대한민국 정부의 탄생을 보게 되었다.

그러나 이러한 감격이 채 가시기도 전인 1950년 한민족 역사상 최대 비극인 6·25전쟁이 발발하였다. 이로 인한 피해는 실로 엄청났으며 인적·물적 피해 외에도 통일에 대한 깊은 좌절감을 우리에게 안겨 주게 되었다. 그 후 휴전이 성립되자 우리는 피해 복구에 온 힘을 쏟았다. 그런 와중에도 자유당의 독재로 인한 정치적 혼란이 가중되면서 급기야 1960년 4월 19일에는 학생들을 주축으로 한 민중의 혁명이 일어났다. 결국 이승만은 대통령직을 물러나게 되었고, 이로써 독재정권은 막을 내리게 되었다.

자유당에 이어 새로이 집권한 민주당은 자유 민주주의를 표방하면서 사회 전반에 민주의 바람을 불어넣으려 하였다. 그러나 4·19혁명 이후 사회에 만연된 기강의 해이로 인해 그러한 노력은 혼란만 가중시키는 결과를 가져왔다. 이러한 사회적 혼란을 빌미로 1961년 군사 쿠데타를 일으킨 박정희는 1963년까지 군정을 실시한 다음 선거를 통해 대통령으로 당선되었다. 그 후 박정희 정권은 1972년 소위 "유신헌법"을 제정하고, 이를 기초로 대통령 선출기구인 통일주체국민회의를 만들어 장기집권을 꾀하였다.

그러나 언제까지나 지속될 줄 알았던 박정희 정권은 1979년 10월 26일 당시 중앙정보부장 김재규에 의해 시해됨으로써 막을 내리게 되었으며, 곧바로 전두환을 중심으로 한 소위 신군부 세력이 정권을 장악하였다.

1980년 전두환은 통일주체국민회의에서 대통령으로 당선되었으며 이로써 5공정부가 출범하게 되었다.

그 후 5공화국 말기인 1987년, 강권통치에 반기를 든 수많은 시민 및 재야인사들의 민주화 운동으로 위기의식을 느낀 당시 집권당의 차기 대통령 후보 노태우는 대통령 직선제 개헌과 그 밖의 민주화 프로그램을 제시한 소위 6. 29선언을 발표하였다. 그 후 국민투표를 통해 개정된 헌법에 따라 1988년에 실시된 직선제 선거에서 노태우가 대통령에 당선되었으며 이로써 6공화국이 출범하게 되었다.

노태우 정권은 당시의 상황상 차기집권이 불확실하다는 판단하에 민간주도의 정권을 창출하기 위해 김영삼을 차기 대통령 후보로 지명하였다. 그 후 1992년 대통령 선거에서 김영삼이 대통령에 당선됨으로써 32년간의 군인출신에 의한 통치를 마감하고 1993년부터는 문민정부시대가 열리게 되었다.

나. 제1·2공화국의 교육(1948~1961)

1948년 8월 15일 대한민국 정부의 수립과 더불어 출범한 제1공화국(1948~1960)은 일제와 미군정의 통치를 벗어난 명실상부한 주권국가였다. 이것은 곧 우리 교육의 주권회복을 의미하는 것으로서 교육사적으로 볼 때 실로 획기적인 일이었다. 1공화국 정부는 1949년 말 교육의 근간이라고 할 수 있는 교육법을 제정·공포하였는데 그 주요 내용은 교육의 기회균등, 6년간 무상 의무교육 실시, 교육이념으로서 "홍익인간" 명시, 학생의 인격과 개성 존중, 교육의 중립, 교원의 신분보장 등이었다.

그 후 1950년 6·25전쟁이 발발하게 되자 우리 교육은 일대 혼란에 빠지게 되었다. 정부는 이에 대처하기 위해 "전시하 교육 특별조치 요강"을 발표하였는데 그 내용은 피난학교 설치, 임시 교재 및 교과서 발행, 전시연합대학 설치 등이었다. 이는 세계적으로 그 유례를 찾아보기 힘든 것으로서 한국민들의 뜨거운 교육열을 단적으로 보여준 사례였다.

또한 1950년에 700여 명의 인사와 전문가로 구성되었던 "교육과정심의위원회"의 연구 결과를 토대로 1955년 초·중·고등학교 교육과정이 공포되었다. 이것이 바로 "제1차 교육과정"으로서 이는 우리의 힘으로 만든 최초의 체계적인 교육과정이었다. 이때의 교육과정은 학생의 생활경험을 중시하는 미국의 진보주의 교육철학을 반영한 것이었으나 실제 운영에 있어서는 종전과 마찬가지로 교과 중심 교육이 되고 말았다. 그 이유는 우선 교사들의 경우 학생이 중심이 되는 진보주의 교육이념과 교육 방법에 익숙지 않았고, 사회적인 풍토 또한 이를 뒷받침할 만큼의 의식이 성숙되지 않았기 때문이었다. 그러나 진보주의 교육의 최대 장애요인은 역시 입시였다. 당시 중학교 이상의 각급 학교들은 입시를 통해 학생들을 선발하는 방식을 취했기 때문에 입시에 유리한 주입식 교육이 선호될 수밖에 없었다.

또한 대한민국 정부 수립 이후부터는 그동안 제한되었던 고등교육에 대한 국민들의 열망을 수용하고, 동시에 새 시대의 사회·경제적 상황에서 요구되는 많은 고등교육 인력을 확보하기 위해 정부는 적극적으로 고등교육 확대정책을 실시하였다. 이를 위해 전국의 각 지역에 국립대학을 설립하고, 사립대학 설립 인가를 대폭 허가하였으며, 그 결과 1945년 해방 당시에 7,819명이던 학생 수가 1960년에는 약 13배가 증가된 101,041명에 달할 정도로 이 시기 동안에 괄목할 정도로 고등교육이 팽창하였다.

그 후 4·19혁명을 계기로 출범한 제2공화국(1960~1961)에서는 종전의 자유당 정부의 독재정치 잔재를 일소하기 위해 사회 전반에 걸쳐 민주화를 추진하였는데, 교육분야에서는 학원 민주화와 교육자치제 강화방침으로 구체화되었다. 그러나 2공화국 정부는 이듬해 있었던 5·16군사 쿠데타로 단기간의 집권으로 끝남에 따라 이렇다 할 교육정책을 펴 보지도 못한 채 막을 내리게 되었다.

다. 5·16 군사정부 및 제3공화국의 교육(1961~1972)

1961년 쿠데타를 통해 집권한 군사정부는 "조국의 근대화"를 슬로건으로 내걸고 이를 추진하기 위한 작업으로서 교육을 통한 인간개조 운동을 펴나갔다. 특히 1961년에는 종전까지의 고등교육 분야에서의 양적 확대에 따른 교육의 질적 저하의 문제를 개선하기 위해 학원의 정상화를 통해 양질의 교육을 실시한다는 명목으로 교육에 관한 임시 특례법을 공포하였다. 그 내용은 ① 문교부 장관에 대한 학교·학과 통폐합, 학급·학생 정원 재조정 권한 부여, ② 교육감 및 국·공립대학교 총학장 임명제, ③ 교수자격 심사제, ④ 교원의 노동운동 금지, ⑤ 학사자격 국가고시 실시 등이었다. 이를 통해 정부는 다수 대학들의 통폐합과 함께 학과 수를 대폭 축소하고 상당수의 학생 수를 감축하였다. 그러나 이 법은 당시 군사정부에 대해 비판적이었던 교수·대학생 및 대학당국을 통제하려는 정치적 의도에서 제정된 것이었다는 비난을 모면할 수 없었다. 또한 군사정부는 사친회비가 무상 의무교육 정책의 취지에 위배된다는 점을 들어 사친회를 폐지하였는데, 이는 교육재정 확보가 선행된 조치가 아니었기 때문에 각종 잡부금의 형태로 학부모로부터 필요한 재정을 충당하게 되는 결과를 가져왔다. 이것은 결국 실속이 없는 전시 교육행정의 하나였다. 이 밖에 군사정부는 1961년 교육자치기구인 교육구와 시교육위원회를 폐지하였으며, 1962년에는 교육법을 개정하여 교육행정을 내무행정에 예속되게 함으로써 교육자치제를 완전히 폐지하였다.

1963년부터는 그동안의 군사정치가 막을 내리고 제3공화국이 시작되었다. 3공화국 기간 동안의 괄목할 만한 교육조치는 1968년의 중학교 무시험 진학제도와 대학입학 예비고사제도 등 입시제도의 개혁을 들 수 있다. 먼저 당시 '7·15어린이 해방'이라고도 불렸던 중학교 무시험 전형제는 그동안의 입시경쟁으로 인한 폐해들을 한꺼번에 해소할 수 있는 조치로 인식되어 전폭적인 호응을 얻었다. 당시 문교부가 내세웠던 중학교 입시제도 개혁의 취지는 ① 어린이의 정상적 신체발달 촉진, ② 국민학교 교육의 정상화, ③ 사교육비 부담경감, ④ 중학교 간 격차해소 등이었다. 실제로 중학교 입시제도 철폐 이후 이와 같은 목표들은 어느 정도 달성되었던 것으로 보인다. 특히 중학교 무시험 전형제도는 애초에 중학교 수용능력의 확대를 목표로 하였는데, 그 결과 중학교 진학률이 1968년의 56%에서 1979년에는 96%에 도달하게 되었다. 이처럼 중학교 무시험은 교육의 질적 개선뿐만 아니라 양적 확대라는 효과를 동시에 추구했던 정책이라고 할 수 있다. 특히 이러한 양적 확대는 그 후 1985년부터 시행되었던 중학교 의무교육제도의 밑거름이 되었다는 점에 주목할 필요가 있다. 하지만 이러한 양적 확대에 상응하는 시설 확충이 따르지 않아 소위 '콩나물 교실'이라고 일컬었던 과밀학습의 문제를 발생시켰다. 이로 인해 정부는 종전의 초등학교 의무교육 실시로 인한 교실부족 상황을 어느 정도 해결한 상황에서 새로운 과제를 안게 된 셈이었다.

다음으로 대학입학 예비고사 실시는 대학입학 자격자를 국가가 선발하고 이들을 다시 각 대학에서 시험을 통해 선발한다는 것이었다. 이 조치에 대해서는 반대 여론이 들끓었는데, 대학들은 이 조치가 학생선발과 관련한 대학의 고유 권한을 침해하는 것이라는 이유를 들어, 그리고 일선 고등학교나 학부모들은 이것이 이중의 입시라는 점을 들어 반대하였다. 그러나 이 제도는 그동안 부분적인 손질만 있었을 뿐 그 골격은 크게 바뀌지 않은 채 지금까지 지속되어 왔다. 특히 "대학입학학력고사", "대학수학능력시험" 등으로 명칭이 변경되면서 점차적으로 대학입시에서 차지하는 비중이 증대되어 왔다고 할 수 있다.

또한 제3공화국 기간 동안에 눈에 띄는 교육조치로서는 교육자치제 부활을 명시한 교육법 제정이다. 그러나 교육법 부칙에 지방자치제가 실시되기 전까지는 교육감과 교육위원을 대통령이 임명한다고 규정함으로써 실질적으로 교육자치제는 종전과 달라진 것이 없었다.

라. 제4공화국의 교육(1972~1980)

제4공화국은 소위 "유신헌법"을 토대로 한 강압적 통치 시기였다. 이 기간 동안 실시되었던 교육정책 중에 주목할 만한 것으로는, ① 고등학교 평준화 정책, ② 실험대학제도 도입, ③ 대학교수 재임용제 실시 등을 들 수 있다.

먼저 1973년에 발표된 고교 평준화정책의 내용은 우선 서울과 부산의 고등학교의 경우 자체 입학시험을 실시하지 않고 "연합고사"로써 합격자를 선발한 후, 이들을 학군(學群)별 추첨을 통해 각 고등학교에 배정한다는 것이었다. 당시 문교부는 이러한 개혁의 이유에 대해 ① 과중한 학습부담으로 인한 학생들의 신체발달 저해, ② 경쟁심 조성으로 인한 학생들의 심성왜곡, ③ 중학교 교육의 비정상화, ④ 과중한 사교육비로 인한 가계부담, ⑤ 고등학교 간 격차심화 등을 들었다. 이것들은 앞서 살핀 3공화국 때 중학교 입시제도 개혁의 배경들과 크게 다르지 않음을 알 수 있다. 이러한 고등학교 입시제도 개혁조치는 입시로 인한 중학교 교육에서의 부작용을 완화시킨 것은 사실이었으나, 결국 중학교 교육도 대학입시와 무관할 수 없는 것이었기 때문에 획기적인 성과는 기대할 수 없었다.

다음으로 1973년의 실험대학 정책은 각 대학마다 자체적으로 실험을 통하여 교육의 질을 자율적으로 관리하게 한다는 의도하에 실시되었다. 그러나 실제로는 문교부가 정한 실험대학의 기준, 예를 들면 졸업학점의 인하, 계열별 학생선발, 부전공제, 조기졸업제도, 계절학기제 등의 이행을 종용하였다. 이 때문에 시간이 갈수록 규격화된 실험대학의 숫자가 증가하게 되면서 실험대학 정책은 오히려 대학의 획일화를 조장하는 결과를 가져왔다.

또한 유신정부는 1975년에 교육법 개정을 통해 대학교수 재임용제도를 실시했다. 이는 국·공립대학 교원의 경우 직급에 따라 일정한 계약 기간을 정해 임용하며, 사립대학은 정관이 정하는 바에 따라 기한부로 임용하되 임용 기간이 만료되면 재임용 여부를 다시 결정하게 하는 제도였다. 당시

문교부는 이 제도가 대학교육의 질적 향상과 면학 분위기를 조성하기 위한 것이라는 이유를 내세웠으나, 이 제도는 당시 유신정부 하에서 민주화 활동에 적극적인 교수들, 특히 사립대학의 경우 재단이나 학교의 부정, 비리를 폭로한 교수들의 추방에 악용되었다는 점에서 대표적 교육 악법으로 지적되고 있다.

마. 제5공화국의 교육(1980~1988)

신군부의 쿠데타를 통해 출범한 제5공화국 정부는 국민들의 불만을 억누르기 위하여 유신정권을 무색케 하는 강압적인 통치를 펴나가는 동시에, 한편으로는 국민들의 환심을 사기 위한 시책을 실시하는 등 강온전략을 병행하였다. 당시 소위 "7·30 교육개혁"은 후자의 맥락에서 나온 조치였다.

"7·30 교육개혁"은 학교교육의 정상화 및 과열 과외 해소를 기본 취지로 하였다. 그 구체적인 내용은 ① 과외금지, ② 대학본고사 폐지, ③ 고등학교의 내신성적 및 예비고사 성적에 의한 대학 입학생 선발, ④ 대학 입학정원 확대 및 졸업정원제 실시, ⑤ 고등학교 교육과정 축소 등이었다. 특히 당시 정부는 과열 과외가 학교교육의 정상화를 크게 저해할 뿐만 아니라, 가계에 막중한 부담을 안겨주고 계층 간의 위화감을 조성한다고 하여 과외에 대한 전면적인 금지조치를 단행하였다. 당시 과외를 하다가 적발될 경우 학부모는 공직 추방과 세무사찰, 현직 교수 및 교사는 교직으로부터의 추방이라는 초법적인 제재조치를 받았다.

"7·30 교육개혁"은 과열 과외의 완화, 재수생의 감소 등의 부분적인 성과를 거두기는 했으나, 대학생 수의 30% 급증으로 인한 대학교육의 질 저하, 대학 졸업정원제의 백지화에 따른 대졸자 취업난, 과외 대신 보충수업 및 자율학습으로 인한 고교생들의 수업부담의 증가 등 많은 부정적 결과를 가져오기도 하였다. 특히 가장 역점을 두었던 과외금지 조치 역시 비밀과외가 성행하는 등 근본적인 효과를 거두지 못하였다. 이처럼 7·30 교육개혁이 한마디로 실패로 끝났던 것은 이 조치가 불과 3개월 만에 급조된 데다, 실행 과정에서도 국민들의 여론에 끌려 다님으로써 일관성을 유지하지 못했던 데 원인이 있다고 하겠다.

7·30 교육개혁이 실패로 귀결되자, 5공화국 정부는 1985년 대통령 직속 기구로 "교육개혁심의회"를 구성함으로써 교육 전반에 걸쳐 개혁을 실시하려 하였다. 이 기구에서는 그 후 3년간의 활동을 통해 여러 가지 개혁방안을 만들었으나, 1988년 정권이 교체되면서 이것들은 사문화되었다.

바. 제6공화국 1기의 교육(1988~1993) : 노태우 정부

직선제에 의한 대통령 선출을 규정한 제6공화국의 새로운 헌법에 따라 1988년 노태우 후보가 대통령에 당선됨으로써 6공화국 1기 정부가 출범하게 되었다. 노태우 정부는 5공화국 정부와는 차별화된 정책들을 펴나가려 했는데, 이때 실시되었던 교육조치로서는 "문교부"를 "교육부"로 개칭, 교원지위 향상을 위한 특별법 제정, 지방교육자치제 실시 등을 들 수 있다.

여기서 주목할 만한 것은 지방교육자치제의 실시이다. 우리나라의 교육자치제는 미군정이 끝나갈 무렵인 1948년 7월에 처음으로 도입된 이래 교육법상에는 있으나 한 번도 제대로 실시된 적이 없었던 그야말로 유명무실한 제도였다. 특히 그동안 가장 큰 문제가 되었던 것은 교육자치제의 전제조건이라 할 수 있는 지방자치제의 유보였다. 그리하여 그동안 사회 각계에서는 지방자치제 실시를 요구하는 목소리가 끊이지 않았었다. 노태우 정부는 이 요구를 받아들여 1991년 12월 31일에 지방자치제법을 공포하였고, 이에 따라 이듬해인 1992년 3월에 지방의회 의원선거를 통하여 지방의회의 구성을 보게 되었다. 그 후 지방의회의 추천에 의해 교육위원들이 선출되었고 이로써 교육위원회가 구성됨에 따라 비로소 지방교육자치제의 실시가 이루어지게 되었던 것이다.

사. 제6공화국 2기의 교육(1993~1998) : 김영삼 문민정부

노태우 대통령에 이어 새로이 선출된 김영삼 대통령은 선거공약에 따라서 취임 1년 후인 1994년 2월 대통령 직속의 "교육개혁위원회"(이하 교개위)를 설치하였다. 그 후 교개위는 1년 동안의 활동을 토대로 1995년 5월 31일 흔히 "5·31 교육개혁안"으로 불렸던 1차 개혁안을 발표하였는데, 그 보고서의 제목은 "세계화·정보화시대를 주도하는 신교육체제 수립을 위한 교육개혁방안"이라는 것이었다. 당시 교개위가 제시한 신교육체제의 목표는 ① 열린 교육사회·평생학습사회의 비전 실현, ② 모든 학습자의 잠재능력 최대한 계발, ③ 세계적 수준의 학문과 과학기술 창조, ④ 종합적 교육지원체제 마련, ⑤ 교육의 질 향상 등이었다.

그런데 "5·31 교육개혁안"은 결국 "세계화·정보화"라는 국가 경쟁력을 증진시키기 위해 교육을 수단화하겠다는 의도로서, 한마디로 경제논리를 교육논리보다 우위에 둔다는 것이었다. 이것은 구한말 부국강병에 필요한 인재양성을 위해 구상했던 교육개혁의 발상 방법과 크게 다를 바 없는 것이었다.

교개위는 그 후 2·3·4차에 걸쳐 많은 교육개혁안을 발표하였는데, 그 중에서 대학입학제도 개선 방침을 보면 인간교육을 강화하고 학교교육의 정상화를 위해 1997학년도부터 고등학교 생활기록부를 입시에 반영하며, 모든 대학이 입시에서 국·영·수 위주의 필답고사를 폐지하도록 하였다는 것이다. 이 밖에 교개위에서는 사교육비를 절감하고 건전한 교육풍토를 조성하기 위해, 불법과외에 대한 단속을 강화하며 과외 수요를 흡수하기 위한 일환으로 위성교육방송을 실시한다는 방침을 마련하였다. 그런데 사교육비 절감 및 불법과외 근절 방침은 차기 정부 출범 직후에 불법과외 단속을 국가적 시급과제로 정하고 강력하게 추진했다는 것과, 곧이어 고액과외 사기사건이 사회적으로 큰 물의를 일으켰다는 사실 등에 비추어 볼 때 단지 구호에 지나지 않았던 것임을 알 수 있다.

아. 제6공화국 3기의 교육(1998~2003) : 김대중 국민의 정부의 교육

김대중 "국민의 정부"는 정부조직 개편을 통해 기존의 "교육부"를 "교육인적자원부"로 전환함과 동시에 장관을 부총리로 격상하였으며, 특히 김대중 대통령은 "교육 대통령"을 자임하며 교육개혁을 위한 정책들을 펴나갔다. 국민의 정부의 교육개혁안 중 먼저 언급할 것은 교원정년 단축이다. 이는 당시 65세였던 교사들의 정년을 60세로 단축한다는 것으로, 노령 교사들의 정년을 앞당김으로써 확보되는 재원으로 다수의 신임교사를 충원하겠다는 취지였다. 그 후 교사 정년은 우여곡절을 겪다가 결국 62세로 정해지게 되었는데, 이러한 일방적 추진 과정에서 교사들은 자존심에 상처를 입게 되었다.

국민의 정부 기간 동안 교육계에 있어서 주목할 만한 사건은 2000년 헌법재판소의 과외금지 위헌 판결이었다. 이로써 정부는 사교육을 금지할 법적인 근거를 상실하게 됨에 따라 사교육의 증가를 막을 수가 없게 되었다. 이러한 상황 하에서 이전 정부에서 마련한 7차 교육과정의 전격적 수용은 학생들의 수준과 특성을 고려한 교육을 통해 사교육을 경감하려는 취지에도 불구하고 우열반 편성에 대한 우려 때문에 이를 위한 사교육을 확대시켰다. 또한 2002년의 특기·적성을 중시하는 대학입시제도 개선안은 일선 학교에서 특기·적성교육이 여의치 않아 결국 사교육에 대한 수요가 대폭 증가하게 되었다. 특히 다양한 입시전형이 도입되면서 이와 관련한 여러 편법 혹은 불법적 현상이 나타나게 됨으로써 사회적 문제가 되었다. 이러한 과정에서 정부의 교육정책 및 공교육에 대한 불신, 그리고 점차 늘어나는 사교육비로 인해 조기유학 및 해외 이민자가 급속히 늘어나기 시작하였다.

한편 국민의 정부에서는 교육평등과 사교육비 경감이라는 취지로 대학입시에서 "3불(不) 정책"을 발표하였는데, 이는 대학본고사·고교등급제·기여입학제를 금지한다는 것이었다. 이에 대해 대학들은 입시 자율화를 저해하는 처사라는 이유에서 반대를 하였으며, 정책의 타당성을 놓고 사회적으로도 많은 논란을 야기하게 되었다. 이밖에 국민의 정부 기간 동안의 주요 교육정책으로는 교원노조 합법화, 교원성과급제 도입, 두뇌한국(BK) 21사업 실시, 중학교 의무교육 확대 등을 들 수 있다.

자. 제6공화국 4기의 교육(2003~2008) : 노무현 참여정부의 교육

노무현 "참여정부"는 교육개혁을 추진하기 위해 대통령 자문기구인 "교육혁신위원회"를 설치 운영하였다. 동 위원회의 교육개혁 방안으로 주목할 만한 것은 2008년 이후 대학입학제도 개혁 방안이었다. 대학입시에서 내신을 주요 전형 요소로 하되 수능시험은 등급제로 전환하여 반영한다는 내용을 골자로 한 이 개혁안은, 학교 간의 학력 격차가 엄연히 존재하고 있는 상황에서 내신이 신뢰성을 지닐 수 없다는 것과 수능이 등급화 되어 변별력을 지닐 수 없다는 점에 대한 비판이 제기되었다. 또한 이 때문에 일부 대학들은 우수 학생들을 선발하기 위한 자구책으로서 본고사의 논란이 있는 변형된 논술시험 및 심층면접 등을 실시하려 하였다. 특히 참여정부에 들어와서도 3불 정책을 둘러싸고 정부와 대학들 간의 대립과 사회적 논란이 지속되었으나, 노무현 대통령은 임기 말까지 폐지 불가 방침을 고수하였다.

또한 참여정부는 막대한 사교육비를 경감한다는 목적으로 "EBS 수능방송"을 실시하였는데, 일선학교의 유능한 교사나 학원의 유명 강사들에게 수능 관련 강의를 담당하게 하였으며, 방송강의 내용을 수능 출제시 일정 비율 내에서 반영하였다. 그러나 이러한 수능방송은 저소득층 고등학생들에게 사교육 수강 기회를 제공한다는 긍정적 측면이 있었기는 했지만, 종전과 비교하여 사교육이 별반 차이가 없었다는 점에서 사교육비를 획기적으로 경감하겠다는 정부의 목표는 달성하지 못했던 것임을 알 수가 있다.

한편 당시 고등학생들 사이에는 "죽음의 트라이앵글"이라는 말이 회자되었는데, 이는 대학입시에서 어느 하나도 소홀히 할 수 없는 수능·내신·논술 시험들이 엄청난 부담을 안겨 줌으로써 학생들의 입장에서는 견디기 힘든 고통을 받을 수밖에 없음을 표현한 말이었다. 이러한 현상은 그동안 역대 정부들이 추진해 온 입시의 다양화가 학생들에게 얼마나 큰 부담을 안겨주는가를 여실히 보여주는 것이었다.

이 밖에 참여정부 기간 동안 내내 논란의 대상이 되었던 것은 사립학교법 개정이었다. 개방형 이사제 도입을 핵심으로 하는 사학법 개정안으로 인해 사학단체들이 강력히 반발하였으며, 정치계뿐만 아니라 국민들의 여론이 분열되었다. 2005년 말 이 개정안이 통과된 후 얼마 있지 않아 재개정되었으나 사립학교 법인들이 헌법소원을 제기하는 등 갈등 양상은 좀처럼 가라앉지 않았다.

차. 제6공화국 5기의 교육(2008~2013) : 이명박 정부의 교육정책

이명박 정부는 이전의 여타 정부와 마찬가지로 국민을 괴롭히는 주범으로 사교육비를 지목하였다. 그리하여 국가 교육정책의 기본 축의 하나로서 사교육비를 절반으로 축소하겠다는 방향을 설정하고 이를 위한 다양한 정책을 시행하였다. 이를 위한 세부 대책으로서 먼저 학교교육을 활성화시킴으로써 공교육에 대한 만족도 제고를 통해 사교육비를 절반으로 줄이겠다는 취지로 고교 다양화 정책을 추진하였는데, 그 결과 기숙형 고등학교, 자율형 공립고등학교, 자율형 사립고등학교, 마이스터 고등학교 등이 신설되었다. 이러한 고교 다양화 정책은 학생들의 고교 선택의 기회를 넓혀주었다는 긍정적인 측면이 있었으나 고교 간 서열화를 조성하고 일반계 고등학교가 위축되는 부작용을 초래하였다. 특히 자율형 사립고는 등록금이 일반고의 세 배 이상이었다는 점 때문에 귀족학교라는 논란과 함께, 특목고가 고교서열화와 사교육 과열의 진원지로 비판받고 있던 차에 자립형 자율고라는 특수형태의 고교가 또 하나 생겨남으로써 중학교 사교육비를 증가시킨 요인으로 지목되었다. 한편 이명박 정부는 사교육의 가장 중요한 원인으로 지목되던 대학입시 제도를 대폭 손질하게 되는데, 종전의 성적 위주 선발에서 잠재력과 적성을 평가하는 입학사정관제 전형을 대폭 확대하였다. 그러나 이 전형은 대학입시를 더욱 복잡하게 만들어 학생들로 하여금 소위 '스펙 늘리기' 부담을 가중시켰을 뿐만 아니라 입학사정관제가 또 다른 사교육을 초래하게 됨으로써 학부모들이 체감하는 사교육비는 오히려 증가하였다는 비판에 직면하였다.

그러나 이명박 정부는 마이스터고, 특성화고 졸업생들의 취업률을 높임으로써 고졸 취업문화 확산을 가져왔다는 것과 영유아 교육과정인 누리과정을 도입함으로써 유아교육에 대한 국가의 책임을 한층 강화하였다는 것은 긍정적인 평가를 받았다. 하지만 기대를 모았던 대학 구조조정이나 등록금 정책은 당초 기대에 미치지 못한 것으로 평가되었다.

카. 제6공화국 6기의 교육(2013~2017) : 박근혜 정부의 교육정책

박근혜 정부 교육정책 중에서 비교적 큰 비중을 차지하였던 것은 역시 대입 관련 정책으로서, 정부 출범 당시 대입 전형이 지나치게 많아 입시준비로 인한 학생들의 부담을 경감시켜 주기 위해 대학입시 간소화를 추진하였다. 이를 위해 정부는 대학이 자율적으로 비슷한 전형들을 통합하도록 유도하였으며, 이와 함께 주된 사교육 유발 요인으로 여겨지는 대학별고사를 축소하기 위하여 논술고사 등의 대학별고사를 폐지하는 대학에 대하여 고교교육정상화 장려금을 지급하는 등 대학입시 간소화를 위한 여러 정책을 추진하였다. 그러나 그 후 대입전형의 간소화 정책에 대한 체감효과는 미미하였으며, '학생부종합전형'이라는 특정 전형이 확대됨으로써 학생 및 학부모의 부담이 과도하게 늘어났을 뿐만 아니라, 이것이 부유한 가정 출신의 학생들에게 유리한 전형이라 하여 소위 '금수저전형'이라는 비판에 직면하게 되었다. 한편, 전임 이명박 정부와 마찬가지로 수학능력시험을 쉽게 출제한다는 방침을 유지하였는데, 지나치게 쉬운 수학능력시험 출제로 '물 수능' 논란이 야기되었을 뿐만 아니라, 수능시험이 대입에서의 변별력을 사실상 상실하였다는 비판도 제기되었다.

또한 2014년에는 무분별한 선행학습을 완화시키기 위해 공교육정상화

촉진특별법이 제정됨에 따라 초·중·고교 시험에서 교육과정의 범위와 수준을 초과하는 시험이 금지되었다. 이와 함께 학생들의 '꿈'과 '끼'를 키워줌으로써 다양한 진로적성교육을 모색하기 위해 중학교에 자유학기제를 도입하기로 하였다. 이는 중학교 3년 동안 한 학기를 자유학기로 지정하여 학생 개개인의 소질과 적성에 맞는 다양한 직업세계에 대한 탐구 및 자유로운 교육을 추구하도록 보장해 주려는 취지의 제도로서, 그 배경 중에는 지금까지 주로 대학입학에 집중된 열기를 누그러뜨려 교육의 정상화를 도모하고자 하는 정부의 의도가 있었다고 할 수 있다.

이 밖에 박근혜 정부는 인구감소 추세로 학령인구가 크게 감소하여 2018년부터 고등학교 졸업자와 대학 입학정원이 역전됨으로써 정원을 채우지 못하는 대학이 크게 증가할 것으로 예상됨에 따라, 이명박 정부에서 추진했던 대학 구조조정을 더욱 적극적으로 추진하였다. 또한 이전 정부 때 어린이가 유치원이나 어린이집에 다니며 교육과 보육을 평등하게 받을 수 있도록 국가가 지원하였던 누리과정에 대한 지원을 보다 확대해 나갔으며, 이와 함께 고교무상교육도 순차적으로 실시하여 2017년에는 이를 전면적으로 시행하였다.

마지막으로, 박근혜 정부의 교육정책 중에서 가장 크게 역점을 두었던 것은 '역사교육 정상화'를 내건 '국정교과서' 편찬이었다. 이에 대해 학계를 비롯한 각지에서 많은 반발이 있었으며, 박근혜 대통령이 헌법재판소에 의해 탄핵됨으로써 사실상 국정교과서는 더 이상의 추진 동력을 잃게 되었다.

타. 대한민국의 교육 읽기

1948년 대한민국 정부 수립 이후 우리의 교육은 지금까지 숨가쁘게 달려왔다고 할 수 있다. 그렇다면 그동안 수많은 변천 과정에서 우리 교육에 가장 큰 영향을 미친 요인이 무엇인가를 고찰해 볼 필요가 있다.

가장 먼저 생각해 볼 수 있는 것은 국가의 정책적 노력이다. 그리고 그러한 노력의 방향은 크게 교육의 양적 확대와 질적 개선 노력이라고 할 수 있을 것이다. 먼저 양적 확대 노력으로 가장 주목할 만한 것은 제1공화국의 초등학교 의무교육 확대 및 고등교육 인력의 확충이다. 또한 제3공화국의 중학교 무시험 정책과 제5공화국 때 7·30 교육개혁도 결과적으로는 각각 중학생과 대학생의 커다란 증가를 초래하게 되었다. 특히 중학교 무시험 정책은 종전의 초등학교 취학률의 엄청난 증가로 인해 늘어난 졸업자를 중학교에서 수용해야만 했던 배경과 관련이 있었던 것으로 판단된다. 그러나 양적 확대는 이에 상응하는 교육 여건의 확충이 따르지 않아 교육의 질적 저하를 초래하게 되었다.

이에 국가에서는 교육의 질적 개선을 위한 다방면의 노력을 기울여 나갔는데, 그 중에는 먼저 5·16 군사정부 때의 대학생 수 감축 조치는 양적 축소가 질적 개선을 담보하기 위한 기본 조건이었음을 보여 주는 것이었다. 이와 함께 중학교 무시험 전형 및 고교 평준화 등과 같은 입시제도의 개편, 국가교육과정의 개혁, 과밀학급 개선 등은 교육의 질 개선을 위한 국가의 주요 노력들이었다고 볼 수 있을 것이다.

그런데 이러한 국가 차원에서의 역할도 중요하지만, 절대로 간과해서는 안 되는 것은 바로 우리 국민들의 교육열이다. 이러한 교육열이 받쳐주지 않았다면 전술한 국가의 노력도 제한적인 성과만을 올리게 되었을 가능성이 크다. 그럼에도 불구하고 이러한 교육열은 지금까지 우리 교육의 질 개선을 가로막아 온 가장 치명적인 걸림돌이었다고 할 수 있다. 왜냐하면 교육열의 실체는 바로 상급학교 및 '좋은 학교' 진학에 대한 열정—궁극적으로는 좋은 대학에 대한 입학 열정으로서, 엄밀히 말하면 '학력열(學歷熱)'이라고 할 수 있기 때문이다. 이러한 학력열은 교육을 단지 대학입시 합격을 위한 수단으로 인식하게 함으로써 결국 교육의 질을 저하시킨 주범이라 할 수 있을 것이다.

또한 유의해서 볼 것은 우리의 교육사에서 지배층의 경우 교육을 자신들이 추구하는 목적 달성을 위한 수단으로 여겨왔다는 점이다. 예를 들어 조선시대의 경우 국민 교화의 수단으로서, 구한말에는 부국강병의 수단으로서, 일제와 미군정시대에서는 한국민에 대한 통치 수단으로, 그리고 대한민국 정부 수립 이후 지금까지 각 정권의 이해관계를 달성하기 위한 수단으로 교육은 이용되어 왔던 것이다.

특히 정부 수립 이후 역대 정권들이 교육을 정치적으로 이용해 왔음은 입시제도 개혁의 역사에서 확인할 수 있다. 우선 박정희 정권 시절인 1968년의 중학교 무시험제도 발표가 그러하다. 당시 이 조치는 박정희 대통령의 3회 연속 출마를 관철시키려는 소위 “3선 개헌”을 달성하기 위해 국민들의 환심을 사려는 의도에서 이뤄진 것이었으며, 실제로 이것은 어느 정도 효과를 얻었던 것으로 판단된다. 다음으로 1973년의 고교평준화 시책 역시 같은 시각에서 볼 수 있다. 주지하는 바처럼 이 시책은 유신정권 출범 직후인 1973년 초에 마련된 것인데, 이는 당시 유신체제에 대한 국민들의 반감을 누그러뜨리기 위한 조치로 해석된다. 이와 함께 제5공화국의 대학 본고사 폐지 및 대학 입학정원 확대 조치를 담은 7·30 교육개혁 역시 정권의 부당성에 대한 국민들의 저항의식을 희석시키기 위한 방편의 하나였다고 볼 수 있다. 그리고 이처럼 국민들의 환심을 얻기 위해 교육을 이용하려 하였던 것은 그 후 역대 정부들 역시 마찬가지였다고 할 수 있다.

또 한 가지 분명히 짚고 넘어가야 할 점이 있다. 그것은 역대 정부에서의 교육개혁 담당 집단의 역량부족에 관한 것이다. 이것은 특히 사교육 대처 방안에서 드러난다. 흔히 이들은 사교육의 만연이 사교육비를 증가시킴으로써 사회문제를 야기할 뿐만 아니라 학교교육에 대한 불신을 초래하는 원인이 된다고 보고 사교육을 근절해야 한다는 극단적인 주장을 펴게 된다. 그리고 이들이 늘 하는 주장은 “학교교육의 정상화”와 “입시제도 개혁”이었다. 이 점에 있어서는 역대 정부가 공통적이었다고 할 수 있다.

그렇다면 과열된 사교육을 완화시키기 위한 대책으로서의 “학교교육의 정상화”는 과연 얼마나 현실성이 있는가? 이 점에 대해서 의문을 제기하지 않을 수 없다. 왜냐하면 사교육에 의지하려는 경향이 학교교육의 비정상적 상황, 다시 말해서 학교가 제대로 가르치지 못하고 있다는 것과 직접적인 관련이 있다고 보기는 어렵기 때문이다. 학교에서 교육을 잘하든 그렇지 않든 간에 학생 및 학부모들의 입장에서는 동일한 조건으로 비쳐지기 때문에, 아무리 학교교육을 정상화시킨다고 하더라도 사교육에 집착하는 현상은 크게 달라질 수 없을 것이라는 것이다. 해법의 단서는 가장 기본적인 물음을 통해 모색해야 한다. 그 물음이란 학생이나 학부모들이 왜 교육에 매달리느냐 하는 것이다. 그 대답이 "대학입시"라고 하는 데 대해서는 이론이 없을 것이다. 우리나라에서 어떤 대학에 입학하느냐는 한 개인의 일생을 좌우한다고 해도 과언이 아니다. 우리나라는 학력(學歷)이 취업의 관건으로 되어 있고, 학력 간 임금격차가 엄존하며, 학력을 통해 개인의 학식과 인격을 가늠하려는 풍조가 보편화되어 있다. 그래서 무리를 하는 한이 있더라도 대학에, 그것도 남들에게 인정받는 대학에 진학하려 하는 것이다. 우리나라가 세계에서 최고 수준의 대학 진학률을 나타내고 있는 국가가 된 가장 근본적인 원인도 바로 이러한 배경 때문이라고 할 수 있다. 이러한 상황은 결국 학생들에게 강한 경쟁의식을 부추김으로써 결국 모든 학생들이 똑같이 받는 학교교육보다는 남들과 차별화된 사교육에 매달리지 않을 수 없게 만든다. 따라서 사교육 완화 방법으로서 그동안 역대 정부의 교육개혁에서 강조해왔던 "학교교육의 정상화"라는 처방은 문제의 본질을 제대로 읽지 못한 것이다.

입시제도 개혁 또한 실제로 사교육을 완화시키기 위한 대책이라고 볼 수 없다. 김영삼 정부 이후 사교육 대책으로서 대학입시제도의 다변화를 추진해 오고 있는데, 내신·논술·심층면접·수능 그리고 '수시모집'에 포함되어 있는 복잡한 전형 등이 그것이다. 그러나 이와 같은 다양한 전형 방법만큼의 다양한 사교육들이 등장하고 있는 것을 볼 때 대입제도의 개혁 역시 사교육의 해법은 아니라고 할 수 있다. 이처럼 섣부른 입시제도의 개혁은 학생과 학부모들을 더욱더 힘들게 만들고 있다는 것을 우리 모두는 직시해야만 한다.

결국 사교육의 해법은 교육 내부에서 찾기보다는 바깥으로 눈을 돌릴 필요가 있다. 특히 전술한 바처럼 사교육 과열의 원인은 대학입시이고 여기에 집착하는 이유가 우리 사회의 관행에 있다는 사실에 주목할 필요가 있다. 그렇다면 사교육 완화를 위한 효과적인 방법은 정부가 학력을 중시하는 기업의 고용 관행과 학력 간 임금격차 개선을 위해 적극적으로 개입하는 것이다. 최소한 이것만 해결되더라도 학력에 대한 사회적 인식을 크게 변화시킬 수 있을 것으로 본다. 이렇게 되면 종전처럼 사교육에 대한 과도한 집착현상은 상당히 누그러질 수 있으리라 판단된다.

입시 위주의 교육이 주입식 또는 암기 위주로 흐르게 되고 여기서 종합적 사고력이나 도덕성 함양과 같은 측면은 도외시될 수밖에 없음으로 인해 교육의 정상화를 저해한다는 것은 주지의 사실이지만, 이와 같은 측면은 특히 전에 일선 학교에서 운영되었던 "열린교육"에서 확인할 수 있다. 주지하는 바와 같이 "제6차 교육과정" 이후 "열린 수업방식"을 권장하였다. "열린 수업"은 종전처럼 교사가 일방적으로 교육내용을 전달하는 방식을 취함으로써 학생들을 피동적인 존재로 만들었던 관행에서 벗어나, 학생들에 의한 자발적인 수업이 이루어지도록 하는 것을 주된 목표로 하는 교육이라고 할 수 있다. 이와 함께 이 "열린 수업"에서 강조하고 있는 것은 학생들 개개인의 수준에 맞춘 수업이다. 그리하여 일선 학교에서는 능력별·조별 학습식·자발적 수업이 권장되어 왔으며, 수준별 교육과정과 능력 중심의 교육내용을 강조하고 있는 학생 중심의 제7차 교육과정에서도 이러한 수업이 중시되고 있지만 그 효과는 여전히 미미하다고 하겠다. 특히 중등학교의 경우 입시가 교육의 목표가 되고 있는 지금의 상황에서 수업의 수준을 필히 상위권 학생들에게 맞추어야 하기 때문에, 학생 개개인의 수준에 따른 '능력별 수업'은 이루어지기 어려운 실정이다.

그리고 자발적 학습이 시행되고 있지 않다고 하는 것은 대부분 교실에서의 책상 배치가 종전처럼 분단별 정렬방식으로 되어 있다는 사실이 잘 보여준다. 일부 학교에서는 조별수업을 위한 책상 배치를 하는 곳도 있기는 하나 실제로 토론식 수업이 이루어지고 있는 경우는 많지 않다. 그 이유는 학생이나 교사 모두가 이런 방식에 익숙지 않은 것도 있겠으나, 보다 중요한 이유는 입시로부터 완전히 자유로울 수가 없기 때문이다. 책상 배치는 토론용으로, 실제 수업은 강의식으로 되고 있는 지금의 우리 교육의 현실은 앞서 살펴본 미군정시대의 교실모습과 거의 달라진 것이 없다.

이것은 곧 우리가 대학입시로부터 자유로워지지 못한다면 진정한 의미의 교육의 정상화는 요원한 것임을 보여준다. 따라서 우리의 가장 시급한 과제는 대학입시제도 개선이 아니라 국민들이 대학입학에 연연해하지 않도록 우리 사회의 그릇된 관행과 의식을 바꾸는 것이다. 이러한 노력이 결실을 거두게 된다면 그동안의 모든 교육개혁의 결과보다도 훨씬 더 의미있는 변화를 기대할 수 있을 것이다.

새겨보기

대한민국 정부 수립과 더불어 주권을 되찾은 우리는 비로소 우리 손으로 우리의 교육을 만들어 갈 수 있게 되었다. 그 후로 지금까지 수많은 교육정책이 실시되었는데, 그것은 때로는 양적 확대, 때로는 질적 개선을 위한 노력이었다. 그 중에서 상당 부분은 질적 개선의 차원에서 이루어진 것으로서, 교육적 병폐의 원천인 입시제도의 개선과 관련된 것이었다. 그러나 이러한 개선책은 애초에 국민의 환심을 사기 위한 전시행정적 발상이었을 뿐만 아니라, 교육문제들의 핵심을 제대로 파악치 못한 상태에서 나온 대안이므로 별다른 성과를 거두지 못하였다. 또한 교육 현장을 개선하기 위해 내놓았던 여러 개혁안들도 교육을 진학의 수단으로 여기는 국민들의 사고방식 앞에서는 무용지물이 될 수밖에 없었다. 특히 이와 같은 측면은 조선시대와 본질적으로 차이가 없는 것임을 생각할 때, 우리가 지금 안고 있는 교육의 문제라는 것이 얼마나 오랜 연원을 지닌 것인가를 알 수 있다.

제3부

서양교육사

9. 서양 고대와 중세의 교육
10. 르네상스에서 리얼리즘 시대까지
11. 계몽주의에서 신인본주의 시대까지
12. 산업화 시대를 거쳐 20세기 초까지

제9장

서양 고대와 중세의 교육

1. 고대의 교육

서양의 역사서술에서 고대는 인간생활에 대한 기록이 나타나기 시작한 시기로부터 5세기경 서로마 제국이 멸망하기까지의 시기를 말한다. 여기에는 고대 이집트·히브리·그리스·로마 등이 포함되지만, 교육의 역사서술에서는 고대 그리스와 로마가 주로 다루어진다.[1] 그리스와 로마를 중심으로 한 고대문화는 서양문화의 근원으로서 모든 인본주의의 정형이 되었다. 고대문화는 르네상스 인본주의와 독일의 신인본주의 등에서 고전적인 가치를 지닌 것으로 확인되었으며 현대 서구 인본주의로 연결되었다. 서구 교육의 역사에서 계속적으로 확인되는 새로운 교육의 실현도 이러한 고대 문화의 기초 위에서 가능하였다고 볼 수 있다.

특히 고대 그리스는 문학·철학·예술·과학을 처음으로 만들어 탁월한 수준에 이르기까지 발전시켰다. 그리하여 그리스문화는 고대정신의 핵심을 이룸으로써 서양문화의 기초를 제공하였다. 이러한 그리스의 문화는 서양

1) 오인탁(1994). 『고대 그리스의 교육사상』. 종로서적. 15쪽.

교육 발전의 역사에서 대단히 중요한 위치를 차지하고 있다. 서양교육의 역사적 전형을 고대 그리스 교육에서 찾을 수 있으며, 고대 그리스의 교육적 가치들이 서양 교육정신의 확실한 전통이 되었다. 실제로 고대 그리스의 교육사상과 이론 그리고 교육실제는 서양 모든 나라의 교육이론과 교육실천을 형성하는 데 막대한 영향을 끼쳤다.

로마문화는 본질적으로 그리스문화로부터 생겨나서 발전된 것으로서, 로마는 그리스의 문화와 교육을 받아들여서 자신의 것과 결합시킴으로써 전체 유럽으로 전파시켰다. 즉 로마는 그리스문화의 중개자 혹은 보급자로서의 역할을 수행함으로써 그리스문화와 함께 서양 문화와 교육의 기초를 마련하는 데 한몫을 담당하였다. 이와 같이 고대 그리스와 로마의 교육은 서로 밀접한 관계를 지니면서 서구교육의 기본 토대를 이루고 있다.

가. 그리스의 교육

고대 그리스는 기원전 10세기경까지의 고대 그리스의 고대에 해당되는 초기 그리스 시대와 그리스의 각 종족이 폴리스를 형성하여 독자적 특색을 나타내면서 역사를 창조하고 발전시켜온 본질적인 의미에서의 고대 그리스 시대, 그리고 그리스문화가 세계주의적인 문화로 변화된 헬레니즘(Hellenism) 시대로 구분된다. 다음에서 각 시기에 따라 교육의 특징을 살펴본다. 고대 그리스의 교육사상은 소크라테스·플라톤·아리스토텔레스·이소크라테스 등을 통하여 고대 교육사상에서 중심을 이루고 있으며, 서구 교육사상의 기초를 이룩하였다.

1) 영웅·무사의 교육

초기 그리스 시기에 관해서는 역사적 기록이 없으며 오직 시적으로 구전된 전통만이 있다. 그것은 기원전 8세기에 활동한 호머(Homeros)의 작품들에 잘 서술되어 있다. 그의 작품으로 내려오는 2대 서사시 일리아스(Illias)와 오디세이(Odyssee)는 초기 그리스 사회 전반에 관한 자료를 제공해 주고 있다. 이 안에 초기 그리스 시대에 이루어졌던 교육의 목표, 내용, 방법 등이 집대성되어 있다.

호머의 교육은 영웅·무사의 교육으로서 귀족적인 영웅 양성이 목적이었으며, 교육의 기본 형식은 훈련이었다. 여기에서 무사·영웅은 야만적인 병사가 아니었다. 영웅적 인간형은 용맹스러움과 고상한 기개를 지녔으며, 윤리도덕에 있어서도 이상적이고 완전한 수준에 도달한 사람으로 여겨졌다.

이러한 호머의 교육이념은 아름다움과 선함이 조화롭게 합일된 상태인 '미선성'(美善性, Kalokagathia)이다. 미선성은 잘 다듬어진 육체가 정신적인 도야나 윤리적인 고귀성과 합일된 상태이며, 체육과 음악이 조화롭게 연결된 상태를 의미한다.[2] 따라서 이 시대의 교육은 사회적이고 종교적인 단일성을 강조하고 체육교육과 음악교육이 조화를 이루는 것이 특징이다. 이러한 교육을 통하여 영웅·무사는 국가시민이면서 동시에 종교인으로서의 정신과 능력을 갖추게 되었으며, 육체적 힘과 기술이 정신적·심미적 차원의 가치와 조화를 이루게 되었다. 고대 그리스의 교육은 본질적으로 이러한 영웅·무사의 교육을 통하여 정립되었던 것이다.

2) 폴리스의 교육

폴리스(polis)는 고대 그리스의 대표적인 국가형태로서 고대 그리스 정신문화의 다양성과 풍부함을 이루게 하는 근원이 되었다. 폴리스는 구성원들이 생활권을 조망할 수 있는 작은 도시국가였기 때문에 그 안에서 국가와 사회는 단일성을 이루었다. 이러한 폴리스의 내적 통일성으로 말미암아 교육이 사회의 공통적인 관심사가 되었으며, 국가가 교육을 책임지게 되었다.

폴리스에서 교육은 이미 소수의 귀족신분이 누리던 특권적인 것에서부터 시민 전체의 생활로 변모되었다. 즉 폴리스에서 교육은 영웅을 위한

---

2) 같은 책, 31쪽.

교육에서 시민이 되는 교육으로 성격이 변경되었다. 폴리스의 교육은 이미 국가의 요청에 의해서 개인의 자아실현을 위한 욕구가 통제되고, 부분에 대한 전체의 선위성이 강조된 것이었다. 그리하여 이미 고대 그리스의 폴리스에서 교육에 대한 국가의 권한이 자명한 것으로 확인되고 있다. 인간 개개인은 국가법의 테두리 안에서 교육되어야 하는 존재로 파악되었다.

고대 그리스의 폴리스 교육은 이념과 형식이 매우 고유하고 다양하다. 이러한 성격은 대표적인 도시국가였던 스파르타와 아테네를 상호 비교하는 작업에서 보다 잘 드러난다. 두 도시국가의 비교에서 스파르타의 교육은 전체주의적 국가교육의 전형으로 강조되었으며, 아테네의 교육은 민주주의적 인간교육의 전형으로 이상화되었다.

① 스파르타의 교육

기원전 8세기에 펠로폰네소스반도의 남동쪽 끝부분에 자리한 라케다이몬(Lakedaimon : 우묵한 땅)이라는 곳에서 스파르타가 출현하였다. 스파르타는 지리적 고립과 경제적 후진으로 인하여 문화가 침체되었으며, 영토정복과 영토수호를 위하여 끊임없이 전쟁을 하였다. 스파르타 사회는 계급이 엄격하게 구분되고 소수의 지배계급이 다수의 노예를 통치하는 사회로서 집단주의적 폐쇄사회의 원형이 되었다.

스파르타에서는 국가가 국민의 교육을 관장하였다. 정치지도자는 형식적 훈련을 통제하였다. 스파르타인에 의하면 어린아이는 집단에 봉사하기 위하여 태어났으며, 봉사할 수 있도록 양육되어야 하였다. 이러한 스파르타의 교육은 근본적으로 전쟁기술을 훈련시키는 군사적인 것이었다. 스파르타 교육의 목적은 호머가 묘사한 개인영웅을 길러내는 데 있는 것이 아니라 강건한 신체와 투철한 애국심을 지니고 조국을 위해 자신의 목숨을 버릴 수 있는 병사를 만드는 데 있었다.

스파르타 사회에서 어린이는 국가의 재산으로 간주되었다. 어린아이가 출생하면 엄격한 신체검사를 통해 생사가 결정되었다. 약하고 불구인 어린아이는 버려졌고 오직 강하고 건강한 아이만 생존할 수 있었다. 7세가 될 때까지 어머니가 자녀를 양육했다. 건강한 소년은 7세가 되면 부모의 곁을 떠나 국가가 관리하는 병사(兵舍)에서 공동생활을 하면서 파이도노모스(paidonomos)의 감독 하에 군사훈련을 받았다. 17, 18세부터 20세 사이의 젊은이들은 에페비(ephebi)라고 불리었다. 그들은 국가에 충성할 것을 맹세하고 실제 무기를 사용하면서 군사훈련을 받았다. 20세가 되면 시민으로 인정되었으며 완전한 군인이 되었다. 완전한 성인이 되어서도 계속 훈련을 받았으며, 병사에서 젊은이들을 지도하는 일이 이들의 중요한 임무 중의 하나였다. 결국 스파르타인은 한평생 군인으로서 의무를 이행하였던 것이다.

이와 같이 스파르타는 국가에 헌신하고 봉사하는 군인을 만들려고 하였기 때문에 군사적 행위에만 관심이 있었다. 따라서 스파르타인은 읽기와 쓰기를 중요하게 생각하지 않았다. 심지어 스파르타 교사들 가운데는 어린이들이 음악과 읽기, 쓰기를 배우는 것을 나쁜 것으로 간주할 정도로 스파르타는 지적인 측면을 경시하였다. 이는 국가의 존속은 전적으로 군사적 능력에 의해 결정된다는 믿음에서 나온 결과였다고 볼 수 있다.

스파르타에서는 여자들도 남자들과 마찬가지로 훈련을 받았다. 아테네와는 달리 스파르타에서 여자들에게 교육을 강조한 것은 신체를 건강하게 함으로써 튼튼한 자녀를 분만하도록 하기 위한 것이었으며, 다른 한편으로 스파르타적 생활구조가 여자들에게 많은 책임을 수행하도록 되어 있었기 때문인 것으로 보인다. 스파르타에서는 남자들이 전쟁에 나가고 없는 동안에 여자들은 노예들을 관리하고 감독하지 않으면 안 되었던 것이다.

근본적으로 스파르타의 교육은 군사적인 것이었다. 이러한 스파르타의 교육은 교육이라기보다는 최강의 군국주의를 실현하려는 한 가지 목적만을 위한 훈련이었다고 볼 수 있다. 결과적으로 스파르타는 오랫동안 강한 국가로 존속하기는 하였지만 그리스에서 지도권을 행사할 수 없었다. 철학, 문학 등 문화적인 면에서 남긴 것이 거의 없었기 때문에 그리스문화의 발달에도 기여하지 못하였다.

② 아테네의 교육

아테네는 스파르타와 다른 조건에서 시작하였다. 이오니아인은 점진적이고 평화적인 방식으로 아티카에 이주하였으므로 피정복민을 통치할 필요가 없었다.[3] 그러나 초기 아테네의 교육과 문화 수준은 다른 지역들과 별로 다르지 않았다. 기원전 8세기 중엽까지 아테네는 그리스의 다른 도시 국가들과 마찬가지로 군주국가였다. 따라서 스파르타와 마찬가지로 시민적이고 군사적인 이상을 가지고 있었다.

아테네에서도 스파르타와 마찬가지로 불구이거나 건강하지 못한 어린아이를 내다버리는 관습이 있었다. 그러나 스파르타와는 다르게 아테네에서는 국가가 아니라 아버지가 자녀를 살릴 것인지의 여부를 결정하였다. 건강한 어린아이는 가정에서 유모·보모·어머니에 의해 양육되었다.

아테네 자유민은 7세가 되면 파이다고고스(paidagogos)[4]의 지도를 받으며 학교에 다니기 시작하였다. 체조학교(palaestra)에서 체육을, 그리고 음악학교에서 음악을 배웠다. 신체교육은 체계적인 신체훈련이면서 동시에 도덕적 교화였다. 이와 마찬가지로 음악교육도 인간의 정신에 조화와 리듬을 주어서 아름다움과 선함을 받아들이기에 적합한 능력을 갖도록 하는 것이었다. 또한 음악교사에게는 음악의 기예를 습득하게 하는 교육과 더불어 읽기·쓰기·셈하기 등의 교육도 과제로 부과되었다. 읽기와 쓰기를 가르치는 교육 방법에서 시를 짓는 일이 높이 평가되었다.

이러한 교육은 법률로 제정해 강요되거나 국가적으로 통제되지 않았다. 체육관에서 신체를 단련하고 경기를 벌이며, 국가의 제사의식과 같은 종교적 축제에서 윤무에 참여하는 것 등은 모두 명예스러운 시민의 의무에 속하는 자발적 활동이었다. 청소년들을 학교에 보내 배우도록 하는 것은 부모의 자유로운 교육열에 속하는 것이었으며, 이에 따르는 비용도 부모가 지불했다.[5]

---

3) 성기산(1993). 『서양교육사 연구』. 문음사. 180쪽.
4) '어린이를 인도하는 사람'이라는 뜻으로서 오늘날 교사의 어원이 되었다. 이들은 나이가 많거나 부상당한 노예로서 소년의 도덕적 감독 및 일반적인 시중을 들었다고 한다.

15, 16세에서부터 18세 사이의 젊은이들은 성인체육관(gymnasium)으로 옮겨서 2년간 보다 높은 수준의 신체훈련을 받았다. 훈련을 마치고 18세가 되면 아테네 젊은이는 시의 명부에 등록되고 신전에서 행하는 입단식에서 국가에 충성할 것을 맹세하고 에페보스(ephebos)가 되었다. 그 후 2년간의 교육을 마친 후에 완전한 시민의 지위를 얻게 되었다.[6)]

이상의 아테네 교육은 소피스트들의 교육운동이 일어나서 폴리스의 교육개념이 흔들리기 시작하기 이전의 모습이다. 여기서 교육은 전적으로 교화를 목적으로 하고 있으며, 시민의 덕으로서 사회적·도덕적 인격을 형성하는 것이 중요한 과제였다.

기원전 8세기부터 기원전 6세기까지 아테네는 정치, 사회, 경제, 문화면에서 변화가 일어났다. 전쟁에서 승리한 아테네는 그리스에서 정치적으로 중요한 지위를 차지하게 되었다. 지중해 전역을 식민지로 삼아 권력을 장악한 아테네는 사회적으로 심한 변화를 겪었다. 경제적 기회가 확대됨에 따라 부유한 중산층이 형성됨으로써 농업에 기초한 귀족주의가 무너지고 아테네에서 정치적 민주주의가 발전하게 되었다. 평등주의와 개인주의 정신이 크게 신장되었다. 이러한 사회변동으로 인하여 전통적 교육은 와해되었다. 개혁가들은 전통적 가치를 강조했던 형식교육의 목적과 내용을 재정립하고 새로운 교육을 요구하였다. 초등교육에서 미학적이고 신체적인 요소가 없어지고 문자와 문학이 강조되었다. 읽기·쓰기·셈하기와 위대한 시인들의 시를 암송하는 것을 가르치는 문법교사가 중요한 존재로 인정되었다.[7)] 그러나 무엇보다도 큰 변화는 고등교육에 있었으며, 여기서 소피스트들의 활동이 두드러진다.

---

5) 오인탁, 앞 책, 38쪽.
6) 윌리암 보이드(1994). 『서양교육사』. 이홍우 외 공역. 교육과학사. 30-32쪽.
7) 성기산, 앞 책, 101-102쪽.

③ 소피스트들의 교육활동

기원전 5세기에 정치·사회적 변화에 따라 아테네 시민들은 공공 생활에 참여할 기회가 확대되었으며, 공적인 삶에서 성공하기 위해서는 더 많은 지식이 요구되었다. 이에 따라 아테네 젊은이들이 시민으로서의 의무를 수행하고 권력을 얻는 데 도움이 되는 교육에 관심을 갖게 되었다. 여기서 다시금 교육문제가 중요하게 부각되었다. 그들은 자신들의 탁월성을 정치적 행위로 표현하려고 했다. 이러한 지적 욕구의 변화를 계기로 소피스트(Sophist)[8]들이 출현하게 되었다.

소피스트들의 교육목적은 생활의 유능성을 확보하는 것이었다. 실천적인 것에 중점을 두었고 지식에 있어서도 참과 거짓보다는 실천적인 사용가능성을 중요하게 생각하였다. 따라서 그들은 그 당시 젊은 사람들의 요구에 맞게 유능한 정치가를 양성하는 데 관심을 기울였으며, 그들에게 능력과 지성 그리고 정치적 탁월성을 기르는 훈련을 하였다.

또한 그들은 기초교육을 넘어서 높은 수준의 '일반 교양교육'을 목적으로 하였다. 그들은 국가 안에서 시민으로 살아가기 위해 필요한 가장 일반적이고 근본적인 능력과 가치를 부여하기 위한 교육으로서 '엔키클리오스 파이데이아'(enkyklios paideia)[9]를 요구하였다. 그것은 다음의 네 가지 대상 영역, 즉 문법(모든 분야의 기초)·변증법(토론으로서 단어 사용의 연습)·수사학(웅변술)·시민과목(즉 중요한 분야에 대한 심화된 사실 지식으로서 주로 대수학·기하학·천문학·음악)으로 구성되었다.[10]

---

8) 소피스트는 그리스어(sophistes)로 선생님 또는 예술가를 의미하며, 이는 원래 고대 그리스 세계에서 현인이나 생각이 깊은 사람을 부르는 일반적인 호칭이었다. 그러나 점차 능숙한 화술과 대화법을 가르치는 교사를 의미하는 말이 되었으며, 일반적으로 기원전 5세기 후반에 주로 아테네를 중심으로 하여 활동하였던 직업적인 교사를 일컫는다. 프로타고라스(Protagoras), 고르기아스(Gorgias), 히피아스(Hippias), 프로디코스(Prodikos)가 대표적인 소피스트들이다.

9) 엔키클리오스(enkyklios)는 그리스어로 '둥근 원 모양의' 또는 '일반적인'이라는 의미를 지닌 말이며, 파이데이아(paideia)는 '교육'을 의미한다. 따라서 '엔키클리오스 파이데이아'는 '일반 교양교육'으로 번역될 수 있다(오인탁, 앞 책, 51-60쪽 참조).

10) 그들이 가르쳤던 과목들은 헬레니즘 시대와 로마시대, 중세를 거쳐 세 가지 형식과목(문법, 변증법, 수사학)과 4가지 내용과목(대수학, 기하학, 천문학, 음악)으로 정리되어 '7가지 자유교과'로 불리게 되었다. 이 과목들은 서양에서 근세에 이르기까지 고등교육에서 일반교육의 뼈대가 되었다.

소피스트들은 특별히 학교를 설립하지는 않았다. 그들은 학생들을 한곳에 모은 다음 개별적으로 가르치거나, 토론과 시범강의를 통해서 가르쳤다. 그들은 학생들에게 대중연설과 토론의 기술을 제공하는 대가로 보수를 받았다. 따라서 그들은 가르치는 일을 생계유지의 수단으로 삼았던 최초의 직업적인 교사들로 인식되고 있다. 아테네의 전통에 의하면 가르치는 일에 대한 대가로 돈을 받는 것은 비도덕적인 것이었다. 그리하여 그 당시 가장 큰 교사 집단을 이루고 있었던 소피스트들은 자유민보다 낮은 지위로 평가되었다.

아테네 사람들은 소피스트들에 대해 상반된 태도를 지니고 있었다. 젊은 이들이 소피스트들을 열렬하게 지지하였음에 반하여, 전통을 고수하는 사람들은 소피스트들을 의심하고 냉대하였다. 그들은 소피스트들의 회의적 성향과 상대주의, 개인주의 및 그들의 과격한 교육이론을 비판하였으며, 무엇보다 가르치는 일에 대한 대가로서 보수를 받는 것을 비판하였다.

그러나 소피스트들의 교육활동은 초기 그리스의 호머적인 교육이념과 형식들을 근본적으로 바꾸어 놓은 결과를 초래하였다. 즉 그들에 의해서 비로소 아테네 교육은 전통적인 국가시민으로의 훈련교육, 다시 말해 군사적 훈련과 육체적 기술을 강조하는 교육으로부터 국가시민으로서 갖추어야 할 유용한 지식을 전달하는 교육으로 방향이 전환되었던 것이다. 소피스트들은 신체훈련이나 초등교육만 있었던 당시의 상황에서 고등교육을 실시했던 선구자들이었다. 여기서 교육은 폴리스를 위한 교육이 아니라 교육받는 학생 개개인의 삶을 위한 교육이라는 인본주의적인 성격을 지니게 되었다. 이러한 의미에서 소피스트들은 교육의 이론을 체계적으로 정립하고 실천의 형식을 제시하였을 뿐만 아니라 일종의 교육적 혁명을 일으킨 장본인들로 평가될 수 있다.[11]

11) 오인탁, 앞 책, 46-47쪽, 66쪽 ; 성기산, 앞 책, 105-108쪽.

3) 헬레니즘 시대의 교육

기원전 338년에 마케도니아가 그리스의 도시국가들을 정복한 때부터 로마가 그리스를 정복한 2세기 말까지의 시기를 헬레니즘(Hellenism) 시대라고 부른다. 이 시기에 그리스의 문명은 한 국가의 경계를 넘어서 지중해를 둘러 싼 모든 나라가 공유하는 공동의 문명으로 되었다.[12)]

헬레니즘 시기에 사회는 광범위한 규정들과 중앙의 통제를 통해서 규정되었다. 이러한 정치적 상황을 통하여 그리스문화는 세계 전체로 퍼져나갔으며, 하나의 통일된 세계문화를 이루게 되었다. 그리스 언어는 세계언어가 되었고 일반교육의 기초가 되었다. 사람들은 이제 폴리스의 시민이 아니라 세계시민(Kosmopolit)의 구성원임을 의식하게 되었다.[13)]

헬레니즘 시기의 교육은 그 당시 문화 전체와 마찬가지로 융합적 성격을 지니고 발전하였다. 교육의 실제와 이론 면에서 새로운 것을 이룩하기보다는 그리스식의 교육을 보급하는 데 크게 기여하였다. 국가와 도시들이 많은 종류의 학교들을 운영함으로써 학교제도가 발달하였다. 특히 이 시대에 고등교육기관이 발달하였다.

헬레니즘 시대에 아테네는 고등교육의 중심지였다. 아테네에는 플라톤·아리스토텔레스·스토아학파·에피쿠로스학파 등으로부터 유래한 '철학학교'가 발전하였다. 이 학교들에서는 논증능력을 훈련시켰으며, 형이상학과 윤리학의 사변적인 문제가 관심의 대상이었다. 그러나 점차 각 학교들에서 철학적 특성이 줄어들고 현대적인 개별 과학들과 웅변술(수사학)이 중요시되었다.

철학학교가 소수 지식계급을 위한 학교였음에 반하여, 대중이 관심을 가졌던 학교는 '수사학학교'였다. 수사학학교에서는 철학교육에 비중을 두기보다는 웅변술 및 당시의 신지식을 제공하여 실생활에 도움을 주는 교육을 실시하였다. 이에 광범위한 지식계층이 수사학학교에 관심을 갖게

---

12) 윌리암 보이드, 앞 책, 67쪽.

13) A. Reble(1967). Geschichte der Pädagogik. Stuttgart. p. 34.

되었으며, 헬레니즘 세계의 전 도시로 수사학학교가 퍼져 나갔다. 특히 이소크라테스의 수사학학교는 아테네를 세계의 지적 문화의 중심지로 만드는 데 크게 공헌하였다.[14)]

헬레니즘 시대는 전환기였다. 이 시대의 교육기관은 지적 혁신보다는 백과사전적인 박학과 문화를 보존하는 데 관심을 가졌다. 따라서 새로운 지식을 창출하기보다는 고전적 학문을 체계화하고 목록화하여 가르치는 데 주력했다. 이러한 연관에서 헬레니즘 시대는 그리스 고전문화를 로마에 그리고 기독교를 유럽에 전파했던 것이다. 그러나 이 시기 학교가 학문을 서적 중심적이고 현학적이며 과거지향적인 것으로 만들었다는 점이 결함으로 지적된다.[15)]

4) 교육사상가

① 소크라테스

소크라테스는 역사적으로 다양하게 묘사되어 왔다. 그는 70년 동안 살면서 자신의 사상을 문자로 남기지 않았다. 때문에 그의 인물됨이나 가르친 내용에 대한 것을 분명하게 알지 못한다. 그래서 그는 이미 동시대인들에게 수수께끼와 같은 존재로 여겨졌을 뿐만 아니라 오늘날에 이르기까지도 불가사의한 존재로 남아 있다.

소크라테스
소크라테스(Sokrates, B.C. 470~399)는 석공인 아버지와 산파인 어머니를 부모로 하여 아테네의 하류계층 시민으로 태어났다. B.C. 399년에 신성을 모독하고 청소년들을 오도하였다는 죄목으로 사형판결을 받고 처형되었다. 그는 매우 용감하고 탁월한 정신을 지닌 윤리적인 사람으로서 철학하는 참된 모습을 자신의 삶 자체로 보여줌으로써 모든 철학자들의 모델이 되었고 인류의 영원한 교사가 되었다.

소크라테스는 무엇보다도 교사로서의 삶을 살았다. 그래서 그는 서양의 교육사에서 교육하는 인간의 가장 순수한 모습으로 묘사되고 있다.

---

14) P. 몬로(1994). 『교육사개설』. 조종인 역. 교육과학사. 89쪽.
15) 성기산, 앞 책, 196-197쪽.

그는 일정한 장소에서 일정한 교육내용을 일정한 기간 동안에 선택된 학생들에게 가르치지는 않았고, 자연스러운 만남과 대화를 통하여 교육을 행하였다. 소피스트들이 가르침을 직업으로 삼은 최초의 사람들이었던 반면에, 소크라테스는 가르침을 개인적인 소명으로 인식하고 교육을 생활로 실천한 참된 의미의 교사였다. 소크라테스에게 있어서 교육은 국가의 일이나 법률의 기능이 아니었다. 그렇다고 해서 교육을 어떤 개인적 권위나 영향력의 행사에 의해 일어나는 현상으로 여기지도 않았다. 교육은 그에 의하면 인간에 대한 봉사이며 신에 대한 예배였던 것이다.[16)]

교육의 목적: 소크라테스에게 있어서 교육의 고유한 목적은 일차적으로 인간 개개인의 영혼을 염려하는 일이며, 이러한 염려로부터 잠자고 있는 영혼에서 분별력과 진리를 깨우치는 일이다. 이러한 의미에서 그는 도덕적 지혜를 무시하는 교육은 망상에 불과하고, 진정한 의미의 교육이 아니라고 믿었다. 여기서 교육은 소피스트들에게 있어서처럼 유용한 시민으로서의 자질을 부여하는 일, 즉 정치적 수완을 기르는 훈련이 아니라, 인격적 존재로서 인간의 핵심을 지향하면서 자아의 실현을 꾀하는 일로 드러난다.[17)]

교육 방법 : 소크라테스는 잠자고 있는 영혼을 일깨우는 방법으로서 대화의 형식을 사용하였다. 이와 같은 방법의 중심을 이루고 있는 것이 반어(反語, Ironie)와 대화술(Dialektik)과 산파술(Mäeutik)이다. 반어는 참된 물음의 근거를 드러내 놓기 위하여 무지(無知)의 지(知)를 통하여 자신의 견해를 유보하도록 하는 일을 말한다. 대화술은 대화의 상대자에게 끊임없이 어려운 질문(aporia)을 함으로써 결단을 요구하는 대화의 기술이다. 산파술은 지식을 전달하거나 주입하는 대신에 질문을 통하여 스스로가 생산적 사고를 하도록 하는 방법을 말한다.[18)]

이러한 소크라테스적 방법들에서 인간을 인간 자체에로 해방하는 교육, 즉 인간 개개인이 자기 자신이 되도록 하는 교육을 발견하게 된다. 여기서

16) 오인탁, 앞 책, 83쪽.
17) 같은 책, 84쪽.
18) 같은 책, 88쪽.

교육이란 교사의 일방적인 지시 전달이 아니라 교사와 학생이 대화를 매개로 하여 진리에 공동으로 도달하는 것을 의미하는 것으로서, 이러한 교육적 과정의 중심에는 교사가 아니라 학생이 자리 잡게 되는 것이다.

교육사적 의미: 소크라테스가 살았던 기원전 5세기는 소피스트들의 전성시대로서 사상의 혼돈이 극심하였던 시기이다. 그들은 절대적 진리와 그러한 진리를 인식하는 능력보다는 생활세계와 능변적인 수사의 능력을 실제적인 생활에 유용한 것으로 강조하였다. 이러한 교육풍토 아래 소크라테스는 철학하는 태도의 근본적인 전환을 실천하였다. 즉 철학적 인식의 관심을 자연으로부터 인간으로 돌려서 인간에게 있어서 참으로 선한 것이 도대체 무엇인가라고 하는 본래적인 교육학적 물음에 대한 해답을 과제로 삼았던 것이다. 소크라테스는 이러한 교육을 자신의 소명으로 인식하고 진리를 위해 죽음으로써 자신의 가르침을 옹호한 위대한 철학자이며 교사로서 의미를 지닌다.

② 플라톤

플라톤은 20세 때 소크라테스의 문하생이 되었으며, 소크라테스의 사색과 탐구생활로부터 지대한 영향을 받았다. 이러한 상황에서 스승 소크라테스가 지배 집단의 부당한 재판에 회부되어 사형을 선고받고 처형된 사실은 28세의 청년 플라톤에게 대단히 충격적이었다. 이후 플라톤은 개인주의와 민주정치가 아테네를 파멸로 이끄는 근원이라고 보고, 급진적인 내적 개혁을 통하여 아테네를 구제하고자 하였다. 그는 국가의 내적 안정은 무엇보다 인간 개개인의 내적 쇄신에 달려 있다는 소크라테스의 가르침을 기본으로 자신의 생각을 발전시켰다.

> **플라톤**
>
> 플라톤(Platon, B.C. 428/7~347)은 아테네에서 부유한 귀족의 아들로 태어났다. 소크라테스의 제자로서 자신의 저작 대부분을 스승 소크라테스를 주인공으로 하는 대화형식으로 남겼다. 그는 스승의 죽음에 충격을 받고 이상국가를 꿈꾸게 되었으며, 『국가론(Politeia)』에서 자신의 철학을 토대로 하여 이상적인 국가 실현을 위한 교육모델을 제시하였다. 아카데미아(Akademia)를 설립하여 대학의 원형을 제시하였다.

그는 진리와 정의에 근거하는 새로운 국가이념에 따라 인간을 교육함으로써 나쁜 통치와 지배가 자행되는 상태로부터 국가를 구할 수 있다고 보았다. 이러한 정의로운 국가의 실현을 위한 정치철학으로 그는 파이데이아(paideia)의 철학을 정립하였다.[19]

이상국가와 철인 통치자: 플라톤은 생애의 완숙기인 50대에 접어들어서 저술한 『국가론』에서 자신의 교육적 구상을 이상적 국가모델로 구체화시켰다. 이상적 국가는 인간 개개인의 영혼과 국가공동체 생활의 질서가 동일한 법칙에 의하여 체계적으로 조직되고 유지되는 국가이다. 이러한 관점에서 플라톤은 국가를 하나의 거대인간(Makroanthropos)으로 보고 인간 영혼의 본질로부터 국가의 구성을 유도해내었다. 그는 인간 영혼 안에는 지혜를 덕으로 하는 이성, 용기를 덕으로 하는 기개, 절제를 덕으로 하는 욕망의 세 가지 능력이 있다고 보았으며, 이에 상응하여 국가 안에도 명확하게 구분된 세 개의 계급이 존재한다고 보았다. 즉 통치자 계급, 전사 계급, 생산자 계급(상인과 농부)이다. 플라톤은 철학자가 지혜의 덕으로 통치를 하고, 전사 계급이 용기의 덕으로 방위를 하며, 생산자 계급이 절제의 덕으로 물자를 공급할 때 최고의 덕목인 정의가 실현되며 이상적인 국가가 실현될 수 있다고 주장하였다.

플라톤은 통치와 철학의 일치만이 국가를 몰락과 부패로부터 구할 수 있다고 믿고, 이상적인 국가를 실현하기 위한 조건으로 철인의 통치를 주장하였다. 여기서 철인통치의 필연성, 즉 왜 통치자가 철학자이어야 하느냐는 물음이 제기된다.

이러한 물음에 대하여 답을 하기 위해서는 플라톤이 『국가론』에서 제시한 비유들이[20] 도움이 된다. 이러한 비유들은 이상국가의 철인 통치자에게 어떤 지식이 요구되는가를 명료하게 제시해 주기 위해 사용되었다.

---

19) 오인탁(1996). "플라톤". 『위대한 교육사상가들 I』. 연세대학교 교육철학연구회 편. 교육과학사. 47쪽.

20) 국가론의 제6권과 제7권에서 제시된 '태양의 비유', '선분의 비유', '동굴의 비유'로 불리어지는 세 가지 비유를 가리킨다.

플라톤은 소크라테스의 입을 빌려 철인이 통치하는 데 이상적으로 적합한 사람이라는 사실을 보여주는 철인의 특성을 제시하고 있다. 철인은 지혜의 덕을 지닌 사람으로서 영구적이고 불변하는 실재들을 지적으로 파악하는 사람이다. '동굴의 비유'에서 볼 때, 철인은 동굴 밖으로 나와서 태양 자체를 바라봄으로써 참된 실재의 세계에 오른 자유인이다. 즉 철학자는 실재에 관한 지식을 획득하고 모든 가치의 기초에 관한 완전한 통찰을 지님으로써 통치자에게 요구되는 마음의 확실성과 완전성을 획득한 사람이다. 철학자의 성취는 실재계의 지적이고 정신적인 것에 있고, 현상계의 물질적인 것에 있지 않다. 최고의 진리인 선의 이데아를 파악한 사람으로서 철학자는 통치자가 지녀야 할 본질적인 자질 특성이라고 볼 수 있는, 모든 문제에 관해 조화감을 유지하는 독특한 능력을 지닌다.[21)]

위와 같은 플라톤의 철인 통치론에 소크라테스의 "지식이 곧 덕"이라는 명제가 내재되어 있음을 확인할 수 있다. 즉 최고의 지식인 선의 이데아를 아는 사람으로서의 철인은 선의 이데아에 따라서 국가를 선하게 통치할 수 있다는 것이다. 이러한 의미에서 플라톤은 철인이 유일한 이상적 통치자로서 이상국가를 통치해야 한다고 주장하였던 것이다.

철인 통치자 교육: 이상국가 통치의 중요한 과제는 인간의 잠재능력과 소질의 상이성을 인식하고 이에 따라서 바르게 교육하는 것이다. 이것이 교육의 정의이다. 그러나 이상국가에서 교육은 모든 어린이들에게 동일한 교육을 베푸는 것으로부터 시작한다. 출생할 때는 구분이 안 되지만 교육을 받으면서 본성이 서서히 나타나므로, 교육의 경과에 따라서 평가와 선발의 과정을 거쳐 생산자, 전사, 통치자로 구분하는 것이 타당하다고 보기 때문이다.

이상국가에서 모든 어린이들은 예비교육을 받는다. 예비교육 단계에서 음악과 체육교육이 실시된다. 여기서는 음악과 체육의 조화가 강조된다. 교육의 제2단계인 기초교육에서는 예비교육 단계에서 배웠던 음악과 체육

---

21) 임태평(1997). 『플라톤 철학과 교육』. 교육과학사. 248-249쪽; 312쪽.

을 좀 더 집중적으로 배우면서 시문학과 기하·산술·천문학의 기초를 배운다. 이러한 교육은 17, 18세경까지 계속되며, 이 단계의 교육을 성공적으로 마친 학생들 가운데 더 이상 교육을 필요로 하지 않는 학생들은 선발되어 국가의 시민으로서 생산직에 종사하게 된다.

제3단계의 교육은 군사훈련으로 이루어지며 20세까지 계속된다. 학생들 가운데 더 이상 교육을 필요로 하지 않는다고 평가된 학생들은 전사로 선발되어 국가 방위에 종사하게 된다. 더 많은 교육을 필요로 하는 학생들은 제4단계의 교육을 받는다. 30세까지 10년간 계속되는 제4단계의 교육은 이론 중심의 전문교육이다. 전문교육의 교육과정은 세 가지 영역, 즉 문법과 수사학의 언어적 교육영역, 산술·기하·천문학·화성학의 수학적 교육영역, 철학적 문답법(변증법)의 철학적 교육의 영역으로 구성되어 있다. 학생들은 이 과목들을 순차적으로 배우며, 마지막 단계에서 배우는 철학적 문답법은 순수 사유를 통하여 가지적 세계를 인식하는 방법이다. 이는 이데아의 세계를 인식할 뿐만 아니라 최종적으로 선의 이데아까지 인식할 수 있는 지성을 도야하는 교육이다.

전문교육이 끝나면 또다시 선발이 있게 된다. 여기서 선발된 학생들은 고급 방위직과 중간 관리직으로 배출된다. 그들은 장교와 관리가 되어서 군대를 지휘하고 국가를 관리한다. 그들은 자신의 삶을 위한 직업이 아니라, 국가를 위한 직업에 종사하는 것이다. 여기서 또다시 교육이 필요하다고 평가된 학생들은 제5단계의 교육을 받게 된다. 이 단계에서는 철학적 문답법을 보다 집중적으로 연습하며, 여러 직책을 순회하면서 통치실습을 쌓는다. 50세가 되어 이 단계의 교육을 성공적으로 이수한 사람은 철인이 되어 국가의 통치와 교육의 관리를 맡게 된다. 이상과 같이 엄격하고 오랜 동안의 교육의 과정을 통해서 국가통치자의 자격이 생기는 것으로서, 플라톤의 이상국가에서 교육의 과정은 궁극적으로 통치계급, 그 중에서도 철인 통치자의 양성을 위한 것이었음을 알 수 있다.[22)]

---

22) 오인탁, 앞 글, 96-102쪽 참조.

교육사적 의미: 플라톤이 교육 문제만을 취급한 글을 쓴 적은 없지만 『국가론』과 『법률』에서 교육의 본질에 관한 자신의 견해를 비교적 상세하게 제시한다. 그는 인간 개인과 국가 전체가 교육을 통해 완전히 실현되는 이상국가론을 제시함으로써 서양교육사에서 국민교육(Nationalerziehung)의 제창자 및 국가교육학 이론의 정립자로서 인정되고 있다. 플라톤은 기원전 387년에 아카데미아(Akademia)라는 학교를 세웠다. 아카데미아는 철학적 정신으로부터 정치적 삶을 쇄신하기 위하여 고안된 것이었지만 실제로 정치적 삶을 쇄신하지는 못하였다. 그럼에도 대학의 원형으로서 서구철학을 창출하는 데 도움을 주었다는 점에 아카데미아의 의미가 있다.

③ 이소크라테스

이소크라테스는 그가 살았던 당시에 그리스인이 어려움을 겪게 된 원인은 훌륭한 정치지도자가 없는 데 있다고 보았다. 플라톤과 마찬가지로 이소크라테스도 교육을 통하여 훌륭한 통치자를 양성하는 데 관심을 가졌다. 플라톤이 절대적이고 궁극적인 지식을 소유한 철학자로서의 통치자를 만드는 데 관심이 있었던 반면, 이소크라테스는 연설과 표현에 능숙한 웅변가로서의 정치가를 교육시키는 데에 관심이 있었다. 이러한 웅변가 교육에서 중요한 것은 올바른 행위와 수사학적 지식 그리고 고전에 관한 지식이었다.[23)]

> **이소크라테스**
>
> 이소크라테스(Isokrates, B.C. 436~338)는 아테네에서 부유한 수공업자의 아들로 태어났다. 플라톤과 함께 소크라테스에게 배웠으며, 아울러 그 당시 이름난 소피스트들로부터 교육을 받았다. 이러한 배경아래 그는 독특한 수사학적 교육이론을 제시하였으며, 실제로 수사학학교를 설립하여 자신의 교육이론을 실천에 옮겼다.

수사학 교육: 이소크라테스 교육에서 중심 영역은 수사학이었다. 이소크라테스의 수사학은 소피스트들의 형식적 훈련으로서의 수사학과는 다른 것이었다. 즉 이소크라테스는 소크라테스의 영향 하에, 수사학을 단순한

---

23) 성기산, 앞 책, 148쪽, 162쪽.

도구나 기법으로 보지 않았고 수사학의 고유한 과제는 '영혼의 도야'에 있다고 보았다. 영혼의 도야로서의 수사학은 형식적 도야의 수단을 넘어서 윤리 도덕적이고 정치적인 자질과 능력을 부여하기 위한 인간교육의 핵심적인 통로인 것이다.[24] 이러한 이소크라테스의 수사학적 교육이념은 플라톤의 철학적 진리를 통한 교육이념과 함께 보편적인 인간 교육이념으로 확산되었다. 이소크라테스는 자신의 이론을 실천에 옮기기 위하여 기원전 392년에 수사학학교를 세웠다. 소피스트들에 의해 시도된 수사학적 학교들이 이소크라테스에 의해 형식을 갖추게 되었다. 즉 이소크라테스의 학교는 일정한 장소에서 등록절차를 밟은 학생들에게 계획된 교육내용을 적절한 수업료를 받고 일정한 기간 안에 가르치는 제도화된 학교였다.

처음에 이소크라테스의 학교에 배우러 왔던 학생들은 아테네인들이었으나 점차 외국 학생들로 확산되었다. 이소크라테스의 학교는 아테네의 상징이 되었으며 아테네와 그리스의 유능한 젊은이들이 모여들었다. 이소크라테스의 학교는 그리스 세계의 문화적 통합을 위해 새로운 정치 집단을 교육하는 곳이 되었다. 이 학교에서 교육받은 학생들은 여러 분야에서 지도자가 되었다. 이소크라테스는 성공적인 학교운영을 통해 부유해졌고 유명해졌다. 그는 그리스와 헬레니즘 세계 그리고 로마에서 플라톤을 능가하는 교육자가 되었다.

교육사적 의미: 이소크라테스는 헬레니즘 시대와 그 이후 시대의 고등교육에 영향을 주었다. 수사학을 가르치는 것에 반대했던 철학자들도 자신들의 학교에서 수사학을 교육과정으로 인정하였다. 로마에서도 수사학이 유행했으며, 중세시대에서도 수사학이 중요한 교과로 인정되었다. 이소크라테스의 웅변교육은 플라톤의 철학교육과 더불어 그리스 고대교육의 두 유형으로 확립되었다. 두 유형의 교육은 상호 경쟁적으로 보완하면서 고전고대의 문화적·정신적 전통을 풍부하게 했으며, 서양교육에 지대한 영향을 끼쳤다.[25]

---

24) 오인탁(1994). 『고대 그리스의 교육사상』. 종로서적. 275쪽.

④ 아리스토텔레스

현실주의적 경험론: 아리스토텔레스는 플라톤에게서 깊은 영향을 받았으나 독자적으로 자신의 철학적 입장을 형성하였다. 플라톤이 형이상학적·사변적인 사고로 거대한 유토피아적 국가를 구상한 반면에, 아리스토텔레스는 중립적인 냉정한 현실감각과 경험적인 연구자세로 현실적으로 실현할 수 있는 국가를 연구하였다. 따라서 아리스토텔레스는 초감각적 정신 영역에서 진리를 구하려고 하였던 플라톤의 이상주의적 관념론을 배격하고 인류의 경험 속에서 진리를 추구하는 현실주의적 경험론을 제시하였다. 아리스토텔레스는 다양한 방면에 폭넓은 관심을 보인 연구자로서 개별 학문들의 기초를 정립하였을 뿐만 아니라, 개별연구를 관통하는 체계를 세움으로써 고대철학 발달의 정점을 이루었다.[26)]

> **아리스토텔레스**
>
> 아리스토텔레스(Aristoteles, B.C. 384~322)는 마케도니아에서 태어났다. 플라톤의 아카데미아에서 처음에는 학생으로서 나중에는 교사로서 20년을 보냈다. 후에 알렉산더 대왕의 개인교사가 되었다. 그는 『정치학(Politik)』에서 교육을 국가공동체의 과제로 보고, 개인의 자기실현과 국가 발전을 가져올 수 있는 윤리적으로 성숙한 인간의 양성을 교육의 목표로 삼았다. 그는 아테네에 리케이온(Lykeion)이라는 철학학교를 세워 학문적인 연구와 교수활동을 하였다.

교육이론: 아리스토텔레스의 많은 저작들 가운데 교육에 관한 견해는 그의 실천철학을 대표하는 두 저서, 『윤리학』과 『정치학』에서 찾아볼 수 있다. 아리스토텔레스가 구분한 이론적·실천적·제작적 학문 중에서 실천적 학문의 대표적인 예로서 정치학이 있다. 정치학은 시민들이 도덕적 탁월성, 즉 고상한 성품을 통해 선하게 되도록 하는 데 목적이 있다. 여기서 교육은 정치의 한 부분으로 이해될 수 있다.

아리스토텔레스는 인간을 '정치적 동물'(zoon politikon)로 규정하였다. 인간은 공동체적 존재로서 국가라고 하는 공동체 안으로 태어나고 이 공동

---

25) 성기산, 앞 책, 163쪽 ; 오인탁, 앞 책, 284쪽.
26) A. Reble, 앞 책, p. 31.

체 안에서 생활하며 공동체를 보존하고 발전시킨다. 인간의 이러한 공동체적 성격 규명에서 모든 사람에게 하나의 동일한 교육이 요청된다. 이러한 교육은 개인의 과제이면서 국가의 과업이기에 아리스토텔레스는 국가가 교육을 관리해 주기를 기대한 것이다. 따라서 아리스토텔레스가 『윤리학』에서 강조한 이성에 따르는 참된 윤리적 생활과 이러한 생활을 가능하게 하는 교육은 정치적인 문제와 관련을 갖는다. 이러한 의미에서 아리스토텔레스의 교육의 목적은 윤리적인 동시에 정치적이었다고 볼 수 있다. 전자는 개인의 목적이고 후자는 국가의 목적을 의미한다.[27] 따라서 그의 교육론이 『정치학』 속에서 제시되었지만 그 중심점은 윤리적·인격적인 영역에 있으며, 교육의 목표는 이성적인 인간의 양성에 있게 된다.

아리스토텔레스는 『정치학』 후반부에서 본격적인 교육론을 제시하였다. 아동기와 청년기의 교육은 심리적 발달 단계에 따라 비교적 자세하게 서술되어 있지만 고등교육에 대한 부분이 미완성으로 끝나고 있다. 전체적으로 볼 때 여기서 제시된 교육론은 체계적인 교육론이라기보다는 통치자에게 기본 교육의 중요성을 강조하기 위한 이론에 불과한 것으로 평가된다.

교육사적 의미: 아리스토텔레스는 기원전 336년에 아테네에 리케이온 학원을 설립하여 학문을 연구하고 제자들을 가르쳤다. 이곳에서 아리스토텔레스가 제자들과 숲 속을 산책하면서 강의하고 토론하였기 때문에 사람들은 아리스토텔레스와 그의 제자들을 '소요학파'(逍遙學派, Peripateitikoi)라고 불렀다. 이 학교는 플라톤이 설립한 아카데미아의 단순한 모방이 아니었다. 플라톤의 아카데미아에서 수학, 사변철학, 정치철학이 강조되었다면, 아리스토텔레스의 리케이온에서는 생물학을 비롯한 자연과학도 중요하게 연구되었다.[28] 아리스토텔레스의 리케이온은 순수한 학문적 교수와 연구를 하였던 대학으로서 고등교육기관의 모범적인 모델이 되었다.

아리스토텔레스의 실천철학과 심리학에 기반을 둔 교육론은 여러 면에

---

27) 신득렬(1979). 『교육사상가 연구』. 계명대학교 출판부. 275쪽.

28) 정영근(1996). "아리스토텔레스". 『위대한 교육사상가들 I』. 연세대학교 교육철학연구회 편. 교육과학사. 165쪽.

서 의미를 지니고 있다. 그의 교육론의 기본적 이해와 성향은 코메니우스, 로크, 루소, 페스탈로치로 이어지는 근대교육학의 이론적 체계의 주된 흐름을 형성하게 되었으며, '이성의 도야'로서의 그의 교육 개념은 항존주의의 주창자인 허친스에게 결정적인 영향을 주었다.

나. 로마의 교육

로마는 기원전 753년에 이탈리아 라틴민족을 중심으로 건국된 것으로 알려지고 있다. 처음에는 왕정이었으나 기원전 509년에 공화정이 되었다. 기원전 275년경에 로마는 이탈리아 반도를 통일하고 주변지역을 정복하여 대제국을 건설하였고, 기원전 27년에는 로마제국으로서 세계에 군림하게 되었다. 로마인은 정복자와 피정복자를 한 사회로 통합하는 데 특별한 재능이 있었다. 그리하여 로마는 자신들이 정복한 헬레니즘의 문명을 수용하여 지중해 전체에 헬레니즘 문명의 기반을 마련하였다.

로마의 교육은 문화사적으로 공화정시대와 제정시대로 양분되는 것이 일반적이다. 공화정시대에는 교육이 거의 순수하게 로마적이었고, 제정시대에는 그리스의 영향이 뚜렷하게 나타났다. 물론 이 변화는 점진적으로 일어난 것이었다. 공화정 말기에 이미 그리스 문물이 들어왔으며 그리스적 학교가 나타나기 시작하였다. 비록 그리스에서와 같이 소크라테스나 플라톤 등과 같은 거대한 사상가를 배출하지는 않았지만 키케로와 퀸틸리아누스 등을 통하여 로마의 교육은 후세에 영향을 미쳤다.

1) 공화정시대의 교육

로마의 전통적 교육: 공화정시대 초기는 로마교육의 특색이 지배한 시기이다. 이때 로마문화는 조상의 관습과 가부장권 그리고 12동판법이 근간을 이루었다. 로마인들은 이러한 것을 고려해서 자녀를 훈련시켰다. 로마인의 교육적 이상은 '그라비타스'(gravitas)로 요약된다. 이것은 신·국가·가정에 대한 의무를 수행하는 데 적합한 인간을 만드는 훈련이었다.[29]

고대 로마인의 생활은 그리스에서와 마찬가지로 국가와 긴밀하게 연결되어 있었다. 그러나 아테네나 스파르타와는 달리 로마에서는 가정이 힘과 법의 중심으로 간주되었고, 교육적 영향력을 크게 지녔다. 가정은 로마 초기의 중요한 교육기관이었다. 가정에서 자녀들에게 올바른 행위와 사회적 의무 그리고 책임의식을 가르쳤다. 어머니는 양육을 담당했으며, 아버지는 지적 교육을 담당했다. 로마인은 지적 교육을 강조하지 않았으며, 회계장부를 기록할 수 있을 정도로 쓰기와 셈하기를 공부하면 충분하다고 생각하였다. 이런 이유로 로마에서는 학교교육이 체계화되지 않았다.

로마에서 교육은 국가의 권한이 아니었기 때문에 국가가 공적인 수업을 제공하지 않았다. 교육의 이상은 공적인 생활을 잘할 수 있는 능력 있는 시민, 즉 무기를 다룰 줄 알고 법률과 국가생활을 잘 아는 사람이었다. 로마인들은 병역(군무)과 신체적 훈련을 미선성(美善性)의 관점에서 보지 않았다는 점이 그리스인들과 달랐다. 즉 로마인들은 아름다운 신체보다는 힘이 세고 쓸모 있는 신체를 추구하였다. 마찬가지로 아름다운 말보다 정당하게 옹호하는 말을 중요시하였다. 그들에게는 실제적인 것이 중요했기 때문에 미적인 것은 부차적인 것이었다. 교육에서도 미적인 체험과 이론적인 가르침을 실제적인 행동보다 덜 중요하게 생각하였다. 고대 로마교육은 본질적으로 실제적인 교육으로서 소년들에게는 농사법·병역·공적 업무 수행능력 등을 가르쳤고 소녀들에게는 방적, 직물법 등을 가르쳤다. 소년들은 읽기·쓰기·셈하기 등을 가정이나 사립 기초학교에서 배웠다.

그리스 교육의 도입: 기원전 3세기 중엽 이후 그리스문화와 사상이 도입되었다. 그리스문화와 사상은 로마교육에 지대한 영향을 주었다. 로마정신과 교육이념이 그리스화 됨으로써 로마적인 교육제도도 그리스의 학교제도로 재구성되었다. 초등학교와 중등학교가 설립되었고, 기원전 1세기에는 고등교육기관이 설립되었다.

초등학교에서는 자유민 남자나 노예에서 해방된 교사들이 7세부터 12세

---

29) 성기산, 앞 책, 222-223쪽.

까지의 어린이들에게 읽기, 쓰기, 셈하기를 가르쳤다. 루두스(Ludus)[30] 라고 불리는 이 초보학교는 사학으로서 개인의 가정이나 사람들의 왕래가 적은 모퉁이 장소, 신전, 기타 공공건물의 현관에서 열렸다.[31] 초보적인 학교 이외에 문법학교가 있었다. 문법학교에서는 그리스에서처럼 언어와 문학을 중요시하였다. 처음에 문법학교는 단지 그리스어 학교였지만, 나중에는 외국어(그리스어) 수업을 강조하는 라틴어 학교가 되었다. 이 학교는 그리스어를 라틴어처럼 숙달되게 말하고 쓸 줄 아는 것에 목적을 두었다. 호머의 작품들이 주교재였으며, 라틴어로 번역된 『오디세이』를 가지고 라틴어 수업과 문학교육이 이루어졌다.

웅변술이 로마 국가와 법제도 속에서 점차 중요성을 지니게 됨에 따라 보다 높은 수준의 일반적인 교육을 하는 최종 학교로서 수사학학교가 발달하였다. 수사학학교에서 수업은 주로 문체학, 작품독서(주로 영웅서사시), 실제적인 웅변연습 등으로 이루어졌다. 상류 계급의 로마인들은 교육의 최종적 단계로 그리스의 아테네·알렉산드라·로도스 대학 등에서 공부하였다.[32]

2) 제정시대의 교육

학교교육제도의 발달: 로마가 공화정에서 제정으로 전환되면서 로마인은 그리스문화의 지적 활동 및 개인주의를 로마사회에 채용해 자기 것으로 만들고자 하였다. 로마인이 그리스문화를 섭취한 일반적 수단은 그리스의 교육제도를 채용하는 것이었다. 그 결과 로마의 중심지에 그리스의 영향을 받은 초등학교, 문법학교, 수사학학교들이 설립되었다.

공화정시대에 학교는 본질적으로 사립의 형태를 지녔지만, 제정시대에는 국립과 시립으로 되었다. 황제의 통치권이 확대되면서부터 로마 전역에 학교가 설립되기 시작하였다. 자치시가 초등교육을 의무로 간주하게

30) 루두스(Ludus)는 놀이, 스포츠 또는 기분전환을 의미한다.
31) P. 몬로, 앞 책, 102쪽.
32) A. Reble, 앞 책, p. 42.

되었다. 황제들이 학교교육을 재정적으로 후원하였고 시간이 지남에 따라 황제의 후원이 제도화되었다. 황제는 특히 수사학 교사들에게 봉급을 정규적으로 지급하고 세금을 면제해 주었다. 수사학 교육은 일반적으로 국가의 관리나 장교 등 상류사회 계층의 일원이 되는 길이었다. 수사학 교육의 내용이 공허해지고 부자연스러워졌으며, 더욱 형식화되고 기교적이 되어 갔다. 동시에 '7가지 자유교과'의 체제도 여러 권으로 된 백과사전적 총서 안에서 고정되어 갔다. 비판적인 텍스트 본문들이 많이 나왔고 도서관이 많이 설립되었으며[33] 대학의 숫자가 늘어났다.

기독교의 전파와 교육의 변화: 그리스화된 로마교육은 외견상으로는 5세기에 서로마 제국의 지배권이 소멸될 때까지 번창하고 세력이 유지되었다. 그러나 로마인의 생활이 문란해지고 정치적으로 독재화되고 초기의 개인주의와 로마인의 강건성이 상실되어감에 따라서 교육이 전반적으로 그들의 생활과 관련성을 갖지 못하게 되었다. 그 결과 종래의 교육은 초기 기독교교회에 의해 시작된 새로운 교육으로 서서히 대체되어 갔다. 로마의 교육조직은 야만족이 서구제국의 지배권을 장악한 후까지도 존속되었으나 사회적 중요성은 완전히 상실되었다.[34]

이미 3세기부터 로마는 사상적 측면에서 주도권을 행사하지 못하게 되었다. 로마는 오리엔트에서 성장한 기독교의 영향을 받고, 기독교의 전파 과정에서 중요한 역할을 수행하였다. 기독교가 성장하게 되자 교육의 과정에서 새로운 측면이 강조되었다. 초기 기독교는 독자적인 교육기관을 세우지 않았다. 교육은 도덕적 훈련과 구원에 필요한 교리를 학습하는 것을 의미하였다. 기독교 교육은 신성하고 초월적인 의미를 지니고 있었다. 그것은 다른 세속적 기관에서는 할 수 없었던 교육이었다.

---

33) 4세기에 로마에 28개의 공공 도서관이 있었다고 한다.
34) P. 몬로, 앞 책, 113-114쪽.

3) 교육사상가

① 키케로

> **키케로**
>
> 키케로(Cicero, B.C. 106~43)는 어려서부터 철학, 법률학, 수사학 등 일체를 포괄하는 교육을 받았다. 그는 법률가, 웅변가, 정치가, 교육가로서 명성을 떨쳤다. 키케로의 교육에 관한 견해가 담겨 있는 『웅변가론(*De Oratore*)』은 로마 최초의 교육이론서로 알려져 있다.

로마교육이 보다 체계적인 형태를 갖추게 되면서 다양한 교과에 대한 포괄적인 관심은 사라지고 문학과 수사학이 학교교육에서 압도적인 위치를 차지하게 되었으며, 모든 관심이 웅변술에 집중되었다. 로마교육이 이러한 방향으로 흐르도록 하는 데 주동적인 역할을 한 인물이 키케로였다.[35)]

키케로는 로마의 고유한 특성과 그리스 정신을 융합함으로써 로마교육을 그리스화하는 데 주력하였다. 그는 그리스인의 교육적 이상을 수용했고, 수사학과 철학 교과를 옹호하였다.

웅변가 교육: 키케로는 기원전 55년경에 저술한 『웅변가론』에서 교육의 본질에 관한 자신의 견해와 로마교육이 나아가야 할 방향을 제시하였다. 그는 로마교육의 실제에 대해 지지하거나 반대하는 주장들을 논의함으로써 교육의 최종목적을 웅변가로서 규정지었다.

키케로는 교육의 문제를 교육자의 입장에서가 아니라 대중 계몽가의 입장에서 보는 일반 교양인의 관점을 취하였다. 그는 로마의 정계에 들어가기 위해서는 웅변교육을 반드시 받아야 한다고 생각하였으며, 설명과 시범을 통하여 웅변의 이론과 기술을 발전시키는 데에 노력하였다. 그는 철학과 웅변을 서로 적대관계에 있는 활동으로 보지 않았다. 그는 교육받은 사람이 되려면 누구나 철학과 웅변을 모두 갖추어야 한다고 확신하였다. 그에게 있어서 "진정한 웅변가는 바로 철학자"였던 것이다.[36)] 키케로는 웅변가에게서 인간성 일반의 최고 상태를 보았던 것이다.

---

35) 윌리암 보이드, 앞 책, 109쪽.
36) 같은 책, 109-110쪽.

교육사적 의미: 키케로가 제시한 웅변가는 박학과 윤리적 인격의 발달을 특징으로 하고 있다. 키케로는 이것을 후마니타스(humanitas)라고 불렀다. 여기서 키케로에 의해 인문주의적 교육이상이 처음으로 명확하게 파악되고 정립되었음을 볼 수 있다. 그는 사실적인 인식과 의견(신념)을 소홀히 하는 순수하게 형식적인 교육을 거부하였다. 그는 웅변가를 위해서 전인교육, 진정한 국가-정치적인 신념, 포괄적인 사물에 대한 지식, 내적인 문화와 철학교육 등이 필요하다고 보았다. 결국 그는 헬레니즘시대에 나란히 성장한 웅변술적인 교육이상과 철학적 교육이상의 통합을 추구하였던 것이다.

② 퀸틸리아누스

> **퀸틸리아누스**
>
> 퀸틸리아누스(Quintilianus, A.D. 35~95)는 약 35년경에 스페인에서 수사학 교사의 아들로 태어났다. 그는 어려서 로마로 왔으며 로마에서 최초로 황제에 의해 수사학 교사로 임명되었다. 로마에서 20년 동안 변호사, 수사학 교사로서 쌓은 경험과 지식을 토대로 『웅변가교육론(*Institutio Oratoria*)』을 저술하였다.

퀸틸리아누스도 키케로와 마찬가지로 웅변가의 양성을 교육의 목적으로 삼았다. 그가 생각한 웅변가는 철저하고 완전한 교육을 통해서 완전하게 된 인간이었다. 따라서 그는 수사학적인 학교들의 천박성에 대해서 비판하고, '완전한 웅변가'를 양성하기 위한 인간적이고 윤리적인 인격교육의 중요성을 강조하였다.

웅변가 교육과 교육 방법: 퀸틸리아누스가 주장하였던 체계에서 보면 웅변가는 플라톤에서 철학자가 차지했던 위치를 차지하고 있다. 실제로 그는 철학을 소홀히 여기지 않았으며, 훌륭한 웅변가는 선량한 사람이어야 한다고 보았다. 또한 수사학 교사는 고대의 철학자들을 철저하게 이해한 뒤, 철학적인 원리들을 강의에 이용해야 한다고 주장하였다.[37] 그러나 퀸틸리아누스는 웅변가를 철학자로 만들 생각은 없었으며, 웅변가를 유일하게

---

37) 성기산 편역(1983). 『서양고대의 교육사상』. 대은출판사. 204쪽.

완전한 인간으로 간주하였다. 퀸틸리아누스는 이상적 인간으로서의 완전한 웅변가를 양성하기 위하여 학생이 밟아야 할 교육의 과정을 자세하게 설명하고 있다. 여기서 가장 놀라운 점은 교육의 과정을 학생과의 관련에서, 학생을 중심으로 하여 기술하고 있다는 점이다.[38)]

이러한 관점에서 퀸틸리아누스는 학습의 심리를 고찰하고 교육의 과정을 중개하는 교사의 역할을 새롭게 인식하였다. 그는 교사가 체벌과 같은 억압적인 방법을 사용하는 것에 대해 반대하였다. 반면에 어린이의 개인적인 흥미와 개성을 존중하고 발달을 고려함으로써 어린이의 자발성을 키워주고 수업에서 변화와 연관을 추구하는 것, 건전한 명예심을 각성시키는 것 등을 강조하였다. 그는 기억력·학습·학급수업과 개별수업의 장단점에 대해서 말하였으며, 문학과 문체수업에 대해 참고가 될 만한 것을 제공하였다.[39)]

교육사적 의미: 로마 제국시대에 가장 유명한 교육이론가는 퀸틸리아누스였다. 그의 『웅변가 교육론』은 로마의 교육을 가장 잘 서술한 저술로서, 가치 있는 일반교육학적인 사상과 교수법적 사상을 많이 포함하고 있다. 이 책은 후에 특별히 인문주의자들에 의해 권위 있는 저서로 인정을 받게 되었다.

---

38) 윌리암 보이드, 앞 책, 112쪽

39) A. Reble, 앞 책, pp. 43-44.

새겨보기

서양 고대의 교육은 그리스와 로마의 교육으로 대표된다. 고대 그리스의 교육은 조화로운 인간성을 목표로 한 교육으로서 서구 인본주의 교육의 원형이 되었다. 초기 그리스 시대의 교육은 귀족적인 영웅 무사의 교육이었다. 영웅교육은 아름다움과 선함이 조화롭게 균형을 이룬 상태인 '미선성'을 이념으로 삼았다. 미선성은 고대 그리스 전체의 교육을 기본적으로 규정짓는 이념이 되었다. 폴리스 시대에 교육은 영웅을 위한 교육에서 시민이 되는 교육으로 성격이 변경되었으며, 아울러 교육은 국가의 권한이 되었다. 대표적인 두 도시국가, 스파르타와 아테네의 교육은 각각 전체주의적 국가교육의 원형과 민주주의적 인간교육의 원형이 되었다. 아테네를 중심으로 수많은 소피스트들이 사람들에게 시민생활에 유용한 지식을 전달하는 교육활동을 하였으며 소크라테스, 플라톤, 아리스토텔레스 등에 의해 참된 인간이 되기 위한 인격적 철학교육이 강조되었다. 플라톤으로 대표되는 철학적 교육과 이소크라테스로 대표되는 수사학적 웅변교육은 고대 교육의 두 유형으로 확립되어 서구 교육에 영향을 미쳤다.

로마의 교육은 순수 로마적인 것에 그리스의 교육을 채용하는 방향에서 정립되었다. 로마는 그리스 교육을 유럽 전체로 전파시키는 매개 역할을 수행함으로써 서구 교육의 기초를 마련하는 데 한몫을 담당하였다. 키케로와 퀸틸리아누스는 각각 로마의 고유한 특성과 그리스의 정신을 결합시킴으로써 웅변가 양성을 위한 교육사상을 전개시켰다.

고대 그리스와 로마의 교육은 서로 밀접한 관계를 지니면서 서구 교육의 기본 토대를 이루었다. 서구 교육에서 나타나는 인본주의적 교육의 이론과 실천은 이러한 고대 그리스와 로마 교육을 기초로 하여 가능하였다고 볼 수 있다

2. 중세시대의 교육

중세란 서로마 제국이 멸망한 476년부터 동로마가 멸망한 1453년까지의 약 1000년 동안의 시기를 가리킨다. 서로마 제국이 게르만 민족의 대이동에 의해 멸망한 이후 유럽의 역사는 새로운 국면을 맞이하게 되었다. 이전의 로마의 통일성이 없어지는 것처럼 보였다. 그러나 민족 대이동의 혼돈으로부터 벗어나서 점차 내적·외적 통일성이 새롭게 형성되었다. 여기서 기독교와 고대 그리스 로마의 문화가 결정적인 역할을 하였다. 거대하고 통일된 규정과 질서에 의해 모든 현상들이 하나의 큰 전체 속으로

편입됨으로써 중세의 시대적 통일성이 형성되었다. 로마의 제국적인 사상, 기독교적인 동기, 게르만 민족으로부터 전래된 관습 등으로부터 엄격한 계급규정을 지닌 봉건국가가 성립되었다. 이로써 중세사회는 로마교황을 중심으로 한 기독교와 민족적인 봉건국가에 의하여 새로운 질서를 확립하게 되었다.

중세는 고대의 문화와 사상을 바탕으로 기독교 사상에 의해 시대적 통일성이 형성된 시기로서 모든 분야에서 단결된 요소가 등장하였다. 이러한 중세의 종교적 통일성은 교육이념과 내용의 통일성을 가져 왔으며, 단일한 교육제도의 형성을 가능하게 하였다. 그리하여 중세 전반에는 기독교 교화를 목적으로 기독교 학교제도가 발달하였다.

중세 중반기로 접어들면서 세속적 교육이 나타났다. 게르만 민족의 교화책으로 카알 대제를 중심으로 한 교육사업이 전개되었고 봉건제도와 함께 기사교육이 정비되었다. 농민계급을 위해서 특별하게 학교가 설립되지는 않았다. 그들 자녀들은 가정 안에서 생활과업을 배웠기 때문이다. 중세 후반에 이르러 봉건제도가 붕괴되어 가고 도시가 발달함에 따라 시민사회가 성립되었다. 이에 따라 세속 교육기관으로서 시민학교와 대학이 출현하게 되었다.

이와 같이 중세에는 기독교가 종교적 통일성을 이룸으로써 주로 기독교적 교육이 실시되었지만, 기독교적 교육과 함께 세속적 교육도 존재했던 것이다. 물론 세속적 교육도 어느 정도까지는 기독교의 영향을 받았다고 볼 수 있다.

가. 기독교 교육

1) 기독교

헬레니즘화된 로마세계 안으로 기독교가 전파되었다. 서로마 제국 말기에 지배계급은 향락과 사치에 흐르고 대중은 도탄에 빠졌다. 이로 말미암아 로마인들은 정신적인 위안을 기독교에서 얻고자 하였다. 신의 사랑과 그리스도 안에서 속죄로부터 오는 복음을 강조했기 때문에 기독교가 로마사회로 강하게 수용되었다.

초기 기독교 교회는 자유인과 노예를 구분하지 않았다. 신이 볼 때 인간은 자유민·노예·그리스인·로마인·남자·여자가 아니라 단지 하느님의 창조물이며 자녀인 것이다. 따라서 로마 제국 말기의 무정부상태와 이에 따른 질병과 기아라는 악조건에서 민중들은 정신적으로 의지할 곳을 기독교에서 구하게 되었다. 이제 로마 제국은 기독교화 된 것이다. 서로마 제국이 멸망한 후 정치권력이 분산되자 로마교회가 정치권을 압도하게 되었다. 교회의 권한이 강해지자 신자의 수가 많아지게 되었다. 이에 교회는 로마 제국의 행정체제를 모방하여 교회제도를 정비하였다. 로마교회는 프랑크 왕국과 손을 잡고 게르만 민족을 개종하는 일에 착수하는 한편, 서구에 기독교를 널리 전파하였다.

중세사회에서 기독교 종교는 논쟁의 여지가 없는 기본 토대이며 이상적인 표준점이었다. 교회는 모든 것을 포괄하고 규정짓는 최고의 힘을 지녔다. 교회는 국가를 대신하여 교육의 권위를 지니게 되었으며, 교육의 실질적인 제공자와 지도자가 되었다.

2) 기독교 학교제도

기독교 사상에 의한 중세의 통일성은 교육이념과 내용의 통일성을 가져왔으며, 단일한 기독교 학교제도의 형성을 가능하게 하였다. 중세 기독교 교육은 인간을 순종(섬김)과 신앙으로 이끌고 기독교적 완전성에로 이끄는 것이었다. 그리하여 인간을 종교적 교회 공동체의 구성원으로 만들어 천국의 시민이 되도록 하는 것이었다.[40] 이러한 목적을 위해 각 교회에는 이교도를 개종시키거나 세례를 받지 않은 사람들에게 기독교의 기본 교리를 가르치기 위해 문답학교가 세워졌다. 그러나 중세에서 학교는 일차적

40) A. Reble, 앞 책, p. 53.

으로 성직자를 양성하는 것이 목적이었고 교사들도 대부분 성직자였다. 이러한 연관에서 교회에는 문답학교의 교사 및 교회 지도자를 양성하기 위한 고급문답학교가 있었다. 또한 좀 더 수준 높은 교육을 통해 교회 성직자를 양성하기 위해 각 교구의 대성당 소재지에 대성당 학교가 세워졌다. 대성당 학교는 기독교 교육기관 중에서 가장 높은 고등교육기관으로서 중세교육의 중심을 이루게 되었으며 중세 기독교 사상 발상의 근원이 되었다. 기독교 교리의 이론적 틀을 마련한 스콜라 철학도 이 학교의 교사들(Scholasticus)이 중심이 되어 전개된 것이다.[41]

중세 전반기에 출현한 가장 중요한 교육기관으로서 수도원학교가 있다. 수도원학교는 수도사를 양성하기 위해 수도원에 부설된 학교를 가리키는 것으로서, 원래 수도사를 양성하는 것이 목적이었으나 나중에는 일부 수도원에서 일반 아동도 수용하여 가르쳤다. 교육과정은 초등과정과 고등과정으로 나누어 실시되었다. 초등과정에서는 읽기·쓰기·셈하기의 기본 교과와 음악·라틴어·문법·시편 암기 등이 포함되어 있었다. 고등과정에서는 '7가지 자유교과'가 가르쳐졌다. 그 밖에 수도원은 농경·목공·야금·직물 등의 일을 통해 노동의 신성성을 보여주었으며, 고전을 필사하고 보존하여 고대의 문화를 전수하는 역할을 하였다.

중세시대에 교회가 교육을 담당하게 된 것은 근본적으로 교육 그 자체가 좋아서라기보다는 교육이 없이는 교회의 일을 제대로 할 수 없었기 때문이다. 교육이 교회의 전적인 권한으로 실시됨으로써 교육의 목적은 현세가 아닌 내세에 있었으며, 그에 따라 교과목의 내용도 달라졌다. 어떠한 형식으로 실시되든지 교육을 하는 궁극적인 이유는 신앙에 도움이 되도록 하는 데 있었다. 그리하여 교육받은 사람의 전형적인 모습은 교양을 갖춘 실무자가 아니라 교육받은 성직자였다.[42]

41) 김인회(1985). 『교육사 교육철학 강의』. 문음사. 163-164쪽.
42) 윌리암 보이드, 앞 책, 155쪽.

나. 세속교육

1) 기사교육

기사는 봉건사회에서 매우 중요하고 인기 있는 존재였다. 봉건적 주종관계의 편성이 진행되는 과정에서 기사의 신분이 확립되어 갔다. 무엇보다도 십자군 원정 이후 특별한 의미를 지니게 된 기사계급이 자신들의 고유한 문화와 교육을 발달시켰다. 기사양성을 위한 어떤 특별한 교육기관은 없었다. 이는 그들에게 이론적인 교양교육과 지식보다는 생활기술, 태도, 내적 생활양식 등이 중요했다는 사실과 연관이 있기도 할 것이다.

특별히 학교가 있었던 것은 아니지만 기사자격을 얻을 때까지의 수업과정은 엄격하였으며 제도적으로 상당히 표준화되어 있었다. 기사는 우선 기사 가문의 출신이어야 했으며, 6세까지는 가정에서 어머니나 시녀로부터 순종의 미덕과 경건한 신앙심, 예의범절 등을 훈련받았다. 7세에 부모를 떠나 13세까지 영주의 저택이나 궁정에서 궁정생활의 예의범절을 배우고 종교의식·읽기·쓰기 등의 교양을 익혔으며 무예를 배웠다. 14세부터 20세까지는 장래 기사가 되기 위한 경험을 쌓았다. 기사로서 필요한 일곱가지 기예(승마·수영·궁술·검술·수렵·장기·시짓기)를 비롯하여 기사가 되기 위한 소양을 전반적으로 익혔다. 21세가 되어 기사로서의 모든 자격이 구비되면 특별한 의식을 거친 후에 비로소 기사가 될 수 있었다. 이러한 기사교육의 내용은 시대가 지나감에 따라 더욱 다양화되고 세련되어 갔다. 기사제도가 사라진 후에도 기사교육은 귀족과 왕족의 교육, 신사교육의 지표로서 영향을 끼쳤다.

2) 시민학교의 발생

십자군 원정의 결과 이탈리아를 중심으로 도시가 발달하게 되었다. 이러한 상황에서 시민사회가 성립되고 신흥 시민계급이 형성되었다. 새로 대두된 시민계급은 자신들에게 적절한 세속적이고 현실적인 교육을 요구하게 되었다. 처음에 수공업자나 상인들은 자신의 자녀들을 얼마동안 기존의 수도원학교나 교회학교에 보냈다. 여기서 어린이들은 간단한 읽기와 쓰기 그리고 셈하기를 배웠다.

그러나 13세기에 도시가 더욱 번창하게 되면서부터 도시 고유의 시립학교들이 세워졌다. 이 도시학교들은 교회학교제도의 정신을 따랐지만 세속적인 학교제도의 출발점을 형성하였으며, 16세기 도시 라틴어 학교의 선구자가 되었다. 이러한 시립학교가 수업에서는 교회학교와 거의 구분되지 않았지만, 도시의 의회가 교사를 채용하였고 대부분 독자적인 학교 감독기관과 학교규정을 지니고 있었다. 시립학교에서는 성직을 목표로 하는 높은 단계의 수업보다는 초보적인 수준의 교육을 실시하였다.

그 밖에 14세기부터 거대한 상업도시들에서 소위 모국어 쓰기학교와 읽기학교가 설립되었다. 그것은 처음에 순수하게 사적으로 설립되었다. 시민들에게 편지나 영수증, 증서를 작성해 주는 일을 생업으로 삼은 남자들이 어린이들에게 읽기·쓰기·셈하기의 기술을 가르쳤던 것이다.

중세가 끝나갈 무렵에 많은 대도시들에 다양한 형태의 학교가 있었다. 모국어 쓰기학교와 읽기학교 이외에 라틴어 학교가 있었다. 라틴어 학교에서는 라틴어를 수업언어로 사용하였다. 상류 계급과 중간계급의 도시민들은 읽고 쓰고 계산하는 기술을 지니게 되었다. 몇 세기 전에 이러한 기술은 성직계급과 상류 귀족계급 그리고 왕궁의 관리들에게 제한되었던 것이다. 이 당시 학교에서는 체벌과 엄한 훈육이 행해졌다. 권위를 토대로 하는 순종적인 수업이 이루어졌으며, 학생들에게 많은 암기학습과 의무가 부과되었다.

다. 대학의 성립

중세도시의 발달이 교육에 미친 효과는 새로운 형태의 고등교육기관에서 가장 두드러지게 나타났다. 대학의 성립은 1200년과 1500년 사이에 있었던 가장 중요한 교육현상이었다. 12세기는 학문의 거대한 발전을 가져온 시기이다. 아리스토텔레스의 철학과 사라센 문화권의 지식들이 서구 정신생활을 기름지게 촉진시켰다. 짧은 기간 동안에 학문이 눈에 띄게 발전했다. 예를 들어 파리 지식인 사회의 대변인이었던 아벨라르에 의해 사변적인 철학과 신학이, 볼로냐의 이르네리우스(Irnerius)에 의해 로마법이, 그라티아누스(Gratianus)를 통해 교회법이 발달하였다. 기존의 학교들이 급격히 성장하는 사람들의 인식욕구에 더 이상 대처하지 못하였기 때문에 학문연구를 위한 동료 집단이 형성되었다. 이것이 확장되어 하나의 거대한 지식인·학자단체가 형성되었다. 이들은 정신적이고 세속적인 세력들로부터 인정을 받게 되고 특권을 부여받게 되었다. 이러한 방식으로 이탈리아와 프랑스에서 최초의 대학들이 성립되었다. 이탈리아의 볼로냐(Bologna) 대학과 살레르노(Salerno) 대학, 프랑스의 파리(Paris) 대학 등이 그 대표적인 대학들이다. 엄밀히 말해서 이 대학들은 설립된 것이 아니라 자연스럽게 성장해서 점차 확고한 형태를 띠게 된 것이다. 오늘날의 대학(University)을 의미하는 라틴어 '우니베르시타스' (Universitas)는 학문에 종사하는 교사와 학생의 단체(조합)를 나타낸 것으로 교육기관 자체는 '슈투디움 게네랄레'(Studium generale)라고 하였는데 여기서 모든 분야의 학문연구가 수행되었기 때문에 붙여진 이름이다.[43)]

중세 대학은 학생들의 수업료에 의존해 운영되기도 했지만, 대부분 교회 재산의 기부금과 대학교사들에게 부여하는 영주가 주는 봉록에 의존해 운영되었다. 중세 대학에는 학문연구의 자율성과 권위, 자치권 등에 관한 특권이 부여되었다. 즉 수업·시험·학위수여 등 수여권이 있었으며, 더 나아가서 대학 자체의 법과 행정권이 부여됨으로써 교회나 국가의 사법권 밖에 있는 치외법권적 특권을 지녔다. 중세 대학의 수업과 시험은 학부로 구성되었다. 대학에는 대개 3개의 전문 학문적인 상급 학부로서 신학부·법학부·의학부가 있었으며, 일반 학문적인 하급 학부로서 '문예학부'(facultas artium)가 있었다. 문예학부에서 '7가지 자유교과'의 체계가 새롭게 장려되었다.

학생들은 하급 학부에서 공부를 시작하여 1년 반 내지 2년간의 과정을

43) A. Reble, 앞 책, p. 56.

마친 후에 시험을 통해 학사(baccalarius)가 되었다. 대부분의 학생들은 학사가 되지 못하고 일찍이 대학을 떠났다. 문예학부는 대학의 소금으로서 그곳에서 학생들은 기초교양을 얻을 수 있었고 가장 열띤 토론이 이루어졌다. 다시 2년 후에 학사들 가운데 비교적 소수의 학생들만이 석사(Magister)자격을 획득하였다. 석사자격 취득과 함께 하급 학부에서 2년 동안 가르칠 의무가 있었다. 다음에 박사(Doctor)학위가 주어지는 상급 학부를 위한 길이 있었다. 박사학위 소지자에게 상급 학부에서 가르치는 권리를 부여하였다.

대학에서 수업은 강의와 논쟁으로 이루어졌다. 강의는 학문에 대한 체계적인 해석을 하는 것이 아니라 교재를 설명하는 것이었다. 논쟁에서는 하나의 문제에 대하여 한 학생이 의견을 제시하고 변호하면, 나머지 학생들은 반론을 제기하는 방식으로 진행되었다. 대학에서 가르치는 내용과 삶의 형태는 물론 교회에 초점을 두고 있었다. 결혼을 하지 않는 것이 교사들에게 당연한 요청으로 간주되었다. 교수와 학생들은 대부분 공동합숙소나 학생기숙사에서 거주하였으며, 수도원적인 훈육 속에서 성직자들의 생활방식에 따라 생활하였다. 중세 대학들은 지적 활동의 중심부로서 아리스토텔레스와 스콜라 학파의 정신을 널리 확장시킴으로써 고전문화의 계승자가 되었으며, 머지않아 일어나는 르네상스 운동의 바탕이 되었다.[44]

라. 교육사상가

1) 아우구스티누스

아우구스티누스는 시대적으로는 고대인에 속하면서 가장 대표적인 중세 사상가로 불리는 역설을 지니고 있는 사상가이다.[45] 아우구스티누스는 플라톤의 영향을 받은 신플라톤주의, 특히 플로티누스(Plotinus, 204~270)

44) A. Reble, 앞 책, pp. 57-58 ; 중세 대학 및 지식인에 대한 보다 자세한 내용은 자크 르 고프(1999). 『중세의 지식인들』. 최애리 역. 동문선. 참조할 것.

45) 김창환(1996). "아우구스티누스". 『위대한 교육사상가들 I』. 연세대학교 교육철학연구회 편. 교육과학사. 213쪽.

아우구스티누스

아우구스티누스(A. Augustinus, 354~430)는 354년에 로마의 자치시인 북아프리카의 타가스테에서 이교도인 아버지와 기독교도인 어머니 사이에서 태어났다. 수사학 교수생활을 했으며, 지적 회심과 종교적 회심을 한 후에 많은 저작들을 집필하였다. 그는 고대 로마시대에 살았지만 중세 기독교 사상을 형성하는 데 공헌을 함으로써 중세의 가장 대표적인 사상가가 되었다. 그는 『고백론』, 『교사론』 등에서 교육과 기독교 교육에 대해서 논의하였다.

로부터 지대한 영향을 받았다. 이러한 영향 아래 그는 당시에 새로운 사상적 흐름이었던 기독교 사상을 내면화하고 체계화시켰다. 이것은 철학과 신학의 통합을 의미하는 것으로서, 그는 기독교 교리와 이교도 사상을 통합해 새로운 신학체계를 형성하였다. 그에게 있어 고대사상은 이교적인 것으로 배척되어야 할 것이 아니라 오히려 기독교 교리의 주요 내용들을 설명하는 도구로서 긍정적 의미를 지닌 것으로 수용되었다.[46] 이러한 관점에서 그는 역사를 신적인 원칙과 세속적인 원칙들 사이의 거대한 투쟁으로 이해했으며, 이를 토대로 하나의 포괄적인 기독교 역사철학과 기독교 신학을 정립하였다.

교육사상: 철학과 신학의 통합이라는 아우구스티누스의 사상적 특성은 그의 교육사상에서도 그대로 나타나고 있다. 그의 주요 교육적 저작인 『교사론』, 『기독교 교리』, 『교리문답집』 등에서 그는 교육과 기독교 교육의 본질과 과제, 방법 등을 철학적 문제제시를 바탕으로 정리하고 있다.

아우구스티누스에 의하면 교육은 자체의 목적을 위해 이루어져서는 안 된다. 그러할 경우에 교육은 무가치하고 악마적인 것이 되기 때문이다. 그리고 높은 수준의 교육에 의해 외적인 근거가 마련되기 위해서 종교적 헌신이 모두에게 요구되는 것이다. 그러나 포괄적인 교육에 도달할 수 있는 사람은 자신의 재능을 묻어두어서는 안 되며, 그를 위해 고대의 철학과 학문이 종교적 영역의 기초교육이 될 수 있다고 보았다. 이런 의미에서 아우구스티누스는 '7가지 자유교과'와 철학을 중세 수도원 교육의 핵심 과정으로 정착시키는 데 큰 역할을 했다.

46) 같은 글, 239쪽.

아우구스티누스는 『교사론』에서 지식의 소통과 진리의 전달, 교수에 관하여 논하였다. 그는 지식과 진리는 신의 계시를 통해 이미 개개의 인간 안에 구비되어 있으며, 따라서 교수의 목적은 이미 내재하고 있는 지식을 상기하도록 학생을 돕는 것이라고 보았다.[47)]

교육사적 의미: 아우구스티누스는 고대 사상과 기독교 교리를 통합시켜 기독교 사상을 체계화시켰으며, 교육사상에서도 철학과 학문이 종교적 영역의 기초교육이 될 수 있다고 봄으로써 기독교 교육사상을 체계화시켰다. 아우구스티누스의 기독교 교육사상은 기독교의 근본이라고 할 수 있는 교리문답 교육에도 큰 영향을 미쳤다.

2) 토마스 아퀴나스

중세의 정신은 스콜라 철학자들의 거대한 사상체계 속에서 정점을 이루었다. 토마스 아퀴나스도 아리스토텔레스 철학을 기초로 하여 신학·철학·전문 분야의 학문들을 통일적으로 명확하게 구성된 '하나의 전체'(Summa)로 총괄하였다. 그에 의해서 기독교적인 기본 태도와 세계긍정이 최대한으로 관통되었다. 자연적 인간성의 힘과 가치가 철저하게 긍정되었으나, 그것들은 기독교적으로 승화되었다. 이러한 점에서 토마스 아퀴나스는 이성과 신앙으로부터 확고한 체계를 정립하였던 것이다.

교육사상: 그의 교육사상은 스콜라 철학을 근거로 출발하였다. 그러나 그의 방대한 스콜라 철학 체계에 비해서 교육에 관한 체계적인 논술은 발견되지 않는다. 그의 저서들 가운데 인간의 행위나 인간의 도야에 관한 많은 이론과 주장이 있기는 하지만, 대부분의 경우는 윤리신학적인 측면에서 본 인간론이기 때문에 체계적인 교육학적 이론으로 보기는 어렵다.

그럼에도 불구하고 그의 저술들에는 직·간접적으로 교육에 관한 언급이 여러 번 발견되며 그들 중에는 교수와 연구를 깊이 있게 다룬 것들도 포함되어 있다. 특히 『진리론(De Veritate)』 11장의 "교사론"(De Magistro)에

---

47) 성기산, 앞 책, 345-346쪽.

> **토마스 아퀴나스**
>
> 토마스 아퀴나스(Thomas Aquinas, 1225~1274)는 나폴리 근교 아퀴노에서 귀족 집안의 아들로 태어났다. 수도원학교를 다녔으며 나폴리 대학에서 공부하였다. 1244년에 도미니코 수도회에 들어갔으며, 파리 대학 교수로 근무하였다. 중세 스콜라 철학을 집대성한 철학자, 신학자로서 『신학대전』을 집필하였으며, 『진리론』의 "교사론"에서 자신의 교육이론을 제시하였다.

는 지식의 획득에서 교사의 활동과 역할에 대해서 상당히 구체적으로 논해지고 있다.[48] 특히 그가 주목하고 있는 것은 학습활동에서 학생의 인식작용에 미치는 교사의 역할에 관해서이다. 토마스 아퀴나스는 아우구스티누스와 마찬가지로 교사의 역할은 학생의 잠재된 인식을 논리적 과정을 통해 명확하게 깨달을 수 있도록 도와주는 보조자에 불과하다고 보았다. 지식의 증명은 오직 어린이의 마음에 진리의 빛을 비추는 신의 작용에 의해서만 이루어질 수 있다고 믿었기 때문이다. 그러므로 그의 관점에서는 진정한 교사는 신뿐이며, 완전한 교육은 신에 의한 교육뿐인 것이다.[49]

교육사적 의미: 토마스 아퀴나스는 기독교의 교리와 아리스토텔레스의 철학을 종합하여 스콜라 철학을 집대성함으로써 서양사상 형성에 지대한 영향을 미친 사상가이며 철학자, 신학자가 되었다. 또한 토마스 아퀴나스는 20년간 대학에서 강의를 하였고, 대학을 설립하는 데에도 수차례에 걸쳐 관여한 바가 있다. 그의 저술들이 넓은 의미에서 교육적 의도로 쓰여졌다는 점에서 그는 교육과 관계를 맺고 있다. 토마스 아퀴나스의 사상은 현대 미국 교육철학 사조 가운데 교육에서 불변의 확실성을 추구하고자 하는 항존주의 교육이론의 철학적 배경이 되었다.

48) 김명신(1996). "토마스 아퀴나스" 『위대한 교육사상가들 I』. 연세대학교 교육철학연구회 편. 교육과학사. 247-248쪽.

49) 김영숙(1983). "토마스 아퀴나스". 『교육고전의 이해』. 안인희 편. 이화여자대학교 출판부. 104쪽.

새겨보기

중세는 고대의 문화와 사상을 바탕으로 기독교 사상에 의해 시대적 통일성이 형성된 시대였다. 이러한 통일성은 교육이념과 내용의 통일성을 가져 왔으며, 단일한 기독교 학교제도의 형성을 가능하게 하였다. 교회는 국가를 대신하여 교육의 권위를 지니게 되었으며, 교육의 실질적인 제공자와 지도자가 되었다. 그리하여 중세 전반기에는 기독교 교화와 성직자 양성을 목적으로 하는 기독교 학교제도가 발달하였다. 그러나 중세에 기독교 교육만 존재했던 것은 아니었다. 세속교육으로서 기사교육이 발달하였으며, 중세 후반기에 시민사회가 발생하면서 시민들을 위한 도시학교가 발달하였다. 또한 도시의 발달과 사라센 문화권과의 접촉 등으로 성장한 지적인 욕구에 부응하여 일종의 자연적인 학문연구를 위한 교수 학생 조합으로서 대학이 성립되었다. 이렇게 볼 때 중세는 기독교의 사상적 통일성을 바탕으로 기독교 교육과 세속적 교육이 함께 이루어졌던 시기였다고 볼 수 있다.
중세의 대표적인 사상가인 아우구스티누스와 토마스 아퀴나스는 본격적인 교육이론을 제시하지는 않았지만 그들 각각의 저서들에서 교육에 관한 중요한 통찰을 제시해 주었다.

제10장

르네상스에서 리얼리즘 시대까지

1. 르네상스 시대의 교육

15세기를 전후하여 중세에서 근대로의 이행은 유럽 전역에서 점차적으로 일어났던 과정이었다. 이러한 과정은 정치·경제·사회·문화·학문·예술 등 인간 삶의 모든 분야와 관련되었고 서양 전체 문화의 구조적인 변혁을 가져왔다. 이탈리아에서 출발하여 전 유럽으로 퍼져나간 르네상스는 고대 그리스문화의 재생 또는 부활을 의미한다. 억압과 금욕을 강조했던 중세와는 달리 르네상스는 고대 문예를 부활·부흥시켜 인간 중심 사회와 문화로 전환하려는 운동이었다.

철학적·정신사적 관점에서 볼 때 르네상스는 일반적으로 인문주의로 불려진다. 인문주의는 중세의 신 중심의 질서와 교회의 지배로부터 인간다운 삶, 즉 인간성을 회복하고자 하는 경향이다. 그렇다면 참된 인간성이란 무엇인가? 인문주의자들은 인간을 중세의 기독교적 관점과 신앙 안에서 타락한 죄인으로 이해하지 않고, 현세의 인간 존재에 눈을 돌려 인간이 지니고 있는 무한한 가능성을 새롭게 파악하기 시작한 것이다. 인문주의자들에게 참된 인간성이란 인간을 인간 본래의 모습 그대로 보고 인간의 고귀한 다면성을 완전하게 실현하는 것을 이상으로 삼게 된 것을 뜻한다. 인문주의자들은 고전의 학문과 문학에 관심을 두고 거기서 완전한 인간성을 구현할 수 있다고 믿었다. 왜냐하면 인문주의자들은 고대인들이 인간성을 참되고 다면적으로 계발하는 것을 발견하였다고 보고, 고대인들의 작품에 대한 관심이 매우 강하였기 때문이다. 사람들은 고대로부터 새로운 인간 이상과 자유롭고 창조적인 새로운 삶의 형태를 발견하게 된 것이다.

유럽 전역에서 더 이상 신학적으로 형성된 교육이 아니라, 현실적인 세계교육과 인간적인 문학에 대한 욕구가 강화되었다. 도시에 주로 새로운 학교(주로 라틴어 학교)가 세워졌다. 라틴어 학교는 중세의 수도원학교나 대성당 학교의 교회학교와 달리 르네상스 시대의 인문주의 정신을 라틴어 교육에서 찾았다. 16세기 학교는 종교적으로 합리화된 교육 목표로서 '지혜와 언변이 있는 경건'(sapiens atque eloquens pietas)을 설정하였지만, 라틴어교육의 수업내용은 바뀌었다. 중세시대 학교에서 가르쳤던 교회 라틴어 대신 주로 르네상스 인문주의자들에 의해 열렬히 연구되었던 키케로의 고전 라틴어에 중점을 두었다. 몇몇 학교에서는 그리스어와 히브리어도 가르쳤다. 실제 생활에 도움이 되는 직업 준비를 위해 라틴어 학교를 다니려는 학생 수는 지속적으로 증가하였다. 중세의 봉건사회 질서는 서서히 붕괴하게 되었다.

중세사회는 삶의 모든 분야에서 종교(기독교)가 지배하였던 사회였다. 르네상스는 삶의 모든 영역과 인간이해가 신 중심의 세계관과 질서에서 벗어나게 하는 동기를 제공하였다. 기독교 국가가 세속 국가로, 기독교 사회가 세속적인 사회로, 기독교문화가 세속적 문화로, 기독교 예술이 세속적 예술로, 기독교 교육이 세속적 교육으로 탈바꿈하는 전기를 마련하였다. 한마디로 르네상스는 삶의 모든 분야가 세속화되는 결과를 가져왔다고 평가할 수 있다. 르네상스 인문주의자들은 중세의 기독교적 신학적·초월적 세계관과 인간관을 탈피해 현세적이고 세속적인 삶의 가치를 중시하였던 것이다. 인간은 주변 세계를 새롭게 인식하게 되었다. 이제 자연은 신이 창조한 세상이 아니라, 인간이 이성 능력을 발휘하여 탐구하는 대상이 된 것이다. 이 점은 인간과 자연과의 새로운 관계를 낳게 하였다. 이제 중세시대에 낯선 개념이었던 '인간'과 '자연'과 '삶'이 새로운 관심사로 등장하였다.[1)]

가. 인간과 자연의 이해

1) 인간이해

중세사회에서 인간은 신과의 관계성에서만 이해되었고, 신을 알고 신의 의지에 따라 살아가는 것을 최대 과제로 삼았다. 신의 창조질서로 해석되었던 우주적 질서는 중세인의 삶과 존재 방식을 규정하는 원칙이었다. 시간적으로 중세인은 하루의 시작과 끝, 한 주일의 시작과 끝, 한 해의 삶, 더 나아가 한평생의 삶에서 종교적 예식과 종교적 질서 그리고 내세적 삶을 지향하였다. 공간적으로도 국가 공공기관과 교회는 그들 생활세계의 중심에 있었고 그것이 삶을 지배했다. 황제·왕(영주)·귀족·시민·농민·걸인 등 명백히 정해진 사회계층도 신이 규정한 질서로 이해되었다. 예를 들어 부모의 직업이 제빵사이면, 그 자녀는 자신의 소질과 재능에 관계없이 당연히 상공업자 계층에 속하였다. 중세 봉건제도의 질서에서 개인의 존재와 삶은 부인되었고, 자유와 자율성 및 이성은 철저히 무시되었다.

그러나 르네상스는 이 세상에 존재하는 인간과 그의 삶에 대한 전혀 새로운 이해를 가져왔다. 신과의 관련성 속에서 인간이 아니라, 인간으로서의 인간을 보려는 것이 관심의 중심에 놓이게 된 것이다.[2)] 즉 신 중심 사회에서 인간 중심 사회로의 변혁이 초래되었다. 인간은 이제 신이 아니라 자연과 문화의 관련성에서 자신의 삶을 재해석하고 즐기기 시작했다. 중세시대의 우주적 질서와 의존관계로 묶던 쇠사슬을 풀고 나와 자신의 삶을

1) H. Scheuerl(1982). *Pädagogische Anthropologie*. Stuttgart. p. 75.

2) J. von den Driesch/J. Esterhues(1960). *Geschichte der Erziehung und Bildung*. 2 Bde. Paderborn. p. 224.

스스로 결정하게 되었다. 현실적 삶이 부인되던 중세적 전통을 거부하고 고대 그리스인의 삶의 모습에 따라 삶에 대한 긍정적 태도, 문학과 예술에서 발견되는 미적 감각, 감정과 열정이 주요 관심사로 등장했다. 인간은 이제 하나의 주체로 파악되었고 개별적 특성이 강조되었다.

특별히 인문주의자들은 자유와 자율성의 이념을 강조하였다. 중세사회의 기본 제도인 봉건주의와 교회는 중세인의 삶을 지배하였다. 개인의 자유로운 의사와 결정은 허용되지 않았다. 봉건계층적 질서에 따르고 교회의 권위에 복종하는 것은 중세인의 당연한 삶이었다. 인간의 존엄성과 가치를 존중하였던 인문주의자들은 중세적 인간이해를 더 이상 수용할 수 없었다. 인간성의 이념을 실현하기 위해 그들은 인간의 자유와 자율적인 결정과 삶이 매우 중요하다고 평가하였다. 이제 사람들은 자신감을 갖고 자유롭게 자신들의 삶을 결정·관리하는 것을 요구받게 되었다.

더 나아가 그들은 인간 이성의 가치를 재발견하였다. 중세 교회의 가르침과 전통적 관습에 따라 무반성적으로 생활하는 인간의 모습을 비판하고 인간의 이성적 판단에 따른 자율적 삶을 강조하였다. 인간은 자신의 이성을 발달시켜 바른 것과 그른 것을 판단할 수 있는 능력을 소유하게 되고, 선한 것과 악한 것을 구별할 수 있는 눈을 갖게 되며, 그것을 생활에서 실천할 수 있다고 보았다.

인간에 대한 르네상스인들의 탐구는 동시에 인간의 자연성에 대한 새롭고 깊은 이해를 가져오게 하였다. 중세시대의 인간은 아우구스티누스의 영향에 따라 기독교적 세계관으로 채색되어 철저히 이분법적인 구도 안에서 이해되었다. 인간은 신의 세계(civitas Dei)와 세속의 세계(civitas terrena)의 두 세계에 살고 있는 존재요, 초자연의 세계와 자연의 세계에 동시에 살고 있는 존재요, 영혼과 육체로 이루어진 존재이다. 이 두 가지 대립되는 존재방식에서 인간은 늘 갈등하는 존재로 그려졌다. 그리고 인간이 지향해야 할 존재방식은 분명히 규정되었다. 신적인 특성인 인간의 영혼은 매우 고결한 속성으로 간주되었으나 인간의 자연성과 육체는 죄악의 특성으로 부인되었다. 그러나 탈기독교화 및 세속화 과정이 진행되면서 인문주의자들은 인간을 전혀 새롭게 인식하였다. 그들은 중세의 신학적 이분법적 구도에서 탈피하여 인간을 전제조건 없이 살펴보기 시작하였다. 그 결과 인문주의자들은 인간의 자연성인 육체와 감각 그리고 욕망의 영역을 인간의 정신과 더불어 인간성을 규정하는 중요한 요소라고 보았다. 그것은 중세의 금욕주의를 비판하고 인간의 자연적 측면을 새롭게 평가한 것이라고도 볼 수 있다. 요약하면, 중세사회에서 인간 존재의 초월적 측면만 가치 있는 것으로 여겨졌다면, 르네상스 인문주의자들은 인간의 현실적 측면에 보다 큰 관심을 기울였다고 볼 수 있다.

2) 자연이해

중세인의 삶은 철저히 내세 지향적이었다. 현세의 삶은 순교자처럼 내세의 영원한 삶을 준비하는 과정으로 이해되었기 때문에, 현세는 사람들의 참된 고향이 될 수 없었다. 그러나 르네상스인들은 그러한 내세주의를 배척하고 현세적·세속적인 삶의 가치를 새롭게 평가하였다. 사람들은 이제 내세의 영원한 삶을 추구하며 현세의 삶을 희생하는 대신 현세의 삶에 관심을 기울이며 현세의 즐거움을 추구하게 되었다.

현세에 대한 관심은 자연스럽게 주변의 자연세계에 대한 관심으로 이어졌다. 이 세계는 더 이상 신학적 관점에서 신의 세계로만 해석되지 않았고, 죄의 세계로도 여겨지지 않았다. 이 세계는 이제 인간의 세계, 즉 인간 삶의 세계로 파악되는 동시에 인간이 자신의 목적을 위해 이용할 수 있는 대상이요 정복의 대상으로 간주되었다. 사람들은 이제 조건 없이 인간의 이성 능력을 발휘하여 주변 세계를 탐구하여 새롭게 열어가고자 하였다. 그 예로 1492년에 콜럼버스가 아메리카 대륙을 발견하였고, 1498년 인도로 가는 뱃길이 발견되었다.

인간은 이성을 발휘하여 스스로 세계를 탐구하고 형성하는 주체가 되었다. 이와 더불어 지리학적·자연과학적·역사적 지식이 급속히 증가했다. 그 형태와 수학적 차원에서 이 세계의 참된 모습을 명료하게 설명하였던 자연과학적 지식은 이제 잇따른 지리상의 발견과 더불어 참된 것으로 증명되었다. 더불어 코페르니쿠스, 갈릴레이, 케플러 등에 의해 천체의 운동에 대한 새로운 과학적 법칙이 발견되었다. 이러한 일련의 지리상·천체상의 발견은 사물 세계에 대한 관심을 촉발하는 계기가 되었다.

인간의 자연세계에 대한 관심은 세계관의 확대와 자연과학의 급속한 발전을 초래했다. 사람들은 이제 종교적인 틀에 예속되고 억압됨이 없이 자연을 관찰하고 연구하여 자연에 대한 새로운 인식이 가능하게 되었다. 더불어 경험과학적 지식이 최고의 가치를 지니게 되었고, 더 나아가 교육에서도 '사물'과 '실제'에 대한 관심을 촉발하는 계기를 가져왔다.

나. 르네상스 시대의 교육

1) 특징

르네상스 시대 교육에는 고대 그리스 언어와 문화가 중심을 이루었는바, 그 특징은 세 가지로 정리될 수 있다. 첫째, 고대 그리스 사상과 예술에 대한 관심은 자연스럽게 고대 언어를 배워야 할 필요성을 제기하였고, 이를 위해 언어교육이 중요한 교육내용으로 받아들여졌다. 특히 라틴어는 고대 그리스 문학작품을 읽기 위해 인문주의 교육과정에서 가장 중요한 의미를 갖게 되었다. 대표적인 중등교육기관이었던 라틴어 학교에서 학생들은 라틴어를 배우면서 거의 대부분의 시간을 보냈다.

둘째, 고대의 발견과 더불어 르네상스 시대 인문주의자들은 고대 그리스 사람들의 자유교육 이상을 추구하였고, 인간적 교양을 갖춘 자유인을 길러 내고자 하였다. 인간적 교양을 갖춘 자유롭고 자신이 넘치고 고대 언어와 시문학에 능통한 달변가를 키우는 것을 교육의 이상으로 삼았다.

셋째, 교육 방법 면에서 16세기 인문주의 교육은 새로운 지평을 열었다. 엄한 훈육과 훈련, 비인간적인 취급 그리고 체벌이 중심을 이룬 중세 교육 방법은 근세 인문주의자들에게 심한 비판을 받게 된다. 인문주의자들은 각 개인의 존엄성과 가치를 인정하고 인간의 자연성을 존중하였고, 그에 따라 교육 방법의 핵심원칙은 어린이와 학생들을 인간적으로 대우해 주는 것이었다. 엄한 훈육에서 벗어나 자연스럽고 온화한 교육, 즐겁고 놀이가 강조되는 수업, 어린이의 영혼을 이해하고 그들의 이해능력을 고려하는 수업을 그들은 강조하였다.

2) 문제점

16세기 인문주의 시대 언어 중심 교육은 그러나 시간이 흐르면서 문제점을 노출시켰다. 첫째, 고대의 정신과 사상을 받아들이려는 목적으로 고전어와 고전문학을 강조하였던 인문주의 교육은 시간이 지나면서 지나치게 고대 언어에 집착하고 언어의 형식에만 치우쳐 교육과 도야는 소홀히 하였고, 실제 삶과도 유리된 결과를 낳았다. 인간의 완전성을 추구하고 인간성의 실현을 목적으로 하는 매체로서의 언어와 언어교육이 점차 언어를 위한 언어교육으로 변질되어 갔다. 이러한 경향은 여러 사람들에 의해 언어주의, 형식주의, 현학주의라는 비판을 받게 되었다.[3]

둘째, 인문주의자들은 유능한 직업인보다는 뛰어난 예술인과 도야인을 추구하였다. 정신적·언어적 도야, 사교성, 수사학적인 달변이 그러한 인간 이상을 대변하였다. 이러한 점들에서 우리는 르네상스 인문주의자들의 삶의 이상이 귀족주의적인 성격을 지니고 있다는 것을 확인하게 된다. 부유한 시민을 중심으로 펼쳐진 르네상스 운동과 인문주의 교육은 새로운 계층구조를 낳았다. 인문주의자들은 라틴어와 현학적인 지식에 흠뻑 빠져 자신들을 의식적으로 평민계층과 구별하려 하였다. 그들은 고전어를 생활용어로 사용하였고, 모국어를 경시하였으며, 모국어를 사용하는 평민들에 대한 우월감을 갖게 되었다. 중세 봉건적인 계층사회가 르네상스 시대에 마감되고 그 자리에 교육받은 계층과 교육받지 못한 계층이란 새로운 계층개념이 탄생했다. 평민들이 사용하는 모국어 경시풍조는 곧 평민 대중을 위한 국민교육 또는 평민교육을 소홀히 하는 결과를 가져왔다.

3) H. Blankertz(2015), Die Geschichte der Pädagogik, Wetzlar, 1992, p. 31f.

셋째, 인문주의 교육은 지나치게 언어교육에 치우쳐 사물과 관련된 내용을 소홀히 한다는 비판을 받았다. 편중된 언어교육에 대한 비판은 이미 당시의 인문주의자들에게서 제기되었다. 이탈리아의 살루타티(C. Salutati, 1331~1404)와 브루니(L. Bruni, 1370~1444), 스페인의 비베스(J. L. Vives, 1492~1540), 프랑스의 라블레(F. Rabelais, 1494~1553)와 몽떼뉴(M. d. Montaigne, 1533~1592) 등이 대표적 인물이다. 이들은 한편으로 지나친 언어주의 교육을 비판하고, 다른 한편으로 리얼리즘 교육에 대한 깊은 관심을 표명했다. 교육과정에서 그들은 언어 외에 천문·지리·기하·물리·음악·산수·건축·광학 등 실제적 사물과 관련이 되면서도 삶에 도움이 되는 실용적인 과목을 강조했다.

다. 에라스무스의 교육사상

> **에라스무스**
>
> 에라스무스 (Desiderius Erasmus von Rotterdam, 1469~1536)는 중세 말기와 근대 초 유럽 전반에 걸쳐 널리 퍼졌던 문화운동이면서 교육운동인 '인문주의'(Humanism)를 꽃피우고 완성시킨 네델란드 출신의 인문주의자이다. 가톨릭 사제로서 그는 인문주의와 기독교 사상을 조화롭게 접목하는 것을 평생의 과업으로 삼고 추구하였다. 교육에 관한 여러 저술을 펴내어 그는 인문주의 시대 대표적 교육사상가로 불린다.

인간이해: 에라스무스는 인간을 인간 그 자체로 이해함으로써 신과의 관련성에서만 인간의 존재가치를 찾는 중세적 이해를 거부한다.[4] 그에게서 인간의 삶이란 신적·초자연적인 것이 아니라 자연적인 것이며, 자연적인 것이 인간 고유의 특성이요 선한 것이다. 그것은 중세시대에 이해되었던 것처럼 악의 세계, 저주의 세계, 사탄의 세계, 극복되어야 할 세계에 속한 것이 아니다. 자연성은 신이 인간을 창조했을 때 부여한 '배아'와 같은 것이다. 이 배아로 인해 인간은 자신과 삶을 긍정적으로 이해하게 되고 자신을 완성하려 끊임없이 노력하는

4) B. Groethuysen(1928). *Philosophische Anthropologie*. München/Berlin. p. 185.

존재가 된다. 이처럼 에라스무스는 인간을 주어진 자연성으로부터 이해하였으며 인간의 가능성에 대한 긍정적·낙관적인 생각을 갖고 있었다.

그는 동물과 구별해 인간을 인간으로 규정하는 가장 본질적 특징이 이성이라 하였다. 이성은 인간을 궁극적으로 인간이 되게 하는 지적·영적이며 실용적 힘이라고 주장하였다.[5] 이성이 선과 악을 판단하는 기준의 역할을 하기 때문에 인간 안의 신적인 것이라고 생각하였다. 그래서 인간은 이성을 통해 하나님을 알 수 있다고 보았다. 이성은 실천과도 연결되는데 단순히 선과 악을 분별하는 것에서 더 나아가, 인간이 가지고 있는 죄에 대한 경향성 및 악을 저지르려 하는 마음과 적극적으로 대결하여 이를 극복하게 하는 힘이 된다는 것이다.

교육의 필요성과 가능성: 에라스무스는 인간을 '이성'의 동물로 이해하고, 모든 인간은 내부적으로 "이성을 씨앗처럼 품고 있다"고 보았다.[6] 이성은 인간에게 처음부터 어떤 완성된 모습으로 주어진 것이 아니라, '씨앗'처럼 주어져 이것이 시간이 지나면서 완성을 향하여 성숙·개발된다는 것이다. 여기서 교육의 필요성이 제기된다. 에라스무스는 교육이 없으면 이성은 이성으로서의 기능을 할 수 없다고 보고, 주어진 이성을 계발하는 교육을 통해 인간은 비로소 인간다운 인간이 된다고 주장하였다. 그래서 그는 "인간은 인간으로 태어나는 것이 아니고 인간으로 교육되는 것이다"고 말하였다.[7] 즉 인간에게는 교육과 도야가 필연적으로 요청된다는 것이다.

그러나 에라스무스가 교육에 부여하는 무한한 가능성에 대한 확신이 단지 인간의 선한 바탕 때문만은 아니다. 그는 어린이를 왁스, 양털, 휘기 쉬운 어린 나무, 빈 밭, 가공되지 않은 재료, 좋은 밭 등과 같이 무엇으로든지 만들어질 수 있는 가소성(可塑性)을 가진 존재로 이해하였다. 그는

---

5) D. Erasmus(1968). *Enchiridion militis christiani. Handbüchlein eines christlichen Streiters.* bersetzt u. eingel. v. W. Welzig. Darmstadt. p. 133.

6) 같은 책, 107쪽.

7) D. Erasmus(1963). "Über die Notwendigkeit einer frühzeitigen allgemeinen Charakter- und Geistesbildung der Kinder" *Eramus von Rotterdam. Ausgew ählte pädagogische Schriften.* Besorgt v. A. J. Gail. Paderborn. p. 115.

인간 초기의 경험에 의해 어린이는 '짐승'과 같은 존재로도 그리고 '신적인' 존재로도 될 수 있다고 하였다. 어린이의 초기경험의 이 '각인하는 힘'과 어린이 자체가 가지고 있는 가소성이 그로 하여금 교육의 중요성과 교육의 힘을 확신하는 데 핵심적 역할을 하였다.

교육의 목적: 에라스무스 사상의 핵심은 기독교와 인문주의를 통합하는 것이다. 인문주의가 인간의 존엄성과 자유를 회복하는 것에 관심을 두고 개인의 자유와 이성을 중요시하였다면, 기독교는 경건한 삶을 강조한다. 서로 다른 가치를 지향하는 것처럼 보이는 기독교와 인문주의는 모순과 대립의 관계에 있지 않다. 예를 들어, 그는 복음이란 하나님의 최고의 계시인 동시에 인문주의 휴머니즘 사상의 극치(꽃)라고 보았다. 자유의 이념 역시 인문주의자들에게는 인간 삶의 최고의 원칙인 동시에 기독교적 인간 이해의 기초라고 보았다. 즉 기독교인은 근본적으로 자유인이라고 그는 주장하였다.

그는 교육의 근본적인 과제를 인간성과 종교성(경건성)의 통합에서 찾는다. 이를 그는 두 가지 통로로 실현될 수 있다고 보았다. 첫째, 개인의 인간성을 함양하고 자유인을 향해 도야하는 인간교육이다. 이를 위해 개인의 주체성이 기독교적 생활과 세속적 생활 모두에서 강조되고 있다. 둘째, 인간교육과 더불어 언어교육이 강조되고 있다. 그는 교회적 전통이나 교리적 독단에서 벗어나 성서의 본래 의미를 충실히 이해하여 경건한 삶을 살고, 또 고대 그리스와 고대 로마인들의 이성적이고 지혜로운 삶을 배우기 위해 언어교육이 중요하다고 보았다.

교육 방법: 교육 방법에 대한 에라스무스의 새로운 이해는 그의 어린이 이해와 밀접하게 연관되어 있다. 그는 기본적으로 어린이를 교육자의 손에 붙여진 노예가 아니라 '자유인'으로 보았다. 왜냐하면 어린이는 고상한 영혼을 지닌 존재이기 때문에 지나친 억압이나 체벌만으로 교육하는 것은 옳지 않다는 것이다. 그래서 자유인인 어린이를 노예 대하듯 체벌하지 말고 부드러움으로 대해야 하고, 존중과 칭찬으로 교육하는 것이 효과적임

을 강조하였다.[8] 이와 관련해 에라스무스는 '자연'을 교육 방법의 핵심 원리로 보고, 자연의 원리에 따라 교육이 이루어져야 함을 강조하였다. 동물이나 식물의 존재와 성장에서 확인되는 자연적 특성들이 어린이의 자연성 또는 자연적 소질의 계발에 적용될 수 있다고 보았다. 더불어 그는 어린이의 이해능력에 맞는 교육이 행해져야 하고, 무리하게 어려운 교육을 시키는 것을 반대하였다. 그리고 학습이 강제적으로 이루어져서는 안 되고, 어린이가 학습하는 것에 흥미를 느끼고 애정을 가질 뿐 아니라, 교사의 지도를 거역하는 것을 스스로 부끄럽게 느낄 수 있도록 이끄는 것이 중요하다고 보았다.[9] 특히 어린이의 '놀이'가 어린이 삶의 중요한 특성임을 강조하며 학습도 놀이와 흥미가 동반될 때 교육으로 효과적임을 지적하였다.[10]

교육사적 의미: 인문주의 시대를 대표하는 사상가 에라스무스는 근세 이후 교육사상계에 큰 영향을 끼쳤다. 에라스무스 교육사상의 핵심개념인 인간의 자유와 이성은 근세 이후 교육의 기본 개념으로 수용되었다. 인간교육과 언어교육을 교육의 두 축으로 규정한 점은 19세기 초반 신인본주의자들에 의해 그 가치가 재평가되고 긍정적으로 수용되었다. 그리고 자연의 원리에 따르는 교육 방법은 코메니우스·루소·페스탈로치·프뢰벨 등 자연주의 교육사상가들에 의해 발전적으로 계승되었다.

---

8) 같은 글, 139쪽, 144쪽 이하.
9) 같은 글, 108, 129, 147쪽.
10) 같은 글, 154, 159쪽.

새겨보기

재생 또는 부활이란 의미를 지닌 르네상스는 문예의 부흥뿐 아니라, 서양 문화 전체의 구조적 변혁을 가져왔다. 중세의 신 중심 사회의 문화를 탈피해 인간 중심 사회와 문화로의 전환을 가져왔다. 르네상스 시대 인문주의자들은 중세 말기의 경직된 스콜라 철학을 비판하고 인간 중심적인 새로운 사상을 전개하게 된다. 그들은 새로운 사상의 기초를 고대 사상과 문화, 예술에서 찾으려 했다. 인간성을 참되고 완전하면서도 다면적으로 계발하는 것은 고대 그리스인의 발견이었다고 간주하여 고대인들의 작품을 위대하고 고귀한 인간상의 거울로서 모범적인 것으로 여겨졌다. 고대 그리스 사상과 예술에 대한 관심은 자연스럽게 고대 언어를 배워야 할 필요성을 제기하였고, 이를 위해 언어교육이 중요한 교육내용으로 받아들여졌다. 또한 인문주의자들은 고대 그리스 사람들의 자유교육 이상을 추구하여 인간적 교양을 갖춘 이성인과 자유인을 길러내는 것을 교육의 주요 과제로 삼았다.

2. 종교개혁과 교육

종교개혁은 르네상스 운동의 영향을 받아 로마 가톨릭 교회의 부조리와 전통 및 절대 권위에 대한 저항운동이다. 종교개혁의 발생과 확산은 중세 말 유럽사회의 전면적 변화와 밀접하게 관련되어 있다. 르네상스의 비판 정신을 이어받은 종교개혁은 인간의 독자성과 자율성을 강조하며 전통과 중세적 질서로부터 인간을 해방시키는 움직임을 강화하였다. 루터가 말한 바와 같이 오직 믿음(sola fide), 오직 은총(sola gratia), 오직 말씀(sola scriptura)으로 확인되는 종교개혁적인 특징은 신과 인간의 개인적·직접적 관계와 내면적 신앙만이 종교적 삶의 바탕이 된다는 점을 강조하였고, 개인의 체험과 양심 그리고 이성적 판단과 종교적 책임을 중요시하였다. 제도적 교회의 전통과 권위는 더 이상 힘을 발휘할 수 없게 되었다. 이렇게 볼 때 종교개혁은 '인간의 발견'이란 르네상스의 일반적 성격을 이어받아 '종교적 주체로서의 인간의 발견'이란 성격으로 승화시켰으며 인간이 중심이 되는 기독교적 사회로 이행하는 데 크게 기여하였다.

역설적인 사실은 종교개혁이 일차적으로 종교영역의 개혁이었음에도 불구하고 결과적으로 세속적 삶에 대한 관심을 불러일으켰고, 세속화 과정을 촉진시켰으며, 생활과 의식의 개혁에 큰 영향을 주었다는 점이다. 종교개혁의 본 고장인 독일에서는 실제로 르네상스나 인문주의보다 루터의 종교개혁이 사람들의 삶에 더 큰 영향을 미쳤다. 국민들의 삶과 문화, 언어, 학문, 그리고 교육에 이르기까지 삶의 영역 전반에 침투해 그것을 변화시켰다. 즉, 국민 모두가 종교영역에서뿐만 아니라 일상 삶의 영역에서도 주체적으로 참여·활동하도록 이끌었다. 그 결과 종교개혁은 유럽에 개신교회의 탄생을 가져왔을 뿐만 아니라, 문화·사상·사회·정치·교육 전반에 걸친 개혁을 함께 수반하였다. 때문에 종교개혁은 당시의 르네상스 및 인문주의 문화운동과 나란히 중세의 종말과 근세의 시작을 가져온 역사적 운동으로 평가되고 있다.

종교개혁가들의 세속적 삶에 대한 관심에는 그들의 신학적 논리가 그 밑바탕에 깔려 있었다. 그들은 세계의 구원이란 단지 교회 안에서 영적 세계의 구원만을 의미하는 것이 아니며 속세의 구원도 중요하다고 보았다. 속세의 구원은 기독교인들이 이 세상에서 여러 직업에 종사하고 그곳의 구원을 위해 힘쓰는 가운데 이루어진다는 것이다. 르네상스 운동이 시민계층의 일부 정신적 엘리트들에 의해 주도된 특성을 지녔다면, 종교개혁은 모든 대중이 관련·참여하였다는 점에서 정신사적·교육사적으로 차지하는 의미가 크다고 볼 수 있다.

가. 종교개혁시대의 교육

1) 만인제사장설과 교육 대상의 확대

구교에서 교회는 하나님의 계시를 받아 이를 매개하는 기관으로 또 하나님의 말씀인 성서는 교회에 의해 해석되어 신자에게 매개되는 것으로 이해되었다. 그에 따라 일반 신도가 독자적으로 성서를 읽고 이해하며 해석할 필요 자체가 없었으며 이를 위한 교육은 더더욱 요청되지 않았다. 그러한 종교적 틀에서 일반 신도와 사제 사이의 계층적 차이가 있었으며 교육은 사제의 전유물이 되었다. 그러나 종교개혁은 이러한 기존의 입장을 거부하고 모든 사람이 사제의 중재 없이 독자적으로 하나님의 계시를 받을 수 있으며 성서를 읽고 해석할 수 있음을 천명하였다.

종교개혁은 사제와 일반 교인 사이의 직분상의 차이를 부정하였고, 모든 기독교인이 사제와 마찬가지로 하나님의 계시를 받고 사제로서의 직분을 감당해야 한다는 이른바 '만인제사장'의 개념을 제시했던 것이다. 따라서 일반 교인들이 이러한 만인제사장 직분을 감당하기 위해서는 성경을 이해·해석하며 이를 전할 수 있는 수준에 도달해야 할 것이 요청되었고 이를 위해 모든 사람이 교육을 받아야만 했다. 이처럼 종교개혁은 교육의 대상을 소수의 사람에서 모든 사람에게로 확대했다고 할 수 있다.

2) 성서 중심 신학과 교육의 장 확대

종교개혁가들은 믿음에 의해서만 구원을 얻는다고 보고 이를 본질적으로 하나님의 '말씀'인 성서에서 찾고 있다. 그들은 성서에 기록된 대로 믿음은 들음, 즉 말씀의 들음에서 오는 것이므로 믿음은 말씀과 불가분의 관계에 있음을 강조하였다. 바로 이 점이 종교개혁가들이 교육의 중요성을 인식하였던 근거이다. 이처럼 성서를 가장 중심에 놓음으로써 그들은 성서에 대한 바른 이해와 해석 또한 중요시하였다. 그런데 그렇게 하기 위해서는 이를 도와주는 교육이 필수적이었다. 따라서 종교개혁의 성서 중심 신학은 교육을 중시할 수밖에 없는 필연적·신학적 근거가 되었다.

중세에는 교회가 교육의 구심적인 역할을 하였지만 종교개혁과 더불어 교육의 장이 확대되었다. 대부분 교회의 관리 하에 있던 중세의 학교에서 교회의 교육적인 권위는 부모의 그것에 우선하였다. 그러나 종교개혁가들은 '교육의 장(場)'에 대하여 새로운 사고를 전개함으로써 교육을 '교회'에서 '가정'과 '학교'로 확대하였다.

먼저 교육의 장으로서 '가정'의 의미가 새롭게 평가되었다. 가정을 교육의 가장 영향력 있고 비중 있는 장소로 승격시킨 종교개혁가는 누구보다도 루터라고 할 수 있다. 루터는 가정이 가장 중요한 교육의 장이며 부모야말로 최고의 교육적 권위와 책임을 지녔음을 신학적으로 정립하였다. 그는 부모의 자녀에 대한 교육을 '하나님의 명령'이라고 정의함으로써 부모의 책임이 자녀의 육체적 평안과 세상에서의 안녕에 국한되는 것이 아님을 명확히 하였다. 부모는 하나님의 대리인으로 자녀에게 말씀을 접하게 하고 이를 통해 영적인 구원에까지 관여해야 하는 과제를 지녔다.

그러나 종교개혁과 더불어 무엇보다 거대한 개혁을 경험한 교육의 장은 학교라고 할 수 있다. 교육의 대상을 소수의 성직자에게서 모든 사람으로 확대하고 그 목적을 '교회'의 유지와 존립뿐만 아니라 '속세'의 평화와 질서 유지 차원으로 확대했던 종교개혁가들은 교회뿐만 아니라 '세상'을 위한 교육의 필요성을 제시하였다. 루터는 통치자들이 국가를 바로 보존해야 할 의무가 있고, 국가를 올바로 보존하기 위해서는 성장세대를 올바로 교육시키는 것이 필수적이기 때문에 통치자와 국가에 국민교육의 의무가 있음을 주장하였다. 그에 따라 국가 차원에서 학교를 세우고 그곳에서 계층과 성별에 관계없이 모든 시민의 자녀들이 직접 성경을 읽을 수 있도록 교육해야 한다는 공교육개념을 제시하였다. 이러한 그의 국가 주도의 공교육개념이 종교개혁 이후 오늘날까지 유럽사회에서 자리 잡게 되었으며, 이 점에서 루터는 서구에서 공교육의 아버지로 평가된다.

나. 루터의 교육사상

루터의 교육사상은 일차적으로 종교개혁 운동과 연관 지어 이해될 수밖에 없다. 실제로 루터의 교육에 대한 관심은 교육 자체의 중요성 때문이라기보다 종교개혁을 통해 사회개혁을 시도하려는 과정에서 생겼다. 루터는 교육의 중요성을 실감하게 되었고, 이를 바탕으로 교육적인 저술들을 쓰게 되고 학교개혁에도 관여하게 된 것이다.

마틴 루터

마틴 루터(Martin Luther, 1483~1546)는 신학자이며 목사로서 유럽의 종교개혁을 일으킨 장본인이다. 1517년 비텐베르크 교회의 문 위에 95개조의 면죄부에 대한 반박문을 내걸음으로써 로마 가톨릭 교회의 면죄부 정책에 정면으로 도전했고, 이로 인해 종교재판에 회부되어 파문되었다. 그러나 프리드리히 황제의 도움으로 안전한 지역에서 신학이론적으로 종교개혁을 뒷받침하는 작업에 일평생 몰두하였다. 그의 노력으로 종교개혁은 전 유럽에 퍼지게 되었다.

교육의 필요성: 루터는 인간의 존재는 먼저 하나님 앞에 선 존재(coram deo)인 동시에 세상 앞에 서 있는 존재(coram mundo)라는 양면성을 지녔기 때문에 동시에 영의 세계와 세속의 세계에 속한다고 보았다.[11] 영의 세계가 인간의 영혼을 다스리고 구원하기 위해 성령이 다스리는 나라라면, 세속의 세계는 세상의 질서를 유지하고 악을 억제함으로써 평화를 추구하는 검(劍)의 나라라고 보았다.[12]

루터는 '영의 나라'의 존립에 복음과 성서를 핵심적인 요소로 보았고, 성서의 바른 이해와 바른 가르침을 위해 언어가 필요하며, 그에 따라 교육이 필수 불가결한 것임을 분명히 한다. 그리고 '세상의 나라'의 존립과 발전을 위해서도 루터는 교육이 필수적임을 설명하고 있다. 그는 교육 없으면 인간은 "야만스러운 짐승처럼 서로 물고 뜯고 죽이고 …… 그리하여 인간 세상은 무질서가 횡행하는 곳이 될 것"이라고 주장하였다.[13]

교육의 목적과 내용: 루터는 인간 삶과 교육의 목적은 모든 인간이 하나님의 자녀가 되는 것이라고 보았다. 하나님의 자녀는 신을 섬기고 세상에서 올바로 사는 사람이다. 그러기 위해 의사, 법률가, 교사 등 세속적인 직업을 갖고 학생을 기독교적 경건함으로 이끌어 세상에 유익함을 주며 살도록 교육하는 일, 즉 신의 자녀로서 올바로 살도록 가르치는 것이 교육의 목적이라고 보았다.

---

11) B. Lohse(1995). *Luthers Theologie*. Göttingen. p. 335.

12) M. Luther(1883–1929) "Von weltlicher Obrigkeit(1523)". *Weimarer Ausgabe* 11. pp. 15–18.

13) M. Luther(1991). "Eine Predigt, daß man Kinder zur Schule halten solle". K. E. Nipkow/F. Schweitze. *Religionspädagogik*. München. p. 63.

신학자와 목사인 루터에게 성서와 교리문답은 교육의 핵심내용이었다. 이를 위해 그는 성서를 독일어로 번역하였고 1529년에 성서의 핵심내용과 기독교의 주요 교리를 정리한 『소교리문답서』를 펴내었다. 교리문답서는 오랫동안 교회교육뿐 아니라 가정교육의 지침서 역할을 담당하였다. 루터가 생각하는 교육은 그러나 좁은 의미의 기독교교육으로 제한되지 않았다. 그는 학교교육의 내용과 관련해서 기독교의 정신 및 인문주의를 결합하여 다양한 교과를 제시하였다. 교육내용은 단지 성경과 교리문답에 제한되는 것이 아니라 7자유교과·역사·언어 등 세속적 내용도 포함되었다.

교육 방법: 중세뿐만 아니라 인문주의 시대에서도 주요 교육 방법은 '암기'였다. 당시에 쓰였던 대부분의 언어교과서는 거의 통째로 외워져야 했다. 암기 방법은 그러나 학습자에게 지나친 부담을 주었다. 루터는 당시의 이러한 암기식 교육에 대해 정면으로 반기를 들었고 그 내용을 제대로 알고 이해하지도 못하면서 단순히 기계적으로 암기하는 것이 얼마나 무익한지 비판하였다. 다루어지는 내용을 듣고 외우는 것이 아니라, 이에서 더 나아가 그 뜻을 바로 이해하는 것이 중요하다는 것을 강조했다.

이러한 주장을 바탕으로 루터는 기존에 주로 사용되었던 교육 방법인 '읽기'(recitatio)와 '외우기'(memoria)에 '설명'(explicatio)의 방법을 추가하였다. 그는 소크라테스 이후 서구의 전통적 교육 방법인 문답식 방식이 학생의 이해수준에 맞춰 학습을 유도할 수 있는 적절한 방법이라고 보고, 문답법의 형식에 따라 가르칠 수 있도록 자신의 교리문답서를 펴내었다. 더 나아가 그는 당시 인문주의자들처럼 학습이 지루하지 않도록 하기 위해 학습에 놀이가 동반되고 흥미와 동기유발이 근거되어야 한다고 주장하였다.[14)]

14) 양금희(1999). 『종교개혁과 교육사상』. 한국장로교출판사. 70쪽.

다. 종교개혁의 영향

1) 공교육제도의 성립

종교개혁이 교육에 준 영향 가운데 가장 큰 것은 '모든 국민을 교육해야 한다'는 보통교육사상을 이뤄낸 것이다. 이는 후에 공교육제도와 의무교육제도가 성립하게 했다. 공교육제도와 의무교육제도는 17세기 이후 제정된 학교법에 의해 뒷받침되었다. 1619년의 바이마르(Weimar) 학교법, 1642년의 고타(Gotha) 학교법, 1651년의 브라운슈바이크(Braunschweig) 학교법, 1649년의 뷔르템베르크(Württemberg) 학교법 그리고 1717년의 프로이센 학교법에서 의무교육이 규정되었다.

루터가 종교개혁의 확대를 위해 강조한 공교육과 의무교육은 17~18세기 절대주의 왕조에서 국가를 지탱하는 도구로 이용되었다. 종교개혁 당시의 절대국가들은 모든 국민을 의무적으로 교육시켜 국가가 필요로 하는 신민(臣民)을 양성하려고 하였다. 절대국가가 교육에 깊은 관심을 기울이면서 이제 교육은 점차적으로 국가교육으로 그리고 학교는 국가학교로 바뀌었다.

2) 매사추세츠 교육령

영국에서 추방된 청교도들은 미국으로 건너가 매사추세츠 문화를 형성하였다. 그들은 칼빈주의에 근거하여 사람이 하나님으로부터 구원을 받고 신앙적인 삶을 살기 위해서는 교육이 중요하다고 보았다. 청교도들은 교육을 국가적 책임으로 인식하고 1642년 매사추세츠 교육령(Messachusetts School Law)을 제정하였다. 종교개혁 사상가들의 깊은 영향을 확인할 수 있는 이 교육령은 공립학교의 제도화, 지방자치단체의 학교설치 의무화 및 감독권, 의무교육, 교육세 부과, 무상교육 실시 등 공교육제도의 중요한 원리를 내포하고 있다는 점에서 역사적 의미가 크다.

새겨보기

르네상스 정신을 이어받은 종교개혁은 인간의 독자성과 자율성을 강조하며, 전통과 중세적 질서로부터 인간을 해방시키는 움직임을 강화하였다. 종교개혁은 모든 기독교인들이 주체적 종교인으로서 사제와 마찬가지로 하나님의 계시를 받고, 사제로서의 직분을 감당해야 한다는 이른바 '만인제사장'의 개념을 제시하였다. 따라서 일반 교인들이 이러한 제사장으로서의 직분을 감당하기 위해서는 말씀을 이해하고 해석하며, 이를 전할 수 있는 수준에 도달해야 할 것이 요청되고, 이를 위해 교육이 필수적으로 받아들여졌다. 이렇게 종교개혁은 교육의 대상 영역을 소수의 사람들에게서 모든 사람에게로 확대했다고 할 수 있다. 특별히 루터는 통치자들과 국가에 교육의 의무가 있음을 주장하였다. 그리하여 국가 차원에서 학교를 세우고 그곳에서 모든 시민의 자녀들을 교육시켜야 한다는 공교육의 개념을 제시하였다. 루터의 교육사상은 후에 제도화되어 공교육제도와 의무교육제도가 성립하게 되는 기초를 제공하였다.

3. 리얼리즘 시대의 교육

가. 시대적 특징

1) 삶의 세속화와 세계의 확장

17세기는 유럽 사회에 봉건체제가 붕괴되고 르네상스와 종교개혁으로 삶의 세속화 경향이 진행되면서 점차 근대로 전환하는 과도기적 단계이다. 이 시기에 사람들은 종교적 삶보다 현실적 삶에 더 많은 관심을 갖게 되었다. 이와 더불어 정치·경제·문화·학문·예술 등 삶의 각 영역들은 종교적인 틀에서 벗어나 독자성과 자율성을 확보하게 되었다. 종교개혁은 '종교상의 개혁'이라는 그 본연의 성격에도 불구하고 '삶의 개혁'과 연결되었고 결과적으로 세속적 삶에 대한 관심을 확대시켰다.

르네상스 및 종교개혁과 더불어 진행된 세속적 삶에 대한 긍정적 평가는 30년 전쟁(1618~1648)으로 인해 더욱 강화된다. 종교개혁 이후 신구교의 갈등이 표출된 30년간의 종교전쟁은 한편으로 사람들이 자신을 보호할 수 있는 강력한 국가를 희망하게 하였고 그 결과 근대적 국가들이 탄생하게 되었다. 다른 한편으로 30년 전쟁은 100년 이상 지속된 신학적·종교적 논쟁을 혐오하게 만들었다. 종교는 사람들을 구속할 수 있는 힘을 잃게 되었다. 사람들은 이제 인간의 이성·인간성·관용에 근거하는 새로운 종교와 사상 그리고 생활에 관심을 갖게 되었다. 이와 더불어 삶의 세속화 작업은 더욱 가속화되었다. 전쟁 후 이제 종교 대신 일상의 일들이 관심을 받게 되었고 신학 대신에 철학과 자연과학이 부흥하였다. 사람들은 인간의 이성의 도움으로 새로운 사회를 건설하려 하였다.

르네상스의 세속화 작업은 15세기 이후 몇 가지 분명히 확인되는 세계관의 변화와 더불어 촉진되었다. 아시아·아프리카·아메리카 대륙의 잇따른 발견은 세계에 대한 유럽인들의 이해를 전복시켰다. 유럽인들로 하여금 유럽 중심의 좁은 세계관에서 벗어나 여타의 세계에 대한 관심을 증폭시켰고 새로운 대륙에 대한 지적 호기심을 자극하였다. 유럽인에게 자연세계는 더 이상 신이 창조한 세계가 아니라, 인간 이성 능력을 발휘하여 개척하고 정복할 수 있는 대상이 되었다. 사물 세계에 대한 관심과 탐구는 자연과학의 발달에 의존하였고, 그러한 발견은 역으로 지리학 등 자연과학의 발달을 촉진하였다.

중세 말부터 시작한 자연에 대한 연구는 이제 '신대륙'의 발견과 더불어 그 영향력을 행사하게 되었다. 특히 중세 말기부터 시작된 아리스토텔레스와 그의 자연과학에 대한 연구는 순수한 세속적·학문적 관심에서 더욱 활발히 수행되었다.[15] 자연세계에 대한 관심과 탐구 및 자연과학 연구는 결과적으로는 지식의 폭발적인 증가를 가져왔다. 사람들은 인간과 자연세계에 대한 급증하는 지식을 체계적으로 정리할 필요성을 느꼈고 그 결과 16세기와 17세기에 걸쳐 여러 백과사전이 편찬되었다. 그러나 세계관의 확대와 자연과학의 발달은 또한 식민지의 탐험과 정복으로 이어지게 되었다.

15) J. Dolch(1965). *Lehrplan des Abendlandes*. Ratingen. p. 136.

이러한 역사적 과정에서 열등한 '타자'와 우월한 자기 자신에 대한 이해와 지식이 생산되었으며, 그러한 지식은 식민 정복과 억압을 정당화하는 데 기능하였다.[16)]

2) 절대국가의 성립과 중상주의

르네상스와 더불어 중세의 봉건적 계층질서가 와해되고 황제와 교황을 정점으로 하는 우주적 질서가 약화되면서 정치권력은 중간 단계의 권력자인 신흥도시와 각 지방의 영주들에게 점차 집중되었다. 특히 11~12세기에 걸쳐 진행되었던 황제와 교황의 다툼으로 인해 양쪽의 권한이 약화되는 것을 틈타 봉건영주들은 자신의 권력을 확대하여 나갔다. 이와 더불어 몇몇 영주들은 공격적으로 자신들의 영토를 확장하여 나갔고, 막강한 권력을 행사하며 독립적인 국가를 형성하게 되었다. 16세기에 형성된 독립국가들은 행정기구를 설치하고, 전문 관료를 고용하며, 세금을 거두고, 상업과 무역을 권장하며, 군대를 설치하는 등 국가권력을 강화하면서 절대적인 힘을 키우게 되었다. 그 결과 절대국가가 성립하게 되었다.

17세기에 들어 절대국가는 밖으로 주변의 작은 영주국을 침략하여 예속시키고 식민지를 개척하였으며, 안으로는 체제정비를 통해 권력을 더욱 공고히 하였다. 무엇보다 30년 전쟁과 농민전쟁은 종교에 대한 환멸을 가져옴과 동시에 평화와 안전을 보장할 수 있는 권력의 필요성을 부각시킴으로써 절대왕정체제를 공고히 하는 결과를 낳았다. 프랑스의 루이 14세를 대표로 하는 강력한 절대주의적 체제는 전 유럽으로 확산되었다. 국가행정, 재정과 조세제도, 군사력 등이 절대왕조에 의해 정비되고 중앙집권화와 관료화가 진행되었다. 국가는 이제 막강한 힘을 지니게 되었고 국민들을 훈련시켰다. 절대국가는 모든 국민들의 삶을 지배하고 통제하게 되었고 두 계층만이 존재하게 되었다. 즉 1인의 절대군주와 피지배자인 모든 신하이 두 계층만 존재하는 것이다.

---

16) N. Schirilla(1999). "Vielfalt, Universalismus und kulturelle Differenz". Frankfurt a. M. p. 65.

절대군주의 강력한 중앙집권적 통치와 권력은 강한 군대체제에 의해 지탱되었다. 30년 전쟁 이후 모든 절대국가는 봉건귀족의 지원에서 벗어나 독자적 군대를 갖추었다. 상비군을 운영하기 위해서는 돈이 필요했으며 세금만으로는 군대 운영비용이 부족했기 때문에 국가의 부를 증진할 수 있는 새로운 경제체제가 필요하게 되어다. 그에 따라 중앙집권적 절대국가는 경제적 영역을 중앙정부가 통제하는 국민경제체제를 이룩하였는데, 이처럼 강력한 국가를 위해 상업과 교역을 중심으로 국가의 부를 증대시키는 절대국가의 경제정책을 '중상주의'라고 부른다. 절대국가는 식민지 개척, 무역의 증대, 관세부과, 원자재 수입과 완제품 수출, 외국자본의 투자, 매뉴팩처의 성장 등을 통해 국가 전체의 경제생활을 이전과는 비교가 되지 않을 정도로 증대시켰다.

나. 리얼리즘 교육

리얼리즘 교육은 17세기의 정치·경제·사회의 시대적 배경과 밀접하게 관련되어 있다. 지리상의 발견과 자연과학의 발전은 사실관련성과 사물관련성이라는 리얼리즘 교육의 성격을 규정하는 데 크게 공헌했다. 절대주의와 중상주의 체제는 17세기 교육에서 '실용성'을 강조하도록 이끌었다.

1) 교육의 목적과 내용

리얼리즘 교육의 목적은 관점에 따라 다양하게 이해될 수 있다. 정치적 관점에서 볼 때 국민의식을 갖고 국가에 봉사하며 국가 발전에 '유용한' 신민을 키우는 것이 교육의 주요 과제였다. 경제적인 관점에서는 각각의 직업 영역에서 필요한 '유능한' 자질과 기술을 가르치고 익히는 것이 주요 과제였다. 사회적 관점에서는 종교적 몰입에서 벗어나 세속적이고 실용적인 지식을 소유한 사교성이 뛰어난 사회구성원이 교육의 이상이었다. 교육적 관점에서 리얼리즘 교육의 과제는 학습자의 삶에 도움이 되는 사물관련 지식을 제공해 그에게 주어진 삶의 과제를 성취하게 하는 것이었다.

이 모든 것에서 확인되듯이 리얼리즘 교육의 목적은 더 이상 풍부한 언어적 지식을 바탕으로 한 인문교육이 아니라, 자연적이고 정신적이고 사회적인 환경 속에서 사물관련성을 통찰할 수 있는 지혜인, 즉 실제적 삶에서 유능한 인물을 키우는 것이었다.[17] 삶과의 관련성 속에서 '실제성'과 '실용성'이 핵심적 교육과제로 등장했다. 17세기 리얼리즘 교육에서는 고전어와 고전문학을 중시하는 내용보다 실제 삶에 도움이 되는 내용을 강조하는 경향을 띠었다. 리얼리즘 교육내용의 특징은 대략 세 가지로 정리된다.

첫째, 사물관련 교과목이 교육과정의 중심적 위치에 놓이게 되는 반면, 언어교육의 후퇴는 두드러진다. 리얼리즘 교육사상가들은 언어교육에서 탈피하여 언어와 사물의 상호관련성을 강조하고 사물에서 출발해 언어에 도달하는 새로운 이해를 갖고 있었다. 자연세계에 대한 관심을 바탕으로 자연과 사회의 사물과 현상을 학습하는 것에 관심을 기울이며, 전통적인 4내용과목(Quadrivium; 천문·기하·음악·산수)[18] 외에도 자연학·광학·천문학·지리학·연대학·역사학·가정학·정치학 등 자연사물과 관련된 교과목들이 교육의 내용으로 도입되었다.

둘째, 삶과 관련된 실용적 교육내용이 강조되었다. 고대어와 같은 현학적이고 비실용적 교과목을 지양하고 실제 삶에 도움이 되는 지식을 전달하는 것이 교육의 주요 과제였다. 라틴어와 그리스어 등 전통적 언어보다는 프랑스어 같은 근대 외국어 및 수학·지리·역사·기하 등 삶에 도움이 되는 교과목과 춤·음악·펜싱·승마·여행·수공업 등 실용적 교육내용을 가르칠 것이 강조되었다.

셋째, 삶과의 관련성 및 사물관련성에 대한 강조는 자연스럽게 모국어를 가르치도록 이끌었다. 모국어는 어린이들에게 생활언어이기 때문이다. 라트케, 코메니우스, 로크 등 리얼리즘 교육사상가들은 모국어를 배우고 모국어로 가르치는 것이 어린이의 삶과 관련되는 자연스러운 것임을 강조

17) H. Blankertz(1992). *Die Geschichte der Pädagogik*. Wetzlar. p. 32.

18) 4내용과목은 3형식과목(Trivium, 문법, 수사학, 변증법)과 더불어 고대 그리스부터 내려오는 기본 교육내용으로, 이를 합해 7자유교과(septem artes liberales)로 불려진다.

하였다. 인문주의자들에 의해 천박한 언어로 취급되었던 모국어가 실용적인 '교육언어'로 새롭게 받아들여진 것이다.

3) 교육 방법

17세기 자연과학의 발달과 경험적 사물에 대한 관심은 교육 방법에 대한 고민에도 나타났다. 교육 방법에 대한 관심은 당시 철학사조와 깊은 관련을 맺고 있는데, 예컨대 데카르트는 모든 지식을 체계적으로 구성할 수 있는 방법에 관심을 기울였다. 그러한 방법을 통해 철학자들은 대상을 논리적으로 설명하고 합리적인 통찰에 이를 수 있다고 판단했는데, 이 방법은 합리주의·경험주의 철학을 지탱하는 바탕이 되었다. 합리적 사고와 체계적 방법에 대한 관심은 그 당시 교육사상가들에게도 영향을 주었다. 리얼리즘 교육사상가들은 교육의 올바른 방법을 찾으려 노력하는 과정에서 가르치고 배우는 것에 대해 명확히 서술할 수 있는 가능성이 있음을 확인했다. 이것이 교수학(Didaktik)의 시초로서 17세기는 교수학의 세기라고 부른다. 리얼리즘 교육사상가들의 교육 방법에 관한 생각을 살펴보면 대략 세 가지로 정리될 수 있다.

첫째, 자연의 원리를 기초로 하는 '자연주의 교육 방법'이다. 자연주의 교육 방법이란 강제적·인위적인 것을 동원하지 않고 자연의 원리에 맡기는 소극적인 교육을 말한다. 자연이 부여한 어린이의 소질은 마치 씨앗처럼 내재된 가능성으로서 그런 가능성을 최대한 실현하도록 돕는 것이 자연주의 교육 방법이다.[19] 자연주의 교육 방법이란 또한 어린이의 심리적인 특성, 자연적 성장, 발전 과정에 따라 교육이 이루어지는 것을 의미한다.

둘째, 사물을 관찰하는 어린이의 감각을 기초로 하는 '감각주의 교육 방법'이다. 리얼리즘 교육학자들은 어린이가 사물을 파악하는 것이나 말을 배우는 데 있어 직접 보고 만져보는 것이 매우 중요하다고 생각했다. 단지 이름을 듣거나 말로 설명하는 것만으로는 사물의 특징이 분명하게 머릿속

19) J. A. Comenius(1960). *Große Didaktik*. Übersetzt u. hrsg. v. A. Flitner. Düsseldorf. p. 38.

에 떠오르지 않지만 사물 자체를 제시하여 보여주고 난 후 이름을 가르쳐 주면 어린이가 사물의 특성을 훨씬 쉽게 파악하기 때문이다.

셋째, 사물에 대한 관찰과 탐구와 경험을 기초로 하는 교육 방법이다. 리얼리즘 교육학자들은 사실적이고 유용한 지식이 참된 지식이라고 주장하며, 그러한 지식은 자연현상에 대한 연구로부터 나와야 한다고 보았다. 관찰과 탐구와 실험이 지식에 도달하는 중요한 방법이다. 이 점은 학교의 교육 방법에 큰 영향을 주었다. 사물 그 자체를 알게 하고 나중에 설명하기, 경험을 기초로 하는 교육, 실험을 통한 학습 같은 것이 그러하다. 특히 로크는 철학과 교육학의 핵심개념을 '경험'이라고 보고 경험을 기초로 하는 교육을 강조했다. 그는 외적 경험인 감각(sensation)과 내적 경험인 반성(reflection)이 복합되어 인식이 일어난다고 주장하며, 일찍부터 유용한 경험을 쌓을 수 있도록 어린이들이 연습하고 습관화하는 것이 그의 일평생의 삶을 좌우한다고 보았다.[20]

4) 리얼리즘 교육의 실천

리얼리즘은 17세기 교육의 모든 분야에 영향을 주었지만, 특히 초등교육에서 그 영향이 분명히 드러나고 있다. 17세기 중엽 이후의 교육법을 살펴보면 리얼리즘 정신이 구체화된 조항이 많이 눈에 띈다. 그 가운데 1642년에 제정된 고타(Gotha) 교육법을 주목할 필요가 있다. 교육을 통해 국가를 부강하게 하고, 국민의 경건성과 도덕성을 키우며, 그들의 삶의 상태를 개선하고자 노력한 독일 고타의 영주 에른스트(Ernst der Fromme)는 당시 고타 김나지움 학교장이었던 라어허(A. Reyher)로 하여금 리얼리즘 교육학자 라트케(W. Ratke, 1571~1635)의 교육적 노력을 실천에 옮기도록 하였다. 라이허는 그의 명에 따라 고타 학교법을 1642년 입안했다.

리얼리즘 교육과 관련해 주목할 것은 총 13장 가운데 제8장에서 특별히 자연적·실용적 과목에 대한 소개 및 그것을 가르치는 방법에 대해 할애하

20) J. Locke(1988). *Some thoughts concerning education*. Oxford.

고 있다는 점이다. 여기서 그는 지금까지 일반적으로 내려오던 읽기·쓰기·셈하기·노래하기·종교 등의 과목과 더불어 자연·산수·기하·지리·사회 등 실제적 삶과 관련된 과목을 가르칠 것을 강조한다. 교육 방법에서도 암기, 연습, 따라 하기보다는 자연적 사물을 사례와 함께 제시·설명하고, 시범을 보이며, 학생들에게 관찰하게 하고, 명명하게 하며, 시도하게 이끌고, 비교하게 하는 등 경험이 강조되는 교육 방법을 강조하고 있다.[21]

고타 학교법과 이에 기초하는 학교교육은 지금까지의 종교적 성격의 초등교육이 세속적인 관심에 따라 움직이는 일반 초등교육으로 전환하였다는 점에서 주목받을 만하다.[22] 또한 실과과목이 처음으로 초등학교 교육에 포함되었다는 점에서 역사적 의미가 크다. 때문에 고타 학교법과 학교교육은 오랫동안 다른 영주국가의 학교법과 학교교육의 모범이 되었다.

다. 코메니우스의 교육사상

1) 교육 저술

코메니우스의 수많은 교육 저술 가운데 『범교육론』과 『대교수학』 책은 특히 그 중요성을 인정받고 있다. 먼저 『범교육론』은 코메니우스 교육사상의 핵심을 파악하는 데 매우 중요하다. 이 책에서 그는 자신의 교육사상이 '모든 사람에게', '모든 것'을, '모든 방법으로 철저하게' 가르쳐 신의 형상을 닮은 인간으로 성장시키기 위함이란 점을 명백히 밝히고 있다. 이때 '모든 것'이란 하나님이 창조한 세계, 즉 사물의 질서와 통일성을 갖춘 세계 전체를 의미한다. 성별이나 계급에 관계없이 누구나 모든 개별적 사물과 사실을 전체성과 연관해서 파악하고 세계와 모든 사물의 법칙을 철저하게 알게 하도록 하는 것이 교육이다.

코메니우스는 이러한 교육을 통해 이성적 세계를 건설하고 인간을 개선할

---

21) T. Dietrich/J.-G. Klink(1972). *Zur Geschichte der Volksschule I: Volksschulordnungen 16. bis 18. Jahrhundert*. Bad Heilbrunn. pp. 86-95.

22) H. Blankertz, 앞 책, 39쪽.

수 있다고 보았다. 그는 인간의 발달과정을 8단계로 나누어 각 단계별로 적절한 교육의 내용과 방법을 제시하는데, '탄생 전 학교', '유아학교'(0~6세), '어린이 학교'(7~12세), '청소년 학교'(13~18세), '청년 학교'(19~24세), '성인학교', '노인학교', '죽음의 학교'가 그것이다. 『범교육론』과 함께 코메니우스의 대표적 교육학 서적으로 꼽히는 『대교수학』은 가르치고 배우는 것에 관한 서적이다. 이 책에서 코메니우스는 교수학을 구성하는 신학적·인간학적·정치적·학교 조직적·교육 내용적·방법적 관점들을 체계적으로 정리하였다.

코메니우스

코메니우스(Johann Amos Comenius, 1592~1670)는 17세기 유럽의 대표적인 사상가로서 신학자이며, 교육개혁자이다. 그는 이 세상을 신으로부터 창조된, 신에 의해 움직이는 신의 세계로 이해하고, 신의 세계를 파악하는 것을 인간의 근본적인 과제로 인식하였다. 신이 창조한 이 세계의 모든 것을 아는 '범지'(Pansophia)에 대한 관심을 바탕으로 범지체계를 연구하는 것을 일평생의 숙원사업으로 삼았다. 교육사적으로 그는 16세기 인문주의자들과는 다르게 형식적 '언어'(verba)보다는 '사물'과 '사실'(realia), 관찰교육과 직관교육 등을 강조해 17세기 리얼리즘 교육사조를 대표하는 핵심인물로 평가되고 있다.

2) 어린이 이해

코메니우스는 어린이를 매우 긍정적·낙관적으로 이해하고 있는데, 이는 그의 신학적 인간이해에 기인한다. 코메니우스는 어린이를 신의 자녀이자 천국의 후계자로 간주하였고[23] 창조질서의 타락하지 않은 선한 존재, 조화와 질서 안의 존재, 꽃피우고 가꾸어야 할 인간적 소질과 능력을 잉태한 존재로 파악하였다. 반면 성인들은 이 세상의 죄악에 물든 철저히 타락한 상태에 있는 존재라고 주장하였다. 이러한 점 때문에 코메니우스에게 있어 어린이는 성인의 교사이자 모범이다. 따라서 코메니우스가 어린이의 가치와 존엄성을 높이 평가하고 있음을 알 수 있다. 어린이는 그 당시 많은 사람들이 생각했던 것처럼 동물적 충동에 따라 사는 존재가 아니요, 노예

23) J. A. Comenius, 앞 책, 17, 20쪽.

처럼 성인의 명령에 무조건 복종해야만 하는 존재도 아니다. 코메니우스는 하나의 인격으로서 어린이를 어른보다 존귀한 존재로 평가하였다.

코메니우스는 갓 태어난 어린이를 생물학적인 무(無)의 상태 또는 미결정의 상태로 규정하였지만[24] 변화할 수 있는 무한한 가능성을 갖고 태어난다고 보았다. 이는 어린이가 모든 것을 배우고 받아들일 수 있는 능력을 갖고 있음을 강조하는 것이다. 코메니우스에게 있어 어린이는 교육 가능한 동시에 교육을 필요로 하는 존재이다. 그는 어린이가 한 인간이 되는 과정은 자연적으로 진행되는 것이 아니라 일종의 과제라고 파악했다. "인간은 교육받지 않으면 인간이 될 수 없는 교육적 존재(animal disciplinabile)이다."[25] 특별히 1540년 독일과 1553년 프랑스에서 각각 발견된 늑대소년의 예는 인간이 교육이 없이는 동물밖에 살 수 없다는 점을 확인시켜 주었는바, 코메니우스로 하여금 교육의 중요성을 더욱 강조하도록 하였다.

3) 교육의 목적과 내용

코메니우스의 교육목적은 그의 인간이해와 신앙적 세계관과 밀접하게 관련된다. 코메니우스에 의하면 인간은 신의 형상을 닮은 존재로 창조되었는바, 이는 인간 존재의 본질적 특징이다. 그에 따라 인간은 첫째, 신이 창조한 자연세계를 구성하고 있는 모든 사물들을 인식·이해할 수 있는 '이성'을 추구한다. 둘째, 모든 피조물들의 지배자로서 자신뿐만 아니라 다른 모든 생명체가 존재 목적에 따라 조화롭게 움직일 수 있도록 지혜롭게 인도하는 '도덕성'을 갖춰야 한다. 셋째, 신에 대한 복종과 경건하고 겸손한 자세인 '경건성'이 요구된다.[26] 코메니우스에게서 이성·도덕성·경건성은 인간 삶을 통해 실현되어야 하는 근본적 과제인 동시에 교육의 근본 과제이다.

교육의 궁극적 목적은 하나님이 창조한 세계 전체를 파악할 수 있게 하

24) 같은 책, 29쪽.
25) 같은 책, 45쪽.
26) 같은 책, 34쪽 이하.

는 것이다. 서로 조화롭고 질서가 있는 전체는 교육의 내용을 구성하는데, 그것은 인간을 둘러싼 사물 세계와 인간의 정신세계 그리고 성서의 세계를 포함한다. 코메니우스는 이 세 영역의 세계를 파악하기 위해 인간에게 감각과 이성 그리고 믿음이 주어졌다고 보았다. 그는 모든 인간의 이성(지혜)·도덕성·경건성의 교육목적이 달성될 수 있다고 간주하고 교육내용 또한 세 영역으로 나누어 설명하였다. 이성을 키우기 위한 정신교육, 도덕성을 위한 도덕교육, 경건한 마음 함양을 위한 종교교육이 그것이다.

코메니우스는 정신교육을 다시 지식교육, 작업 및 기예교육, 언어교육으로 구분하고 있다. 지식교육이란 시각과 청각을 매개로 자연과 사회의 제 사물 및 제 현상을 학습하는 것이다. 여기에 해당되는 과목으로는 자연학·광학·천문학·지리학·연대학·역사학·가정학·정치학 등이 있다. 작업 및 기예교육이란 어린이의 정서 함양과 활동성을 기르는 교육이다. 작업 및 기예교육에서는 변증법·산수·기하·음악·수공업이 주요 과목이 된다. 언어교육은 문법과 수사학 및 시로 구성된다.

코메니우스는 "인간 안에 덕의 심겨져 있는 씨앗이 잘 계발된다면, 자연은 인간을 축복된 삶으로 인도할 것이다"라는 키케로(Cicero)의 말을 인용하며 도덕교육의 필요성을 제시하였다. 또 인간에게 선한 도덕성과 함께 부패와 파멸을 초래할 수 있는 악한 성향도 내재되어 있기 때문에, 악을 멀리하고 덕을 키우기 위해 도덕교육이 필요하다고 주장하였다.

그러나 코메니우스 교육내용의 핵심은 종교교육이다. 모든 인간에게 내재되어 있는 경건함 혹은 신앙은 한 개인의 온전한 생활의 형태이자 실재로서 진실한 마음의 기반이 되기 때문에 종교교육이 요구된다.[27)]

4) 교육의 방법적 원리

코메니우스의 교육 방법은 당시 실제 세계와 동떨어진 채 암기 위주로 이루어지는 라틴어 교육의 비판에서 출발한다. 코메니우스 교육학의 기본

27) 이숙종(1996). 『코메니우스의 교육사상』. 교육과학사. 242쪽.

원리는 자연에 따르는 것을 의미하는 '합자연의 교육원리'이다. 자연의 원리에 따라 어린이의 특성과 이해능력을 고려하면서도 신이 부여한 어린이의 소질을 키워주는 교육이 그러하다. 예를 들면 라틴어 학습은 기초적·일반적인 것에서 특수한 것으로 진행되어야 한다.

그는 또한 어린이를 감각적 존재로 이해하고 감각교육의 중요성을 강조하였다. 코메니우스는 특히 시각자료가 지닌 의미를 강조하였는데, 흥미 있는 시각자료는 대상을 파악하고 내면화하는 데 있어 큰 효과를 지니고 있는 것으로 보았다. 그의 저작 『세계도회(Orbis sensualium pictus)』는 서양교육의 역사에서 최초로 그림이 삽입된 라틴어 책이다. 이 책은 주어진 주제와 이를 설명하는 삽화를 통해 정확하고 실제적인 지식을 습득할 수 있는 자료를 제공함으로써 오랫동안 유아교육과 초등교육 교재로 사용되었다. 이런 점에서 코메니우스는 시각교육의 의미와 기능을 간파한 시각교육의 선구자 가운데 한 사람으로 평가될 수 있다.

어린이의 생활교육과 도덕교육의 중요한 원칙은 모범과 훈육이다. 코메니우스는 어린이들이 뛰어난 모방능력을 지니고 있기 때문에, 부모가 어렸을 때부터 지혜롭고 도덕적이고 경건한 모범을 보여주는 것이 중요하다고 주장하였다.[28] 또한 적절한 시기에 신중하게 훈육하는 것이 중요한데, 훈육이란 어린이들의 나쁜 습관과 그릇된 행위를 좋은 습관과 건전한 행위로 변화시키는 교육형식이다. 즉 인간의 인간성과 도덕성을 형성함으로써 비도덕성과 악의 요소들을 제거하는 방법이다.

5) 교육사적 의미

코메니우스가 뛰어난 교육이론가로 평가되는 이유는 그가 기본적으로 전통적인 기독교적 세계관에 포착되어 있으면서도 당시로서는 진보적이며 또 현대적 관점에서 보아도 의미 있는 교육사상을 펼치고 있기 때문이다. 모든 사람이 교육받을 기회를 동등하게 가져야 한다는 코메니우스의

---

28) J. A. Comenius(1962). *Informatorium der Mutterschul.* Hrsg. v. J. Heubach. Heidelberg. pp. 53-62.

생각은 17세기에는 매우 진보적 사상이었다. 그는 17세기 교육의 주요 흐름이었던 리얼리즘의 중심에서 리얼리즘 교육학의 기초를 놓았는바, 자연세계와 사회현실에 대한 관심의 증가는 근대 교육학의 형성에 커다란 영향을 미쳤다. 더 나아가 '인간발달 단계에 기초한 교육' 그리고 '자연을 기초로 한 교수학'이란 그의 교육학적 특징은 18세기 계몽주의 및 자연주의 교육사상은 물론 19세기 신인본주의 교육사상에서도 그대로 확인된다는 점에서17세기 이후 서구 교육사상의 흐름을 형성하는 데 적지 않은 영향을 주었다. 코메니우스는 17세기 리얼리즘 교육학의 대표자였을 뿐만 아니라, 근대 이후 교육사상의 발전적 흐름을 이해하는 데 매우 중요한 인물로 평가된다.

새겨보기

리얼리즘 교육의 과제는 인문주의 시대의 풍부한 언어적 지식을 바탕으로 도야된 교양인이 아니라, 자연적·정신적·사회적인 환경에서 사물 관련성을 통찰할 수 있는 지혜인, 즉 실제적 삶에서 유능한 인물을 키우는 것이었다. 삶과의 관련성 속에서 '실제성'과 '실용성'이 핵심적 교육과제로 등장했다. 교육내용에서도 언어교육이 후퇴하고, 사물관련 교과목이 교육과정의 중심적 위치에 놓이게 된다. 또한 삶과 관련된 실용적 교육내용이 강조되었다. 교육 방법적 측면에서도 자연의 원리를 기초로 하는 '자연주의 교육 방법', 어린이의 감각기관을 기초로 하는 '감각주의 교육 방법', 그리고 '관찰과 탐구와 경험을 기초로 하는 교육 방법' 등 현대적 교육 방법이 이때 발견되었다. 이 때문에 리얼리즘 교육은 현대교육의 모태라 할 수 있다.

제11장

계몽주의에서 신인본주의 시대까지

1. 계몽주의 시대의 교육

계몽주의는 18세기 유럽의 사상적 흐름을 말한다. 18세기 유럽에는 이성에 대한 신뢰와 인류 진보의 믿음이 지배적이었다. 계몽이란 칸트의 표현에 의하면 "인간 스스로 초래한 미성숙한 상태로부터 벗어나는 것"이다.[1] 스스로의 잘못이란 미성숙한 상태가 인간 자신의 오성이 부족해서가 아니라, "자신의 오성을 사용하는" 결단과 용기가 부족함에 기인한다. 즉 계몽이란 인간의 삶에서 모든 불합리한 권위와 전통, 무지몽매, 편견, 미신 등과 같은 구속과 속박을 제거하고 타인의 안내 없이 스스로 생각하고 판단할 수 있도록 깨우치는 것을 말한다. 인류는 수 세기 동안 미신과 망상에 사로잡혀 있었고 명석한 이성의 힘을 통해 비로소 그 진정한 잠재력을 이끌어 낼 수 있다는 계몽주의적 믿음이 전제되어 있다. 깊이 있고 명료하게 사고하는 이성을 바탕으로 자율적 판단을 하고 살아가는 것이 강조되었던

1) I. Kant(1921–1923). "Was ist Aufklärung(1784)?". *Immanuel Kant. Werke*. Hrsg. v. E. Cassirer. Berlin. Bd. 4. p. 169.

시대적 흐름으로 미신, 전통 및 권위에 도움을 받기보다는 인간 자신의 이성적 능력에 대한 신뢰가 컸다. 인간의 이성을 활용함으로써 기존의 전통과 권위의 지배에 대한 비판적 관점이 형성되었다. 이성이 라틴어로 'ratio'로 표시되기 때문에, 이성주의는 곧 합리주의(rationalism)와도 연결된다. 계몽주의자들은 인간의 이성을 바탕으로 합리적 판단을 내리고 이성적인 사회로 나아갈 수 있다고 믿었다.

18세기 계몽주의 시대는 17세기 절대주의 시대와 분명히 구별된다. 절대주의 시대에는 절대왕조의 지배 아래 군주와 신하만이 존재했으며, 중앙집권적 체제에서 계층이 분명했고, 귀족이 중심이 되는 문화가 중심을 이루었다. 중앙집권적 권력구조와 중세의 봉건적 사회질서에서 개인의 존재와 가치는 인정되지 않았다. 그러나 계몽주의 시대에 들어와 개인의 자율성과 이성 및 자유와 존엄성이 가치 있는 것으로 여겨졌으며, 인간의 이성을 바탕으로 사회와 문화에 대한 비판적인 정신을 강조하도록 이끌었다. 그러한 이념은 계층과 신분에 얽매여 있던 인간을 해방시키는 결과를 낳았다.

계몽주의 시대의 이성에 대한 무한한 신뢰는 곧 인간에 대한 신뢰로 이어졌고 현세에 대한 관심과 세속화를 촉진시켰다. 이승세계에서의 영원한 행복보다 현세의 행복 추구에 보다 큰 관심을 갖게 되었다. 국가에 대한 이해도 달라져 계몽주의자들은 인간의 이성을 바탕으로 한 합리적인 국가의 필요성을 강조하게 되었다. 로크나 루소 등 계몽주의자는 인간은 누구나 자유롭고 평등한 존재였으며 각 개인의 뜻이 모아져 계약에 의해 성립되는 이성적 국가를 추구하였다.

이러한 새로운 국가관은 17세기 중앙집권적 절대국가가 '계몽된 절대국가'로 변신하게끔 이끌었고, 종국적으로는 군주제에서 민주공화정으로의 변화를 뜻하는 프랑스혁명(1789)을 유발하는 결과를 가져왔다. 프랑스혁명은 자유·평등·박애의 이념을 옹호하였으며, 문벌에 따라 특정 사람이 특권과 사회적 권위를 누렸던 중세적 구체제를 비판했고, 능력에 의한 출세 및 사회적 지위 획득을 주장하였다. 사람들은 점차 봉건적 신분질서에 구속되지 않고 일할 장소를 선택할 수 있는 법적 권리를 갖게 되었다.

계몽주의 시대의 주체는 '계몽된 개인'이다. 17세기 절대왕정 치하의 귀족과 궁정문화는 이제 더 이상 큰 힘을 발휘하지 못하게 되었으며 그 자리에 서서히 시민사회와 문화가 들어서게 되었다. 시민들이 새로운 정치·경제·사회·문화의 주체가 되어 자신의 삶을 표현함으로써 시민문화가 발달하게 되었다.

가. 계몽주의 시대 교육의 특성과 실천

계몽이란 단어가 뜻하는 바와 같이 전 국민을 대상으로 하는 깨우침은 시대적 과제였다. 당시의 지식인·문필가·시인·목사 등 정신적 엘리트들은 일반 국민들을 깨우치는 것을 시대적 사명으로 여겼다. 그들은 스스로를 일차적으로 인류의 교육자로 여겼다. 그 당시 집필되었던 대부분의 계몽주의 저술들은 다름 아닌 교육서였다. 따라서 '일반 국민교육' 이념이 계몽주의 시대 전체를 꿰뚫는 특징이기 때문에 18세기를 '교육의 세기'로 부르기도 한다. 계몽주의 시대는 모든 인간이 교육을 통해 정신적으로 성숙·발전할 수 있다는 생각이 지배하였던 시기로 이성의 계발을 통해 인간다운 세상을 만들 수 있다고 믿었다. 계몽주의 시대 교육의 특성은 크게 세 가지로 정리할 수 있다.

1) 합리주의 교육

계몽주의자들은 인간의 이성에 대한 무한한 신뢰를 바탕으로 모든 문제를 이성에 비추어 해결하려 하였다. 이에 따라 계몽주의 교육의 핵심은 인간의 이성을 일깨워 올바로 사용하도록 하는 데 모아졌다. 계몽주의 교육은 모든 사람이 스스로 지닌 이성을 바탕으로 합리적 판단을 내리며 자율적이고 자유롭게 살아가도록 하는 것이었다. 인간의 이성을 깨우침으로써 인간을 구속하는 모든 속박으로부터 인간을 해방시키고 궁극적으로 자유와 행복 그리고 진보를 추구하여 합리적인 사회를 건설하고자 하였다.

2) 자연주의 교육

인간의 이성에 대한 신뢰는 모든 비이성적·비합리적인 것을 억압하는 성향을 드러냈다. 당시 문명사회의 부패와 타락을 지적하고, 특히 불평등한 사회를 불합리한 것으로 받아들여 이를 개혁하려던 계몽주의자들은 자연적 질서에 순응하는 것이 이성의 이치에도 부합하는 것으로 받아들였다. 자연의 빛에 비추어 볼 때 인간은 본래 자유롭고 평등한 존재이다. 따라서 당시의 계층사회는 자연의 질서를 거역하는 잘못된 인위적 사회구조로 파악되었다. 자연적인 것은 곧 이성에 의해 요청된 상태였다.

이는 교육에도 영향을 주어 자연의 질서에 순응하는 교육의 필요성을 낳았다. 인위적인 것을 비이성적이고 불합리한 것으로 파악했던 계몽주의자들은 교육에서도 인위적·전통적 교육을 비판하고 어린이의 자연성에 기초한 교육을 강조하였다. 기존 사회의 부도덕과 불합리에서 탈피하여 어린이의 자연적인 소질과 능력을 키워 주고 자연의 질서에 따라 교육하는 것이 이제 새로운 교육 방법으로 제시되었다.

3) 시민교육 및 직업교육

18세기 계몽주의 시대는 시민(Bourgeois)의 세기이다. 17세기가 귀족의 세기였다면 18세기는 소위 제3의 계층이라고 불리는 시민들이 사회의 중심 세력이 되어 정치·경제·사회·문화를 이끄는 계층으로 성장하였고, 가문이나 혈통이 아닌 능력과 자유 그리고 권리를 강조하였다. 따라서 18세기 교육은 계몽된 '시민'을 키우는 교육이 중심을 이룬다. 계몽된 시민이란 이성을 바탕으로 주체적으로 살아가며 사회에 대한 책임을 지는 유능한 사회구성원을 말한다.

그렇지만 중세의 봉건적 사회질서가 무너지고 시민사회가 형성되었을 때, 현실적으로 누구나 교육받을 권리 및 이성과 자유의 본래적 의미가 온전히 실현되지 못했다. 중세의 봉건지배가 붕괴하고 개인의 주체성과 계몽된 시민을 강조하는 시민사회는 생산기술과 생산력의 향상에 잘 적응하는 개인들을 필요로 하였다. 이런 점에서 시민교육은 한편으로 모든 것을 이성에 근거하여 검토하는 자유롭고 비판적인 계몽된 개인을 키우지만, 다른 한편으로는 특정 사회의 요구가 반영된 직업기술과 자질을 갖춰 일하는 유용한 직업인을 양성하였다. 목사·교사·지식인·정치인·사업가 등이 새로운 시민계층에 속한다. 따라서 시민교육은 또한 훌륭한 직업교육을 의미하였다.

4) 계몽주의 교육의 실천

계몽주의 사상은 18세기 교육의 구체적 실천에도 많은 영향을 주었는데, 특히 두 영역에서 결정적인 영향을 주었다. 첫째, 대중교육이 확산되고 '국민교육'이라는 생각이 구체적 결실을 맺게 되었다. 루터가 공교육을 강조한 이후 유럽 모든 나라에서 교육에 관심을 기울였고, 17세기 절대왕정은 교육법을 제정하며 국민교육을 위해 힘썼다. 18세기 계몽주의 사상은 일반 대중의 국민교육을 더욱 확산시켜 1763년 독일 프로이센에서 교육법이 제정되었다. 이 법 안에는 학교가 국가의 기관이란 점이 천명되고 의무교육, 교육감독 및 장학, 국가 교육과정, 교사교육 등 오늘날의 교육법과 거의 유사한 내용이 담기게 되었다. 특히 국가기관으로서의 학교와 의무교육을 강조함으로써 국가가 전 국민을 교육해야 하는 책임을 지녔음을 분명히 하였다. 그에 따라 종교개혁 이후 지속된 교육의 세속화 과정이 이제 결실을 맺게 된 것이다. 이러한 경향은 독일 외에도 오스트리아, 보헤미아, 프랑스혁명 이후 프랑스 등의 국가에서도 확인되는 특징들이다.

둘째, 루소의 영향으로 어린이의 특성에 부합하는 교육이 실천되기 시작했다. 루소는 저서 『에밀』에서 어린이를 성인과 다른 존재로 보고 어린이의 특성에 부합하는 교육을 강조하였다. 그 영향에 따라 아동문고가 발간되었고 어린이의 위생, 신체적 특성, 성적인 차이 등이 교육에서 고려되기 시작하였다. 더불어 교육에서 어린이의 즐거움과 주체적인 행위 등이 점차 긍정적으로 수용되기 시작하였다.

나. 루소의 교육사상

1) 아동관

성선설: 루소의 교육사상은 그의 대표적 저서 『에밀』을 통해 잘 알려져 있다. 본문 첫줄에 명시된 "조물주의 손에서 나올 때 모든 것은 선하였으나, 인간의 손에 들어갈 때 타락한다."[2]라는 표현을 통해 루소는 인간이 태어날 때 선하다는 신념을 표현하고 있다. 루소의 교육사상은 이 명제로부터 출발한다고 말할 수 있을 정도로 이 문제는 루소사상의 핵심을 이룬다.

그렇다면 인간의 선성(善性)은 무엇을 말하는가? 그것은 인위적이지 않은 인간이 갖고 태어난 선한 본성으로서 자연, 자연적인 것을 말한다. 도덕적 선이나 착한 사람의 행동 또는 칸트의 표현대로 선한 의지를 말하는 것은 아니다. '조물주의 손에서 나올 때는 인간은 선하다'라는 데에서 루소가 말하는 선성은 인간이 태어날 때 지니고 있는 자연성을 말하는 것이다.[3] 인간의 본성은 자연성이고 자연성은 선이다.

어린이는 본래 자연적으로 선한 존재였으나 인간의 손에 들어왔을 때, 즉 인간이 만든 세계 안으로 들어왔을 때 타락한다고 루소는 보았다. 인간이 만든 세계는 본래 타고난 선한 자연성을 해치

> **루소**
>
> 프랑스의 철학자, 정치학자, 사회학자, 교육학자 장 작 루소(J. J. Rousseau, 1712~1778)는 1712년 스위스의 제네바에서 시계공의 아들로 태어났다. 1762년에 『사회계약론』과 『에밀』을 연이어 출간하여 유럽의 사상계에 명성을 날리게 된다. 계몽주의자로서 그는 인간 이성과 자유와 존엄성이 인정되는 사회를 건설하려고 노력하였고, 결국 프랑스혁명의 길을 열었다. 그러나 루소는 동시에 계몽주의의 한계를 직시하고 그것을 극복하려고 노력한 사상가이다. 합리주의의 바탕인 인간의 이성과 더불어 인간의 감성의 기능과 의미를 밝히고 그 중요성을 강조하였다. 이성과 감성이 첨예하게 대립하는 시기에 그는 이성과 감성의 조화를 강조하였고, 그 덕분에 18세기의 대표적 사상가로 꼽힌다.

2) J. J. Rousseau(1958). *Emile oder über die Erziehung*. Besorgt v. J. Esterhues. Paderborn. p. 11.

3) 안인희 외(1992). 루소의 자연교육사상, 이화여자대학교 출판부, 1992, 35쪽.

는 인위적·가식적이며 문명화된 사회라고 그는 보았다. 타락한 사회에는 구습과 편견에 따른 부자연스러운 삶이 지배한다. 따라서 루소는 인간을 자연상태에 두는 일, 즉 타락의 세계를 접하지 않도록 어린이를 보호하고 지키는 것이 인간세계의 구원에 중요하다고 보고 이를 일차적 교육 과제라고 주장하였다.

자연인: 루소가 말하는 자연은 그의 교육사상의 중심일 뿐만 아니라 인간 존재(Sein)의 특성을 밝히는 핵심개념이다. 그러나 그것은 동시에 인간이 도달해야 할 당위(Sollen)적 과제이다. 인간의 선한 자연성은 성장하면서 타락의 세계에 물들어 상실될 수 있기 때문에 자연성의 보존 및 획득은 인간의 과제이다. 따라서 루소가 말하는 이상적 인간으로서의 자연인은 그 자체가 절대적인 선인 동시에 자기완성 능력이다.

자연이란 인간의 모든 외부적 편견과 습성으로 인해 변질되기 이전의 순수한 인간 본성을 의미하는데, 자연인은 욕심이 없고 스스로 자족하기 때문에 언제나 마음이 평화롭다. 또 다른 사람 또는 어떤 권위에 예속되거나 예속할 필요가 없기 때문에 평등하고 자유롭다. 이를 루소는 '자연적 자유인'으로 표현한다. 즉 자연적 자유인은 세상과 격리된 원시상태의 야만인이 아니라, 사회에서 생활하면서 자기의 눈으로 보고, 자기의 감정으로 느끼며, 자신의 이성에 비추어 판단·행동하는 인간이다. 그러나 진정한 자연인이란 자연적 자유에만 머무르는 것이 아니라 '도덕적 자유인'의 특성도 지닌다. 도덕적 자유인이란 이성적·합리적 사고를 바탕으로 타인과 도덕적인 관계를 맺고, 인간존중 사상에 입각하여 인간과 사회의 평등과 자유를 소중히 여기며, 그것을 추구하는 사람을 의미한다.[4)]

이성과 감성의 조화: 계몽주의자로서 루소는 인간의 이성에 깊은 신뢰를 가졌다. 그는 인간이 소유하고 있는 이성을 바탕으로 무지몽매에서 벗어나 불합리한 세계를 개혁해야 한다고 보았다. 그러면서도 루소는 18세기 합리주의 시대의 이성뿐만 아니라 인간의 감성적 차원을 강조하였다. 감성은

4) 안인희 외, 같은 책, 171쪽.

이성 못지않게 인간의 사람됨에 중요한 요인이다. 그는 이성과 감성의 조화에서 궁극적으로 완전한 인간의 모습을 찾아야 한다고 생각했다. 이는 건조하고 메마른 이성 중심주의와 낭만과 폭풍의 감성 중심주의에서 탈피해 조화와 균형을 추구하는 방법이다.

루소는 인간의 이성과 감성을 발달단계의 측면에서 이해하였다. 인간의 성장과 발달은 여러 단계를 거쳐 이루어지며, 각 단계는 나름대로 독자적 특징과 의미를 지니고 있는바, 이는 이성과 감성에도 그대로 해당된다. 아동기는 아직 지적으로 미성숙한 단계로서 이성보다는 감성의 영역이 발달하는 단계라고 루소는 보았다. 감성은 이성 이전에 인간을 지배하는 자연적 속성이다. 즉 인간은 생각하기에 앞서 느끼기 때문에 어린이 단계에서 감성은 삶의 중요한 특징이고 행동의 일차적 동기가 된다는 것이다.

아동기와 어린이의 권리 발견: 루소는 『에밀』을 집필하게 된 동기를 서문에서 다음과 같이 적고 있다.

> "사람들은 어린이를 전혀 알지 못한다. 어린이에 대한 생각이 잘못되었기 때문에 나아가면 갈수록 점점 정도를 벗어나게 된다. 가장 현명하다는 사람들까지도 어린이가 무엇을 배울 수 있을 것인가에 대해 생각하지 않고 어른들이 알아야 할 것에 대해서만 열중하고 있다. 그들은 언제나 어린이 속에서 어른을 찾고 어른이 되기 전의 어린이의 모습을 생각하지 않는다. 이것이야말로 내가 정성을 쏟아 연구한 결과이다."[5)]

루소는 여기서 봉건적·전통적인 아동관을 비판하고 있다. 당시 아동기는 성인사회의 기준에 따라 미성숙·불완전한 시기라는 생각이 지배적이었다. 전통적으로 성인들은 어린이의 특성에 대해 전혀 관심이 없었고 단지 어른의 축소판으로 성인의 명령에 무조건 따라야 하는 자 내지는 동물적 충동에 이끌려 살아가는 자 정도로 인식하고 있었다. 그러나 루소는 '어린이는 동물로도 어른으로도 존재하지 않는다', '어린이는 어린이어야만 한다'는 주장을 하며 어린이다움에 대한 새로운 이해를 열었다. 이러한 자신의 주장을 뒷받침하기 위하여 그는 『에밀』에서 어린이가 성장·발달하는

---

5) J. J. Rousseau, 앞 책, 8쪽.

존재요 또 어린이가 성인이 되는 것은 그러한 성장과 발달의 결과임을 제시하고 있다. 이를 통해 그는 어린이의 각 발달단계가 고유한 가치와 의미가 지녔음을 인정하고 각 발달 단계에 적합한 교육을 통해 최대한 성장·성숙해야 함을 강조한다.

특히 주목할 점은 루소가 어린이의 독자적 특성을 강조한 것뿐만 아니라 그들의 권리를 주장하고 있다는 것이다. 『사회계약론』에서 그는 "아동들은 인간으로 또 자유인으로 태어났다. 그들의 자유는 그들의 것으로 그들 이외의 어떤 사람도 이를 마음대로 처분할 권리를 갖고 있지 않다."[6]라고 말하며 아동의 권리를 주장한다. 아동을 단지 어른들의 부속물로 보고 인간적 가치를 부여하지 않으려는 당시 사회 풍토에 대항해 그는 아동이 그 자체로서 독자적 가치와 의미를 지닌 존재로 파악되어야 한다고 보았다. 아동의 고유한 특성을 발견하고 아동의 고유한 권리를 주장한 점에서 우리는 루소를 '아동의 발견자'로 평가한다.

2) 자연주의 교육사상

자연 개념: '자연으로 돌아가라!'라는 명제는 루소의 자연주의 교육사상을 이해하는 데 매우 중요한 뜻을 지닌다. 이 말은 인간의 문명세계를 떠나 자연 속에서 미개인이나 원시인처럼 살라는 말이 아니라, 자연에 어긋나는 당시 사회와 문화를 부정적으로 평가하며 이를 개혁하자고 호소하는 것이다. 인간이 만든 타락한 악의 상태를 떠나 본연의 자연적이고 선한 상태를 회복해야 함을 강하게 표현하고 있는데, 그렇다면 루소의 '자연' 개념은 어떤 뜻을 지니는가?

루소의 자연 개념은 먼저 인위적인 것의 반대 개념으로의 자연 상태를 의미한다. 이것은 반사회적·반문명적 의미로 해석할 수 있다. 루소의 자연 개념은 동시에 자연법칙을 말한다. 인간의 성장과 발달이 자연법칙의 원리에 따라 이뤄진다는 것이다. 루소의 자연 개념은 참되고, 순수하고, 생명력

6) 쇼유지 마사코(편)(1995). 『유아교육사상의 이해』. 팽영일(역). 창지사. 89쪽.

있고, 비인위적인 특성을 지니고 있다. 그가 자연 개념을 일체의 인위적이고 부도덕하고 타락한 사회·문화·문명에 대비해 사용하기 때문에 자연은 인류의 근원적 최초의 상태를 의미하기도 한다.

자연주의 교육이란 교육의 목적·내용·방법이 모두 자연의 원리에 따라 이루어지는 교육이다. 한편으로 타락하고 부도덕한 그리고 자유를 구속하는 사회와 문명으로부터 인간의 자연성을 보존하고, 다른 한편으로는 인간의 천부적인 자연적 소질과 능력을 길러 주는 교육, 즉 자아를 실현하는 교육을 말한다. 이를 위해 전통적·인위적 지식체계를 전달하는 것이 아니라, 자연스러운 생활세계를 매개하는 것이 교육의 주요내용으로 제시되고 있다. 교육 방법도 어린이의 신체적·정서적·지적 발달에 기초하여 교육을 하고, 아동 개개인의 개성을 존중하며, 아동의 생활과 활동을 중심으로 교육하는 것이 강조된다. 이런 점에서 자연주의 교육은 한마디로 아동 중심 교육이라고 말할 수 있다. 아동의 상태와 소질 및 발달로부터 교육이 출발하여 소질과 능력을 키워 주는 것이 교육의 목적이 되고, 어린이들의 경험과 생활세계가 교육의 내용이 되며, 일체의 인위적인 것을 배제하고 자연스럽게 교육하는 것을 교육의 방법으로 삼는 교육이다.

소극적 교육: 교사나 다른 성인의 의지나 요구처럼 외부에서 주입하는 교육이 아니라, 어린이 내면으로부터의 발달을 중시하는 것이 소극적 교육이다. 어린이의 성향과 소질이 자연스럽게 성장하도록 도와주는 교육은 성장과 발달에 방해되는 요인들을 막아주는 정도로 소극적이어야 한다는 것이다. 이는 앞서 서술한 루소의 자연주의 교육사상과 밀접한 관련이 있다. 루소의 자연주의 교육사상은 그 핵심이 인간 내부의 천성을 계발시키는 데 있어 성장세대에게 특정한 지식이나 경험을 매개·주입시키는 것과 구별된다. 자연주의 교육이란 성장세대의 내면 안에 있는 것을 확인하고 밖으로 끄집어내어 개발시키는 것이 주요 관심사이지, 밖에서 성장세대 안으로 무엇인가를 주입시키거나 계도하는 것이 아니다. 자연주의 교육은 아동이 가진 자유와 활동성을 중시하는 것에서 비롯되는바, 교사의 주도에

따라 이루어지는 적극적 교육이라기보다는 지배와 간섭이 최소화되는 소극적 교육이다.

그렇다고 소극적 교육이 아무런 교육도 하지 않는다고 오해해서는 안 된다. 소극적 교육 행위에서 교사는 교육환경을 마련해주고, 자연의 질서에 따라 조급하지 않고 인내하며 가르치며, 성장세대의 소질이 무엇인지 확인하여 그것을 계발하는 '기르는 교육'을 담당한다. 이러한 교육은 교사가 의도하는 대로 학생들을 가르치고 원하는 방향으로 이끌어 가는 '만드는 교육'과는 분명히 구분된다. 루소의 소극적 교육이론은 이처럼 단순한 방임적 교육의 형태가 아니라, 지시 일변도의 교육을 배척하고 명령과 교훈 같은 직접적 간섭을 배제함으로써 아동의 자유의지를 보장·자극하여 궁극적으로 자립심을 함양시키는 것을 의미한다.[7]

발달 단계에 따른 교육: 자연주의 교육이란 자연의 질서와 법칙을 따르는 교육이다. 루소의 자연주의 교육은 어린이의 타고난 성향의 자연스러운 발달에 어긋나게 가르치는 어른들의 인위적인 교육과 대립된다. 자연의 법칙이 지배하는 중요한 부분은 바로 성장세대가 발달하는 존재라는 사실이다. 루소는 『에밀』에서 발달단계가 성장세대를 특징짓는 중요한 원칙이라고 보고, 발달단계에 따른 교육의 모습을 제시하였다. 에밀은 다섯 단계의 순서를 밟아 성장하게 되는데, 이를 열거하면 유아기·아동기·소년기·청소년기·청년기이다.

유아기(0~2세)에는 적응을 위한 양육 및 신체의 발육을 위한 신체교육과 건강교육이 중심이 된다. 아동기(2~12세)에는 감각기관이 발달하는 단계로서 감각훈련이 중요한 교육적 과제가 된다. 루소는 눈·코·입·귀 등 감각기관의 훈련이 사고력과 판단력을 키우고 인간 이성의 기초를 형성한다고 보았다. 특히 서적은 이해할 수 없는 토막 난 지식의 집합이기 때문에 실제 삶의 경험과 관련된 생활교육의 중요함을 역설하였다. 소년기(12~15세)는 이성(理性)에 눈을 뜨는 시기이다. 어린이들이 이성에 눈을 뜨

7) 박의수 외(1997). 『교육의 역사와 철학』. 동문사. 225쪽.

기 시작하기 때문에 사물교육, 지식교육 및 기능교육이 비로소 가능하게 된다.

청소년기(15~20세)는 제2의 탄생이 일어나는 사춘기에 해당한다. 이성(異性) 존재에 눈뜨는 시기로 타인에 대한 애정과 함께 사회적·도덕적 존재로서 필요한 자질을 쌓게 된다. 이제 아동기를 벗어나 성인으로서의 남성과 여성의 역할을 익히고 인간의 사회적 관계에도 관심을 기울이는 시기이다. 따라서 이때는 감정교육과 더불어 도덕교육도 중요한 의미를 지닌다. 제5단계(20세 이후)는 청년기로서 시민교육의 시기이다. 이때는 배우자를 발견하고 가족·국가·사회에 대한 이해를 깊이 하며 새로운 가정을 꾸리고 독립하는 시기이다.

3) 교육사적 의미

18세기 대표적 계몽주의자 루소는 아동기의 발견자로서 아동 중심 교육 사상의 기초를 마련한 인물이다. 그는 전통적인 교사 중심의 '만드는 교육'을 비판하고, 아동으로부터 출발하여 소질과 능력을 키워 주는 '기르는 교육'이란 새로운 교육 패러다임을 창출해 낸 장본인이다. 그는 또한 페스탈로치·프뢰벨·몬테소리·듀이 등 많은 교육사상가들의 사상적 지주였다는 역사적 의미를 지니고 있다.

새겨보기

계몽주의는 인간의 삶에서 무지몽매·편견·미신 등을 제거하고, 인간을 깨우쳐 이성을 바탕으로 올바른 판단을 하고 살아가는 것이 강조되었던 시대적 흐름이다. 모든 인간의 정신적 성숙이 교육을 통해 가능하다는 생각이 지배하면서, 교육은 계몽주의자들의 핵심 관심사가 되었다. 계몽주의 시대 교육의 특징은 모든 사람이 자신이 소유하고 있는 이성을 바탕으로 합리적인 판단을 내리고 자율적이고 자유롭게 살아가도록 교육하는 합리주의 교육, 인위적이고 전통적인 교사 중심의 교육을 비판하고 자연의 원리에 따라 어린이의 소질과 능력을 키워주는 자연주의 교육, 사회에서 유용한 직업 능력을 갖춘 계몽된 시민을 키우는 시민교육 및 직업교육으로 표현될 수 있다.

2. 신인본주의 시대의 교육

18세기 말 유럽 사회에는 계몽주의와 동시에 발생한 프랑스혁명 및 산업혁명으로 많은 변화가 있었고, 이는 학교와 교육제도의 쇄신에 영향을 주었다. 중상주의 국가의 교육은 새로운 노동과 생산방법을 익히고 산업화의 요구에 적응하는 시민적 성향을 기르는 동시에 빈곤과 나태함 그리고 타락을 없애는 것에 초점을 두었다. 산업화와 도시화에 따른 사회변화 속에서 인간은 직업과 노동을 통해 부여된 사회적 일을 성취하면서 자신을 규정하게 되었다.[8)]

18세기 유럽에는 문화사적으로 두 가지 거대한 정신사적 흐름이 지배하고 있었는데, 그것은 계몽주의 그리고 계몽주의에 대항하는 새로운 정신사적 흐름인 낭만주의이다. 계몽주의가 인간의 이성과 합리성을 중시하였다면, 낭만주의는 감성과 비합리적 측면을 강조하였다. 이러한 낭만주의 사조는 질풍노도운동(Sturm und Drang Bewegung)에서 출발하였다. 괴테(J. W. Goethe, 1749~1832)나 쉴러(F. Schiller, 1759~1805) 등 질풍노도 예술가들은 계몽주의 시대의 억눌렸던 감성과 비합리적 차원 또한 인간의 본질적 특성으로 파악하고, 인위와 형식 및 메마른 사회도덕을 혐오하며, 감각과 열정 그리고 욕망의 영역을 찬미했다. 이는 지나치게 이성을 강조했던 경향에 대항하는 부드럽고 힘 있는 감성과 자연성의 혁명이라 하겠다. 질풍노도 예술가들은 참된 인간성을 사고하는 이성이나 추상적 도덕법칙보다는 인간 내면의 창조적 자기표현에서 찾으려 하였다.

19세기 사상가들은 위와 같이 상반되는 두 흐름, 즉 이성과 합리성을 강조하는 계몽주의와 감성과 비합리성을 강조하는 낭만주의의 조화를 추구하였다. 괴테는 낭만적 시인일 뿐 아니라 동시에 이성적 지식인이었고, 쉴러 역시 자신의 서정시에서 철학사상을 표명하였다. 칸트는 경험론과 합리론을 종합해 비판철학을 완성하였고, 헤겔은 정반합의 변증법을 구상

---

8) H. Blankertz(2015). Die Geschichte der Pädagogik, Wetzler: Büchse der Pandora, p. 89.

하였다. 자유와 법칙, 개인과 사회, 이성과 감성의 조화는 이 시대의 사상적 흐름을 파악하는 주요 개념이었다.

19세기 사상가들은 자신의 사상적 기초를 고대 그리스문화와 예술에서 찾았다. 왜냐하면 고대 그리스문화는 감정과 이성의 조화를 통해 아름다운 영혼을 추구하는 것을 인간의 과제로 보았기 때문이다. 고대 그리스인들에게 있어서 예술은 인간 내면의 표현이요 개인의 내면적 자유와 외부 법칙의 조화였다. 교육에서도 고대 그리스인들은 정신도야와 신체도야의 조화를 강조하였다. 이처럼 19세기 사상가들의 주요 관심사가 '언어'와 '인간'이었다는 점에서 16세기 인문주의(Humanismus) 사상가들과 사상적으로 연관되고 있는바, 19세기 교육사상을 신인문주의 또는 신인본주의(Neuhumanismus)[9]라고 지칭한다.

가. 신인본주의 시대의 교육 현황과 특성

19세기의 시대적 특성은 교육에도 큰 영향을 주게 된다. 이 시대의 교육적 특징은 조화로운 전인교육·언어교육·인간교육으로 정리될 수 있다.

1) 조화로운 전인교육

신인본주의 교육사상가들은 이성의 계발에 관심을 기울인 계몽주의 시대 교육이 소홀히 한 인간의 신체적·지적·도덕적·영적 차원의 다양한 측면의 조화로운 발달에 관심을 가졌다. 인간의 이성·감정·신체 등 다면적 도야에 대한 생각은 인간의 자연성에 대한 긍정적 평가와 낙관적·이상적 인간관이 그 바탕을 이루고 있다. 당시 사람들은 이 세계가 조화로운 세계라고 인식하였고, 특히 인간은 선천적으로 다양한 능력을 모두 타고나기

9) Neuhumanismus 사상은 16세기 인문주의를 계승한다는 차원에서 신인문주의라고 표현되었다. 그러나 '인문주의(人文主義)'라는 표현은 사실 16세기 인문주의사상이 고대 로마시대의 언어와 문예가 중심을 이루어졌기 때문에 나온 것이다. 반면 19세기의 Neuhumanismus는 그 내용이 언어와 문예보다는 인간의 존재와 도야를 중심으로 다루고 있기 때문에 '인본주의(人本主義)'라는 번역이 보다 적절하다. 따라서 이 책에서는 Neuhumanismus를 '신인본주의'로 번역한다.

때문에 조화로운 발달이 인간의 본질적 측면이라 생각하였다. 그에 따라 외부에서 작용해 들어오는 교육보다 개인 내부에서 스스로 활동하는 자발적 힘에 근거하는 내면적 도야의 개념이 중요성을 지니게 되었다. 성장세대 안에 있는 내적 힘의 도야가 교육의 중심 과제로 받아들여졌다.

2) 언어교육

인간의 내적 힘의 조화롭고 완전한 도야에 대한 생각은 고대 그리스에서 그 모범을 찾을 수 있다. 때문에 신인본주의자들은 고대 그리스의 역사와 언어에 다시 관심을 기울이며 언어교육을 강조하게 되었다. 그러나 그들은 16세기 인문주의자들처럼 고대문화를 단순히 모방하기보다 교육적인 관심에서 이해·수용하였다. 즉 고대 작품에서 그리스의 정신을 배우고 이로부터 내면적 힘의 도야 가능성을 찾은 것이다.

3) 인간교육

18세기 계몽주의 시대의 교육은 봉건적 구체제 사회질서를 비판하고 인간의 독립적인 사고, 비판정신과 자율적 삶을 추구하였다. 그러나 19세기 산업의 발전은 교육에도 큰 영향을 주었다. 19세기 산업화 시대에서 교육은 신분에 맞는 직업교육을 통해 사회가 필요로 하는 유능한 직업인과 시민을 양성하는 것이 관건이었다. 당시의 경제적·사회적 변동 속에서 신인본주의 교육사상가들은 이러한 신분 특수적 직업교육을 비판하고 무엇보다 모든 사람을 인간으로 키우는 인간교육의 중요성을 강조하였다. 신인본주의 교육사상가들은 인간을 편협하게 의사·수공업자·농민 같은 직업인과 사회적 요구를 충족시키는 기능인으로 이해하려던 당시의 지배적 상황을 비판하면서 무엇보다 인간으로 교육되어야 한다는 점을 주장하였다. 사람들이 인간으로 도야되어야만 직업인으로서 사회와 국가에 잘 봉사할 수 있다고 보았다. 여기서 교육의 가치가 외적 차원에서 내적인 것으로 전환되었음을 확인할 수 있다.

4) 신인본주의 교육의 실천

신인본주의 교육사상가들은 19세기의 교육실천에 다음과 같은 영향을 주었다. 첫째, 18세기 말부터 시작된 의무교육이 비로소 결실을 거두게 된다. 19세기에 들어 초·중등 영역의 교육기회가 전 유럽에서 지속적으로 확대되어 독일의 경우 1870년 경 초등학교 취학률이 97.5%에 달하였다. 완전 취학이 이루어진 것이다. 또한 여성의 사회 참여가 늘어나면서 19세기 중엽부터 여성운동이 시작되었고, 프뢰벨의 영향에 따라 유치원이 설립되면서 여성의 사회참여가 더욱 활발하게 된 것이다. 여성의 자유와 권리 증진 노력의 일환으로 19세기 말에는 여학생만을 위한 '여학교'가 유럽 사회에서 급속히 증가하였다.

둘째, 페스탈로치와 헤르바르트의 사상이 초등교육에 큰 영향을 주게 된다. 페스탈로치의 조화로운 전인교육 사상은 유럽의 많은 사상가 및 교육행정가에게 영향을 주어 그의 사상에 기초한 교육이 초등교육 영역에서 폭넓게 실천되었다. 1872년 독일의 한 학교의 교육과정안은 다음과 같이 구성되어 있었다: 종교(주당 4-6시간), 국어(7-11시간), 수학(4-5시간), 미술(1-2시간), 체조(2시간), 사회 및 자연(6시간). 여기에는 덕육(德育, 종교교육 포함)과 체육(體育)과 지육(智育)의 조화로운 발달을 강조하는 페스탈로치의 전인교육사상이 담겨있다고 할 수 있다.

19세기 후반에는 헤르바르트와 그의 제자들의 교육사상이 독일을 비롯한 유럽의 학교 및 교사들에게 큰 영향을 주게 되었는데 특히 초등학교 교육 방법의 혁신에 기여하였다. 소위 "형식단계(Formalstufen)"로 불리는 수업의 단계(목표설정과 준비, 제시, 비교와 심화, 요약, 적용 등)는 당시 교사들의 수업방법을 체계화하고 혁신하는 데 대단한 영향을 미쳤다. 또한 헤르바르트와 제자들이 교사교육을 위하여 만든 교사세미나는 과학적인 교사교육의 발전에 크게 기여하면서 널리 확산되었다.

그러나 헤르바르트 학파의 교육학이 준 부정적인 영향도 간과할 수 없다. 교육활동이 주지주의로 흐르는 경향이나 형식주의적 수업 등은 교육현장에 부정적인 영향을 주기도 하였다. 특별히 헤르바르트의 "교육적인 수업" 이론이 헤르바르트 제자들에 의해 교수방법론에 치우쳐 수용되면서 교수학적 도식주의(didaktischer Schematismus)로 변질된 점은 20세기 초반 유럽과 미국의 개혁교육학자들로부터 혹독한 비판을 받게 된다.

셋째, 신인본주의자 훔볼트(W. v. Humboldt)의 주도적 노력으로 이루어진 고등교육의 개혁이다. 1810년 독일 베를린에 설립된 훔볼트 대학은 역사적으로 유럽의 대학이 근대화되는 기점으로 인식된다. 그 이유는 훔볼트 대학이 기존의 철학 중심의 대학에서 학문과 학과를 정신과학(인문·사회과학)과 자연과학으로 분화시키는 새로운 대학 모델을 제시하였기 때문이다. 자연과학에서는 실험이 주요 연구방법으로 강조되었으며 정신과학에서도 1차 문헌 중심 연구 등 연구방법론이 객관성을 높이는 방향으로 바뀌었다. 이에 따라 대학의 연구기능이 더욱 강화되었고, 특히 자연과학이 큰 발전을 할 수 있었다. 훔볼트 대학의 새로운 학문적 경향은 독일과 유럽의 다른 대학에 퍼져나가는 결과를 가져왔다.

나. 교육사상가

1) 페스탈로치

인간이해: 『나의 탐구』에서 페스탈로치는 인간의 상태를 자연적 상태, 사회적 상태, 도덕적 상태로 구분하고 교육의 궁극적 목표가 인간을 도덕적 상태로 이끄는 것이라고 말한다.[10] 자연 상태의 인간은 본능적 욕구와 동물적 충동에 따라 행동하고 이기적인 삶을 영위한다. 한편으로 자연 질서에 순응하며 살지만, 다른 한편으로는 자연 질서를 파괴하고 타락한 행동을 하기도 한다.

사회적 상태는 자연 상태의 인간이 이기심에서 야기한 폭력행위를 법이

---

10) M. Liedke(1968). *Johann Heinrich Pestalozzi in Selbstzeugnissen und Bilddokumenten*. Reinbek. pp. 102–110.

> **페스탈로치**
>
> 인류의 교사로 추앙받고 있는 페스탈로치(J. H. Pestalozzi, 1746~1827)의 묘비에는 다음과 같이 그의 생애가 함축적으로 기록되어 있다. 하인리히 페스탈로치 여기에 잠들다. 1746년 1월 12일 취리히에서 태어나 1827년 2월 17일 브루크에서 서거하다.
> 노이호프에서는 빈민의 구원자, 『린하르트와 게르트루트』에서는 민중의 목자, 슈탄쯔에서는 고아들의 아버지, 부르크도르프와 뮌헨뷕제에서는 초등학교의 창설자, 이페르텐에서는 인류의 교사, 인간, 기독교인, 시민, 모든 것을 남을 위해 바치고, 자신을 위해서는 아무것도 남기지 않았다. 그의 이름 위에 축복이 있을 지어다.

나 규칙으로 규제하는 상태이다. 즉 자연적 욕구의 충족에서 오는 무질서를 방지하기 위해 협약으로서의 법을 만들어 이를 강제로 준수케 하는 상태를 말한다. 그러나 협약에 의한 사회적 행위는 그것이 아무리 최대 다수의 최대 행복을 지향할지라도 도덕적인 것과 무관하다.

도덕적 상태는 인간이 자연 상태나 사회적 상태에서 벗어나 내면세계의 숭고한 요청에 따라 자율적으로 자신을 정화·순화하여 도달하는 상태이다. 인간의 동물적 본능을 제약하는 사회적 상태에서 법 또는 규범은 인간의 내면보다 외부로부터 인위적으로 강요한다는 점에서 타율적이었다. 그러나 인간은 내면적 힘을 가지고 있고, 이 힘에 의한 진리 추구를 통해 비로소 도덕적일 수 있다고 페스탈로치는 믿었다. "인간은 동물적 욕구의 충족 및 사회적 관계의 정립에 만족하지 못하고 자신의 내면적 순화를 갈구하는 힘, 즉 도덕적 진리를 내면 깊숙이 간직하고 있다."[11] 따라서 참된 교육이란 인간의 인격을 완성하고 도덕적 상태에 도달하도록 돕는 것이다.

합자연 교육: 인간에 대한 탐구노력을 바탕으로 페스탈로치는 교육의 근본과제를 인간교육, 조화로운 교육, 도덕교육으로 제시한다. 그는 이러한 교육적 과제가 합자연교육의 원리를 통해 성취 가능하다고 보았다. 합자연교육이란 자연의 원리에 따라 교육하는 것으로 식물의 성장과정에서 보듯이 안에서 밖으로, 단순한 것에서 복잡한 것으로, 가까운 곳에서 먼 곳으로

---

11) 김정환(1975). 『페스탈로치의 교육사상』. 고려대학교 출판부. 97쪽.

진행된다. 그리고 또한 동물의 생활에서 보듯이 욕구의 충족에서 사랑의 발현으로, 이기적 본능에서 사회성으로, 수동성에서 자발성으로 이끄는 것을 의미한다. 합자연교육의 방법적 원리를 정리하면 다음과 같다.[12)]

안방교육의 원리: 인간형성의 요람은 가정이다. 인간에게 있어서 가정적 관계는 가장 우선적·자연적 관계이다. 그러므로 인간교육은 생활의 근거지이자 사랑이 충만한 안방(Wohnstube)에서 이루어져야 한다. 어린이는 안방에서 태어나고, 양육되며, 성격이 형성되고, 기초적 생활습관이 만들어지는 등 이후 삶의 근거가 형성된다. 이런 점에서 어린이는 가정에서 기본적인 언어·행동양식·가치규범을 배우고 가족과의 공동생활을 통해서 이웃에 대한 사랑 및 신에 대한 신앙을 배운다.

일반도야의 원리: 직업교육이 우선인가 아니면 인간교육이 앞서야 하는가 하는 문제는 당시 신인본주의자들의 주요 관심사였다. 이 문제와 관련하여 페스탈로치는 빈민자녀와 고아의 자립적 삶을 도와주는 직업교육과 인간교육을 동시에 중시하였다. 왜냐하면 인간의 신체적·지적·도덕적 힘을 조화롭게 계발시키는 인간교육과 시민적 자질과 기술적 능력을 키워 주는 직업교육은 모두 중요한 교육적 과제였기 때문이다. 그러나 그는 당시 신인본주의자들과 마찬가지로 인간교육이 직업교육에 앞서야 한다고 생각했다. 즉 학교가 읽기·쓰기·셈하기 등 기능을 가르치는 것보다 먼저 인간됨을 가르치는 인간 학교이어야만 한다고 주장하였다.

자발성의 원리: 이점은 앞서 언급한 합자연교육의 핵심이다. 교육이란 가치·기능·행동양식·지식·기능 등을 밖에서 안으로 주입하는 것이 아니라, 안에 지니고 있는 내면적 힘과 소질을 스스로 계발·발전시키도록 돕는 행위이다.

도덕교육 중심 원리: 페스탈로치는 인간이 가슴(Heart)·손(Hand)·머리(Head)로 특징지어지는 심정능력·신체능력·지식능력으로 구성되어 있다고 보아 덕·체·지의 조화로운 발달이야말로 인간교육의 기본이라 생각하였다. 그 가운데에서도 그는 특히 도덕성 함양을 인간교육의 핵심으로 보았다. "교육에서 제일 중요한 것은 손도 아니요, 머리도 아니요, 가슴이다."[13)]

직관의 원리: 페스탈로치는 지식교육을 반대하고 직관교육을 강조하였다. 그는 직관을 외적 직관과 내적 직관으로 구별하고 있다. 외적 직관은 우리들의 감각기관을

12) 김정환, 같은 책, 62쪽 이하.
13) 김정환, 같은 책, 91쪽.

통해 사물을 인식하고, 내적 직관은 자신의 마음의 눈으로 세계의 본질을 체험하는 것을 말한다.

교육사적 의미: 교육의 역사에서 페스탈로치는 독보적 위치를 차지한다. 인간교육, 능력이 조화되는 교육, 전인교육, 직관교육 등으로 표현될 수 있는 그의 교육사상은 오늘날에도 올바른 교육의 기본 형태로 받아들여지고 있으며, 위대한 교육실천가로서 그의 교육생애는 후세 사람들의 칭송을 받고 있다.

2) 헤르바르트

헤르바르트

헤르바르트(J. F. Herbart, 1776~1841)는 슐라이어막허(Fr. D. E. Schleiermacher, 1768~1834)와 함께 교육학의 학문적 기초를 놓은 사람으로 유명하다. 칸트의 후계자인 동시에 칸트 비판가로서 그는 이상주의 교육철학을 비판하고, 교육실천을 기초로 하면서도 동시에 교육현상을 설명할 수 있는 교육이론을 체계적으로 정리하였다.

교육학의 학문적 기초를 마련한 헤르바르트는 교육의 기본 개념을 찾아내고 교육 현상을 해명하는 데 주된 관심을 기울였다. 『일반교육학』에서 그는 교육 현상을 감독(Regierung), 수업(Unterricht), 훈육(Zucht)이란 개념을 중심으로 설명한다. 감독이란 유아기 때 어린이의 그릇된 행동을 고치고 질서 있고 순종적인 생활을 하도록 지도하는 것을 뜻하는바, 조기 사회화를 통해 교육의 기초를 다지는 준비과정이라고 할 수 있다. 수업은 학생들로 하여금 올바른 인식과 태도 및 의지를 소유하도록 하는 것이고, 훈육이란 인식을 바탕으로 형성된 의지에 순종하도록 지도하는 것이다. 여기서는 『일반교육학』을 중심으로 헤르바르트의 교육사상을 살펴보고자 한다.

교육목적: 헤르바르트에게서 교육의 최고 목적은 '도덕성'을 실현하는 것이다.[14] 인간 삶의 궁극적 목적이기도 한 도덕성은 '통찰'과 '의지' 그리고

14) J. F. Herbart(1982). "Allgemeine Pädagogik", *Johann Friedrich Herbart. Pädagogische Schriften*. Bd. 2. Hrsg. v. Walter Asmus. Stuttgart. p. 42.

의지에 대한 '순종'으로 구성된다. 사물현상에 대한 통찰과 그것을 바탕으로 형성된 의지 그리고 의지에 자신을 스스로 복종하는 것을 헤르바르트는 도덕성으로 이해하고 있다. 그렇다면 어떻게 통찰에 이르고 의지를 형성할 수 있는가? 그리고 이를 위해 어떤 교육적 도움이 필요한가? 헤르바르트는 교육의 도움으로 올바른 통찰과 의지의 형성이 가능하다고 믿는다. 즉 교육을 통해 학습자가 올바른 판단능력을 형성하고 선한 의지를 획득할 수 있다고 판단한다.

헤르바르트는 『일반교육학』에서 이를 가능케 하는 통로를 '다면적 관심'(vielseitiges Interesse)과 '도덕적 인격의 강화'(Charakterstärke der Sittlichkeit)라는 두 가지 개념으로 제시한다. 먼저 다면적 관심을 그는 '다면성'과 '관심'으로 나눈다. 첫째, '다면성'이라는 개념은 헤르바르트에게 학생들의 배움의 기본 움직임을 가리키는 '사고체계'를 의미한다. 그러한 다면성은 '심화'와 '숙고'로 구성된다. 학생은 새로운 것을 배웠을 때 그들의 표상을 심화하고, 새롭게 학습한 것을 기존의 표상체계에 배열하여 정돈할 때 숙고하게 된다. 심화는 새로운 내용의 인지 및 획득과 관련이 되고, 숙고는 획득된 내용을 반성하는 것과 관련을 맺는다. 이러한 두 가지 기본 사고체계를 헤르바르트는 네 가지로 분화시킴으로써 학습의 기본 움직임을 파악하고 있다. 그는 '다면성'의 구성요소를 '명료', '연합', '체계', '방법' 등 네 가지로 설명하고 있다. 이 네 가지 구성요소는 서로 밀접하게 관련되고 학생들의 사고과정을 형성한다.

네 가지 '사고체계' 또는 '다면성' 구성요소는 후에 수업의 방법 또는 단계로 이해되어 수용되었고, 이로부터 형식단계가 성립되어 헤르바르트의 수업이론이 오랫동안 '형식단계설'로 알려졌다. 그러나 헤르바르트는 『일반교육학』의 '사고체계'가 수업의 방법이나 단계가 아니라 사람됨을 추구하는 수업의 목적에 있으며 그 의미 역시 학생의 사고체계 또는 학습활동임을 분명히 한다.

따라서 '사고체계'는 단순히 지식 획득이기보다 객관적 대상을 파악하고 내면화할 수 있는 능력이다. 이러한 사고체계를 형성하기 위해 개별 학생의 사고 수준과 특성을 파악해 그들이 사고체계를 형성하도록 도와주는 교사의 노력이 중요하다. 그러나 이때 교사가 지향하는 것은 사고체계 자체가 아니라, 학생이 사고체계를 바탕으로 흥미를 갖도록 하는 것이다. 이것이 바로 헤르바르트가 강조한 교육의 첫 번째 과제이다.

둘째, 흥미 또는 관심으로 번역될 수 있는 Interesse[15]는 헤르바르트에게서 수업시간에 단순히 학생들의 주의를 이끌어 내기 위한 교수방법적 개념이 아니다. '관심'은 '다면성'과 함께 교육과 수업의 목적이다.

> "교사들이 효과적으로 강의하기 위해 학생들의 흥미와 관심을 끌도록 하여야 한다는 것은 일반적으로 널리 알려진 수업원칙이다. 이 원칙에서는 수업이 목적이고, 관심이 수단인 것처럼 여겨지고 있다. 이러한 관계는 이제 바꾸어져야 한다. 수업은 학생들의 흥미와 관심을 불러일으키는 데 기여해야 한다. 수업은 일정 기간 동안만 진행되지만, 흥미와 관심은 학생 일평생의 삶 동안 유지되어야 한다." [16]

헤르바르트의 이 진술은 수업과 관심(흥미)의 관계를 완전히 뒤엎는 것으로 이것을 독일의 저명한 교육학자 놀(H. Nohl)은 "교육에서의 코페르니쿠스적 전환"이라 표현하고 있다.[17]

헤르바르트는 흥미와 관심을 인간의 적극적인 정신행위로 파악한다. 그러나 그것은 사고의 영역에만 머무르는 것은 아니라, 기대하고, 요구하고, 행위하는 것까지 포함해서 인간 삶을 이끄는 힘을 말한다. 다시 말해, 흥미와 관심은 인간(학생)을 어떤 행위로 이끄는 적극적인 정신행위라고 요약할 수 있다. 때문에 그러한 관심을 헤르바르트는 어떤 대상과 사물을 파악하는 '인식적 관심'과, 인간과 사회에 대해 적극적인 관심을 보이는 '참여적 관심'으로 나누고, 그러한 관심들이 다면적(경험적·사변적·심미적·동정적·사회적·종교적)이면서도, 어느 측면에도 치우치지 않는 균형

---

15) 라틴어 어원 interesse는 그곳에 있다(Dabei-sein)라는 뜻으로 우리말로 적절한 번역 단어를 찾기 쉽지 않다. 이 글에서는 관심 또는 흥미로 상황에 적절하게 사용하도록 한다.

16) J. F. Herbart(1982). "Pädagogisches Gutachten über Schulklassen und deren Umwandlung (1818)". *Johann Friedrich Herbart. Pädagogische Schriften*. Bd. 3. Hrsg. v. Walter Asmus. Stuttgart. p. 97.

17) H. Nohl(1948). "Der lebendige Herbart". *Die Sammlung*. H. 3. p. 203.

을 이루어야 한다고 강조한다.[18] 개방성, 균형성과 적극성을 기본 성격으로 하고 있는 다면적 관심을 바탕으로 학생들은 18~19세기 계층사회에서 산업사회에로의 이행 과정에서 독자적이고도 책임적인 삶을 살 수 있다고 헤르바르트는 보았다.

헤르바르트에게서 교육의 두 번째 과제는 도덕적 성격을 강화하는 것이다. 이때 '도덕성'은 인간이 자신의 선한 의지에 따라 결정하고 그러한 결정에 스스로 복종하는 것을 의미한다. 이는 인간의 선한 의지에 근거한다는 점에서 자의적 의지와는 구분되고, 자율성을 바탕으로 한다는 점에서 타율적 법칙에 복종하는 것과 구분된다. '인격'은 헤르바르트에게 있어서 사회적 성격을 띠고 있고, 인격자는 사회 내적 존재로서 타인의 삶에 관심과 책임의식을 지닌 사람이다. 때문에 인격이 결여된 사람을 이기적 존재다. 도덕적 인격의 핵심은 자율적 선한 의지를 지니고 공동체적 존재로서 책임의식을 소유한 상태라 할 수 있다. 도덕적 인격자는 먼저 자신의 삶을 자율적으로 결정할 수 있는 능력을 소유하고, 그 다음으로 공동체 정신을 소유하며, 이웃과 그리고 다른 사물과의 관계에서 선한 의지를 갖고 책임 있게 행동하는 사람이다.

교수학: 교육목적을 '관심의 다면성'과 '도덕적 인격의 강화'에서 찾은 헤르바르트는 어떻게 하면 가르치고 배우는 것을 기본 형식으로 하는 수업에서 학생들에게 다면적인 관심을 갖게 하고 도덕적 인격을 갖추게 할 수 있는지 질문한다. 헤르바르트에게 교수학이란 좁은 의미에서 가르치고 배우는 것에 관한 수업이론을 의미하지는 않는다. 오히려 『일반교육학』에서 천명하는 바와 같이 '수업이 바탕이 되는 교육에 관한 이론'인 동시에 헤르바르트의 표현처럼 '교육적 수업'(der erziehende Unterricht)에 관한 이론이다.

여기서 교육적 수업은 첫째, 교육적인 효과를 거두지 못하는 단순한 지식전달 중심의 수업과 거리가 멀다. 교육적 수업은 교육내용 또는 지식이

---

18) J. F. Herbart(1982). "Umriß pädagogischer Vorlesungen", *Johann Friedrich Herbart. Pädagogische Schriften*. Bd. 3. Hrsg. v. Walter Asmus. Stuttgart. pp. 192–193.

사례나 문제를 바탕으로 명료하게 전달되어 참된 설득력을 획득하는 데 기여하는 것이다. 이런 설득력 있는 설명을 바탕으로 학생을 교육의 목적인 '다면적 관심'으로 이끌 수 있고, 그것을 바탕으로 학생은 독자적으로 자신의 삶을 개척해 나갈 수 있게 된다고 헤르바르트는 주장하였다.

둘째, 교육적 수업은 이해를 위한 수업이다. "수업은 이해될 수 있고 설득력을 지녀야 한다. 그렇지 못한 수업은 학생을 지루하게 만든다."[19] 그리고 수업에서 학생을 지루하게 만드는 것은 "수업활동 중 가장 큰 죄악"이라고 헤르바르트는 말하였다. 반대로 "수업이 대상을 명료하고 설득력 있게 전달하였을 경우, 그러한 수업은 학생의 마음상태를 고귀하게 하여 학생이 바른 판단을 하도록 돕고 결국 도덕적인 인간으로 성장할 수 있는 기초를 형성하게 한다."[20] 즉 명료한 설명을 바탕으로 학생은 체계적 사고와 판단능력을 형성할 수 있을 뿐 아니라, 설명내용에 관심을 기울이게 된다는 것이다.

학문적 교육학 정립: 우리는 교육학을 독자적 학문으로 정립하려는 최초의 시도를 헤르바르트에게서 확인하게 된다. 물론 그 이전에 교육에 관한 여러 종류의 지침서나 초보적 논저들은 있었지만 코메니우스·로크·루소·페스탈로치 등 저명한 교육사상가의 저술에서 교육학의 학문적 성격에 관한 논의는 찾아볼 수 없었다. 때문에 헤르바르트는 학문적 교육학의 창시자로 불린다.

헤르바르트는 먼저 교육학이란 학문이 인접학문인 철학과 심리학에 종속된 위치에 있다고 보고 그 관계를 해명하려 하였다. 그는 교육현상이란 다른 학문이 설명할 수 없는 교육학 고유의 대상 영역이라고 보고 교육과 교육학의 자율성 문제를 던지면서 논의를 시작한다: "교육학이 자신의 고유한 개념들에 대해 숙고하고 독자적 사고를 개발시킨다면, 그리고 그것을 통해 다른 학문들의 지배를 받지 않고 연구의 중심이 된다면 더 좋을 것이

19) J. F. Herbart, "Allgemeine Pädagogik", 앞 책, 132쪽.
20) J. F. Herbart, "Umriß pädagogischer Vorlesungen", 앞 책, 173쪽 이하.

다. – 모든 학문이 자신의 고유한 법칙에 따라 움직인다면 다른 학문들과 우호적 관계가 정립될 수 있을 것이다.”[21] 그는 교육현상을 이해하고 설명하는 작업은 교육학의 고유한 과제로서 다른 학문이 대신해 줄 수 없다고 보았다. 학문으로서의 교육학은 먼저 자율성을 특성으로 하고 있는바, 헤르바르트는 두 가지 차원에서 그 근거를 찾는다. 첫째, 교육학은 기성세대가 성장세대를 가르치고 키우는 '교육'이라는 고유한 연구대상을 지니고 있다. 둘째, 교육학은 교육현상을 파악하는 방법적 차원에서 사변적 철학이나 경험과학들과 구별된다. 따라서 교육학이 인접과학인 실천철학 및 심리학에 의존하는 종속적인 관계에 머물러서는 안 된다는 것이다.

그는 교육 현상을 바르게 파악하기 위해서 교육철학적 분석과 해명이 필요하다고 보았다. 교육을 철학적으로 분석한다는 것은 교육이란 무엇인가라는 질문을 던지며 교육의 본질과 의미를 꿰뚫어 보려는 작업을 말한다. 헤르바르트는 교육에 대한 철학적 해명을 바탕으로 교육의 본질적 과제를 밝히고 교육의 기본 개념을 제시하였다. 이러한 교육철학적 해명은 교육자에게 교육적 관점과 시각을 제공하여 올바른 교육실천을 가능하게 하는 기초가 된다. 교육학의 실천적 성격은 필연적으로 가르치고 배우는 것에 관한 학문인 교수학이 교육학의 중요한 영역임을 보여준다. 따라서 교수학은 헤르바르트의 모든 교육학적 사고의 중심에 있다.

3) 프뢰벨

통일의 원리: 프뢰벨의 교육사상은 신과 인간 그리고 자연의 불가분의 관계를 주장하는데, 이 점에서 루소나 페스탈로치의 교육이론에 영향을 받은 것임을 알 수 있다. 그러나 루소가 자연성 그리고 페스탈로치가 인간됨을 강조했다면, 프뢰벨의 교육사상의 핵심에는 신성(神性)이 있다는 점에서 차이가 있다.[22] 그렇다면 신성이란 무엇인가? 신성은 신에 의해 창조된 우주만물의 본질을 뜻하며 프뢰벨의 통일사상의 중심을 이룬다. 프뢰

21) J. F. Herbart, “Allgemeine Pädagogik”, 앞 책, 21쪽.
22) 곽노의(1996). 『프뢰벨—생애와 교육』. 양서원. 54쪽.

> **프뢰벨**
>
> 유치원의 창시자로 유명한 프뢰벨(Fr. W. A. Fröbel, 1782~1852)은 독일 튀링겐 지방의 오버바이스바흐에서 목사의 아들로 태어났다. 일찍 어머니를 여의게 되자 자연을 벗삼아 놀며 자연과 친구가 된다. 대학에서 자연과학을 수학한 후 페스탈로치의 영향으로 교육 사업에 참여하게 된다. 1840년 유치원을 창설하고, 자연의 원리에 따른 유아교육을 널리 보급하는 것과 유아교육 지도자 양성에 힘썼다. 그의 생애에서 확인되듯이 그의 교육사상에는 신, 인간, 자연이 핵심개념으로 등장한다.

벨에게서 신은 우주를 지배하는 '영원한 법칙의 주체'이고 인간과 자연이 통합되는 특징을 지니고 있다. "만물에는 하나의 영원한 법칙이 깃들어 있고, 작용하며, 지배하고 있다. …… 이 법칙의 근저에는 모든 것을 작용하게 하고, 스스로 분명하며, 생명력이 있으며, 자신에 대해 분명히 알고 있는 통일자가 필연적으로 존재한다."[23)]

프뢰벨은 통일성을 자연의 법칙이요 모든 사물을 지배하는 법칙으로 보았다. 신은 이러한 만물을 지배하는 법칙의 중심에 있으며 우주의 본질이자 통일의 중심이다. 만물은 신에 의해 창조되었으므로 만물의 본질은 신이다. "신은 만물의 유일한 근원이고, 만물 중에 존재해 있으며, 만물을 소생시키며 또 만물을 지배한다. 만물은 신 가운데서 또 신에 의해 존재하며 신에 의해 생명을 부여받고, 또 거기에 그 본질을 간직하고 있다."[24)]

교육의 목적·방법·내용: 만물을 지배하는 법칙인 신성은 인간에게도 존재한다. 신성은 마치 씨앗처럼 인간 안에 내재하고 있기 때문에, 교육의 과제는 이 씨앗이 내적인 본성을 확대하고, 잠재력을 최대한 발휘하며, 발전시키도록 하는 것이라고 프뢰벨은 보았다. 즉 교육은 인간에게 존재하는 신적 특성을 의식하도록 하고, 그것을 자극하고 지도하는 것이며, 신성을 자유롭게 표현하도록 이끄는 것이다. 교육을 통해 계발된 신성은 인간의 창조성에서 나타난다.

프뢰벨은 교육이 인간 안에 내재한 신성을 자연스럽게 발전시켜야 한다

---

23) F. Fröbel(1973). *Die Menschenerziehung. Hrsg.* v. H. Holstein. p. 37.
24) 같은 책, 37쪽.

는 생각을 바탕으로 '발달 순응적 교육'이란 교육 방법적 원리를 제시하고 있다. "교육, 교수 그리고 교훈은 본래적·실질적으로 그 근본 특징에 있어서 필연적으로 발달 순응적이어야 하며 결코 명령적·규정적 간섭이어서는 안 된다."[25] 신이 어린이에게 부여한 소질과 특성을 계발시켜 그를 전인적으로 조화롭게 성장하도록 하는 것이 교육 방법의 중요한 원칙이 된다.

프뢰벨에 의하면 인간에게는 세 가지 욕구가 있다. 자기 내면적 생명을 지향하는 욕구(안식), 외계 및 외계의 본질을 자신 속에 넣으려고 하는 욕구(인식), 내면적인 것을 직접 나타내는 욕구(표현)가 그것이다.[26] 이 욕구들은 그의 통일성 원리를 구성하는 세 가지 요소인 신·인간·자연과 관계된다. 이를 바탕으로 그는 교육의 내용을 종교·자연·수학·언어·예술의 다섯 가지로 제시하고 종교는 안식에, 자연은 안식과 인식에, 수학·언어·예술은 표현에 해당하는 것으로 보았다.

유아교육사상과 어린이 이해: 프뢰벨은 유치원을 창립하였을 뿐만 아니라 유아교육의 사상적 기초를 제공하였다. 그는 신성을 소유한 존재로 유아를 파악하였다. 여기서 신성이란 활동충동·작업충동·창조충동을 의미한다. 그러한 신성은 유아로 하여금 끊임없이 활동하게 하고 내면적인 것을 창조적으로 표현하게 하는 등 생명활동의 근본동기가 되고, 그러한 창조적 활동 및 작업충동은 유아를 자발적 행동으로 이끈다. 이런 점에서 외부로부터의 힘에 의한 간섭보다 내적 동기를 바탕으로 자신의 흥미와 힘에 의해 자발적으로 놀이·작업·행동하는 것이 유아의 특징이다. 유아의 자발성은 성장 발전의 에너지 역할을 담당한다.

유아교육의 목적: 신성을 발현시키기 위해 유아교육은 유아들이 신의 법칙 또는 자연(통일성)의 법칙을 깨우치고, 자기 내부에 잠재해 있는 신성을 표현하는 것을 목적으로 한다. 이것을 가능하게 하는 통로가 자연교육과 인간교육이다. 프뢰벨이 말하는 자연교육이란 자연관찰을 통해 자연의 법

---

25) 같은 책, 47쪽.
26) 곽노의, 앞 책, 65쪽.

칙을 깨닫고, 노작과 작업(동산과 자연 가꾸기, 동식물 기르기 등)을 통해 어린이 내부의 창조성과 자발성을 표현하도록 하는 것이다. 인간교육이란 신이 부여한 어린이의 천성·소질·가능성을 계발하는 것이요, 내면세계를 적극적으로 밖으로 표현하는 것이다.

유아교육의 방법원리: 프뢰벨이 자신의 유아교육사상을 통해 제시한 방법원리는 다음과 같다.

놀이 : 놀이는 어린이의 고유한 활동이며 실제 생활 그 자체이다. 어린이들이 자신의 내면에 있는 신성을 창조적으로 표현하는 대표적 통로는 놀이이다. "놀이란 아이들이 자기 내면세계를 스스로 표현하는 것, 즉 자신의 내적 본질의 필요와 요구에 의해 내면세계를 외부로 표현하는 것이다. 놀이는 아동기의 가장 순수한 정신적 산물이며 인간생활 전체의 모범이다. 모든 선의 원천은 놀이에 있고 놀이로부터 나온다."[27) 놀이란 어린이가 자기의 내면세계를 밖으로 표현하는 것이요 어린이의 원초적 충동(활동, 작업, 창조)의 표현이다. 놀이는 그 자체가 기쁨이고 자유이며, 만족이고 평안이요, 모든 선의 원천이다. 때문에 어린이의 삶은 곧 놀이생활이라고 표현될 수 있다. 이러한 놀이는 몸과 마음 그리고 정신을 발달시키고 강하게 하는 교육적 의미를 지녔다.

은물 : 앞서 언급한 프뢰벨의 놀이원리는 은물(恩物)을 활용하여 이루어진다. 독일어 Spielgabe로 표현되는 은물이란 신이 어린이를 사랑하시어 주신 은혜로운 선물이란 뜻이다. 은물은 유아의 창조적 충동을 건전하게 육성할 뿐만 아니라 자기 자신을 표현할 수 있도록 유아 스스로 창조적으로 학습할 수 있는 도구이다. 또한 은물은 기하학적 형태의 것으로 형체→ 면→ 선→ 점→ 선→ 면→ 형체의 체계를 갖추고 있다. 은물은 공·원통· 정육면체 등으로 구성된다.[28) 무엇인가를 창조하기 위한 것이 은물의 특성이기 때문에 기성품이나 완성품이 아니라, 창조성·다양성·개방성·기본성을 그 특징으로 한다.

27) F. Fröbel, 앞 책, 67쪽.
28) 곽노의, 앞 책, 127쪽 참조.

작업 : 작업 역시 어린이 내부에 있는 신성의 표현이다. 신이 연속적으로 창조하고 끊임없이 활동하는 것과 마찬가지로 어린이는 창조적으로 활동하는 것을 기본 특징으로 지닌다. 은물과 마찬가지로 작업 역시 형체·면·선·점의 원리에 따라 다양하게 구성되어 있다. 그리고 단순한 것에서 시작하여 복잡한 것으로 발전하는 형태를 지녔다. 작업의 종류로는 구멍 뚫기·바느질하기·그리기·색칠하기·매트 짜기·종이 접기 등 다양하다.

교육사적 의미: 프뢰벨의 교육사상은 어린이를 자발적으로 활동하는 존재로 보고 어린이의 내면적인 힘을 발달시키고자 한다. 이는 20세기 초 '어린이로부터의 교육학'이라 불리는 개혁교육학과 아동중심교육사상에 큰 영향을 주었다. 어린이를 완전한 인격체로 보고 그 자발성을 강조한 프뢰벨은 루소 이후 전개된 자연주의 교육사상을 수용하여 유아교육의 기본사상으로 발전시켰다. 그는 어린이들의 창조적 자기활동을 도와주는 유아교육학교인 유치원을 최초로 설립하였고, 이는 독일·미국·영국·프랑스 등 전 세계의 유아교육에 큰 영향을 주었다. 프뢰벨은 유아교육의 선구자답게 유아를 보육의 대상으로 보던 관점에서 교육의 대상으로 보게 하는 인식의 전환을 이루었고, 또 여성을 교육의 주체로 인식시켜 여성해방에도 큰 역할을 담당하였다.

새겨보기

16세기의 인문주의 사상을 계승하고 있는 신인본주의 교육은 조화롭고 아름다운 영혼을 추구하고 인격을 도야하는 것을 최우선적 과제로 파악하였다. 18세기 계몽주의 시대의 교육 이상은 각 직업 분야에서 유능한 시민을 양성하는 것으로 신분에 맞는 직업교육을 통해 사회가 필요로 하는 유능한 직업인을 양성하는 것이었다. 신인본주의 교육사상가들은 이러한 신분 특수적 직업교육을 비판하고 무엇보다 모든 사람을 인간으로 키우는 인간교육이 중요하다고 보았다. 그들은 교육의 중심을 시민교육과 직업교육에서 인간교육으로 옮겨 놓았다. 신인본주의 사상가들은 또한 이성의 계발에만 관심을 기울인 계몽주의 시대 교육을 비판하고, 인간의 신체적·지적·도덕적·영적 차원의 다양한 측면을 조화롭게 계발하는 것을 강조하였다.

제12장

산업화 시대에서 20세기 초까지

1. 산업화 시대

19세기 신인본주의 시대 이후 1840년경 서양은 본격적인 산업화 시대에 들어서면서 인구가 도시로 집중하기 시작하고 사람들은 점차 대중적 익명성의 세계에 들어서게 되었다. 대규모 공장에서 진행되는 노동은 기계화되어 내적 만족을 줄 수 없었으며 가혹한 노동력착취가 진행되었다. 앞서 간 고전주의적-이상주의적 삶의 정조가 문학과 예술 그리고 인간도야의 문제를 제시했다면, 이제는 자연과학 기술에 대한 신뢰를 바탕으로 현실주의적 시대정신이 압도하게 되었다. 삶의 실제와 현실이 자연과학과 기술을 추종하는 상황에서 인간의 교육과 도야 역시 기술적 사고에 의해 파악되기 시작하였다. 학교에서 여전히 신인본주의 이념에 따라 가르치기는 했지만 실용적 지식에 대한 요구가 김나지움을 비롯한 중등학교와 대학으로 밀려들었다.

이 시대의 정치·경제적 필요에 의해 민중교육 또한 새로운 추진력을 얻었다. 그리하여 민중학교와 교사가 급격히 증가하였고 19세기 후반에는 여학교가 비약적으로 발전하였다. 이러한 시대적 변화과정에서 쇼펜하우어(A. Schopenhauer, 1788-1860)와 니체(F. Nietzsche, 1844-1900)는 교육과 연관하여 이 시대의 정신을 날카롭게 비판하였다. 반면 헤르바르트주의자들은 학교교육의 영역에서 교육학적 체계를 세워 보편적 인정을 받고자 하였다. 고등교육제도 전반의 변화를 살펴보면 대학은 개별 전공 연구소들의 집합체로 전환되었고, 자연과학과 기술공학의 비약적 발전에 따라 산업에서 요구되는 전문인력을 양성하기 위한 응용과학 전문대학교 및 공과대학이 생겨나게 되었다.

20세기에 들어서서 인간은 기술문명에서 대단한 성과를 이루었지만 다른 한편으로 그 이면의 끔찍한 모습과 불안을 느끼게 되었다. 제1차 세계대전 후 '위기감'이란 단어가 유행되었으며 문화적 삶은 물론 인간의 내면이 위기적 상황에 놓였다는 우려가 나타났다. 기술의 진보나 외적 풍요에 대한 낙천적 태도가 몰락하고 불안하게 되는 사태는 이미 쇼펜하우어와 니체가 감지해냈던 것이었다. 사람들은 다시 자주적·생동적 삶과 오염되지 않은 자연을 그리워하며 19세기 이후의 정신사적 상황을 비판하게 되었다. 이성적 사유보다 창조적 직관을 바람직한 것으로 여기게 되었고 예술에서의 개성을 중시하게 되었다. 자연과학적 개념 형성의 한계를 인식하고, 심리학과 정신과학의 독자성을 표명하였으며, 시대의 위기의식을 심각하게 재조명하는 실존철학이 나타났다.[1)]

인간은 이제 자신의 직업 활동이나 언론매체 같은 부수적 시스템을 통해 스스로를 발견하고 있다. 이러한 조건은 인격적 존재로서의 개별 인간이 자신을 사회 전체에 내맡기게 함으로써 가치를 상실한 채 무기력하게 살 수밖에 없도록 한다. 이런 문제를 해결하고자 20세기 초반 수십 년 동안 다양한 시도가 나타났는데, 그것은 그간 억제되었던 비이성적 힘들에 대한 각별한 관심이었다. 그리하여 개별 인간의 모든 힘을 발현시켜 사회·정치 영역의 참된 민주화를 달성하자는 교육적 운동이 확산되었다. 교육학

1) A. Reble(2002). 『서양교육사』. 정영근 외 옮김. 문음사. 348쪽 이하 참고..

의 역사에서 볼 때 이러한 움직임은 현대교육에 막대한 영향을 주게 된 20세기 초반 유럽의 교육개혁운동으로 전개되었다. 교육개혁운동은 교육에 대한 주지주의와 기계론적 발상을 거부하고, 수업에서 분리된 교육적 의미를 되찾으려 했으며, 청소년들이 물질 지배의 세계와 성인의 권위적 교수방식으로부터 벗어나도록 추구하였다.

2. 20세기 초 교육개혁운동

19세기 말부터 20세기 초에 걸쳐서 약 30년간 유럽과 미국에서 일대 교육개혁운동이 전개되었다. 운동의 목적과 성격이 각 나라의 역사적, 사회적, 정신사적 조건에 따라서 다양한 모습으로 나타났지만, 교육개혁운동은 하나의 세계적인 운동으로 언급될 수 있는 공통점을 지니고 있다. 우선 이들은 모두 전통적인 학교교육에 대한 비판을 과제로 하고 있다. 그 때 이미 국민교육제도가 확립되었고 공교육으로서의 교육제도의 정비에 따라 교육의 민주화가 기대되었지만 학교교육은 여전히 구태의연한 상태에 있었다. 교사 중심의 전통적 학교에서는 어린이의 인격이나 자발성 그리고 개인적인 특수상황이 고려되지 않았다. 또한 교과내용이 과다하고 수업이 교과서 중심으로 이루어졌으며, 어린이의 이해 정도와는 상관없이 기계적인 학습이 강요되었다.

이러한 전통적인 교육에 대한 대안으로서 교육개혁운동은 '어린이로부터의 교육'이라는 새로운 교육모델을 제시하였다. 단순하게 지식을 받아들이도록 이끌기보다는 자율적이고 능동적인 행위를 통하여 어린이가 자발적으로 생활의 내용을 접하고 수용하도록 교육해야 한다고 보았기 때문이다.[2] 이에 교육개혁 운동가들은 교육제도의 개혁과 교육문제의 해결방향을 '어린이로부터' 찾고자 하였다. 이러한 의미에서 교육개혁운동은

2) 정기섭(1998). "개혁교육학의 사상적 기초와 루소". 『교육철학 제20집』. 한국교육학회 교육철학연구회. 171-172쪽.

어린이 해방운동이며 민주적 교육을 확립한 운동이라고 할 수 있으며, 더 나아가 근대교육의 이념이 본격적으로 현실화된 운동이라고 볼 수 있다.[3] 다음에서 서양의 교육개혁운동을 독일의 '개혁교육학운동'과 미국의 '진보주의 교육운동'으로 나눠 살펴보기로 한다.

가. 독일의 '개혁교육학운동'

1) '어린이로부터의 교육학'

독일을 중심으로 전개된 '개혁교육학(Reformpädagogik)운동' 안에는 매우 많은 다양한 이론과 실천적 시도들이 포함되어 있다. 하지만 그것들은 모두 그 당시 교육현실에 대한 문제의식 및 비판에서 출발한 교육개혁 노력의 총화라는 점에서 내적 연관성을 찾을 수 있다. 특별히 성인 중심의 전통적 학교에 대한 비판과 함께 어린이에 대한 새로운 이해를 토대로 하여 모든 교육의 중심을 어린이에 두고자 하는 어린이 중심의 교육 개혁을 추구한다는 점이 가장 중요하고도 공통적인 특징으로 부각된다. 이와 같이 '어린이로부터'라는 지향성을 토대로 하여 형성된 교육운동의 흐름을 특별히 '어린이로부터의 교육학'(Pädagogik vom Kinde aus)이라고 부른다. '어린이로부터의 교육학'은 처음 개혁교육학운동의 형성에 매우 중요한 역할을 했으며, 여러 흐름들 가운데 가장 논쟁적이고 동시에 가장 성공적인 흐름으로서 교육 이론 및 실천에 매우 근본적이고 광범위하게 영향을 미친 흐름으로 평가되고 있다.[4]

이렇게 볼 때 개혁교육학운동에 속하는 수많은 교육이론가와 운동가들 대부분이 직·간접적으로 '어린이로부터의 교육학'과 관련을 맺고 있었다고 볼 수 있다. 그럼에도 불구하고 하나의 흐름으로서 '어린이로부터의 교육학'에 속한 대표적인 인물들로서 케이(E. Key), 구르리트(L. Gurlitt),

3) 長尾十三二 외 공저(1985). 『신교육운동사』. 송일지 역. 한마당. 29쪽.
4) 최재정(2008). 『개혁교육학』. 학지사. 95쪽 참조.

몬테소리(M. Montessori), 옷토(B. Otto), 솨르렐만(H. Scharrelmann), 간스베르그(F. Gansberg) 등을 들 수 있다. 그 중에서 케이는 '어린이로부터의 교육학'을 가장 대표하는 인물로 손꼽히고 있으며 자주 '어린이로부터의 교육학'의 창시자 및 대표자로 간주되었다. 이는 물론 케이를 세계적인 인물로 만든 그녀의 대표 저서인 『어린이의 세기(*Das Jahrhundert des Kindes*)』에 기초하고 있음이 분명하다.[5)]

2) 전원기숙학교운동

유럽의 교육개혁운동의 대표적인 예로서 전통적 중등학교 교육을 개혁하고자 하는 의도에서 시작된 전원기숙학교(Landerziehungsheim)운동을 들 수 있다. 전원기숙학교는 영국의 레디(C. Reddie)가 1889년에 설립한 애버츠호움 학교로부터 시작되었다. 영국에서 시작된 전원기숙학교는 독일에서 리이츠(H. Lietz), 비네켄(G. Wyneken), 게헤프(P. Geheeb) 등에 의해 다양한 형태의 기숙학교로 퍼져 나갔다.

새로운 학교는 전통적인 학교와는 달리 학생들의 자발적인 활동을 보장하고 발달시키는 것에 초점을 맞추었다. 학생들의 자발적인 활동을 유도하기 위해서는 그들에게 편안하고 친숙한 자연스러운 환경이 요구되었다. 따라서 합리적이고 조직적인 필요에 의해 만들어진 전통적인 학교 대신에 자연스러운 공동체적 삶의 장(場)으로서의 새로운 학교가 요구되었다.

이러한 맥락에서 전원기숙학교는 도시가 아닌 전원에서, 지식전달이 아닌 인격형성 교육을 목표로 하는, 전통적인 학교형식이 아닌 교사와 학생이 함께 생활하는 기숙사 형식의 학교로 설립되었다.

---

5) 정혜영(2009). "E. Key의 '어린이로부터의 교육학'의 성격". 『교육의 이론과 실천』. 제14권 제1호. 214쪽 참조; 정혜영(2018). 『엘렌 케이』. 커뮤니케이션북스. 25-27쪽.

3) 노작학교운동

독일의 교육개혁운동은 공통적으로 작업 내지 노작을 학교교육에서 본질적인 것으로 중요시하였다. 독일에서 노작학교의 개념은 19세기 말에 서적 중심의 '학습학교'에 대한 비판에서 나왔으며, 특히 제1차 세계대전 이후부터 하나의 학교교육운동으로 발전되었다. 교육개혁운동의 흐름 안에서 노작학교운동은 두 가지 방향으로 전개되었다. 하나는 독일 직업학교의 실질적인 설립자인 케르셴슈타이너(G. Kerschensteiner)에 의하여 대표되는 입장이다. 케르셴슈타이너는 종래 교과서 중심의 암기 위주의 학교교육을 비판하고 학생의 고유 활동성을 자극하는 가장 적절한 방법이 손으로 하는 작업(수공, Handarbeit)이라고 보고 노작교육을 주장하였다. 그에게 노작교육은 단순히 직업을 위한 준비가 아니라, 손으로 하는 작업을 통하여 일반적인 인간형성을 목표로 하는 특징을 지닌다. 따라서 그의 노작교육의 목표는 노작을 수단으로 하여 정신적 인격을 도야하는 것이다.

다른 하나는 가우디히(H. Gaudig)를 대표로 하는 입장이다. 케르셴슈타이너가 수공적 노작을 강조한 반면에 그는 자유로운 사고에 의한 정신적 노작을 노작학교의 본질로 보았다. 그는 케르셴슈타이너와 같이 교육학적 주요 관심을 유용한 국민의 양성에 두지 않고 정신적으로 자립할 수 있는 생동적인 인격의 형성에 두었다. 그러나 그는 기본적으로 수공교육을 거부하지 않고 교육적 가치를 부여하기는 했지만, 그것을 노작교육의 본질적인 구성요소로 보지는 않았다. 이러한 의미에서 가우디히는 학생들의 육체적인 수공의 노작에 의한 '노작학교'보다는 자유로운 정신에 의한 '학교노작'을 강조하였다고 볼 수 있다.

노작학교운동은 제1차 세계대전 후 유럽 전역의 학교교육에 영향을 미쳤으며, 직접적으로 학교제도에 수용되었다. 이를 통하여 교육개혁운동이 비판의 대상으로 삼았던 교과서 중심적이고 교사 중심적인 학교교육의 양상이 어느 정도 극복되고 활동중심·작업중심·아동중심으로의 교육적 전환이 이루어졌다.

4) 예술교육운동

교육개혁운동은 어린이를 지적 학습을 주로 하는 수동적 학습에서 해방시켜 자발적이고 자기표현적인 학습을 하도록 하는 데 주력하였다. 이러한 경향은 전원기숙학교운동이나 노작교육운동 속에도 분명하게 내재되어 있지만 무엇보다도 예술교육운동에서 보다 분명하게 나타났다.

예술교육운동은 조형미술로부터 시작되었다. 처음에는 위대한 예술에 대한 생동감 있는 이해가 강조되었으며, 나중에는 아동 자신의 독자적이고 예술적인 창작이 중시되었다. 어린이 자신이 예술가로서 간주되었으며, 어린이가 창작한 예술적인 형성물들이 그들의 정신능력을 계발하기 위한 적절한 수단으로 사용되었다. 이후 예술적인 다른 영역들인 체육·음악·연극이 추가되었다. 이들은 자연스럽고 조화로운 인간의 발전을 목적으로 하는 하나의 포괄적인 예술교육운동으로 합류되었다.

대도시의 다양한 예술교육대회를 통해 시작된 예술교육운동은 예술을 통하여 자유롭고 기쁨에 넘치며 생동감 있는 인간, 창조적인 인간을 길러내는 것이 기본 과제였다.[6] 이러한 예술교육운동은 대도시의 여러 교육개혁운동에 자극을 주었으며, 특히 학교교육과정 개혁을 위해 유력한 원리를 제공하였다. 즉 이 운동은 노래·그림·조형예술·글짓기·체육 등 예술관련 과목의 내용과 방법을 크게 변화시켰으며, 이 과목들이 학교에서 정규교과로 채택되는 데 결정적인 역할을 하게 되었다.[7]

나. 미국의 진보주의 교육운동

1) 선구적 교육개혁운동

미국 교육개혁운동은 페스탈로치주의를 실천에 옮기고자 시도한 '오스웨고운동'에서 시작되었다. 뉴욕주(州) 오스웨고의 교육장인 쉘돈은 사범

6) A. Reble(1967). *Geschichte der Pädagogik*. Stuttgart. p. 268.
7) 長尾十三二 외 공저. 앞 책, 106쪽.

학교에서 페스탈로치 교육이론과 방법을 소개하고 해설함으로써 페스탈로치주의에 의한 교원양성교육을 시도하였다. 그 결과 오스웨고 사범학교의 페스탈로치 교수법이 미국 전역에 전파되었다. 쉘돈이 페스탈로치주의를 중심으로 교육운동을 전개한 반면에 파커(F. W. Parker)는 프뢰벨주의를 표방해 '퀸시운동'을 일으켰다. 그는 1875년에 매사추세츠주 퀸시의 교육장이 되어 프뢰벨주의의 교육 방법을 학교교육에 적용하는 운동을 시작했다. 또한 그는 1883년부터 1889년까지 일리노이주 쿠크 카운티 사범학교의 교장으로서 프뢰벨주의에 기초한 교육운동을 본격적으로 추진하였다. 특히 그는 이 사범학교의 부속 소학교인 '파커학교'를 아동중심주의의 학교로 만들고, 생활활동 중심주의의 관점에서 교육과정을 개조하였다. 파커의 교육 방법은 듀이에게 전수되어 20세기 진보주의 교육운동의 기초가 되었다.[8] 파커는 학교를 이미 논리적으로 체계화되어 있는 교과를 학습하는 곳이 아니라, 어린이 자신이 스스로 학습하는 곳으로 보았으며 어린이의 창조적 활동을 존중하였다. 이러한 점에서 그는 '진보주의 교육의 아버지'로 불려지고 있다.[9]

2) 진보주의 교육운동

1920년대를 기점으로 하여 교육사상의 지배권이 유럽으로부터 미국 대륙으로 넘어가게 되었다. 처음에 미국의 교육운동은 페스탈로치나 프뢰벨 등 유럽의 교육사상가들의 신교육을 수용하는 방향으로 시작되었다. 그런데 이들 사상가들의 교육사상 및 교육 방법은 충분히 의미가 구명된 뒤에 도입되기보다는 단지 교육 방법의 형식이 기술적으로 모방된 점이 없지 않았다.

이러한 상황에서 미국적인 철학인 실용주의를 토대로 하여 미국의 교육사상, 즉 진보주의가 성립되었다. 역사적으로 진보주의라는 말은 미국에서 처음 사용되었고 진보주의 운동도 미국에서 일어났다. 진보주의 운동을 한

---

8) 한동일(1983). 『서양교육사』. 대은출판사. 277-278쪽.
9) 아돌프 E. 마이어(1984). 『20세기 교육의 사조』. 최정웅 역. 이문출판사. 47-48쪽.

마디로 표현하기는 어렵지만 성격상 '교육의 자유화 운동'이라고 할 수 있다. 진보주의 운동은 듀이(J. Dewey)를 선구자로 하여 지식과 책을 중심으로 하는 종래의 전통적 교육에 대한 반항운동으로 일어났다. 1896년에 듀이는 시카고 대학에 부설로 '듀이학교'(The Dewey School)를 개설하였다. 이 실험학교에서는 종래의 교과 중심 교육과정을 부정하고 어린이에게 '행함으로써 배우는'(learning by doing) 기회를 제공하기 위하여 이른바 생활활동 중심 교육과정을 실시하였다. 이러한 교육과정에 의한 학습은 어린이의 개성이 존중되고 자발적 활동이 보장될 때 가능한 것이다.

듀이의 실험학교가 인기를 끌면서 진보주의 교육은 점차 사회적 세력을 형성하여 전국적인 교육운동으로 전개되었다. 그러나 새로운 학교들은 이념이나 경험의 교환이 없이 독자적으로 교육활동을 전개했다. 그리하여 교육개혁의 활동에 통일성을 꾀하고 일반에게 보다 많이 알리기 위하여 1919년에 '진보주의 교육협회'가 조직되었다. 이 조직은 국가적인 규모로 발전되었으며 매년 공식적인 회합을 가짐으로써 집단적 활동을 할 수 있게 되었다.

1910년에서 1920년대 말에 걸쳐 진보주의 교육은 전성기를 맞이하게 되었다. 듀이에 의해 확립된 활동주의 및 생활교육의 이론이 더욱 구체적인 방법으로 구현되었다. 그 예로서 1918년에 킬패트릭(W. Kilpatrick)에 의해 완성된 프로젝트법과 파커스트(H. Parkhurst)가 1920년에 창안한 달톤 플랜(Dalton Plan) 등이 있다.

1920년대에 미국교육계를 지배하던 진보주의 교육은, 종래의 전통적 교육을 주장하는 사람들로부터 비판을 받게 되었다. 듀이나 킬패트릭의 진보주의 교육이론 속에 정립되었던 '사회과정으로서의 교육'의 측면이 일선 교육계에서 외면되고 개인주의적인 어린이 중심주의만이 강조되어 실천되었기 때문이다. 더욱이 1929년에 시작된 미국의 경제대공황으로 말미암아 자유방임주의적 경향으로 흘러갔던 어린이 중심주의에 대하여 비판의 소리가 높아지게 되었다. 경제공황이 심각해지고 이어서 제2차 세계대전의 위기가 높아지자 교육에서 전통주의적 세력의 반격이 더욱 강해졌다.[10] 1955년에 '진보주의 교육협회'가 해산되고 1957년에 소련의 인공위성 발사로 말미암은 '스푸트니크 충격'(Sputnik Shock)에 의하여 진보주의 교육운동은 결정적으로 세력이 약화되었다. 소련의 인공위성 발사로 인하여 과학과 기술발전에서 미국 교육의 낙후성이 증명되었고, 그 원인이 진보주의 교육에 있다고 판단되었기 때문이다.

3. 교육사상가

가. 케이

1) 교육적 저서: 『어린이의 세기』

> **케이**
>
> 케이(Ellen Karolina Sophie Key, 1849~1926)는 스웨덴 출신의 여류 문필가와 교육자로서, 여성문제와 정치·사회적인 문제, 교육문제 등 다양한 분야에 걸쳐 많은 글을 남겼으며, 여학교 교사와 노동자 단체의 강사로서 오랫동안 교육활동을 했다. 케이는 형식적인 학교교육을 받지 않고 주로 가정에서 교육을 받았으며, 독서와 여행, 다양한 분야의 지식인들과의 교류를 통해 폭넓은 지식을 습득했다. 교육에 관한 그녀의 대표적인 저술로서 『어린이의 세기』가 있으며, 이 책은 20세기 교육학의 이론적 성서로 평가되고 있다.

『어린이의 세기』(*Barnets århundrade* V. 1.11)는 1900년 스웨덴에서 발간되었다. 그런데 이때는 사람들의 관심을 끌지 못했으며, 2년 후 독일에서 독일어 번역본, 『*Das Jahrhundert des Kindes*』 (Berlin: S. Fischer Verlag)가 출간됨으로써 비로소 커다란 반향을 불러일으켰다. 이 책을 계기로 케이는 국제적으로 주목받는 여류 작가로서 명성을 얻게 되었다. 이 책은 독일에서 수십만 권이 발간된 이후 유럽 여러 나라

10) 그 예로서 베글리(W. C. Bagley)를 중심으로 형성된 본질주의(Essentialism) 일파와 허친스(R. M. Hutchins)를 중심으로 하는 항존주의(Perennialism) 일파의 비판을 들 수 있다(이에 대한 보다 자세한 내용은 이 책 제4장 교육철학의 현대적 관점, "1. 20세기 전반의 교육철학" 부분을 참조할 것).

및 일본 등지에서 번역 소개되었다.[11] 이미 그 당시에 이 책은 루소의 『에밀』이나 페스탈로치, 프뢰벨 등의 저서들과 대등한 권위를 지닌 책으로 평가되었다. 무엇보다 책 제목이 새로운 시대, 즉 20세기를 대변하는 표제어로 인식됨으로써 독일 및 유럽에서 전개된 교육개혁운동의 시작을 알리는 기폭제 역할을 하게 되었다. 『어린이의 세기』는 모두 8개의 장으로 구성되어 있다. 즉, Ⅰ. 부모를 선택할 어린이의 권리, Ⅱ. 타고나지 않은 성과 여성노동, Ⅲ. 교육, Ⅳ. 가정의 상실, Ⅴ. 학교 안에서의 영혼 살인, Ⅵ. 미래의 학교, Ⅶ. 종교수업, Ⅷ. 어린이 노동과 어린이 비행 등이다. 각 장의 제목에서 알 수 있듯이, 『어린이의 세기』 안에서 어린이문제·여성문제·모성문제·가정문제·세대문제·교육문제 등 다양한 문제들이 다루어지고 있다. 그런데 이러한 문제들은 결국 교육의 문제로 귀결되는 것으로서, 케이는 『어린이의 세기』에서 그 책을 "새로운 세기에 새로운 인간의 양성을 희망하는 모든 부모들에게" 바친다고 표명하고 있다. 여기서 새로운 인간의 양성이 케이 교육학의 중심 요소임을 알 수 있다. 그런데 새로운 인간의 양성은 새로운 교육을 통해서만 실현될 수 있는 것이며, 이러한 새로운 교육이 새롭게 시작된 세기, 즉 20세기에 추구되어야만 한다는 것이다.

2) 어린이 이해

케이가 의미하는 새로운 교육, 즉 교육에 대한 새로운 관점은 무엇보다 어린이에 대한 새로운 이해로부터 출발한다. 어린이에 대한 가치평가는 이미 『어린이의 세기』라는 책의 제목 속에서 명백하게 볼 수 있다. 즉 한 세기 전체를 그녀는 어린이라는 표제 아래 놓고자 했던 것이다. 케이는 『어린이의 세기』 안에서 어린이의 고귀하고 존엄한 인격을 성인들이 숭배해야 한다고 강조하고 있으며, 더 나아가 어린이의 권리를 옹호하고 있다. 이와 같은 어린이의 신성성과 존엄성 그리고 어린이의 권리에 대한 존중

11) 우리나라에서는 최근에 발췌 번역본이 발간되었다(엘렌 케이(2009). 『어린이의 세기』. 정혜영 역. 지식을만드는지식 고전선집); 정혜영, 앞 책, 26쪽 참조.

속에서 어린이기는 새로운 성질을 획득하게 된다. 즉 어린이는 고유한 가치와 고유한 세계를 지닌 존재이며 성인과 똑같은 권리를 지닌 존재로서, 고유한 존엄성을 지닌다는 것이다. 이러한 사실은 어린이를 성인의 축소판으로 보는 기존의 어린이에 대한 관념을 뛰어 넘어서게 하는 데 커다란 역할을 했으며, 이러한 점에서 케이는 "어린이의 권리와 어린이의 삶의 대변인"으로 지칭되었다.

3) 교육이해

어린이에 대한 새로운 이해를 토대로 케이는 『어린이의 세기』 안에서 교육에 대한 새로운 관점을 제시하고 있다. 케이는 우선 어린이의 존엄성과 권리에 대한 인정으로부터 어린이의 개성을 존중하는 것을 교육의 출발점으로 보았다. 이에 따라 케이에게 교육의 목적은 각 어린이가 자유롭고 독립적인 개체로 발달하도록 하는 것이다. 이와 같이 어린이의 개체성 발달을 목적으로 하는 케이의 교육 이해로부터 교육의 본질적인 원칙, 즉 '스스로 성장하게 함'(Wachsenlassen)의 원칙이 나온다. 이는 어린이를 가능한 한 적게 직접적으로 규제하고 그 대신에 어린이가 스스로 발달할 수 있는 친화적인 환경을 조성하는 것을 의미한다. 즉 "조용히 그리고 천천히 자연이 스스로 돕도록 하고, 단지 주위 상황이 자연의 활동을 지원하도록 살펴보는 일"을 의미한다.[12] 이러한 교육의 원칙을 케이는 교육 기술의 알파요 오메가로 보았다. 여기서 스스로 성장하게 두는 교육은 극단적인 의미에서 무관심하게 방임하거나 교육을 부정하는 것을 의미하지 않으며, 오히려 의식적인 영향 아래 책임 있게 수행하는 교육학적 행위를 의미하는 것이다.

4) 새로운 학교 제안

케이는 어린이와 교육에 대한 새로운 이해로부터 더 나아가 그것의 실천적 제안으로서 새로운 학교에 대한 비전을 제시하고 있다. 케이는 새로운

---

12) 엘렌 케이(2009). 『어린이의 세기』. 정혜영 역. 지식을만드는지식 고전선집. 25-26쪽.

학교를 제안함에 앞서 기존 학교를 비판했다. 즉 기존 학교를 우둔함과 선입견, 과실로 가득 찬 곳, 한마디로 말해서 "어린이의 영혼을 말살시키는 곳"으로 보았다. 케이는 특히 기존의 학교가 어린이들을 성별로 구분하여 교육한다는 점과 어린이들의 서로 다른 소질과 재능을 고려하지 않고 수업재료들을 획일적으로 제시하는 점, 그리고 교과가 분열되어 있고 시간표에 따라 학습을 나누어 실시하는 것 등을 문제점으로 보았다.

이러한 비판들을 전제로 하여 케이는 새로운 학교 모델을 제시했다. 케이는 학교는 단지 하나의 목적, 즉 각 개인에게 스스로 발달할 수 있는 기회를 가능한 많이 제공하는 것을 목적으로 해야 한다고 보았으며, 이를 위해 자기-공부 중심의 학교 체제로 교체될 것을 주장했다. 결국 케이가 꿈꾸는 이상적인 학교 모델은 가정과 같은 곳으로서 그녀는 미래 학교 모델로서 유치원이나 유아학교 대신에 가정학교를 제안했으며, 가정학교 이후에 이어지는 학교로서는 '통합학교'(Gesamtschule)를 제안했다. 그 안에서 모든 소년들과 소녀들 그리고 모든 사회 계층의 서로 다른 소질을 지닌 어린이들이 함께 공부하며, 독립적으로 배우고 실천적으로 작업할 수 있다는 것이다.

케이는 학교가 학생의 개체성 형성에 기여하기 위해 보다 구체적으로 학급당 학생 수가 12명으로 축소될 것과 시험제도 및 성적표제도의 폐지를 제안했다. 근본적으로 케이는 새로운 학교를 구성하는 초석으로서 특별한 개인적 소질이 존재하는 곳에서 조기 전문화가 이루어질 것과 어떤 시점에 어떤 과목들에 대한 집중화가 가능할 것, 그리고 전 학교 시기 동안에 독립적인 활동이 가능할 것과 모든 학교 단계에서 현실과의 긴밀한 접촉이 가능할 것 등을 제시했다.[13)]

13) 같은 책, 99쪽.

5) 교육사적 의미

『어린이의 세기』 안에서 케이가 제시한 어린이와 교육에 대한 새로운 이해 및 새로운 학교 제안은 교육사적으로 어떤 의미를 지니는가?

이상과 같은 케이의 교육적 제안은 너무 낭만적이고 이상적이라는 비판을 받기도 하지만, 케이가 제시한 교육적 요구들 가운데 상당수가 그 당시는 물론 오늘날에도 여전히 교육학적으로 보편타당한 것으로 받아들여지고 있을 뿐만 아니라 부분적으로는 실천에 옮겨지기도 했다는 점을 부인할 수 없을 것이다. 더욱이 오늘날 우리의 학교 현실이 케이가 그 당시 학교에 대해 가한 비판을 피하기가 어려운 상황이라는 점을 감안할 때, 그녀가 제시한 미래교육에 대한 제안은 우리 교육의 미래를 구상하기 위해서도 여전히 시사하는 바가 크다고 볼 수 있겠다.

나. 듀이

1) 교육사상의 기초

> **듀이**
>
> 듀이(J. Dewey, 1859~1952)는 20세기 미국을 대표하는 실용주의 철학자이며 진보주의 교육운동에 사상과 이론을 제공한 교육사상가이다. 그는 매우 체계적이고 포괄적인 교육이론을 전개하였으며, 1896년에 '듀이학교'라는 실험학교를 설립하여 자신의 교육이론을 실천에 옮겼다. 현대 교육학은 바로 그의 교육론의 보완과 대안과 비판의 전개라고 말할 정도로 교육학계에 끼친 그의 영향력은 대단하다고 볼 수 있다.

듀이의 교육사상은 실용주의(Pragmatism) 철학에 바탕을 두고 있다. 실용주의는 미국 사회의 자유주의 풍토에서 싹이 트고 미국이라는 문화 속에서 성장 발달하여 미국 대륙에 깊게 뿌리박은 미국 고유의 철학이다. 실용주의 철학은 퍼스(C. S. Peirce)에 의해 창시되고 제임스(W. James)에 의해 구체적으로 탐구되었으며, 듀이에 의해 철학적 체계화가 이루어져 광범위한 영향을 미치게 되었다.

듀이는 헤겔 철학의 영향으로 자신의 철학적 반성을 시작하였다. 듀이에 의하면 철학의 역할은 세계를 알 수 있는 방법을 찾아내는 일이 아니고, 세계를 통제하고 개선할 방법을 찾는 일이다. 그래서 철학의 문제는 말이나 관념에 대한 이론이나 논쟁이 아니라 실제 사람이 일상생활을 하는 데서 일어나는 실질적인 문제를 해결하는 일이다. 이러한 문제들을 해결하기 위해서는 실험적으로 접근이 되어야 한다. 그래서 이전의 전통적인 철학들이 진리가 선험적으로 존재한다는 선험주의와 진리가 인간경험과 독립적으로 존재한다는 진리의 독립성에 의존하고 있는 반면에, 실용주의는 진리란 인간의 경험으로부터 나오는 실험적인 것이고 가설적인 것이라고 주장한다. 실용주의 철학에서는 고정되어 있는 것, 영원한 것은 없으며 모든 사물은 끊임없이 유동적이며 변화한다고 생각한다. 따라서 영원하고 절대적인 진리를 규정한다는 것은 불가능할 뿐만 아니라 무익하다고 본다. 이러한 관점에서 듀이는 교육의 궁극적인 목적은 실현될 수 없다고 주장하였다. 교육은 '경험의 끊임없는 재구성'인 것으로서, 여기서 목적과 과정은 동일시된다. 교육의 과정은 계속적인 적응인 것이다.

2) 교육이론의 기본 원리

듀이의 교육사상은 그의 철학과 밀접한 관계에 있다. 그는 '철학하는 것'과 '교육하는 것'을 분리시키지 않았다. 그는 교육을 행동하는 철학으로 규정지었다. 철학은 바람직한 사회적 가치를 제시해 주고 교육은 사회적 가치를 촉진시켜 준다고 보기 때문이다. 듀이가 철학의 과제를 철학자들의 문제가 아니라, 일상생활을 영위하는 사람의 경험에서 찾았듯이, 교육에 관한 그의 저서도 그의 교육 실제상의 논의·면담·교사·교과과정·학부모·동료들과의 교섭과 접촉으로부터 탄생한 것이다.[14)]

듀이는 거의 한 세기를 살면서 40권의 저서와 700편이 넘는 논문을 발표하였다. 그의 대표적인 교육학 저서로는 『학교와 사회(*The School and Society*)』, 『민주주의와 교육(*Democracy and Education*)』, 『경험과 교육

14) 한국철학회·한국교육학회·한국 존 듀우이 연구회(1982). 『존 듀우이와 프라그마티즘』. 삼일당. 머리말 참조.

(*Experience and Education*)』 등을 들 수 있다. 이들 저서에 나타난 듀이 교육이론의 공통된 기본 원리를 요약하면 다음과 같다.[15)]

경험의 원리 : 이 원리는 듀이 교육이론 전체를 꿰뚫고 있는 것으로서 듀이 교육사상을 가장 특징적으로 나타내는 원리이다. 듀이는 모든 인간적 삶의 영위를 '경험'으로 이해하려 하였으며, 이러한 입장은 교육에서도 그대로 나타난다. 즉 듀이는 교육을 "경험 안에서 경험에 의하여, 경험을 위하여 이루어지는" 과정으로 보았다.

성장의 원리 : 교육은 경험과 결합되지만 경험 그 자체가 반드시 교육적인 것은 아니다. 경험은 성장의 원리에 의해서 교육적 의의가 확증된다. 듀이는 성장을 가능하게 하는 조건으로 '미성숙성'(immaturity)과 '가소성'(plasticity)을 들고 있다. 미성숙성은 어린이의 무력감이나 결핍을 나타내기보다 내부로부터의 적극적인 능력과 발전의 능력을 내포한 가능성을 나타낸다. 가소성은 환경의 요구조건에 맞게 여러 가지 방법으로 융통성 있게 대처하는 능력으로서, 경험을 통하여 학습하는 능력을 말한다. 결국 성장의 원리는 미성숙성과 가소성에 근거를 두면서, 어린이의 내부로부터 나오는 성장하려는 힘을 억압하지 않고 자유롭게 활동하도록 하는 원리인 것이다.

지성의 원리 : 이 원리는 인간성의 요소를 '충동', '습관', '지성'으로 파악하는 듀이의 인간이해에 근거한 원리이다. 듀이에 의하면 인간은 자신의 신체적 욕구와 생명의 보존을 위하여 대상이나 환경에 맞추어 가려는 본질적 경향이 있으며, 이때 그 목적 달성을 위한 수단과 방법을 숙고하는 것이 지성이다. 지성은 경험을 개조하는 과정, 즉 인간의 경험활동과 결과와의 관계를 발견하고 경험이 보다 나은 미래를 지향하도록 목적성을 부여하는 기능을 한다. 듀이의 교육이론은 인간의 지성에 대한 이러한 확고한 믿음을 바탕으로 성립된 것이다.

---

15) 정세화(1984). "듀이". 『현대교육고전의 이해』. 안인희 편. 이화여자대학교 출판부. 17-21쪽 참조.

탐구의 원리 : 듀이의 사상체계 전반은 경험적 탐구의 과정을 핵심으로 하여 성립된다. 탐구의 결론보다 결론에 이르게 되는 과정, 즉 탐구의 방법이 중요하다는 듀이의 철학적 입장은 교육론에서 교육목적보다 그 목적에 이르게 되는 탐구의 과정을 중요시하는 결과를 낳았다. 듀이에게 교육의 과정은 그 자체를 초월한 어떠한 목적을 지니지 않으며 그 자체가 목적이다. 그리고 교육의 과정은 계속적인 재조직·재구성·변형의 과정이다. 그리하여 듀이는 교육의 과정을 중요시하는 아동 중심 교육사상을 제시한 것이다.

3) 교육사적 의미

듀이의 사상은 고대 그리스의 철학자 플라톤의 사상에 비견될 정도로 높이 평가되고 있다. 그는 매우 포괄적·체계적인 교육이론을 제시함으로써 고전적인 의미에서 마지막 위대한 교육사상가로 불리고 있다. 그는 민주적 교육원리를 매우 설득력 있게 전개함으로써 이론적 수준에서 현대교육의 지도적 역할을 했다고 볼 수 있지만, 실천적인 면에서는 그의 이론이 그가 원하는 만큼 이론답게, 즉 교육실천을 인도할 만큼 적용되지는 못한 것으로 평가된다.[16] 현재 그의 사상은 이전보다 퇴색된 느낌이 들지만, 미국을 대표하는 세계적인 교육사상가로서의 그의 위치는 여전히 확고하다고 볼 수 있다.

다. 슈타이너

1) 인지학적 인간이해

슈타이너는 교육은 무엇보다도 인간학, 즉 인간에 대한 올바른 인식에 기초를 두어야 하며, 인간에 대한 올바른 인식을 위해서는 무엇보다도 인간본성의 겉 표면 밑에 숨겨져 있는 본성이 드러내어져야만 한다고 보았다.[17] 슈타이너는 이러한 인간본성의 본질을 드러내기 위한 것으로서 자

16) 한국철학회·한국교육학회·한국 존 듀우이 연구회, 앞 책, 122-123쪽.

> **슈타이너**
>
> 루돌프 슈타이너(R. Steiner, 1861~1925)는 독특한 사상인 '인지학'(人智學, Anthroposophie)을 정립하고, 인지학적 인간이해에 기초하여 자신의 교육론을 전개하였다. 그는 1919년에 발도르프 아스토리아 담배공장 사장인 몰트의 제의로 '자유 발도르프 학교'를 설립하였다. 발도르프 학교는 1970년대부터 급증하기 시작하여, 현재 세계적으로 성장 발달하고 있는 대표적인 대안적 학교모델로서 그 의미가 새롭게 부각되고 있다.

신의 독특한 사상인 '인지학'(人智學, Anthroposophie)을 제시하였다.

슈타이너는 자신의 인지학적 인간론에 근거하여 인간을 육체, 영혼, 정신을 지닌 존재로 보았다. 또한 이러한 통합적 인간이해에서 슈타이너는 종래의 발달심리학이 외적인 양상들의 변화에만 관심을 지님으로써 인간의 내적인 발달과 변화가 파악되지 않은 채 남겨져 있다고 보고 인지학적 발달심리학을 제시하였다. 인지학적 심리학에 의하면 인간의 발달은 7년을 주기로 하는 세 단계로 구분된다. 슈타이너는 탄생에서부터 7세까지, 7세부터 14세까지, 그 이후로부터 성인이 될 때까지의 3단계에 따라 각각 특수한 교육과제와 내용 그리고 방법들을 제시하였다.[18)]

2) 예술로서의 교육 이해

슈타이너는 교육을 하나의 '예술'(Kunst)로 보았다. 여기서 교육을 예술로 본다는 말은 단지 음악적·미적 교육을 강조한다는 의미가 아니며, 교육 그 자체가 하나의 예술이라는 의미이다. 교육예술에서는 경험적으로나 사변적으로 얻어진 기본 법칙을 교육현상에 적용하는 것이 중요하지 않으며, 일회적이고 반복할 수 없는 상황 속에서 교육자와 학생이 생동적으로 협력함으로써 매번 새롭게 창조적으로 형성되는 것이 중요하다. 이것은 교육자와 학생의 개체성과 삶의 특수성에 대한 이해를 전제로 한다. 따라서 교육예술가로서

---

17) R. Steiner(1984). *Die Erziehung des Kindes vom Gesichtspunkte der Geisteswissenschaft*. Dornach/Schweiz. p. 8.

18) 로이 윌킨슨(1997). 『루돌프 슈타이너의 교육론』. 고려대 교육사 철학연구회 역. 내일을 여는 책. 61-73쪽 ; 정혜영(1997). "발도르프 학교교육의 사상적 이론적 기초 : 슈타이너의 인지학적 교육론". 『교육학연구』. 제35권 제1호. 한국교육학회. 9-12쪽 참조.

교사는 인간 하나하나의 본질과 발달 단계에 대한 지식을 지녀야 한다. 하나의 특정한 연령 단계에서 인간본질의 어떤 부분에 영향을 주어야 하며, 어떻게 그러한 영향이 사실에 적합하게 일어나는가를 알고 있어야만 한다.

3) 발도르프학교

학교조직 : 발도르프학교는 처음부터 사회적 출신이나 경제적 능력과는 상관없이 모든 어린이들이 다닐 수 있는 12년간의 초등학교와 중등학교를 포괄하는 '통합학교'(Einheitsschule)의 형태로 설립되었다. 슈타이너 자신이 직접 명명한 "통합학교"라는 표현은 사회적 출신, 성별, 무엇보다도 타고난 소질에 따라서도 구분되지 않는다는 것을 의미한다. 따라서 발도르프학교에서는 다양한 계층과 다양한 성취 가능성을 지닌 남녀 학생들이 연령공동체로서 유지되는 학급 내에서 12년간을 함께 배우게 된다. 발도르프학교에서는 학생들을 일정한 기준에 따라 분류하는 어떠한 형태의 선별도 없다. 지적 능력에 따라 신입생을 선발하는 일, 학생들의 성취를 시험을 통하여 점수나 등급으로 환산하는 일, 성적 우수자를 월반시키는 일, 지진아를 낙제시키는 일이 없다. 교육은 어린이의 성장과 발달을 촉진시키고 양성하는 것이지 선별이 아니라고 보기 때문이다.

교육과정 및 수업운영 : 발도르프 학교의 교육과정은 비교적 통일되어 있고 상세하게 구조화되어 있다. 이것은 발도르프 학교의 교육과정이 7년을 주기로 하는 슈타이너의 인지학적 인간발달론에 근거하여 연령에 따른 어린이의 발달조건에 따라 수업과 교육의 특수한 과업들이 제시되기 때문이다. 발도르프 학교의 교육과정은 취학전 유치원 교육을 제외한다면 크게 두 개의 연령집단에 따라 나누어진다. 즉 한 사람의 담임교사에 의해 포괄되는 1~8학년까지의 교육과 여러 전문 분야의 교사에 의해 다양한 과목이 가르쳐지는 9~12, 13학년까지의 두 단계로 내적 세분화가 이루어진다.

발도르프 학교는 여러 가지 독창적인 수업방식들을 채택하고 있다. 전학년 동안 3~4주간을 단위로 매일 아침 첫 두 시간에 일정한 교과를 집중적으로 지도하는 '에포크수업'(Epochenunterricht), 학문과 예술 및 신체교육이 조화롭게 통합된 교수계획, 1학년에서 8학년까지를 한 담임교사가 맡는 지도방식, 담임교사가 담당하는 기본 교과와 전문교사가 담당하는 전문교과의 분리, 놀이와 노래, 연극 등의 방법을 사용하여 어린이들이 외국어에 대한 살아있는 감각을 익히도록 하는 조기 외국어 수업, 다양한 수공예수업, 회화, 소묘, 조소, 노래와 악기연주, 오이뤼트미(Eurythmie),[19] 체조, 시낭송 등의 다양한 형태의 예술 수업 등이 특징적이다.

교사 : 발도르프 학교는 관료주의적인 학교행정의 제한을 받지 않고 교사들이 독립적으로 자유로이 참여하는 동료 간의 자치적인 운영체제이다. 학교운영은 매 주마다 모든 교사들이 동등한 권리를 가지고 참여하는 교사들의 독립적인 자치단체인 교사협의회를 통하여 이루어진다. 여기서 교육적인 문제와 학교 구성상의 모든 문제를 포괄하는 중요한 결정이 이루어진다. 제기된 문제들은 다수결 투표를 통해서가 아니라 협의를 거쳐 일치된 결정으로 이끌어 간다. 동등한 권리를 가진 교사들의 공동협력이 중요하기 때문이다. 이러한 연관에서 발도르프 학교에서는 교장·교감 등 상하계층적 구별이 없으며, 발도르프 학교 교사들은 자유의 원칙에 의하여 철저하게 자신의 교육적 소신에 따라 교육행위를 하는 특권을 누릴 수 있게 된다.

학교건물 : 발도르프 학교 건물은 근본적으로 슈타이너의 건축에 대한 인간학적 통찰, 즉 건물의 인간형성 기능을 근거로 하여 설립되었으며 매우 예술적인 건축형태를 띠고 있다. 통합적인 의미에서 예술적인 학교환경을 마련하는 것을 중요시하기 때문이다. 발도르프 학교 건물은 예술적이면서 교육적으로 유용성 있는 건물이라는 점에서 공통점을 지니고 있다. 따라서 건물을 짓는 데는 무엇보다도 건축가와 교육자 사이의 협력이 절대적으로

19) 오이뤼트미는 슈타이너에 의해서 창조된 몸을 움직이는 놀이 수업으로서 발도르프 학교의 독특한 예술교과이다. 오이뤼트미 수업은 음악이나 언어에 따라 신체의 움직임을 예술적으로 형상화하도록 함으로써 특별한 교육적 의미를 지니게 된다. 오이뤼트미는 발도르프 학교에서 12학년까지 배우게 된다.

필요하게 된다. 발도르프 학교 건물에는 전형이 없다. 세계 각지의 발도르프 학교 건물은 각각의 상황 속에서 서로 다른 모습의 개성 있는 건물로 설립되었다.

4) 교육사적 의미

1919년에 슈타이너가 슈투트가르트에 처음 설립한 발도르프 학교는 그동안 여러 가지 개혁적인 교육을 실천해 왔으며, 이러한 실천은 공립학교에 자극을 제공함으로써 공립학교제도 속에서도 발도르프 학교의 새로운 것들, 예컨대 에포크수업·음악교육·수공예 수업 등이 고려되고 시도되었다. 발도르프 학교는 인간학을 토대로 한 학교교육의 가능성을 실천적으로 보여준 대표적인 학교모델로서의 의미를 지닌다. 발도르프 학교 교육이 전제로 하고 있는 슈타이너의 인지학 및 교육실제에 대해서 여전히 논란점이 많이 있지만, 그 실천이 많은 사람에 의해 타당한 것으로 인정되고 있으며, 더욱이 교사 개개인의 실제적인 경험을 통해 그 타당성이 확보될 수 있다는 점에서 발도르프 학교 교육은 앞으로 교육의 내용과 방법의 다양화에 기여할 수 있을 것으로 기대된다.

라. 몬테소리

1) 어린이 이해

몬테소리 교육관의 중심은 아동관으로서 몬테소리 교육은 어린이를 존중하고 어린이의 작업을 중요하게 생각하는 사상에 근원을 두고 있다. 몬테소리는 '어린이의 집'에서 어린이들에 대한 관찰과 경험을 통해 어린이를 무한한 잠재능력이 있는 존재로 보았으며, 어린이 스스로 자신의 잠재능력을 전개해 나간다고 보았다. 그래서 참다운 교육은 어린이가 지닌 내재적인 생명력을 존중하지 않으면 이루어질 수 없다는 것이 몬테소리 교육사상의 핵심을 이루게 되었다.

> **몬테소리**
>
> 몬테소리(M. Montessori, 1870~1952)는 이탈리아에서 최초로 의학 박사학위를 취득한 여의사이다. 정신장애아들의 치료에서 교육적 방법의 중요성을 인식하고 교육학 연구에 관심을 갖게 되었다. 1907년에 '어린이의 집'(Casa dei Bambini)이라는 유아시설을 운영하면서 자신의 독특한 교육원리와 실천방법을 제시하였다. 특히 몬테소리는 유아용 놀이 도구와 아동용 교구개발을 통하여 자신의 독자적인 교육 방법을 발전시켰다.

이러한 몬테소리의 아동관에는 가톨릭적 인간관이 내재되어 있다. 즉 신이 만든 절대적인 진리와 문화가 존재하며, 신에 의해서 창조된 인간(어린이)이 그것을 인정하고 습득해야 한다는 것이다. 이렇게 볼 때 어린이의 자기활동이 존중된다고 해도 그것은 예정된 일정한 통로 속에서만 가능한 것이 된다. 더욱이 이 통로는 절대적인 것으로서 수정될 수 없는 것이기 때문에 몬테소리가 발견한 새로운 어린이에게는 제한된 범위 안에서만 자유가 허용되는 것이다. 따라서 몬테소리의 어린이 이해는 현대 교육이론에 기초한 어린이 이해와는 거리가 있다고 볼 수 있다.[20)]

2) 교육적 원리 : 자기활동의 원리

몬테소리는 교육의 중심은 어린이의 자발적인 자기활동에 있다고 주장한다. 이것은 몬테소리의 발달관에서 제시된 '민감기', '집중현상', '정상화'의 발달적 특징이다. 몬테소리는 어린이의 지적 흡수력이 왕성한 시기를 '민감기'라고 보았으며, 발달 단계에 따라 질서에 대한 민감기, 감각에 대한 민감기, 언어에 대한 민감기 등을 제시하였다. 교육의 과제는 발달 단계마다 특성 있는 민감기가 나타나면, 그 특성에 잘 맞도록 환경을 정비하고 충분히 만족될 때까지 활동을 계속할 수 있도록 해주는 것이다. 아동은 민감기에 맞는 최적의 작업을 할 경우, 즉 내적 흥미에 합치된 환경을 제공하면 그 외적 사물에 강한 '집중현상'을 나타낸다. 따라서 자기활동을 유발하는 데에는 최적의 시기에 최적의 환경을 제공하는 것이 중요하다.

---

20) 이상금(1984). "몬테소리". 『현대교육고전의 이해』. 안인희 편. 이화여자대학교 출판부. 123쪽.

정비된 환경 속에서 자유롭게 활동을 할 때 어린이 본연의 상태, 즉 '정상화'된 어린이의 상태를 찾을 수 있다.

어린이의 정상화에 이르기 위한 환경조성의 방법으로서 몬테소리는 특별한 교구를 통한 감각교육을 강조하였다. 감각교육이란 감각훈련을 목적으로 한 특별한 교구를 사용해서 감각기능의 식별능력을 발달시키는 것을 특징으로 한다. 교구는 어린이의 민감기에 따라 가장 적절한 교재가 될 수 있도록 다양하고 세부적인 단계로 구분하여 준비된다. 모든 훈련 과정은 자기활동에 의한 자발적인 학습방법으로서 어린이가 쉽게 배울 수 있도록 배열되어 있다.

3) 교육사적 의미

미국에서 몬테소리 운동은 파아커스트(H. Parkhurst)에 의해서 전개되었으나, 1920년대 이후 몬테소리 운동이 급속도로 쇠퇴하였다. 반면에 유럽에서는 아직도 몬테소리 교육이 발전을 계속하고 있다. 몬테소리 운동은 특히 독일과 네덜란드에서 강하게 일어났으며, 몬테소리의 교육이념은 학령전 교육으로부터 초등학교, 더 나아가 중등학교까지 확산되었다. 현재 독일에는 80여 개의 몬테소리 유치원과 어린이집이 있고 130여 개의 몬테소리 학교가 있다. 네덜란드에는 165개의 몬테소리 학교가 있는데, 그 중에서 13개는 중등학교이며 나머지는 4~12세 어린이를 위한 기초학교이다.[21]

몬테소리 운동은 협회조직을 통해 전개되고 있다. 1929년에 국제 몬테소리협회가 창립되었고 그 본부는 현재 네덜란드의 암스테르담에 있다. 몬테소리 교육에 대해서 정신장애아 교육을 위해 탐구된 방법이 정상 어린이에게도 적합한가에 대한 비판이 있다. 또한 몬테소리 교구가 정해진 목적과 정해진 방법에 따라서만 사용되어야 한다고 볼 때, 이것이 몬테소리

21) T. F. Klassen/E. Skiera(Hrsg.)(1993). *Handbuch der reformpädagogischen und alternativen Schulen in Europa*. Hohengehren. p. 13.

가 중시하는 자발성의 원리에 의한 교육목적을 달성하는 데 적합한 방법인가에 대해서도 논란이 있다.

마. 니일

1) 어린이 이해

> **니일**
>
> 니일(A. S. Neill, 1883~1973)은 스코틀랜드의 엄격한 청교도 교육자 가정에서 태어났다. 어려서부터 권위주의적이고 엄격한 교육의 피해를 많이 보았던 그는 당시의 권위주의적인 교육에 반대하여 자유로운 반권위 교육을 주창했다. 그의 자유로운 반권위 교육사상은 '섬머힐 학교'(Summerhill School)에서 실천에 옮겨졌다. 니일은 20세기의 진보적인 사상가들 중에서도 가장 급진적인 교육사상가이자 교육개혁가로 평가되고 있다.

니일 사상의 기초이며 출발점은 "어린이는 결코 악하지 않고 선한 존재"라고 하는 어린이의 선성(善性)과 생래적 발전 가능성에 대한 확고한 신념이다. 니일은 어린이는 태어날 때부터 본성적으로 슬기롭고 실제적이며 성실성을 가지고 태어난다고 보았다. 이것은 니일이 실험학교 섬머힐에서 어린이들과 함께 기거하고 생활하면서, 아무런 억압이나 간섭이 없는 자유로운 상태 속에 그들을 놓아두고 그들이 어떻게 행동하며 생활하는가를 관찰함으로써 알아낸 결과, 최종적인 확신으로 굳어진 것이다.[22]

니일이 말하는 선악은 현사회의 도덕적인 가치기준에 비추어서 판단된 선악을 의미하는 것이 아니라, 사람이 본래 가지고 태어난 본성은 신이 주신 것으로 나쁜 것이 아니라고 보는 의미이다. 따라서 어른이 간섭하지 않고 맡겨 둔다면 어린이는 최대로 발전할 수 있다는 것이다.

2) 교육의 기본 원리 : 자유

니일은 한마디로 철저한 자유주의자였다. 이와 연결하여 니일 교육사상

---

22) A. S. Neill(1992). 『행복한 학교-서머힐』. 김은산 역. 양서원. 20-21쪽.

의 가장 기본적인 원리는 자유이다. 그는 어린이들에게 철저하게 자유를 부여하는 교육이야말로 증오와 공포에 가득 찬 오늘날의 병든 세계를 구하는 유일한 길이라고 보았다.

니일은 자유를 다른 사람의 자유를 침해하지 않는 범위 내에서 자기가 하고 싶은 일을 하는 것이라고 정의 내렸다. 그는 이러한 자유가 방종과는 다른 것으로서 진정한 자유는 상호적이고 자기통제를 의미한다고 보았다. 여기서 자기통제는 다른 사람들의 일을 생각하는 능력, 다른 사람들의 권리를 존중하는 능력을 뜻한다. 그래서 자유란 어린이가 하고 싶은 어떤 일이라도 할 수 있다는 것을 의미하거나, 가지고 싶은 어떤 것도 가질 수 있다는 것을 의미하는 것이 아니다. 참다운 자유 속에서 자라난 어린이는 자유의지에 의해 자신의 행동을 잘 통제할 줄 아는 자율적 어린이가 된다는 것이다. 일체의 부자연스러운 억압이 배제되고 인간에게 자유가 주어졌을 때, 인간은 태어나면서부터 갖고 있는 선량한 자연성을 되찾게 되며, 스스로의 의지에 따라 행동할 수 있는 자율적 인물인 진정한 자유인이 된다는 것이다.[23]

3) 섬머힐 학교

이상과 같은 어린이 이해와 교육 이해를 바탕으로 니일은 1921년에 실험학교를 설립하였다. 이 학교는 "어린이를 학교에 맞추는 대신 아이들에게 맞추는 학교"로서 완전한 자유의 원칙에 입각하여 운영되었다.[24] 섬머힐 학교는 자유가 기본 방침이기는 하지만 무제한적이고 무조건적인 것은 아니다. 학생과 교직원으로 구성된 학교총회에서 자치적으로 몇 가지 규칙들을 정하게 된다. 이 경우에 위험방지를 위한 것과 남의 자유를 방해하지 않기 위한 최소한의 제약이 있게 된다. 따라서 섬머힐 학교에서는 남에게 방해가 되지 않는 한 자기가 하고 싶은 일을 마음대로 하고, 학과수업에 출석하지 않아도 제재를 받는 일이 없다. 즉 학생들에게 공부할 자유뿐만

---

23) 김은산(1984). "니일". 『현대교육고전의 이해』. 안인희 편. 이화여자대학교 출판부. 188쪽.
24) A. S. Neill, 앞 책, 20쪽.

아니라 공부 안 할 자유까지도 인정함으로써 철저한 학습의 자유를 보장하고 있는 것이다. 예컨대 수업에 들어가는 것은 본인의 마음대로이다. 시간표가 있지만 그것은 교사들을 위한 것일 뿐이다. 또 교사가 일체의 명령과 훈련, 지시, 도덕훈련을 시키지 않으며, 어떠한 종교교육도 시키지 않는다. 니일은 어린이가 명령이나 지시·감독·설교·꾸지람·벌 등으로 억압받지 않고 스스로의 민주적인 자치생활을 통해서만 견제받는 자유로운 생활을 할 경우에, 선량하고 자율적이며 창의적이고 공부도 잘하는 어린이로 자라나는 것을 섬머힐 학교에서 실제로 보았던 것이다.

니일은 사망하기 1년 전에 출간한 자서전에서 “자유는 하나의 새로운 세계관이며, 이 광적인 세계에 있어서 하나의 위대한 희망”이라고 갈파했다.[25] 이러한 사상의 결정체가 바로 니일의 실천운동인 섬머힐 학교인 것이다.

4) 교육사적 의미

니일의 사상은 다른 진보적 사상가들에게서 찾아볼 수 없는 독특하고 혁명적인 것이었다. 따라서 학자들 사이에 격렬한 논쟁을 불러일으켰고, 일반 부모들에게도 강한 충격을 주었다. 니일은 공교육이라는 너울을 쓴 교육이 인간성과 자유를 억압하고 인간을 무력감과 증오심으로 채우고 있으며, 그리하여 병든 세계는 병든 교육을 낳고 또 병든 교육은 다시 더욱 혹심한 병든 세계를 낳는 악순환을 되풀이하고 있다고 보았다. 니일은 이 악순환의 고리를 어린이의 자유를 최대한 존중하는 교육에서 끊고자 하였으며, 그 스스로 철저하게 어린이의 자유에 근거한 교육을 실시하는 섬머힐 학교를 설립·운영하였던 것이다. 여기서 공교육이념에 도전하는 어린이해방 교육실천가로서의 니일의 교사상을 보게 된다.

---

25) 김은산, 앞 글, 189쪽.

새겨보기

이 장에서는 유럽의 산업화 시대에서 20세기 초 유럽과 미국에서의 교육개혁운동을 살펴보았다. 신인본주의 시대 이후 유럽에서는 산업혁명에 의한 산업화가 급속도로 진행되면서 인간의 내면보다는 외부의 생활조건을 변화시키는 자연과학 및 산업기술에 대한 관심이 고조되었다. 그에 따라 교육에 대한 이해는 물론 교육제도와 교육내용이 사회현실을 반영하여 실용적으로 전환되었다. 그 과정에서 인간은 자기 자신으로부터 소외되고 기계적인 직업생활에 얽매임으로써 삶과 미래에 대한 불안을 지니게 되었다.

이러한 시대 성찰적 분위기는 교육에도 영향을 주어 인간의 자발성과 삶의 역동성에 근거하는 어린이와 청소년 교육운동이 전개되었다. 20세기 전반 유럽과 미국에서는 19세기에 이룩된 근대교육의 토대 위에서 교육의 실질적인 민주화와 인간화를 위한 교육개혁운동이 일어난 것이다. 전통교육에 대한 비판적 대안으로 '어린이로부터의 교육'이라는 새로운 교육모델이 제시되었으며, 독일에서는 '개혁교육학운동'의 흐름 아래, 미국에서는 '진보주의 교육운동'의 흐름 아래 다양한 교육운동이 전개되었다.

점점 더 기술문명에 의존하고 디지털 기술에 의해 변화하는 사회·문화 여건에서 현대교육은 더욱 인간성을 존중하고 공동체 의식을 강조되는 방향으로 나아가야 할 것이다.

| 참고문헌 |

강대석(1991). 『새로운 역사철학』. 한길사.

강선보(1992). 『마르틴 부버의 만남의 교육』. 양서원.

高橋濱吉(1927). 『朝鮮敎育史考』. 帝國地方行政學會 朝鮮本部.

고려도경

고려사

고려사절요

高明士(1995). 『한국교육사 연구』. 오부윤 역. 대명출판사.

고프, 자크 르(1999). 『중세의 지식인들』. 최애리 역. 동문선.

곽노의(1990). 『프뢰벨의 유아교육이론』. 학민사.

곽노의(1996). 『프뢰벨 - 생애와 교육』. 양서원.

곽우록

구당서

김귀성·노상우(2001). 『현대교육사상』. 학지사.

김명신(1996). "토마스 아퀴나스". 『위대한 교육사상가들 I』. 연세대학교 교육철학연구회 편. 교육과학사. 245-272쪽.

김선양(1984). 『교육사. 배영사.

김영숙(1983). "토마스 아퀴나스". 『교육고전의 이해』. 안인희 편. 이화여자대학교 출판부. 90-120쪽.

김운태(1986). 『일본제국주의의 한국 통치』. 박영사.

김은산(1984). "니일". 『현대교육고전의 이해』. 안인희 편. 이화여자대학교 출판부. 181-209쪽.

김인회(1983). “한국교육에 있어서 방법론 수용의 제문제”. 『한국교육철학의 방법론적 반성』. 한국교육학회 교육철학연구회 연차학술발표회. 51-67쪽.

김인회(1985). 『교육사 교육철학 강의』. 문음사.

김인회(1993). 『한국교육의 역사와 문제』. 문음사.

김정환(1975). 『페스탈로치의 교육사상』. 고려대학교출판부.

김정환·강선보(1988). 『교육철학』. 박영사.

김창환(1996). “아우구스티누스”. 『위대한 교육사상가들 I』. 연세대학교 교육철학연구회 편. 교육과학사. 211-244쪽.

김창환(1997). “코메니우스의 유아교육사상 연구”. 『유아교육연구』. 제17권 제2호. 5-26쪽.

김형석(1992). 『윤리학』. 철학과 현실사.

노상우(1998). 『교육의 역사와 사상』. 교육과학사.

니일, A. S.(1992). 『행복한 학교 - 서머힐』. 김은산 역. 양서원.

닐러, G. F.(1976). 『교육의 철학적 기초』. 정건영 역. 교육출판사.

단너, 헬무트(2004). 『독일교육학의 이해. 정신과학적 교육학의 방법론』. 조상식 역. 문음사.

동사강목

듀이, J.(1992). 『민주주의와 교육』. 이홍우 역. 교육과학사.

딥, 노먼 A..(1987). 『교육철학』. 김용권 편역. 법문사.

레블레, A.(2002). 『서양교육사』. 정영근 외 옮김. 문음사.

마이어, 아돌프 E.(1984). 『20세기 교육의 사조』. 최정웅 역. 이문출판사.

목민심서

몬로, P.(1995). 『교육사개설』. 조종인 역. 교육과학사.

무릉잡고

민석홍(1998). 『서양사개론』. 삼영사.

박봉목(1983). 『교육과 철학』. 문음사.

박선목(1994). 『윤리학과 현대사회』. 학문사.

박의수 외 공저(1999). 『교육의 역사와 철학』. 동문사.

박철홍(1994). “경험 개념의 재이해 - 듀이의 연구에 대한 반성과 교육학적 과제”. 강영혜 외 지음. 『현대사회와 교육의 이해』. 교육과학사.

보이드, W.(1996). 『서양교육사』. 이홍우 외 공역. 교육과학사.

삼국사기

서울대학교 교육연구소 편(1998). 『교육학대백과사전』. 하우동설.

서울대학교 교육연구소(1997). 『한국교육사』. 교육과학사.

성기산 편역(1983). 『서양고대의 교육사상』. 대은출판사.

성기산(1993). 『서양교육사 연구』. 문음사.

소수서원등록

손인수(1987). 『한국교육사 I·II』 .문음사.

손인수(1996). 『교육사 교육철학의 이론과 실제』. 문음사.

손인수(1998). 『한국교육사연구』. 문음사.

손인수·김동구(1992). 『교육사 교육철학』. 문음사.

손인수·이원호(1978). 『교육사신강』. 문음사.

쇼유지 마사코 편(1995). 『유아교육사상의 이해』. 팽영일 역. 창지사..

쇼이얼, 한스(2004). 『교육학의 거장들 1·2』. 정영근 외 옮김. 한길사.

슈퇴릭히, H. J.(1981). 『세계철학사(상)』. 임석진 역. 분도출판사.

신당서

신득렬(1979). 『교육사상가 연구』. 계명대학교출판부.

신차균·안경식·유재봉(2006). 『교육철학 및 교육사의 이해』. 학지사.

신천식(1983). 『고려교육제도사 연구』. 형설출판사.

안건상(1985). "코메니우스(J. A. Comenius)의 <Pampaedia> 연구". 석사학위논문. 연세대학교대학원.

양금희(1999). 『종교개혁과 교육사상』. 한국장로교출판사.

연세대학교 교육철학연구회 편(1996). 『위대한 교육사상가들 I』. 교육과학사.

연세대학교 교육철학연구회 편(1998). 『위대한 교육사상가들 II』. 교육과학사.

연세대학교 교육철학연구회 편(1999). 『위대한 교육사상가들 III』. 교육과학사.

오인탁(1980). "J. A. Comenius의 汎敎育(Pampaedia)理論". 『신학사상』. 29호. 312-350쪽.

오인탁(1990). 『현대교육철학』. 서광사.

오인탁(1994). 『고대 그리스의 교육사상』. 종로서적.

오인탁(1996). "'포스트모던'의 교육학". 『교육철학』. 제14-2호. 한국교육학회 교육철학연구회. 9-28쪽.

오인탁(2001). 『파이데이아 - 고대 그리스의 교육사상』. 학지사.

오인탁·울리히 헤르만(1982). 『현대교육철학의 전망』. 교육과학사.

오천석(1972). 『교육철학신강』. 교학사.

오천석(1975). 『한국신교육사(상)(하)』. 광명출판사.

우용제(1995). "조선후기 교육개혁론 연구". 박사학위논문. 서울대학교대학원.

윌킨슨, 로이(1997). 『루돌프 슈타이너의 교육론』. 고려대 교육사철학연구회 역. 내일을 여는 책.

윤건차(1987). 『한국 근대교육의 사상과 운동』. 심성보 역. 청사.

윤재흥(1992). 『교육학의 성격논쟁에 관한 학사적 연구』. 성지출판사.

이광호(1990). "한국 교육체제 재편의 구조적 특성에 관한 연구". 박사학위논문. 연세대학교대학원.

이규호(1980). 『교육과 사상』. 배영사.

이규호(1980). 『앎과 삶』, 연세대학교 출판부.

이규호(2005). 『현대철학』. 단계 이규호 전집 제1권. 박순영 편집. 연세대학교출판부.

이규환(1980). 『선진국의 교육제도』. 배영사.

이기백(1967). "고구려의 경당". 『역사학보』. 35·36합집. 역사학회.

이기백(1976). 『한국사신론』. 일조각.

이돈희(1981). 『교육철학개론』. 박영사.

이돈희(1983). "분석철학적 측면에서". 『한국교육철학의 방법론적 반성』. 한국교육학회 교육철학연구회 연차학술발표회 자료집.

이돈희(1998). "인식론과 교육". 『교육학대백과사전』. 서울대학교 교육연구소편. 하우동설. 2148-2153쪽.

이돈희(1999). 『교육정의론』. 교육과학사.

이만규(1949). 『조선교육사(하)』. 을유문화사.

이상금(1984). "몬테소리". 『현대교육고전의 이해』. 안인희 편. 이화여자대학교출판부. 113-142쪽.

이성무(1980). 『조선초기 양반 연구』. 일조각.

이성무(1994). 『한국의 과거제도』. 집문당.

이숙종(1996). 『코메니우스의 교육사상』. 교육과학사.

이원재(1996). "조선전기 과거제도와 교육문화 연구". 박사학위논문. 연세대학교대학원.

이원재(1997). "조선전기 유학(幼學) 연구". 『한국교육사학』. 제19집.

이원재(1998). "향교기원론 검토". 『한국교육사학』. 제29집.

이원호(1984). 『교육사』. 배영사.

이종각(1995). 『교육사회학신강』. 동문사.

이지헌(2001). 『교육의 철학적 차원』. 교육과학사.

이홍우(1991). 『교육의 개념』. 문음사.

임병수 외(1976). 『철학의 흐름』. 제일출판사.

임태평(1997). 『플라톤 철학과 교육』. 교육과학사.

長尾十三二 외(1985). 『신교육운동사』. 송일지 역. 한마당.

장화선(1993). "J. A. Comenius와 J. J. Rousseau의 유아교육관점에 대한 비교연구". 박사학위논문. 이화여자대학교대학원.

정기섭(1998). "개혁교육학의 사상적 기초와 루소". 『교육철학』. 제20집. 한국교육학회 교육철학연구회. 167-179쪽.

정만조(1997). 『조선시대 서원 연구』. 집문당.

정세화(1984). "듀이". 『현대교육고전의 이해』. 안인희 편. 이화여자대학교출판부. 9-40쪽.

정세화(1987). "한국교육철학의 연구동향과 과제". 『교육학연구』. 25권 제2호. 한국교육학회. 9-22쪽.

정영근 외(2017). 『인간·학교·디지털기술문명사회와 교육. 교육학개론 4.0』. 문음사.

정영근(1994). 『인격과 인간교육. 빌헬름 폰 훔볼트의 인간학과 교육이론』. 문음사.

정영근(1996). "아리스토텔레스". 『위대한 교육사상가들 I』. 연세대학교 교육철학연구회 편. 교육과학사. 161-210쪽.

정영근(1999). 『인간·언어·교육』. 문음사.

정영근(2001). 『인간이해와 교육학』. 문음사.

정영근(2006). 『교사를 위한 교육학』. 문음사.

정영근(2010). "호모 라보란스의 꿈". 정영근·이종하·김선희 공저. 『삶·일상·윤리』. 문음사. 309-336쪽.

정영근(2015). "Homo digitalis와 스마트교육. 한국의 '스마트'교육 정책에 대한 교육·이미지 인간학적 논의와 비판". 『교육의 이론과 실천』, 20(3). 145-165쪽.

정윤경(2004). 발도르프 교육학. 학지사.

정재걸(1989). “조선전기 교화연구: 성종·중종(1469~1544)년간을 중심으로”. 박사학위논문. 서울대학교대학원.

정혜영(2005). 『교육인간학』. 학지사.

정혜영(2006). “교육현상학의 이념과 방법”. 『교육철학』. 제35집. 한국교육학회 교육철학연구회. 127-149쪽.

정혜영(2009). “E. Key의 ‘어린이로부터의 교육학’의 성격”. 『교육의 이론과 실천』. 제14권 제1호. 213-235쪽.

정혜영(2018). 『엘렌 케이』. 커뮤니케이션북스.

정호표(2005). 『현대교육철학』. 교육과학사.

조무남 외(1996). 『교육사 교육철학 강의』. 동문사.

조선왕조실록

조용태(2002). 『교육철학의 탐구』. 문음사.

조화태(1994). “포스트모던 철학과 교육의 새로운 비전”. 강영혜 외 공저. 『현대사회와 교육의 이해』. 교육과학사. 3-47쪽.

차석기(1975). 『동양교육사』. 박영사.

철학대사전(1974). 학원사.

최재정(2008). 『개혁교육학』. 학지사.

최종욱(1996). 『철학과 일상으로부터의 탈출』. 국민대학교출판부.

케이, E.(2009). 『어린이의 세기』. 정혜영 역. 지식을만드는지식 고전선집.

퇴계전서

한국교육개발원(1997). 『한국 근대 학교교육 100년사 연구(II): 일제시대의 학교교육』.

한국교육사연구회 편(1990). 『한국교육사』. 교육출판사.

한국철학회·한국교육학회·한국 존 듀우이 연구회(1982). 『존 듀우이와 프라그마티즘』. 삼일당.

한기언(1963). 『한국교육사』. 박영사.

한기언(1980). 『서양교육사』. 박영사.

한기언(1998). “교육사의 가치와 목적의 재인식”. 『한국교육사학』. 제20집. 1-14쪽.

한동일(1983). 『서양교육사』. 대은출판사.

한명희(1983). 『교육철학』. 배영사.

한전숙·차인석(1980). 『현대의 철학 1』. 서울대학교출판부.

한준상(1994). 『한국교육개혁론』. 학지사.

허재윤(1986). 『인간이란 무엇인가』. 이문출판사.

호리고메 요조(1998). 『역사를 보는 눈』. 박시종 옮김. 개마고원.

홍은숙(2007). 『교육의 개념』. 교육과학사.

황원영(2003). 『비판적 교육과학』. 학지사.

Aristoteles(1958). *Politik.* Übers. von Eugen Rolfes. Hamburg.

Aristoteles(1983). *Von der Seele*. Übers. und hrsg. von Olof Gigon. München.

Blake, N. et. al (ed.)(2009). *The Blackwell Guide to the Philosophy of Education* (현대 교육철학의 다양한 흐름). 강선보 외 공역. 학지사.

Blankertz, H(1992). *Die Geschichte der Pädagogik.* Wetzlar.

Blass, J. L.(1969). *Herbarts pädagogische Denkform oder Allgemeine Pädagogik und Topik*. Wuppertal.

Blättner, F.(1953). *Geschichte der Pädagogik*. Heidelberg.

Bollnow, O. F.(1983). *Anthropologische Pädagogik*. Bern/Stuttgart.

Bollnow, O. F.(1975). *Die anthrpologische Betrachtungsweise in der Pädagogik*. Essen.

Bollnow, O. F.(2005). 『교육의 인간학』. 오인탁·정혜영 공역. 문음사.

Bollnow, O. F.(2008). 『실존철학과 교육학』. 윤재흥 역. 학지사.

Brezinka, W.(1978). *Metatheorie der Erziehung*. München.

Comenius, J. A.(1960). *Grosse Didaktik*. Übersetzt u. hrsg. v. A. Flitner. Düsseldorf.

Comenius, J. A.(1962) *Informatorium der Mutterschul*. Hrsg. v. J. Heubach. Heidelberg.

Comenius, J. A.(1965). *Pampaedia*. Lateinischer Text und deutsche Übersetzung. Hrsg. v. V. D. Tschizewskij. Heidelberg.

Curtis, S. J./Boultwood, M. E. A.(1975). *A short history of educational ideas*. London.

Dede, C./Rechards, J.(2015). *Digital Teaching Platform*. (스마트 교육을 위한 디지털 티칭 플랫폼). 송기상·채창환·김순화 옮김, 아카데미프레스.

Dietrich, Th./Klink, J.-G.(1972). *Zur Geschichte der Volksschule I: Volksschulordnungen 16. bis 18. Jahrhundert*. Bad Heilbrunn.

Dilthey, W.(1974). "Pädagogik, Geschichte und Grundlinien des Systems". in: *Gesammelte Schriften*. Bd. IX. Göttingen.

Dolch, J.(1965). *Lehrplan des Abendlandes*. Ratingen.

Erasmus, D.(1963). "Über die Notwendigkeit einer frühzeitigen allgemeinen Charakter-und Geistesbildung der Kinder". *Eramus von Rotterdam*. Ausgewählte pädagogische Schriften. Besorgt v. A. J. Gail. Paderborn.

Erasmus, D.(1968). *Enchiridion militis christiani. Handbüchlein eines christlichen Streiters*. Übersetzt u. eingel. v. W. Welzig. Darmstadt.

Fend, H.(1981). *Theorie der Schule*. München.

Flitner, W.(1967). *Die Geschichte der abendländischen Lebensformen*. München.

Frankl, V. E.(1985). *Der Mensch vor der Frage nach dem Sinn*. München.

Fromme, J.(2001). "Irritation als ein zentrales Motiv für Lernen und Bildung". *Vierteljahrsschrift für wissenschaftliche Pädagogik*. H. 77. pp. 409-428.

Fröbel, F.(1973). *Die Menschenerziehung*. Hrsg. v. H. Holstein.

Garin, E.(1966). *Erziehung-Anspruch-Wirklichkeit. Geschichte und Dokumente abendländischer Pädagogik*. 6 Bde. Reinbek.

Groethuysen, B.(1928). *Philosohpische Anthropologie*. München/Berlin.

Herbart, J. F,(1986). *Systematische Pädagogik*. Eingeleitet, ausgewählt und interpretiert v. Dietrich Benner. Stuttgart.

Herbart, J. F.(1982). *Pädagogische Schriften*. 3 Bde. Hrsg. v. Walter Asmus. Stuttgart.

Herbart, J. F.(1919). *Johann Friedrich Herbarts Pädagogische Schriften*. Hrsg. v. O. Willmann/Th. Fritzsch. Osterwieck/Leipzig.

Kant, I.(1921-23). "Was ist Aufklärung?"(1784). *I. Kant. Werke*. Hrsg. v. E. Cassirer. Berlin. Bd. 4.

Klassen, T. F./Skiera, E. (Hrsg.)(1993). *Handbuch der reformpädagogischen und alternativen Schulen in Europa*. Hohengehren.

Kneller, G. F.(1971). *Introduction to the Philosophy of Education*. New York.

Krüger, H. H.(2002). *Einführung in Theorien und Methoden der Erziehungswissenschaft*. Opladen.

Lang, M.(1959). *Rousseaus Lehre vom Menschen*. Göttingen.

Langeveld, M. J.(1963). *Die Schule als Weg des Kindes*. Braunschweig.

Langeveld, M. J.(1955). *Einführung in die Pädagogik*. Stuttgart.

Langeveld, M. J.(1959). *Kind und Jugendlicher in anthropologischer Sicht*. Heidelberg.

Langeveld, M. J.(1968). *Studien zur Anthropologie des Kindes*. Tübingen.

Leschinsky, A./Roeder, P. M.(1976). *Schule im histirischen Prozeß*. Stuttgart.

Liedke, M.(1968). *Johann Heinrich Pestalozzi in Selbstzeugnissen und Bilddokumenten*. Reinbek.

Locke, J.(1962). *Gedanken über die Erziehung*. Übersetzt u. hrsg. v. H. Wohlers. Bad Heilbrunn.

Lohse, B.(1995). *Luthers Theologie*. Göttingen.

Luther, M.(1991). "Eine Predigt, daß man Kinder zur Schule halten solle". K. E. Nipkow/F. Schweitze. *Religionspädagogik*. München.

Luther, M.(1883-1929). "Von weltlicher Obrigkeit(1523)". *Weimarer Ausgabe* 11.

Nohl, H.(1948). "Der lebendige Herbart". *Die Sammlung*. H. 3. pp. 201-208.

Reble, A.(1980). *Geschichte der Pädagogik*. Stuttgart.

Rousseau, J.-J.(1958). *Emile oder über die Erziehung*. Besorgt v. J. Esterhues. Paderborn.

Schäfer, K.-H./Schaller, K.(1976). *Kritische Erziehungswissenschaft und kommunikative Didaktik*. Heidelberg.

Schaller, K.(1962). Die *Pädagogik des Johann Amos Comenius und die Anfänge des pädagogischen Realismus im 17.*Jahrhundert. Heidelberg.

Schaller, K.(1974). *Einführung in die kritische Erziehungswissenschaft*. Darmstadt.

Scheuerl, H.(1982). *Pädagogische Anthropologie*. Stuttgart.

Scheuerl, H.(1985). *Geschichte der Erziehung. Ein Grundriß*. Stuttgart/Berlin/Köln/Mainz.

Schirilla, N.(1999). "Vielfalt, Universalismus und kulturelle Differenz". In: Aithal, V. u. a.(Hg.). *Wissen - Macht - Transformation. Interkulturelle und internationale Perspektiven*. Frankfurt a. M.: IKO-Verlag für Interkulturelle Kommunikation, 58-75.

Schweitzer, F.(1992). *Die Religion des Kindes. Zur Problemgeschichte einer religionspädagogischen Grundfrage*. Gütersloh.

Steiner, R.(1984). *Die Erziehung des Kindes vom Gesichtspunkte der Geisteswissenschaft*. Dornach/ Schweiz.

Tenorth, H. E.(1988). *Geschichte der Erziehung. Einführung in die Grundzüge ihrer neuzeitlichen Entwicklung*. Weinheim.

Troeltsch, E.(1907). "Das Wesen des modernen Geistes". *Preußische Jahrbücher*. Bd. 128. pp. 1-40.

Ulich, R.(1945) *History of Educational Thoughts*. New York.

Wehler, H.-U.(1987). *Deutsche Gesellschaftsgeschichte*. Bd. 1. München.

Wulf, Ch.(1977). *Theorien und Konzepte der Erziehungswissenscaft*. München.

| 찾아보기 |

인명

내용

【ㄴ】

【ㄷ】

【ㅈ】

【ㅊ】

【ㅌ】

| 지은이 소개 |

정영근 연세대학교 독어독문학과 (문학사), 연세대학교 대학원 교육학과 (교육학석사)
독일 Köln대학교 철학부 교육학과에서 교육철학 전공 (Dr. Phil.)
상명대학교 사범대학 교육학과 교수 / 한독교육학회 및 교육철학학회 회장 역임
주요 저서로는 〈Charakter und Bildung (Königshausen & Neumann 1991)〉, 〈인격과 인간교육(문음사, 1994)〉, 〈인간과 교육의 이해(문음사, 1995)〉, 〈위대한 교육사상가들 Ⅰ–Ⅲ(공저: 교육과학사, 1996-1999)〉, 〈빌헬름 폰 훔볼트. 인간·언어·교육(문음사, 1999)〉, 〈합리적인, 너무나 합리적인(공저: 한길사, 1999)〉, 〈인간이해와 교육학(문음사, 2000)〉, 〈영화로 만나는 교육학(문음사, 2001)〉, 〈Anstiftung. Auf den Spuren ungewöhnlichen Lernens(공저: Beltz, 2003)〉, 〈교사를 위한 교육학(문음사, 2006)〉, 〈독일 초등학교 교육(공저: 문음사, 2008)〉, 〈교육학, 인간에게 다가서다(문음사, 2013)〉, 〈Die Bildungssyteme der erfolgreichsten PISA-Länder(공저: Waxmann, 2017)〉, 〈교육학개론 4.0(공저: 문음사, 2017)〉 외에 다수가 있다. 〈독일 유치원 이야기(문음사, 2003)〉, 〈인간의 교육(지만지, 2009)〉을 번역하였고 〈서양교육사(문음사, 2002)〉, 〈교육학의 거장들 Ⅰ·Ⅱ(한길사, 2004)〉 등을 공동으로 번역하였다.

정혜영 서강대학교 철학과 (문학사), 이화여자대학교 대학원 교육학과 (문학석사)
연세대학교 대학원 교육학과에서 교육철학 전공 (교육학박사)
공주교육대학교 교육학과 명예교수
주요 저서로는 〈교육고전의 이해(공저: 이화여대 출판부, 1983)〉, 〈현대 교육고전의 이해(공저: 이화여대 출판부, 1984)〉, 〈교육인간학의 성립과 전개(성지출판사, 1991)〉, 〈한국교육의 역사와 문화 재조명(공저: 학지사, 1993)〉, 〈위대한 교육사상가들 I, III(공저: 교육과학사, 1996, 1999)〉, 〈교사와 교육(공저: 문음사, 1998)〉, 〈교육인간학(학지사, 2005)〉, 〈독일 초등학교 교육(공저: 문음사, 2008)〉, 〈엘렌 케이(커뮤니케이션북스, 2018)〉 등이 있다. 〈어린이의 세기(지만지, 2009)〉를 번역하였고 〈교육의 인간학(문음사, 2005)〉, 〈어린이의 길로서의 학교(지만지, 2017)〉를 공동으로 번역하였다.

이원재 연세대학교 교육학과 (문학사), 한국학중앙연구원 한국학대학원 (교육학석사)
연세대학교 대학원 교육학과에서 교육사 전공 (교육학박사)
연세대학교 교육대학원 교수
주요 논문으로는 "조선전기 과거제도와 교육문화 연구(1996)", "조선전기 幼學연구(1997)", "향교기원론 검토(1998)" 등이 있으며 주요 저서로는 〈과거공부를 알아야 우리 교육이 보인다(문음사, 2001)〉 등이 있다. 〈교육철학(문음사, 1989)〉을 공동으로 번역하였다.

홍은영 독일 Darmstadt대학교 교육학과 (교육학 학사·석사), 독일 Karlsruhe 교육대학교 대학원에서 교육철학 전공 (Dr. Phil.)
전남대학교 교육학과 교수
주요 논문으로는 "비판적 교육학은 자기비판적인가? - 차이이론을 중심으로"(2012), "독일 교육철학 연구의 성과와 과제 - 비판적 교육학의 전개와 과제를 중심으로"(2013), "아도르노(Adorno)의 '절반의 교육'에 대한 비판을 통해 본 교양교육"(2015), "상호문화교육의 정교화를 위한 소고 - 차이와 권력의 밀접한 관계를 중심으로"(2017), "다문화시대 역사교육의 방향 - 발터 벤야민의 역사철학과 포스트식민성의 관점을 중심으로"(2017), "하이돈의 '비판적 교육(Bildung) 이론'의 특징과 현재성"(2018) 등이 있다.

정영근

상명대학교 교육학과 교수

정혜영

공주교육대학교 교육학과 명예교수

이원재

연세대학교 교육대학원 교수

홍은영

전남대학교 교육학과 교수

[제3개정판]

교육학적 사유를 여는

교육의 철학과 역사

초판 1쇄 1999년 12월 24일
17쇄 2006년 1월 17일
개정판 1쇄 2006년 8월 25일
10쇄 2010년 1월 20일
증보개정판 1쇄 2010년 6월 30일
11쇄 2018년 2월 8일
제3개정판 1쇄 2019년 3월 8일
4쇄 2024년 8월 16일

지은이 정영근·정혜영·이원재·홍은영
펴낸이 조복자
펴낸곳 문음사

경기도 용인시 기흥구 구성로 3-32
등록 제302-2003-00047호
전화 031-282-5875
팩스 031-624-5875

moonumsa@moonumsa.co.kr
www.moonumsa.co.kr

ISBN 978-89-8168-546-1 93370

파본된 책은 바꿔드립니다.

정가 25,000원